U0154539

中美日
大國戰略比較研究

Comparative Research on
China - U.S. - Japan Great
Power Strategies

五南圖書出版公司 印行

趙全勝
Zhao Quansheng
著

序

　　本書主要是對中國、美國、日本（在書中稱作「亞太三雄」）大國戰略的比較研究和思考。我們知道，對亞太三雄中的每一個單一國家進行過深入研究的學者當不在少數，但把三個國家放到一起進行內政外交比較的研究則是鳳毛麟角了。本書理論框架是我在多年前出版的《解讀中國外交政策》[1]裡所闡發的微觀和宏觀相結合的視角，也就是說把大國所處於的國際-國內關聯式結構，亦即國際關係系統、各自國內機構和政策制定者（群體和個人）之間的互動作為研究的主要考察點，從而就中美日這三個大國的外交政策與戰略做一個比較研究。但必須說明的是，本書的大部分章節都是在我之前的專著裡從未發表的，它們特別囊括了我最近這十來年的研究成果與思考。因此，本書既包括嶄新的學術理論，又有我個人在研究教學實踐上的經歷。所以從第二章起在每章的最後都有一個相關鏈接即「實踐與思考」的部分，也融入了我在海外的部分經歷以及我對相關問題的思考。這一特點就使此書有別於很多同一類行的其他學術書籍。

　　這本書的出版首先要感謝我在中國大陸的幾位同事和朋友，包括林甦、劉洪鐘、王俊生和張效民等教授；他們都來自大陸的大學或研究機構，也都在我所在的美利堅大學做過訪問學者。是他們在2016年夏天的一次會議期間，鼓勵我把近十年來的最新研究與思考集結成冊，出版成一個小結式的個人專著，從而啟動了這個項目，我們幾個人為此還專門討論了幾次。在本書的初稿階段，在海外執教的幾位華人教授朋友，包括美國的高崢、劉國力和孫太一，以及日本的張雲都通讀了全書，並提出了寶貴的修改意見。另外，在我所主持的亞洲中心參與活動的學生助理，包括：孫浩然、王銳、戴紫君、喬禾禾、孫紫天、曾裕仁、郭令時等人，他們也都在不同階段參與了本書的潤色和尋找資料的工

---

[1] Zhao, Quansheng. (1996). *Interpreting Chinese foreign policy: the micro-macro linkage approach*. Oxford University Press.

作。當然還要感謝五南圖書的劉靜芬副總編輯，以及向五南推薦此書的朱雲漢院士和鄧中堅教授。沒有這些同事、朋友、助理和編輯的幫助，這本書是不可能問世的。

　　最後還是那句老規矩，文責自負。

寫於美國華盛頓

2019年7月15日

目錄

第一章　中美日大國戰略的研究

　　這本書是關於大國戰略的比較研究，而所說的大國指的就是亞太地區的中國、美國和日本，在這本書裡也稱其爲亞太三雄。首先，它研究的是三個國家內部對相關政策的思考與辯論，然後就是三國各自的外交政策，包括它們之間的互動，也就是國際關係。應該說明的是這本書當然包括了筆者對亞太國際關係從學理和實證上的分析，但本書和一般的學術出版物不太相似地方就是，書中還加入了筆者這幾十年來對相關政策問題上的實踐以及個人對這些問題的思考。所以，從第二章起每一章的最後都會包括「實踐與思考」這一板塊。

第一節　本書結構

　　第一章提出本書的提綱挈領式的框架，也就是亞太三雄的比較研究。在我們單獨分析每個國家前，要先把它們的基本狀況搞清楚，然後再對每一個國家進行研究與比較。

　　第二章的目的是就全書的理論框架做一個闡述，同時也把大國戰略與外交政策比較研究做一個綜合性的闡述。根據國際關係理論中微觀—宏觀相結合的框架，著重集中在美國、日本和中國在戰略上內政與外交的考察，並陳述外交政策執行的特點。

　　後面的三章就亞太三雄分別進行考察。第三章集中探討美國的戰略考量，重點闡述美國的全球領導地位及戰略團隊。這裡面主要講的是外交決策，特別是美國近年來對東亞國家政策的調整；在裡面更強調了美國智庫裡的戰略團隊所啓動的三架馬車及其作用。這智庫裡的三架馬車包括設計師、軍師和執行者。最後又分析了美國面對亞太地區的權勢轉移（Power Transition）和中美雙領導體制在該地區的出現。

　　第四章的中心將會轉移到日本，主要是考察日本的非正規機制及研究其政策制定的過程，並且說明日本內部的政策辯論與外交方向，相關辯論主要是從明治維新以來的「脫亞入歐」政策到後來「帶傾向性的中間路線」。本章會著

重關注日本在政策方面的變化，即一方面日本強調及堅持美日同盟，但另一方面因為中國的崛起也加快了日本回歸亞洲的傾向。

　　第五章分析中國的大國政策及內政外交。本章首先會研討傳統文化對中國外交政策的影響，特別是儒家思想。其次，本章會從智庫、政策制定，以及今後的發展方向這幾個方面進行分析。作為案例研究，在這一章裡將會討論中國外交核心問題之一的臺灣議題，並在「實踐與思考」部分闡述筆者對臺海問題的分析與看法。

　　第六章討論的是大變局中的亞太國際關係，這章節主要是從幾個角度來做討論。首先，會先研討國際關係的權勢轉移，探討亞太地區從1990年代出現的兩上兩下的趨勢，也就是中國和美國的崛起以及日本及俄羅斯的沒落。其次，本章會探討中美之間的權力消長的狀況。之後，本章會分析亞太地區的國際關係發展在不同領域的變化。即亞太地區的多邊關係既有經濟多邊主義也有安全多邊主義。這章的案例研究則會專注在朝鮮半島這個議題上，探討中美日三方不同的考量。

　　在做結論的第七章裡，會對中美日三方內政外交與互動的研究做結論，並探討近兩個世紀以來亞太三雄互動而衍生出的八個節點。本章最後也會探討對大國戰略研究的學科建設及筆者自己所參加的海內外一些學術交流。以上就是這本書大致上的框架，既有理論上的探討，也有實踐方面的回顧，同時還有政策層面上的分析。所關注的還有歷史發展的角度，讀者有可能讀到的一些過去二、三十年期間甚至一個世紀前發生的事情，不一定在每個方面都跟蹤到最新的發展事態。所以更應該注意的是這本書所闡述的基本框架、理論、路徑和思考方法，而不是一個新聞跟蹤性質的報導性的研究。應該指出的是，從第二章起在每章的最後都有一個「實踐與思考」的部分，既融入了筆者在海外研究教學實踐上的部分經歷，也包括了筆者對相關問題的思考。

第二節　亞太三雄的重要性及其相關研究

　　我們首先要突出研究亞太三雄的意義，也就是把中美日放到一起來研究的重要性。下面我們用一些具體的資料和數據對它做一個說明，同時分不同方面對其進行比較。我們採用的是不同角度、全面的、相互關聯的研究方法。第二章裡我們再從理論角度，為研究中美日大國戰略提煉出一個理論框架和研究路

徑。

　　如圖1-1所示，在界定亞太三雄時，第一個評判標準是它們在亞太地區以至於世界範圍內的重要地理位置。從這張亞太地圖可以看出，中美日三國恰好位於環太平洋的關鍵地區。中國在太平洋的西海岸，美國在太平洋的東海岸，雖然中美之間遠隔重洋，也是遙遙相對。而日本比鄰中國，作為島國出現，形成中美日的三角態勢，也就是亞太地區最重要的三個大國。而對日本而言，處於兩大國中間，對這兩國的外交尤為重要。雖然有其他重要的國家及地區，例如俄羅斯、南韓、東南亞，及遠一點的印度，但因為俄羅斯還是屬於歐洲範圍，東南亞和澳大利亞在亞太地區南部偏安一隅，印度距離太遠，所以不作為重點研究對象。

　　與此同時，我們應該注意到，中美日之間的三角態勢是不穩定的、不斷變化的。歷史上從來沒有實現過完全平等的三邊關係。在近代以前，中日接近而美國遙遠。二戰期間，中美同盟反對日本軍國主義。二戰後特別是冷戰時期，美日同盟又把中國視為敵人，延續到冷戰結束。之後出現中國崛起又帶來了國際關係大變局。筆者在第七章會就中美日三邊關係在近代史上的八個節點做個詳細說明，這裡不再贅述。下面我們來討論研究亞太三雄的重要性。

（一）對亞太三雄的比較研究：經濟發展與軍費開支

　　此書將會從不同的角度分析衡量亞太三雄，包括全面的比較、相互之間的重要性，以及經濟總量（GDP）。如下圖1-2所示，就國民生產總值來說，美國第一，中國數二，而日本第三，這個結構會持續下去相當長的一段時間。

　　從圖1-2展示的2019年（截至4月底）的數字來看，美中日三國的GDP分別約占世界總GDP的24％、16％以及6％。這三國的GDP總量加起來就占了世界GDP的47％。

　　圖1-3說明，從軍費支出的角度來講，美國遙遙領先，占了全球的36.4％。中國數二，占了14.03％。而日本因為憲法問題使軍力無法全力發展，但其影響力也不可小覷，在全球排第九位。在亞太地區，日本還是排在第三位的，並且和排名靠前的俄羅斯、英國、德國比也差距不大。中美日三國的軍費開支總和已經達到全球的53.04％，也就是一半以上的世界軍費開支。

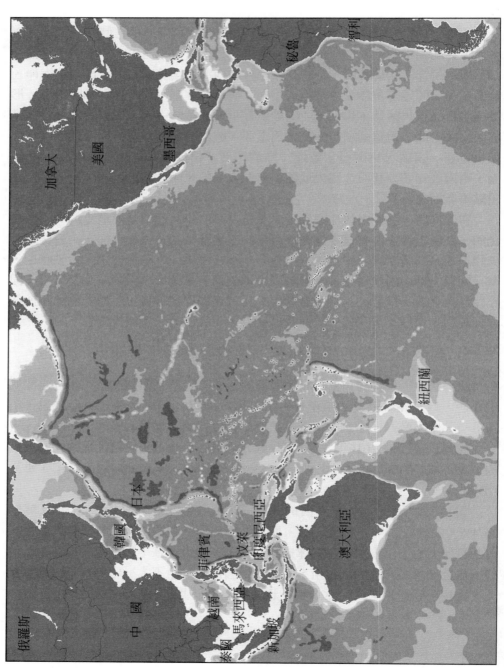

圖1-1　亞太地圖

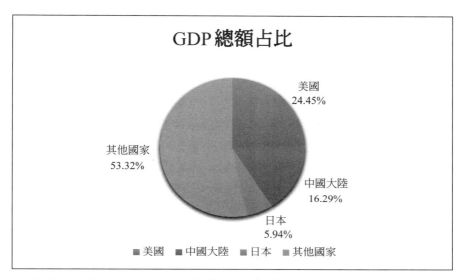

GDP 總額占比

美國
24.45%

其他國家
53.32%

中國大陸
16.29%

日本
5.94%

■ 美國　■ 中國大陸　■ 日本　■ 其他國家

圖1-2　美國、中國大陸、日本GDP總額占比（單位：全球GDP百分比）

國家	軍費開支（百萬美元）	全球百分比
美國	648,798.3	36.40%
中國	249,996.9	14.03%
沙烏地阿拉伯	67,554.7	3.79%
印度	66,510.3	3.73%
法國	63,799.7	3.58%
俄羅斯	61,387.5	3.44%
英國	49,997.2	2.81%
德國	49,470.6	2.78%
日本	46,618.0	2.62%
韓國	43,070.0	2.42%
義大利	27,807.5	1.56%
巴西	27,766.4	1.56%
澳洲	26,711.8	1.50%
加拿大	21,620.6	1.21%
土耳其	18,967.1	1.06%

圖1-3　軍費開支與占比（中美日占比：53.04%）

數據來源：Stockholm International Peace Research Institute, 2018

（二）亞太三雄的基本情況

　　首先，就亞太三雄的基本情況，我們先從地理狀況和人口構成兩個方面對三個國家進行介紹和分析。

地理狀況及人口構成

　　如圖1-4所示，中國有14億人，美國3.2億，日本則是1.2億，這三國的人口數量足以對全球造成重大的影響力。而最重要的指標，則是這些國家對彼此的重要性，美國跟日本是中國外交政策裡非常重要的考慮因素，同樣的中國和日本對美國來說，是其三大重點區域之一——東亞的最重要的一環。

圖1-4　世界各國人口占總人口比重（2017）（中美日占比：24.5%）

來源：Worldometers (2017)

　　談到領土面積，我們看到表1-1，中美是大陸國家，而日本是海洋國家，這在某種程度上決定了其國民性。因此我們看到同為大陸國家的中美國民性比較接近，而日本和中美較為不同。中美面積近似，都是幅員遼闊的國家。

■ 表1-1

領土面積（單位：平方千米）		
美國	中國	日本
9,526,468	9,572,900	377,930

來源：聯合國統計資料庫（2016）

　　從表1-2可以看出三雄各自的特點，美國只有幾個接壤國家，而島國日本僅有幾個隔海鄰國。但中國鄰國眾多，僅接壤的鄰國就有十餘個之多，可見其在地區安全方面面臨眾多挑戰。

■ 表1-2

接壤國家		
美國	中國	日本
加拿大	阿富汗	（無）
墨西哥	不丹	
	印度	
	哈薩克	
	吉爾吉斯	
	寮國	
	蒙古	
	緬甸	
	尼泊爾	
	北韓	
	巴基斯坦	
	俄羅斯	
	塔吉克	
	越南	

來源：美國中央情報局《世界概況》（2016）

　　由表1-3可知，儘管和中美相比，日本領土面積較小，但作爲島國，日本具有不可小覷的海岸線長度，所以日本稱自己海洋國家。

■ 表1-3

海岸線（單位：千米）		
美國	中國	日本
19,924	14,500	29,751

來源：美國中央情報局《世界概況》（2019）

　　從表1-4可以看出，比較而言，各國皆有少數族裔。但美國的民族多樣性更豐富。由於中日的民族同質化比較重，各民族間較爲趨同。美國是更開放的移民國家，因此美國更有活力以及民族多樣性，但具有嚴重的種族問題。中國也存在少數民族問題，但和美國的種族問題性質還是不一樣的。

■ 表1-4

主要民族構成		
美國	中國	日本
白人—72.4%	漢族—91.65%	大和族—98.1%
西裔—16.3%	壯族—1.27%	華裔—0.5%
非裔—12.6%	回族—0.79%	韓裔—0.4%
亞裔—4.8%	滿族—0.78%	其他—1%
	維吾爾族—0.76%	
	苗族—0.71%	
	及其他五十個少數民族	

來源：美國中央情報局《世界概況》
（美國資料來自2019年，中國資料是2010年的估算，日本資料是2016年的估算）

　　從表1-5可以看出，中美出生率較爲正常，而日本面臨人口負成長，少子化問題越發嚴重。

表1-5

出生率（單位：每千人）（2016）		
美國	中國	日本
12.4	12.1	7.5

來源：美國中央情報局《世界概況》（2018）

經濟發展

其次，美國、中國、日本三國目前是世界前三大經濟體。三國的經濟發展和基本經濟資料也受到了各界的廣泛的關注。我們從國民生產總值、人均購買力和對外貿易投資的幾個方面進行基本的介紹。

表1-6說明，中國的崛起是非常明顯的。剛改革開放的1980年，中國國民生產總值只有美國的十分之一。而到了2016年，中國的國民生產總值已大幅超過日本，緊追美國。

表1-6

國民生產總值（十億美元）			
年份	美國	中國	日本
1980	2,853.1	191.2	1,100.9
1985	4,347.2	309.5	1,401.2
1990	5,980.1	360.9	3,141.2
1995	7,664.1	734.5	5,449.2
2000	10,285.1	1,211.3	4,888.3
2005	13,094.1	2,286.7	4,755.2
2010	14,964.4	6,101.3	5,710.3
2017	19,485.4	12,237.7	4,872.4

來源：世界銀行

　　從表1-7可以看出，儘管中國的國民生產總值三十年來增加了二十倍以上，但是中國的人均產值僅僅達到小康水準，只是美國的七分之一、日本的四分之一。

■ 表1-7

人均國民生產總值（美元）			
年份	美國	中國	日本
1980	12,249	313	9,172
1985	17,690	290	11,293
1990	23,198	341	24,774
1995	27,827	601	41,969
2000	35,252	946	36,800
2005	42,708	1,710	35,633
2010	47,084	4,393	43,161
2017	59,928	8,827	38,430

來源：世界銀行

　　表1-8說明，中國還是發展中國家，儘管從經濟總量上看，中國經濟增速明顯。但人均產值與美國日本等已開發國家比，還有較大差距。具體來說，儘管中國的物價水準較美日更低，但中國的人均國民生產總值－購買力平價仍大幅落後美國、日本。

■ 表1-8

人均國民生產總值－購買力平價（美元）			
年份	美國	中國	日本
1980	12,249	251	8,378
1985	17,690	502	13,460
1990	23,198	796	18,851

年份	美國	中國	日本
1995	27,827	1,514	22,464
2000	35,252	2,377	25,334
2005	42,708	4,064	30,315
2010	47,084	7,536	34,013
2017	59,928	16,842	42,067

來源：世界銀行

對外貿易和投資

表1-9說明，中國貿易總額逐年遞增，自1980年來增長超過一百倍。中國在2018年已超過美國，中國的對外貿易總額更是日本三倍。

■ 表1-9

貿易總額（十億美元）

年份	美國	中國	日本
1980	482.6	38.0	271.7
1985	571.3	69.6	307.7
1990	910.6	115.4	523.6
1995	1,355.6	280.9	779.2
2000	2,041.2	474.3	858.8
2005	2,633.8	1,421.9	1,110.8
2010	3,246.0	2,972.8	1,463.0
2016	3,706.0	3,686.6	1,251.8
2018	4,278.4	4,623.0	1,487.1

來源：世界貿易組織

從表1-10可以看出，儘管中國的投資流入只有美國的二分之一，但已經是日本的九倍。

■ 表1-10

海外直接投資淨流入（十億美元）			
年份	美國	中國	日本
2005	142.3	104.1	-2.3
2010	264.0	243.7	7.4
2014	251.9	268.1	19.8
2017	354.8	168.2	18.8

來源：世界銀行

　　從表1-11可以看出，中國雖然在2000年代初期，對外投資的淨流出還不到日本和美國的三分之一，但是短短十幾年，中國的對外投資穩步增長，在2016年曾一度超越日本並達到了美國的三分之二 —— 雖然在2017年有所回落。

■ 表1-11

海外直接投資淨流出（十億美元）			
年份	美國	中國	日本
2005	52.6	13.7	51.7
2010	349.8	58.0	79.7
2014	387.5	123.1	137.9
2016	313.0	216.4	173.9
2017	379.2	101.9	168.6

來源：世界銀行

軍事建設

　　眾所周知，在國際關係的範疇內，經濟實力固然重要，但是軍事實力也是國家力量的一個重要指標。因此，我們將三國的軍費開支、軍事人員、常規和戰略武器裝備和軍事同盟進行對比介紹。

　　由表1-12可以看出，美國軍費開支占著很大比重，且始終保持著龍頭老大的地位，不但支出總量全球第一，而且GDP占比也很大。中國儘管支出增長很大，但和美國還有差距。在占GDP百分比上可以看出，美國平均軍費支出長期超過國民生產總值的3%。

■ 表1-12

軍費開支數量（單位：十億）與占GDP百分比			
年份	美國	中國	日本
1990	306.2 (5.3%)	10.1 (2.5%)	28.8 (0.9%)
1995	278.9 (3.6%)	12.6 (1.7%)	50.0 (0.9%)
2000	301.7 (2.9%)	22.9 (1.9%)	45.5 (0.9%)
2005	503.4 (3.8%)	45.9 (2.0%)	44.3 (0.9%)
2010	698.1 (4.7%)	115.7 (1.9%)	54.7 (1.0%)
2016	600.1 (3.2%)	216.0 (1.9%)	46.5 (1.0%)
2017	609.8 (3.1%)	228.2 (1.9%)	45.3 (0.9%)

來源：世界銀行

　　表1-13說明，三國都屬於軍事強國，但在戰略武器方面中美領先。

■ 表1-13

常規武器和軍事人員			
	美國	中國	日本
現役軍人	1,400,000	2,335,000	250,000
預備役軍人	1,100,000	2,300,000	57,900
戰機	13,440	2,940	1,590
艦艇	415	714	131
常規潛艇	52	56	17
核潛艇	14	15	0

	美國	中國	日本
航空母艦	19	2	0
坦克	8,850	9,150	680

來源：美國中央情報局《世界概況》（2016）

表1-14說明，在戰略武器方面，中國和美國在海陸空皆有武器裝備。美國在戰略武器方面絕對領先，美國核彈頭數量要遠遠超過中國，而日本與中美差距很大，這體現出日本在防衛上對美國的依賴。

■ 表1-14

戰略武器			
	美國	中國	日本
核彈頭	4,500	260	0
彈道導彈潛艇	14	6	0
戰略轟炸機	164	120	0

來源：美國科學家聯盟（2016）

表1-15說明，美國在大西洋的盟友有北約，在太平洋有雙邊。中國的盟國在亞太僅有北韓。在盟國方面美國要遠遠領先中國，而日本通過與美國結盟從而能分享美國在亞太地區的盟友。

■ 表1-15

亞太地區主要盟國和安全夥伴		
美國	中國	日本
南韓	北韓	美國
日本	俄羅斯	南韓
菲律賓	巴基斯坦	澳洲
澳洲	上海合作組織	
新加坡		

來源：美國中央情報局《世界概況》（2016）

文化與科技

在討論國家實力時，文化與科技所帶來的軟實力也是不可忽視的一個方面，我們通過三國的研發投入、留學生數量、諾貝爾獎獲獎者人數和專利數量等四個方面對三國進行對比分析。

由表1-16可知，中國在研發投入上在不斷加緊，大幅超過日本。

表1-16

研發投入（十億美元／占GDP百分比）		
美國	中國	日本
483.6 (2.8%)	442.7 (2.1%)	155.1 (3.2%)

來源：經濟合作與發展組織（2017）

表1-17說明，中美日三國國際化都很高，就留學生數量而言，中國出境最多，而美國總基數最多，日本入境較多。相比較而言，中國在入境方面遠遠低於美國，而美國的出境人數又少於中國。

表1-17

留學生數量（不包括訪學生、旅遊生）			
	美國	中國	日本
外國（入境）	971,417	157,108	143,457
本國（出境）	72,830	869,387	31,702

來源：聯合國教科文組織統計部（2018）

表1-18說明，截至2018年，美國諾貝爾科學獎獲得者已達到284人，可以看出作為開放包容的創新型國家，一枝獨秀、遠遠領先。日本作為老牌的科研型國家，也交出了滿意的成績單。而中國只有屠呦呦一名學者在2015年獲得了諾貝爾生物醫學獎。當然，有幾個美籍華人獲獎者沒有計入。

■ 表1-18

諾貝爾科學獎獲得者（不包括文學、和平獎）		
美國	中國	日本
284	1	24

來源：諾貝爾官方網站（2019）

　　表1-19可以看出，中國的專利申請數遠遠高於美國。但美國的專利品質又高於中國，申請的專利中，有超過一半都獲得批准。

■ 表1-19

擁有專利數量			
	美國	中國	日本
申請專利數	837,887	1,441,904	518,849
批准專利數	453,387	445,720	328,646

來源：世界智慧財產權組織（2017）

（三）亞太三雄的相互依存和認知

　　在日漸全球化的國際社會中，國家之間的政治，經濟和文化交流日益頻繁，中美日三國也不例外。三國均將彼此作爲重要的戰略夥伴或貿易對象。因此，三國之間經濟上的互相依存和對彼此的基本認知也是分析三國關係的一個重要方面。

相互依存

　　表1-20說明，中美日三國在貿易上相互依存。對美國來說，中國是其第一貿易對象國，日本是第四。對中國來說，美國是第一，日本是第二。對日本來說，中國是第一，美國是第二。

■ 表1-20

	美國	中國	日本
最大貿易對象國（2016）			
1	中國	美國	中國
2	加拿大	日本	美國
3	墨西哥	南韓	南韓
4	日本	德國	澳洲
5	德國	澳洲	沙烏地阿拉伯
6	南韓	馬來西亞	泰國

來源：世界銀行（2016）

相互認知

　　由圖1-5可知，總體來說，進入本世紀以來，美國人對中國人的負面評價稍多於正面評價。在1980年代，美國民眾對中國的印象起伏非常明顯。但進入2000年代後，美國民眾對中國的認知逐漸穩定。

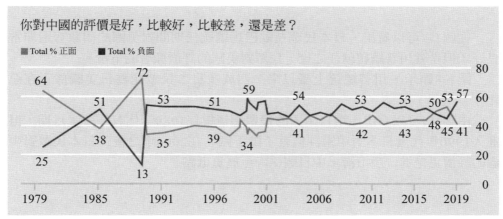

圖1-5　1980-2019年美國人對中國人的印象變化

來源：蓋洛普

　　將圖1-5和圖1-6結合後可以發現，在中美之間，普遍的相互認知基本上是負面略大於正面。如2016年，美國對中國的負面印象為52%。但是就年齡組分析來看，中美之間的一半以上的年輕人對彼此國家呈現出明顯積極評價。

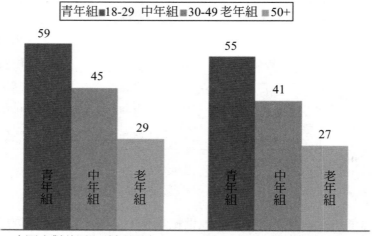

圖1-6　中美青年組、中年組、老年組對彼此國家的評價

數據來源：2015年春季問卷（皮尤研究中心）

　　從圖1-7可以看出，日本民眾在歐巴馬總統任期間對美國的印象普遍非常良好，但是就川普總統就任之後，民眾對美國的評價顯著的下滑。

　　圖1-8顯示，川普總統上臺以來，四成多日本民眾認為日美關係正在惡化。

　　由圖1-9可以看出，中日兩國的民眾感情曾在1980年代有一段蜜月期，但進入1990年代後日本對中國評價就不斷下跌。在2000年之後，日本民眾對中國的評價更是進一步下滑，中日關係降至歷史低點。

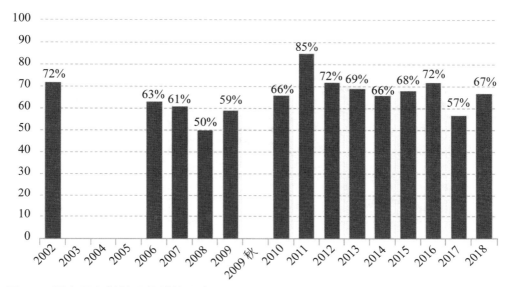

圖1-7　日本民眾對美國整體贊同率

來源：皮尤研究中心（2019）

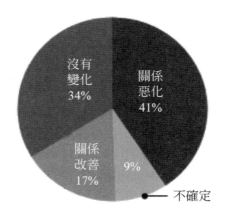

圖1-8　日本民眾對日美關係現狀的看法（2017）

數據來源：2017年春季數據（皮尤研究中心）

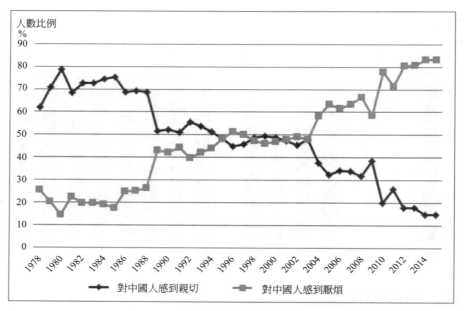

圖1-9　日本民衆對中國整體贊同率

來源：日本首相內閣府2014年末資料

第三節　中美日大國戰略的比較研究

　　如果我們從學術角度來對中美日三方外交政策的特點和政策制定中的優先順位的考量出發，我們也許能體會出亞太三雄的相同點和不同點。先說相同點，中美日各自的外交政策都明顯被國家利益所驅動。川普說的就很直白——「美國第一」（America First）。而中國和日本又何嘗不是這樣呢？而且他們看重的都是實力地位的消長。在這個意義上講，亞太三雄外交政策都受制於國際關係大格局的制約。從二戰結束後以美蘇爭霸為特點的兩級世界，到蘇聯解體美國一枝獨秀的單極世界，再到以中國崛起為代表的一超多強多極世界的出現，都給北京、東京、華盛頓的政策制定者們烙下了深深的印記。在此之中，中國崛起所帶來的前所未有的世界格局的變化，又不斷衝擊著各國外交政策的制定。下面，我們來分析一下亞太三雄所面臨的內部和外部挑戰。

（一）內部挑戰

正如一句老話所說：外交是內政的延續。三個國家的外交政策說到底還是把國內的政治、經濟和社會的發展作為主要考量。我們先來看美國。這些年來，美國的發展明顯暴露了其短板，其獨霸全球的經濟地位已經風光不再。美國經濟在全球經濟總量中的份額在二戰剛剛結束後占到50%，外匯儲備占世界總量更是達到80%，經濟上是名副其實的全球霸主；然而截至2016年，美國經濟占世界比重已降至約20%[1]。更為嚴重的是，產業空洞化、基礎設施（例如高鐵）陳舊，甚至互聯網經濟都被以中國為代表的發展中國家超越。雖然美國宏觀經濟仍保持著活力，特別是創新領域，但貧富差距尖銳化、種族主義問題突出，產生了以鐵銹帶（rusty belt）為代表的落後地區，使美國處於分裂狀態。自川普上臺後，美國的內部問題越發突出。相較其前任，川普需要關注的國內問題似乎更多。如今，美國存在的國內分歧既有黨派之爭，也有種族之爭（如白人至上主義），以及由黨派之爭衍生出來的很牽扯精力的紛爭，如穆勒調查和通俄門等。

日本國內所面臨的問題也是十分突出的。自1990年代起開始的不景氣（「失去的二十年」）使當年日本經濟奇蹟已然黯然失色。這些年來，日本社會少子化帶來的人口減少和老齡化給整個日本社會帶來了不小的壓力。雖然日本保持著第三大經濟體的地位，其在許多產業政策上（如能源、環境）仍然領先，但其總體經濟在全球份額的下滑已經是不爭的事實。少子化和老齡化使日本社會越發失去活力，年輕一代有的人群被稱為「草食系男子」。日本社會由於經濟和其他方面所帶來的徬徨，引發的政治右傾化也是引人注目的。以安倍為代表的保守政治家提出修改憲法，其中包括憲法第9條，都有深厚的國內因素。與此同時，作為東方文化的重要組成部分，日本在其政策制定過程中的非正式機制，也受到各方關注。表現在典型的現代與傳統相結合的現象：既有傳統意義上的非正規機制，也有現代意義上的政策辯論與透明決策。

中國內部問題也是不容忽視的。主管外交工作的國務委員戴秉國曾經指出，中國的核心利益有三條：第一是維護基本制度和國家安全，第二是維護國

---

[1]　Center, T. W. (2014, January 23). A short history of America's economy since World War II. Retrieved November 3, 2017, from https://medium.com/the-worlds-economy-and-the-economys-world/a-short-history-of-americas-economy-since-world-war-ii-37293cdb640.

家主權和領土完整,第三是保持經濟社會的持續穩定發展。這把國內國外挑戰的關聯說得十分透徹。這也就是說北京方面把經濟發展和政治穩定提到了同一高度,兩個一百年也是從這樣的角度出發。具體來講,國內所面臨的挑戰包括經濟增長放緩、少數民族地區的不安定,以及直接影響到人民健康的生態和環境問題等等。在政策制定方面,還應看到,儘管中國沿襲了高度權力集中的方式,但中國崛起走向全球的現實,使面臨的國際問題更加複雜和多樣,決策過程也因此變得更加廣泛和多元化。

（二）外部挑戰

從美國角度來看,作爲全球性大國,美國自然關注它的全球利益,也就是其在三個主要地區的利益維護:歐洲、中東和東亞。一方面要關注哪一個崛起大國將要對其霸主地位進行挑戰——先是蘇聯、後來又是經濟高漲時的日本,再後來就是中國。同時,美國無法把力量只集中於一個地區,哪怕有這樣的意願。例如,歐巴馬提出重返亞太,而「亞太再平衡」這一核心戰略,也不時被歐洲中東發生的事情干擾、轉移重心。美國在全球領導地位還涉及到規則的制定和對其領導地位的制度上的保證。例如,在一系列國際組織中,如聯合國、世界銀行、國際貨幣基金組織等,美國的領導地位都是當仁不讓的。這也是川普上臺的大背景,川普一方面提出「讓美國再次偉大」,一方面執行力受到質疑,以致外交大打折扣、廣受批評。

再來看日本,日本自失去其全球第二大經濟體地位之後,就越來越和中國不在一個檔次上。日本有與強者結盟的傳統。從一戰時期的日英聯盟,到二戰的德義日同盟,再到二戰後的美日同盟,都清晰勾畫了日本與強者結盟的特點。隨著中國崛起,作爲亞太一員的日本,自然要在中美兩強之間選擇都能拿到好處的路線。在安全上靠美國,在經濟上傾向中國,這是在亞太其他國家（南韓、菲律賓、澳洲）已經實現多年的模式。日本也已經展現出這種模式,因此帶傾向性的中間路線長時間會是日本政策選擇的共識。

說到中國,外交政策考量的重點也離不開上文提出的中國夢的實現。在中國從百年恥辱的低谷中恢復到當年的榮耀與地位的大背景下,這點尤爲明顯。在戰略目標的問題上,從周恩來宣導的「四個現代化」,到鄧小平的「改革開放」,強調的都是「發展才是硬道理」。在外交政策領域,其他方面都從屬於這個戰略,這也是自1990年代開始「韜光養晦,有所作爲」外交路線的大背景。十九大之後,中國提出習近平新時代的以中國特色社會主義爲特點的大戰

略，並且把「一帶一路」的發展戰略也寫進了中共黨章。這些都可以成為中國到二十一世紀中期的戰略指導方針。

　　以上闡述的是亞太三雄在各自制定外交政策對內外環境考量的相同點與不同點。這些需要我們在下面各章對每一個國家所做的分析研究中好好體會和把握。

第二章　大國戰略比較研究的理論框架

我們在上一章講到了中美日作爲亞太三雄，在地區以至於全球都發揮著舉足輕重的作用。自近代以來，亞太三雄不但在國際和亞太地區上各有著特殊的歷史地位，而且相互之間的影響也往往超出於其他的大國（在某些歷史節點上俄羅斯也應該加入這個行列）。研究一個國家的外交可以有很多角度。筆者爲什麼要在這本書裡特意選擇大國戰略作爲一個切入點呢？這是因爲中國自古就有「提綱挈領，綱舉目張」的說法，即在正確戰略的指導下，戰術和技術才能發揮作用。我們常常聽到這樣的一個說法：美國有戰略，而日本只有戰術和技術，而兩國的成敗得失往往也歸於這一原因。中國自古以來就重視對戰略的研究。從孫子兵法的「不戰而屈人之兵」之說，到諸葛亮「茅廬問政」和「三分天下」的論證，無不是從戰略的角度來分析國與國之間的關係。冷戰時期，美國的外交戰略家喬治・肯南（George F. Kennan）在其有名的「X電報」中提出對蘇遏制政策，就是從當時國際關係的兩極化和美蘇之間的對抗的角度提出的；日本在二戰後初期所提出並長期奉行的吉田主義，也是根據日本的國情提出借用美國的核保護傘，全力以赴發展經濟這一指導方針。而鄧小平在1977年復出後提出的「改革開放」和「發展是硬道理」，標誌著中國歷史上的一個重大轉折，即從毛澤東時代的「高舉革命大旗」，到鄧小平時代的「以改革開放爲標誌的現代化」，再到習近平時代的「中國特色社會主義大國外交」，特別是「一帶一路」的戰略設想。這些例子都說明了大的戰略格局對國家發展具有生死存亡的作用。這也就是爲什麼習近平多次提出：「我們不怕犯錯誤，但要避免犯顛覆性的錯誤。」就筆者理解，這個「顛覆性的錯誤」，指的就是不能犯大的戰略方向上的錯誤。那麼下面我們就以中國爲例，來界定一下大國戰略的含義。

第一節　大國戰略

中國的崛起到了一個新的階段，也就是從一個區域性大國走向了一個全球

性的大國。在這樣一個節點上就更需要思考，應該站在大國戰略的角度上來制定外交政策。什麼是中國的大國戰略？筆者的理解這裡面有三個要素：第一，首先要把自身的事情做好，這樣才能在列強林立的世界格局中生存；第二，逆水行舟，不進則退，所以考慮的是不但要生存還要發展，要力爭上游；第三，要考慮到國際責任，在世界這個舞臺上提供公共產品。這三者缺一不可。第一點求生存看起來容易，其實一旦處理不好就有可能遭到滅頂之災。前蘇聯的解體就是一個很好的例證。一個國家可以發生革命、發生動亂，可以改變國名，也可以改變政權的性質，但是不能解體。一旦解體，這個國家就沒有生存的餘地了。所以說把自身的事情做好是萬事之本，這也是為什麼很多俄羅斯領導人——例如普京，在蘇聯解體多年之後還在感嘆稱其為「二十世紀最大的歷史悲劇」。一個國家的道路是一個國家人民自己選擇出來的，但是如果這個國家解體了、不存在了，那還有什麼道路可以選擇呢？

再說發展的重要性，當政者把國家發展的重心放到哪裡，是這個國家能否在世界格局中領先的根本性問題。筆者在1996年出版的《解讀中國外交政策》這本書裡提出，毛澤東時代的內外基本目標就是兩個字——「革命」；對內是社會主義革命，對外是世界革命，一切都圍繞著它轉。鄧小平改革開放的根本目標是三個字：「現代化」。不搞階級鬥爭、不搞政治運動，而著重國家的發展建設。這就決定了改革開放三十年就把中國從一個區域落後的國家變成東亞的執牛耳者。這一發展戰略的確定，實際上在東亞最先實現這個轉變的是日本，是以1868年的明治維新為標誌。當時日本的主要目標就是「富國強兵」和「脫亞入歐」，一舉實現了近代以來東亞地區的第一次權力轉移。把占統治地位的大清帝國擊敗，以蕞爾小國的身分建成了「大日本帝國」（當然它後來走向軍國主義的教訓也是絕對不可忘記的）。筆者經常在講課的時候提出，中日之間這種戰略重心的轉變，一個是1868年，一個是1978年，相差了一百一十年。這也就是兩國近代以來發展戰略和道路不同的眾多原因中的一個很關鍵的要素。

我們再來看國際責任和公共產品問題。一個大國不能盡到它在地區以至全球提供安全穩定和繁榮發展的環境的責任，不能在自然或人為的災害面前挺身而出，那就不能稱之為一個具有全球意義的大國，也就無從談起國家的軟實力。美國從它的光榮孤立，到一戰、二戰前後兩次飛躍發展，就奠定了其在全球大國的地位，以至於全球霸主的地位。這和它能夠主導規則的制定、提供公共產品是分不開的。

　　大國戰略的研究不是空洞的，它既要有對全球戰略發展的分析，各國內政外交互動的一個研究，還要深入的考察每一個國家內部的各種力量、各種思潮的起伏、爭議與較量。所以這就引出了外交政策比較研究的重要性。也就是說我們不能光著眼於宏觀策略上的倡導，還必須腳踏實地地做好微觀層次的政策制定方面的參與者思考點的研究。如果僅僅有對大國戰略合縱連橫的指點，而缺乏對具體國家內政外交的分析，則往往容易陷入空洞無物，好看不好吃的尷尬境地。反過來講，如果只重視具體微觀層面上政策操作方面的研究，又容易陷入只見樹木不見森林的局面。所以這裡提倡的就是我們經常說的，在理論框架的指導下，來進行具體微觀和實證的案例研究。筆者這本書就是試圖從這兩個角度來研究中國、美國、日本在大國戰略方面所走過的道路。

第二節　外交政策研究的理論框架

　　外交政策分析（foreign policy analysis）和外交比較研究（comparative foreign policy）是國際關係領域中的重要組成部分。美國政治學界在這兩個領域中獨領風騷，建樹累累。對於外交政策的研究可以有各種不同的視角：既可以從實力分布消長這個角度，即現實主義（realism）理論視角，也可以從國際機構全球化相互依存這個理論視角，即自由主義（liberalism）和國際機構主義，還可以從國家認同、社會地位、歷史文化認知的角度，即建構主義（constructivism）來進行分析。此外還有其他很多學派，例如強調女性視角的女權主義（feminism），和強調國際社會對外交政策影響的英國學派（English School），以及理想主義等等不一而足。

　　但是我們在分析和研究外交政策的時候還可以把它分為幾個不同的層次，也就是說一個國家為應對國際形勢以至於結構的變化而採取的外交政策，以及由此而帶來的國與國之間的互動與變化。從這角度上來講國家利益就成為一個國家制定外交政策的根本性的考量。正如英國首相邱吉爾當年所說的：沒有永遠的朋友，也沒有永遠的敵人。在國際關係中，一個永恆不變的考量是國家利益。

　　分析一個國家外交政策的第二個因素，是政策制定過程中政府機構與不同利益集團部門的互動，由此而帶來了各種不同的分析模式。例如官僚政治模式，涉及到政策制定的各個部門，像外交部、國防部、國會、情報部門等等。

對利益集團的分析也是一個重要的視角，因為一個國家的外交政策是內政的延續，這是一條公認的鐵律。美國的軍工複合體（military-industry complex）就是一個典型的例子，更不要說工業、農業、商業、金融、科技等各行各業以及院外遊說集團了。另外一個具有影響力的因素是媒體和公眾輿論。這裡面包括的不單是廣播、電視、報紙，同時也包括各種民意調查以及政治辯論。在這方面智庫和知識分子所能發揮的作用，特別是美國外交界特別通行的「旋轉門」機制，就是十分令人矚目的了。

除了國際環境和國內機構的層次外，再往下一個層次就是決策過程中領導層個人和領導集團所發揮的作用。雖然一般都認為由於體制和機制的限制，個人所發揮的作用是有限的，但是進入近代以來，重要領導人的作用還是十分醒目。以美國為例，從開國元勳華盛頓到今天的政治「素人」川普；以中國為例，從建國初的毛澤東、周恩來到後來的鄧小平，再到今天的習近平。其他大國領導人所發揮的特殊作用更是不一而足，例如英國的邱吉爾、法國的戴高樂、前蘇聯的史達林和戈巴契夫直至今天俄羅斯的普京、日本二戰之後的吉田茂到今天的安倍晉三、德國從當年引向戰爭的希特勒到今天長期執政的梅克爾等，無一不說明領導人作為個人能夠在歷史的進程中發揮不可或缺的作用。這就是所謂的歷史造英雄，英雄造歷史吧。

我們在下面對美國、日本、中國外交政策的比較研究，以及對亞太國際關係中熱點問題的分析，例如朝鮮半島和臺灣海峽，都離不開上面所說的這些研究理論視角和框架。在本節中筆者將把中國外交政策的制定作為一個案例研究，來闡發如何以微觀和宏觀層面為視角的理論框架來分析大國外交的內與外。

（一）分析層次和微觀─宏觀聯接

在外交政策分析和國際關係研究中，對不同層次的分析是經常被討論的問題之一。例如，肯尼斯・沃爾茲（Kenneth Waltz）有關國際關係理論的經典研究便是基於個人、國家以及國際體系等三個層次的分析[1]。最近，針對分析層次的討論集中於「微觀─宏觀」（micro-macro）的兩分法，以及兩者之間的聯接問題。正如喬治・里茲（George Ritzer）所論述的那樣，微觀被界定為

---

[1]　Waltz, Kenneth, 1959. *Man, the State and War*. New York: Columbia University Press.

「個人在日常生活中的經驗現實」[2]，而宏觀則是「社會現實或社會世界」。許多學者都認爲，「微觀─宏觀」問題將是「解決分析層次的一個具有決定性意義（determining）的問題之一」[3]。下面我們以中國外交政策爲例，就這一研究方法展開討論。

　　對外交政策的研究往往集中在兩個不同的層面上：國際環境的約束和國內因素的影響。早期許多有關中國外交決策的研究，大多強調國際環境約束的重要性[4]。對國際環境重要意義的論述，在中國外交政策的研究中長期處於顯著地位。按照這種分析視角，中國政治的國內因素對外交政策的影響就不如國際社會的影響大，或者如喬納森・波拉克（Jonathan Pollack）所說的那樣，「並非是至關重要的因素」[5]。事實上，這些學者常常強調國際因素的影響，特別是在國際社會層次上──超級大國「極」的結構，尤其被認爲是限制了中國外交政策的選擇。這也正如羅伯特・羅斯（Robert Ross）的觀點：「在中美蘇三角政治模式中，國內政治的相對重要性只能在一定的範圍內起作用，或者說國內政治的相對重要性有一個上限。」[6]

---

[2]　Ritzer, George. 1990. "Micro-Macro Linkage in Sociological Theory: Applying a Metatheoretical Tool," in George Ritzer, ed., *Frontiers of Social Theory*, New York: Columbia University Press, p. 348.

[3]　Cook, Karen, Jodi O'Brien, and Feter Kollock. 1990. "Exchange Theory: A Blueprint for Structure and Press," in George Ritzer, ed., *Frontiers of Social Theory*, New York: Columbia University Press, p. 171.

[4]　Levine, Steven. 1980. "The Superpowers in Chinese Global Policy," in James Hsiung and Samuel Kim, eds., *China and the Global Community*. New York: Praeger Publishers. Ng-Quinn, Michael. 1983. "The Analytical Study of Chinese Foreign Policy," *International Studies Quarterly* 27, no. 2 (June): 203-224. Pollack, Jonathan. 1984a. *The Lessons of Coalition Politics: Sino-American Security Relations*. Santa Monica, Calif.: The Rand Corporation. Ross, Robert. 1986. "International Bargaining and Domestic Politics: U.S.-China Relations Since 1972," *World Politics* 38, no. 2 (January). Cumings, Bruce. 1989. "The Political Economy of China's Turn Outward," in Samuel Kim, ed., *China and the World*, 203-236. Boulder, Colorado: Westview Press.

[5]　Pollack, Jonathan. 1984a. *The Lessons of Coalition Politics: Sino-American Security Relations*. Santa Monica, Calif.: The Rand Corporation.

[6]　Ross, Robert. 1986. "International Bargaining and Domestic Politics: U.S.-China Relations Since 1972," *World Politics* 38, no. 2 (January), p. 286.

　　按照這一分析路徑，中國外交政策和對外舉措常常被視爲是對國際環境變化的反應。布魯斯・肯明斯（Bruce Cumings）認爲，「外部因素作爲中國外交選擇的前提條件塑造了中國的對外政策」[7]。一個眾所周知的例子是中國的「一邊倒」政策，即開始於1949年毛澤東時期的倒向蘇聯一方，直到1950年代末這一政策才得以結束。「倒向蘇聯」的對外政策被廣泛視爲是中國在冷戰時期對於兩級格局的直接反應。

　　另一個分析視角集中於中國國內因素對外交政策制定的影響上[8]。無論是學者還是政策制定者都更深刻認識到國內政治對外交政策影響的重要性。按照大衛・巴赫曼（David Bachman）的說法，「在塑造中國外交政策的制定上，國內因素比國際因素的重要性更大」[9]。李侃如（Kenneth Lieberthal）更是認爲，中國國內發起的每場政治運動（例如反右、大躍進以及文化大革命），「在中國對外部世界的認知上都有著清晰和直接的影響（implications）」[10]。

　　按照這種分析方法，國內因素對外交政策的影響在每個國家都可以看到，但是對中國的影響則更爲明顯。臺灣問題在國內和國際上所帶來的持續挑戰，已經讓北京對諸如政權合法性、領土完整和政權穩定異常敏感。此外，意識形態也深深影響著中國政治的發展方向，反過來也影響到中國外交政策的方向。

　　這種不同學術流派在研究中國外交政策上的分歧，和國際關係理論的發展

[7]　Cumings, Bruce. 1989. "The Political Economy of China's Turn Outward," in Samuel Kim, ed., *China and the World*, Boulder, Colorado: Westview Press, p. 220.

[8]　Gottlieb, Thomas. 1977. *Chinese Foreign Policy Factionalism and the Origins of the Strategic Triangle*. Santa Monica, Calif.: The Rand Corporation. Lieberthal, Kenneth. 1984. "Domestic Politics and Foreign Policy," in Harding, *China's Foreign Relations in the 1980s*, 43-70. New Haven, Conn.: Yale University Press. Mancall, Mark. 1984. *China at the Center: 300 Years of Foreign Policy*. New York: Free Press. Bachman, David. 1989. "Domestic Sources of Chinese Foreign Policy," in Samuel Kim, ed., *China and the World*, 31-54. Boulder, Colo.: Westview Press. Zhao, Quansheng. 1992. "Domestic Factors of Chinese Foreign Policy: From Vertical to Horizontal Authoritarianism," *The Annals of the American Academy of Political and Social Science* 519 (January): 159-176.

[9]　Bachman, David. 1989. "Domestic Sources of Chinese Foreign Policy," in Samuel Kim, ed., *China and the World*, Boulder, Colo.: Westview Press, p. 31.

[10]　Lieberthal, Kenneth. 1984. "Domestic Politics and Foreign Policy," in Harding, *China's Foreign Relations in the 1980s*, New Haven, Conn.: Yale University Press, p. 43.

歷程密切相關。對於國內因素和國際因素在影響一國外交政策和國際行為上的重要性孰輕孰重,國際關係理論已經經歷了長久的爭論。

例如,現實主義把生存(survival)視為一國在國際體系內的首要目標。在現實主義看來,影響一國國際行為的最主要因素是安全、軍事實力、國家間政治聯盟,以及對均勢的追求[11]。正如克里斯多夫·希爾(Christopher Hill)和瑪格特·萊特(Margot Light)在其所設計的「撞球模式」(billiard-ball)中已經證明的那樣,一國外交政策的定位主要被國際社會中相互力量間的影響所塑造[12]。

與此同時,相互依賴理論則分析了世界政治中國家間相互影響的多種管道和多種角色,以及各種非軍事性政治手段的影響,同時也對國際體系中經濟變數的重要性給予了討論[13]。相互依賴理論主張國內政治及其作用方式的重要性,也就是說國內因素和意識形態會改變一國對國家利益和外交戰略的認知。亞歷山大·喬治(Alexander George)認為,具體的外交政策「可能更多是對國內因素(the internal dynamics of such a policy-making process)的反應,而不是外交問題本身」[14]。

從以上有關中國外交政策和國際關係理論的簡單討論,可以看到不同的理論流派對影響政策制定者和制定過程的兩種主要因素──國際體系和世界政治結構以及國內制度和社會因素(例如利益集團、政治文化和意識形態)──重要性的強調截然不同。

對國際因素和國內因素對外交政策制定影響不同的討論,也是對微觀─宏

[11] Morgenthau, Hans, and Kenneth Thompson. 1985. *Politics Among Nations* (6th ed.). New York: Alfred Knopf. Waltz, Kenneth. 1979. *Theory of International Politics*. Reading, Mass.: Addison Wesley.

[12] Hill, Christopher, and Margot Light. 1985. "Foreign Policy Analysis," in Margot Light and A. J. R. Groom, eds., *International Relations: A Handbook of Current Theory*, London: Frances Pinter; and Boulder, Colo.: Lynne Rienner, p. 157.
Keohane, Robert, and Joseph Nye. 1989. *Power and Interdependence* (2nd ed.). Boston: Scott, Foresman.

[13] Keohane, Robert, and Joseph Nye. 1989. *Power and Interdependence* (2nd ed.). Boston: Scott, Foresman.

[14] George, Alexander. 1980. *Presidential Decisionmaking in Foreign Policy*. Boulder, Colo.: Westview Press, p. 114.

觀分析層次進行研究的部分範疇。如上所述，微觀—宏觀的分析方法等同於個人在日常生活中經驗現實的微觀層次和社會現實或社會世界的宏觀層次。按照這種定義，國際因素和國內因素可以被視爲宏觀層次因素和微觀層次要素。在這裡，讀者可以看到兩種在研究外交政策時不同的微觀—宏觀分析方法（見表2-1）。

■ 表2-1

微觀—宏觀分析方法		
	宏觀層次	微觀層次
A模式	國際約束（結構與體制）	政策制定者
B模式	國內因素（社會與制度）	政策制定者

　　儘管A模式和B模式都視政策制定者（個人因素）爲微觀層次要素，但是在宏觀—微觀模式上仍有不同。A模式視國際環境爲宏觀層次，而B模式的宏觀層次則爲國內因素。可以想像，當我們對國際舞臺上國家間的互動進行研究時，A模式更爲有效，而當研究外交政策的國內根源或者形成過程時，B模式則顯然更爲合適。

　　這些年來社會科學的進展有將宏觀層次和微觀層次聯接的趨勢[15]。聯接問題也已經成爲社會科學理論許多子領域所關注的焦點，例如衝突理論和理性選擇理論[16]。這些主張宏觀層次和微觀層次應該聯接的理論，相信兩者間的對立

---

[15] 相關具體論述可參見喬治‧里茲一篇極好的理論概要（1990）：Micro-Macro Linkage in Sociological Theory: Applying a Metatheoretical Tool。

[16] Collins, Randall. 1990. "Conflict Theory and the Advance of Macro-Historical Sociology," in George Ritzer, ed., *Frontiers of Social Theory*, 68-87. New York: Columbia University Press. Friedman, Debra, and Michael Hechter. 1990. "The Comparative Advantages of Rational Choices Theory," in George Ritzer, ed., *Frontiers of Social Theory*, 214-229. New York: Columbia University Press.

屬於「過去的事情」[17]。理查・蒙奇（Richard Munch）和尼爾・史美舍（Neil Smelser）認為，「這些貌似有說服力的認為一個層次比另一個層次更為重要的觀點必須被視為一種錯誤」[18]。

　　越來越多的國際關係理論和外交政策研究專家進一步認識到聯接宏觀—微觀要素的重要性。一個國家外在的行為已經不能被「單一要素」充分解釋[19]，因此在研究國際關係和外交政策中，宏觀—微觀的聯接問題非常必要。這種觀點被羅伯特・柏特南（Robert Putnam）大力推崇[20]。他認為要很好的理解外交政策制定的過程，就必須將其放置到「雙層遊戲模式下」——政策制定者在這種模式下被視為同時在國際政治和國內環境中進行兩場遊戲。許多學者也都指出有必要在聯接解釋諸如行為模式和政策制定過程的宏觀層次和解釋政策選擇的微觀模式下，融合國內和國際因素[21]。因此，僅僅A模式或者B模式都已經不足以解釋一國的外交政策制定。

　　因此，我們就有必要引進C模式，亦即結合影響外交政策議題的國際約束和微觀層次上的國內因素（見表2-2）。

[17] Eisenstadt, S. N., and H. J. Helle, eds. 1985. *Macro-Sociological Theory*, vol. 1. London: Sage, p. 3.

[18] Munch, Richard and Neil Smeleser. 1987. "Relating the Micro and Macro," in Jeffrey Alexander et al., eds., *The Micro-Macro Link*. Berkeley: University of California Press, p. 385.

[19] Wolfers, Arnold. 1962. *Discord and Collaboration: Essays on International Politics*. Baltimore: The Johns Hopkins University Press.

[20] Putnam, Robert. 1988. "Diplomacy and Domestic Politics: The Logic of Two-Level Games," *International Organization* 42, no. 3 (Summer): 427-460.

[21] McKeown, Timothy. 1986. "The Limitations of `Structure' Theories of Commercial Policy," *International Organization* 40, no. 1 (Winter): 43-64. Haggard, Stephen, and Bess Simmons. 1987. "Theories of International Regime," *International Organization* 41, no. 3 (Summer): 513-17. Rohrlich, Paul. 1987. "Economic, Cultural and Foreign Policy: The Cognitive Analysis of Economic Policy Making," *International Organization* 41, no. 1 (Winter): 61-92. Odell, John. 1990. "Understanding International Trade Policies and Emerging Successes," *World Politics* 43, no. 1 (October): 139-167.

▉ 表2-2

單層次分析方法		
	宏觀層次	微觀層次
A模式	國際約束 （結構與體制）	政策制定者
B模式	國內因素 （社會與制度）	政策制定者
C模式	國際約束＋國內因素	政策制定者

　　內在和外在因素的聯接已經被皮埃爾・布林迪厄（Pierre Bourdieu）很好的描述為「外部因素的國內化和內部因素的國際化的辯證統一」[22]。在這個意義上，我們不僅可以看到中國國內政治在後毛澤東時代的劇烈變化重塑了中國外交政策的方向（從毛澤東時期的「閉關政策」轉向鄧小平時期的「開放政策」），也可以看到中國進一步融入世界經濟體系的努力和其改革開放的政策已經促使北京的外交政策制定模式更為合理化（pragmatization）和機制化（routinization）。表2-3是有關C模式下的宏觀層次和微觀層次三種因素內在的關係。

▉ 表2-3

微觀—宏觀關聯模式	

宏觀層次　　　　　　國際約束 ◀──────▶ 國內因素
　　　　　　　　　（結構與體制）　　　（社會與制度）

微觀層次
　　　　　　　　　　　　　　政策制定者

---

[22] Bourdieu, Pierre. 1977. *Outline of a Theory of Practice*. Cambridge: Cambridge University Press, p. 72.

　　表2-3表明，當國際約束和國內因素同時作用於外交政策制定者和外交制定的過程時，在宏觀層次上的這兩個因素之間也事實上正在發生著相互影響。讀者也可以視這種分析方法爲行爲和（或）原因的多層次考察，包括國際結構和國內制度（國家官僚政治、省、地區、社會等等）[23]。爲了表述上的清晰和一致，相對於微觀層次上的政策制定者，本文視所有這些因素（國際社會和國內因素）爲宏觀層次。

　　C模式在設計時的一個關鍵考慮是提供了一個框架，這個框架事實上回答了以下問題：這些因素（國際環境、國內制度和社會條件）如何能共同作用於政策制定過程？當這些因素作用於政策輸入時，通過什麼樣的機制？以及這些因素本身如何相互作用，以及最終影響到政策制定的過程和結果？

　　在以往對中國外交政策的研究中，極少關注這種聯接。絕大多數學者或集中於宏觀研究，或集中於微觀研究。造成這一現象的原因，除了社會科學理論和學科領域研究事實上存在的差距外，正如詹姆斯・羅森若（James Rosenau）指出的那樣，國內因素及其作用的行爲結果——外交政策——之間的聯繫，「不容易被觀察到，因此將其聯繫起來進行分析就勉爲其難」[24]。換句話說，正如李侃如指出的那樣，學者們在研究外交政策時很少將國內因素和國際因素聯接起來的原因，也部分源於「理論意識的缺乏」（a paucity of theoretical rigor）和「必要資料的缺乏」所致[25]。單層研究的缺陷（宏觀層次或者微觀層次）應該被討論——因爲每層的極端都有可能得出相當靜態（static）的結論。

　　主張國際約束重要性的學者常常在對中國外交政策制定過程的研究中，過度強調國際體系的重要性。例如，按照極端宏觀主義者的觀點，後冷戰時期國際結構「極」的特點極大限制了中國外交政策的選擇。這些學者認爲，由於北京被迫倒向美國或蘇聯，已經使其外交政策「自第二次世界大戰後很大程度上保持了一致性」，這種情況「甚至在毛澤東時代也是如此」[26]。按照這種思想流派，中國的戰略和經濟政策在整個1970年代受美國因素所「塑造」——中

---

[23]　這一觀點是卡羅爾・哈姆琳與作者通信時提出的，1993年11月22日。

[24]　Rosenau, James. 1967. *Domestic Sources of Foreign Policy*. New York: The Free Press, p. 2.

[25]　這一觀點是李侃如與作者通信時提出的，1993年11月22日。

[26]　Ng-Quinn, Michael. 1983. "The Analytical Study of Chinese Foreign Policy," *International Studies Quarterly* 27, no. 2 (June): 204.

國採取「美國希望看到」的政策[27]。通過過度強調國際結構，中國國內政治和北京保持「中立立場」（neutral position）或自主的能力，則被忽視。

　　另一個方面，聚焦於國內因素的學者則把大量精力集中到外交政策的國內根源上，例如政策制定過程和政治制度，以及政治文化和意識形態等，而往往忽視了不斷變化的國際結構的影響。例如，金淳基（Samuel Kim）（1989, 24）就指出，如果相信後毛澤東時代所有中國的政治派別都認同毛澤東所持的蘇聯是邪惡的（evil）「修正主義」國家的話，那麼就看不到「中蘇關係改善的任何前景」[28]。

　　然而，在強調將這兩種分析層次進行聯接的努力上也取得了顯著的成果。其中的一個早期成果表現在金淳基的《中國、美國和世界秩序》（China, the United Nations, and the World Order）一書上[29]。作者研究了中國在國際社會和中美關係中相關行為的國內和國際根源。同時還提倡在「定量和定性分析中形成多種內部／外部聯接假設」的公式[30]。這種情況下，國內根源或者國際環境的影響應該被視為「是相對的和可能性的，而並非絕對的和確定性的」。

　　類似的成果在其他學者的著作中也可見到。例如，卡羅爾·哈姆琳（Carol Hamrin）指出，為了隨時很好的理解中國的國際行為，必須關注中國所處的國際局勢，和流行於中國領導人中的對外部世界的認知[31]。此外，湯瑪斯·芬格（Thomas Fingar）、哈里·哈丁（Harry Harding）、莉蓮·哈里斯（Lillian Harris），和羅伯特·沃登（Robert Worden）與艾倫·惠廷（Allen

---

[27] Cumings, Bruce. 1989. "The Political Economy of China's Turn Outward," in Samuel Kim, ed., *China and the World*, 203-236. Boulder, Colorado: Westview Press, p. 220.

[28] 見Lucian Pye. 1981. *The Dynamics of Chinese Politics*, pp. 35-37. 吉姆在一篇評論文章中進一步批判了過分強調內部因素影響中國外交政策的傾向，他認為「作為國際參與者，中國會受到相同的經濟、技術和標準動力的影響，同時也會內在的受制於資本主義世界體系」。

[29] Kim, Samuel, 1979. *China, the United Nations, and the World Order*. Princeton: Princeton University Press.

[30] Kim, Samuel, 1989. *China and the World Order* (2nd ed.). Boulder, Colo: Westview Press, 1989, p. 21.

[31] Hamrin, Carol. 1986. "Domestic Components and China's Evolving Three Worlds Theory," in Lillian Harris and Robert Worden, *China and the Third World: Champion or Challenger?* Dover, Mass.: Auburn House, pp. 50-51.

Whiting），也都採取了這種相互聯接的方式，同時關注國際和國內分析層次[32]。

　　值得一提的是，在這一領域一些大有前途的研究成果也體現在不少學者剛出道時完成的畢業論文上；這些學者在強調這種聯接以及建立中國外交政策研究和國際關係理論之間的橋樑上，做出了巨大貢獻[33]。

　　本研究的一個主要目的在於喚起研究中國外交政策領域的學者對社會科學領域中宏觀—微觀層次聯接重要性的關注。在這一領域，概念引導的重要性被白魯恂（Lucian Pye）很好的描述為：「在一般理論家與領域專家之間的勞動分工業已銷蝕的情況下，標準而宏大的概念問題顯得尤為重要。」[34]在對宏觀—微觀的聯接進行詳細討論之前，讓我們先對中國外交政策研究在過去二十年內的進展做一個簡單回顧。

（二）比較外交政策的研究：以中國外交為例

　　研究大國博弈，除了一般國際關係理論和現狀的研究之外，還要特別關注幾個大國的外交政策的比較研究，而這一點正是目前國際關係研究的一項短板。說到亞太大國博弈就離不開中國、美國和日本。我們在這本書裡也是著重用中美日每一個國家的政策制定的過程作為案例研究，然後再展開來進行比較研究。下面我們就拿中國外交研究為例，來對這一領域研究的發展做一個簡單

---

[32] Fingar, Thomas, ed. 1980. *China's Quest for Independence*. Boulder, Colo.: Westview Press. Harding, Harry, ed. 1984. *China's Foreign Relations in the 1980s*. New Haven, Conn.: Yale University Press. Harris, Lillian, and Robert Worden, eds. 1986. *China and the Third World: Champion or Challenger?* Dover, Mass: Auburn House. Whiting, Allen. 1989. *China Eyes Japan*. Berkeley: University of California Press.

[33] 例如，Christensen, Thomas. 1993. "Domestic Mobilization and International Conflict: Sino-American Relations in the 1950s," Ph. D. dissertation, Department of Political Science, Columbia University. Johnston, Alastair I. 1993. "An Inquiry into Strategic Culture: Chinese Strategic Thought, the Parabellum Paradigm, and Grand Strategic Choice in Ming China," Ph. D. dissertation, Department of Political Science, University of Michigan. Moore, Thomas. 1993. "China in the World Market: International Sources of Reform and Modernization in Chinese Industry," Ph. D. dissertation, Department of Politics, Princeton University.

[34] Pye, Lucian. 1975. "The Confrontation between Discipline and Area Studies," in Lucian Pye, ed., *Political Science and Area Studies*, Bloomington: Indiana University Press, p. 21.

的描述。

　　長期以來，相對於中國的國內政治，對中國外交政策研究的關注並不高。但是這一現象到1977年在有關中國外交政策和國際關係督導委員會的努力下迅速改觀，這一小組的聯合發起人還包括了社會科學研究理事會（the Social Science Research Council）和美國國會的學術團體。這一委員會由艾倫‧惠廷（Allen Whiting）領導。艾倫‧惠廷通過對這一領域的調查，得出相對於中國國內政治的研究，中國外交政策研究大大低於正常狀態的結論。自那時起，有關中國外交政策的研究取得了重要進步。在已經出版的書籍中，無論是質還是量上都達到了一個新高[35]。

　　大量研究集中在中國外交政策的國際制約因素上。許多學者研究了中國在世界體系和國際社會中的立場[36]，或者戰略三角關係[37]。從這些研究中，我們可以看到許多對有關北京必須面對的國際環境的論述，以及在世界政治經濟中與主要大國的關係。

　　在對國內因素的分析上，許多學者通過將焦點放到中國外交政策制定的過

---

[35] Whiting, Allen. 1977. "Chinese Foreign Policy: A Workshop Report," SSRC Items 31 (March/June), quoted from James Hsiung, "The Study of Chinese Foreign Policy: An Essay on Methodology," in James Hsiung and Samuel Kim, eds., *China and the Global Community*. New York: Praeger, 1980.

[36] Barnett, Doak. 1977. *China and the Major Powers in East Asia*. Washington: The Brookings Institution. Yahuda, Michael. 1983. *China's Foreign Policy after Mao*. New York: St. Martin's Press. Chan, Gerald. 1989. *China and International Organizations*. Hong Kong: Oxford University Press. Dreyer, June, and Ilpyong Kim, eds. 1989. *Chinese Defense and Foreign Policy*. New York: Paragon House. Jackbson, Harold, and Michel Oksenberg. 1990. *China's Participation in the IMF, the World Bank, and the GATT*. Ann Arbor: The University of Michigan Press.

[37] Kim, Ilpyong, ed. 1987. The Strategic Triangle: China, the United States and the Soviet Union. New York: Paragon House. Chang, Gordon. 1990. Friends and Enemies: The United States, China and the Soviet Union, 1948-1972. Stanford, Calif.: Stanford University Press. Ross, Robert, ed., 1993. China, the United States, and the Soviet Union. Armonk, NY: M. E. Sharpe.

程[38]、戰略[39]、聯盟政治[40]、或心理與文化因素[41]等，對中國外交政策行為進行了研究。與此同時，中國精英對外部世界的認知也是研究的一個焦點。特別是對主要大國的認知，例如對蘇聯[42]、日本[43]和美國[44]，是該領域開創性的工作，贏得了廣泛關注。

　　第三類研究主要集中在中國與一些國家的雙邊關係上，例如與美國的關係[45]、與日本的關係[46]、與蘇聯的關係[47]，以及與越南的關係等[48]。這類著作還表現在對其他國家外交政策的研究上，例如美國的外交政策制定[49]、前蘇聯

---

[38] Garver, John. 1982. China's Decision for Rapprochement with the United States, 1968-1971. Boulder, Colo.: Westview Press. Barnett, Doak. 1985. *The Making of Foreign Policy in China: Structure and Process*. Boulder, Colo.: Westview Press.

[39] Armstrong, J. D. 1977. Revolutionary Diplomacy: Chinese Foreign Policy and the United Front Doctrine. Berkeley: University of California Press. Bobrow, Davis, Steve Chan, and John Kringen. 1979. *Understanding Foreign Policy Decisions: The Chinese Case.* New York: The Free Press.

[40] Pollack, Jonathan. 1984a. *The Lessons of Coalition Politics: Sino-American Security Relations*. Santa Monica, Calif.: The Rand Corporation.

[41] Shih, Chih-Yu. 1990. The Spirit of Chinese Foreign Policy: A Psychocultural View. London: Macmillan.

[42] Rozman, Gilbert. 1987. *The Chinese Debate about Soviet Socialism, 1978-1985*. Princeton: Princeton University Press.

[43] Whiting, Allen. 1989. *China Eyes Japan*. Berkeley: University of California Press.

[44] Shambaugh, David. 1991. *Beautiful Imperialist: China Perceives America, 1972-1990*. Princeton: Princeton University Press.

[45] Tow, William, ed. 1991. Building Sino-American Relations: An Analysis for the 1990s. New York: Paragon. Harding, Harry. 1992. A Fragile Relationship: The United States and China since 1972. Washington: The Brookings Institution.

[46] Lee, Chae-Jin. 1976. *Japan Faces China*. Baltimore: Johns Hopkins University Press. Lee, Chae-Jin. 1984. *China and Japan: New Economic Diplomacy*. Stanford, Calif.: Hoover Institute Press.

[47] Dittmer, Lowell. 1992. *Sino-Soviet Normalization and Its International Implication, 1945-1990*. Seattle: University of Washington Press.

[48] Ross, Robert. 1988. *The Indochina Tangle: China's Vietnam Policy, 1975-1979*. New York: Columbia University Press.

[49] Sutter, Robert. 1983. The China Quandary: Domestic Determinants of U.S. China Policy, 1972-

的外交政策制定[50]、日本的外交政策制定等[51]。這些分析一般都把焦點集中到動態的雙邊關係上，但是起點既非國際因素，也非國內因素，而是某種程度上處於兩者之間。

　　總之，對中國外交政策的研究已經取得相當可觀的進展。對於這一現象，有幾個原因可以解釋。最引人注意的原因之一是對中國外交政策研究重要性的認識得到加強。中國，連同亞太地區在內，越來越被認為是最應該被關注的重要國家和地區之一，這些研究不僅應該在亞洲問題專家中展開，也應該被政治科學家和政策制定者所重視。這不僅因為中國的規模（sheer size）與實力（power），而且也由於中國在當代世界政治舞臺上是如此重要的行為者，所以北京和其他國家必須真正的瞭解影響中國對外政策的因素。也只有這樣，才能擁有一個和平的世界秩序。

　　例如，中華人民共和國有實力在地區和全球層次上促進或破壞和平與穩定的現象已經吸引了廣泛關注。在許多案例中，中國願意通過和平的方式解決外在的衝突。例如，和尼泊爾以及蒙古的領土糾紛就沒有通過武力解決。然而，當北京領導人發現在解決外部衝突已經沒有其他選擇方式時，也會毫不猶豫使用武力[52]。自1949年以來，北京已經七次在解決與其他國家和地區爭端上動用軍事力量[53]，包括在臺灣問題上[54]。

　　隨著中國經濟和軍事實力的增長，以及中國在地區和全球影響力的增長，

1982. Boulder, Colo.: Westview Press. Tan, Qingshan. 1992. The Making of U.S. China Policy: From Normalization to the Post-Cold War Era. Boulder, Colo.: Lynne Rienner.

[50] Rozman, Gilbert. 1985. *A Mirror for Socialism: Soviet Criticisms of China*. Princeton: Princeton University Press.

[51] Zhao, Quansheng. 1993. Japanese Policymaking-The Politics behind Politics: Informal Mechanisms and the Making of China Policy. Westport, Conn. and London: Praeger.

[52] Paul Godwin (1994), "Force and Diplomacy."

[53] 七次軍事行動分別如下：1.韓戰（1950-1953）；2.中印邊境戰爭（1962）；3.捲入越南戰爭（從1960年代持續到1970年代初）；4.中蘇邊境衝突（1969）；5.中越圍繞西沙群島的海上交鋒（1974）；6.因柬埔寨而展開的中越邊境衝突（1979）；7.中越圍繞南沙群島的軍事衝突（1988）。

[54] 中國大陸在臺海地區圍繞著金門和馬祖有兩次軍事危機，分別於1954-1955年和1958年；詳見Thomas Stolper (1985), *China, Taiwan, and the Offshore Islands*; Xu Yan (1992), The battle over Quemoy; and Morton Halperin, The 1958 Taiwan Straits Crisis: A Documented History.

對中國外交政策的研究自然會吸引其亞太鄰國的注意，同樣也會吸引國際關係和亞洲問題專家的興趣。這些興趣的增長或多或少帶來了有關中國外交政策的研究與教育機構的繁榮，而這反過來也帶來了這一研究領域中質和量的提升。

　　帶來這種發展的另一個動因是關於這一研究資源在中國的大量增加，以及獲取上（相比於以前）的更為便捷。這種增加與北京所採取的對外開放政策相一致。早在1990年代所出現的較為寬鬆的氛圍下，大量高級外交官（現已退休）出版了他們的回憶錄。例如王炳南大使[55]，他是在中美關係沒有正常化之前參與華沙談判的主要參與者；劉曉大使[56]，他在1950年代做中國駐蘇聯大使達八年之久，這一時期也是中蘇關係由蜜月期走向公開指責的時期；前外交部副部長和解放軍副總參謀長伍修權[57]，他在韓戰期間參與了與美國的談判，在布爾格萊德成為國際共產主義運動緊張的焦點時，他則為駐南斯拉夫的大使；甚至中國駐美國第一任大使黃震的妻子朱霖[58]，也出版了她的回憶錄，對黃震二十多年在各國的外交生涯——包括匈牙利（1950-1954）、印尼（1954-1961）、法國（1964-1973）、美國（1973-1977），做了詳細的描述。這些無疑是對中國外交事務國內運作模式的第一手資料，受到了該領域學者的歡迎。這些資料對於研究中國外交政策的形成與實施特別有用，同時對研究中國外交政策的國內根源也大有助益。

　　同樣重要的一個發展是中國開始出版其有關對外關係和對外政策的教材。這其中比較典型的一個例子是由中國外交部負責的《當代中國外交》的出版，該書的主編是中國外交部前副部長韓念龍[59]。同時，也有一些有關中國主要外部行動和對外關係的其他材料開始陸續出版，例如韓戰和中美關係。由中國學者用英語撰寫的有關外交問題的分析也引人注目。儘管這其中絕大多數研究主要集中於中美關係（或從歷史角度、或從雙邊關係角度），但是仍然有少數學者開始把注意力放到中國外交政策的國內因素分析上。其中的一個例子是早在1980年代末前外交部長陳毅的兒子陳小魯，用英語發表了一篇有關中國在

55 王炳南，《中美會談九年回顧》，北京：世界知識出版社，1985。
56 劉曉，《出使蘇聯八年》，北京：中共黨史出版社，1986。
57 伍修權，《回憶與懷念》，北京：中共中央黨校出版社，1991。
58 朱霖，《大使夫人回憶錄》，北京：世界知識出版社，1991。
59 韓念龍等，《當代中國外交》，北京：中國社會科學出版社，1987。

1949年到1955年對美政策演變的文章[60]。通過聚焦韓戰，陳小魯強調了中國和蘇聯在1950年代早期對待全球戰略上的分歧。類似這樣的著作不僅爲我們提供了有關中國外交政策國內制定因素的詳細資料，也對中國對世界事務的認知做了描述，因此被這一研究領域的學者廣泛歡迎[61]。

（三）宏觀—微觀聯接和研究議程

　　然而，光是指出國際因素和國內因素同等重要仍然遠遠不夠。問題不在於僅僅描述國際和國內因素的重要性，挑戰在於要分析什麼樣的管道或機制，使這些因素共同作用於政策制定的過程，以及這些變化中的國內因素如何影響中國的外部行爲。換過來說，正在變動的國際結構如何影響了中國的國內相關制度和政治經濟發展。

　　除了以上對概念的論述外，研究程式上的議題也應該給予探討。爲了避免走向極端宏觀化或極端微觀化，喬治‧里茲（George Ritzer）設計出以下四種逐漸遞進的方法（由筆者進行整理），這些方法或許可以成爲研究中國外交政策未來議程的基礎[62]。第一，宏觀爲導向的理論家應該關注微觀層面的議題，而微觀爲導向的理論家則應該關注宏觀層面的議題；第二，對這兩種導向沒有明顯傾向的研究應該出現；第三，應對宏觀層次和微觀層次的關係給予越來越多的分析；第四，分析的層次既不在宏觀層面，也不在微觀層面，而是在邏輯統一的基礎上進行相當折中的研究，從而否定了僅僅關注任何單一層次的分析（宏觀或微觀），而採取一種內在一體、辯證統一的方法。按照筆者個人的觀察，通過結合這些研究方法，我們可以預計在結合宏觀和微觀層次研究中國外交政策時至少有以下研究議程。

---

[60] Chen, Xiaolu. 1989. "China's Policy toward the United States, 1949-1955," in Harry Harding and Yuan Ming, ed., *Sino-American Relations, 1945-1955*, 184-197. Wilmington, Delaware: Scholarly Resources Inc.

[61] 想進一步瞭解中國的相關資料，可以參閱：Hunt and Westad (1990), *The Chinese Communist Party and International Affairs: A Field Report on New Historical Sources and Old Research Problems.*

[62] Ritzer, George. 1990. "Micro-Macro Linkage in Sociological Theory: Applying a Metatheoretical Tool," in George Ritzer, ed., *Frontiers of Social Theory*, New York: Columbia University Press, pp. 357-364.

處理不同因素之間的關係

　　對於強調國內因素導向的學者在研究中國外交的同時再給予國際結構以關注相對容易，反之亦然，對於以強調國際因素為導向的學者在研究時再給予國內因素以關注同樣相對容易。通過這些努力，這些學者會給予宏觀層次和微觀層次同等的關注，更主要的是，可以給予不同因素間的關係相等的關注。此前所指出的第三組對中國雙邊關係研究的一些成果就屬於這一類。

　　在研究宏觀層次和微觀層次之間的相互關係時，我們可以先對國內議題對中國外交政策的影響給予考察，緊接著再把焦點集中到外部環境對國內相關制度和發展所造成的影響上。正如皮特・格雷弗席（Peter Gourevitch）指出的那樣，國內政治、經濟和社會結構可能是正在變動的國際體系的「結果」，「而並非僅僅是國際政治的動因」[63]。瑪格麗特・皮爾森（Margaret Pearson）對有關合資企業和經濟「開放政策」對中國外交政策影響的考察便是這方面很好的一個例證[64]。

　　另外，對中國與主要國家行為體關係的綜合分析也引起了學者的關注，相關研究通常是朝著與外交政策相反的方向。例如，許多現有的一些有關中俄關係、中日關係、中美關係等作品都設法避免從單一視角進行論述（中國的視角或者對方的視角）。更具有挑戰性的地方在於，把這種相互之間互相作用的關係作為一個整體進行研究，給予國內和國際因素之間同等的關注。哈里・哈丁對中美關係的研究是這方面的一個成果[65]。

議題導向的研究

　　對於國際和國內因素對中國外交政策的影響孰輕孰重，根據不同的議題會得出不同的結論。值得指出的一點是，例如，當中國變得更為開放時，或者當中國受後毛澤東時代向更為多元化的方向發展時，國際因素可能變得更加重要，當然也要看具體的議題。邁克爾・蔓恩（Michael Mann）在其有關宏

---

[63] Gourevitch, Peter. 1978. "The Second Image Reversed: The International Sources of Domestic Politics," *International Organization* 32, no. 4 (Autumn), p. 882.

[64] Pearson, Margaret. 1991. *Joint Ventures in the People's Republic of China*. Princeton: Princeton University Press.

[65] Harding, Harry. 1992. *A Fragile Relationship: The United States and China since 1972*. Washington: The Brookings Institution.

觀歷史衝突（macro-historical conflict theory）的理論中指出權利的四個層面（軍事／地緣政治、政治、經濟、文化／意識形態）[66]，對於中國外交政策相關議題的研究尤其具有價值。例如，研究者可能會試圖強調政權穩定（面對國內外威脅）對中國領導層的極端重要性，以及在中國逐漸由安全議題向經濟議題的轉變中的極端重要性。北京的香港政策是另外一個例子。香港議題對於研究這種聯接是一個很好的議題，它既是國內事務（國家統一），也是外部事務（中英關係）。研究者也可以研究中國的軍控政策（例如武器購買、部署、和出售），此類政策往往會在國內和國際兩個舞臺上都有深遠的影響[67]。

　　在議題導向上的一些研究成果是對有關中國在國家定位上研究[68]。正如安東尼・吉登斯（Anthony Giddens）在其結構理論中指出的那樣，社會科學的基礎「既不是個體的經歷，也不是任何形式的社會總體存在，而是穿越時空的社會實踐」[69]。對國家認同的考察就使研究者有可能「穿越時空」，將焦點集中在歷史、社會和意識形態上，而並非僅僅歷史結構。這樣就可以避免了研究的靜態性。

　　在這一方向上，其他可能的議題研究包括行為模式研究和中國外交的政策選擇研究。天安門事件兩年後，鮑大可（Doak Barnett）對中國正在選擇的發展方向進行了全面的剖析，並得出結論說，「中國將繼續經歷意義深遠的變化，但是會按照自己的步伐和自己有特色的方式」[70]。未來的研究議程應該盡力界定這種「意義深遠的變化」，同時考察中國「自己的步伐」和「自己有特色的方式」——而並非其外交政策行為本身，也包括其內部影響外交政策的行

---

[66] Mann, Michael. 1986. *The Sources of Social Power*, vol. 1. New York: Cambridge University Press.

[67] 約翰・劉易斯在這個問題上進行了持續的研究。可參見：Lewis and Xue. 1988. *China Builds the Bomb*; Lewis, Hua and Xue. 1991. "Beijing's Defense Establishment: Solving the Arms-Export Enigma."

[68] Dittmer, Lowell, and Samuel Kim. 1993. *China's Quest for National Identity*. Ithaca, NY: Cornell University Press.

[69] Giddens, Anthony. 1984. *The Constitution of Society: Outline of the Theory of Structuration*. Berkeley: University of California Press.

[70] Barnett, Doak. 1991. *After Deng, What? Will China Follow the USSR?* Washington, D.C.: The Foreign Policy Institute, School of Advanced International Studies, The Johns Hopkins University, pp. 22-23.

為。例如，研究者可以著眼於中國外交政策行為中，原則性和靈活性的有特色的結合。在這一意義上，研究者可以進而提出這樣的問題：在日益變化的環境下，如何界定中國的政策選擇和行為模式？在什麼樣的環境下，中國的外交政策會變得更為靈活，或者變得更具原則性？面對看似相近的情形，中國的反應為什麼有時則截然不同？

機制和進程

　　另外一個有前景的研究是設法避免將焦點集中到任何單一層次，而是集中於金淳基（Samuel Kim）所指出的，對中國外交「政策制定過程中的任何干預變數進行折衷處理」[71]。筆者相信這種「對干預變數的折衷處理」會將不同層次上的因素聚集到一點，從而使研究結果更為動態化，而非靜態化。研究機制和進程的一個方式是進行案例研究。埃里森（Allison）利用古巴導彈危機所進行的理性選擇、組織進程和官僚政治的研究，已經在這方面做出了非常出色的努力[72]。

　　對機制和進程的研究要求我們的研究要更為具體。運用這種聯接的方法需要我們進行經驗研究，同時要獲得豐富的新的資料，以使我們能夠在有關中國外交政策制定過程中的國際和國內領域的因素建立起聯繫。更具體的是，這種經驗研究應該追問以下問題：該項政策在什麼時期（背景）出臺？政策針對的國家是哪些？什麼相關的議題影響了中國的對外關係？

　　研究者也可以考察有關中國對外關係的國內影響與國際影響之間的關聯，以及跨國發展對中國國內成就的影響，這種聯接的一個例子是認識共同體的形成（例如關於環境議題）和其對中國的內外政策上的影響。中國的環境政策越來越重要，但是很大程度上仍然是一個被忽視的議題。關於這個議題可以採取宏觀—微觀聯接的方式進行研究，並以此考察中國的外交政策，因此這個議題也是等待界定與融入中國對外關係研究的重要主題。例如，中國的環境政策是三種層次的結合：中國的國內政治、外部行為、全球和地區體制[73]。

---

[71] Kim, Samuel. 1994. "China and the World in Theory and Practice," in Samuel Kim, ed., *China and the World* (3rd ed.). Boulder, Colo.: Westview Press.

[72] Allison, Graham. 1971. The Essence of Decision: Explaining the Cuban Missile Crisis. Boston: Little, Brown.

[73] 在威斯康辛州的拉辛召開了為期四天、主題為「中國環境政治下的外交關係」的研討會。與會學者有環境學家、中國外交政策專家和國際關係理論家。美國企業研究所出版

比較分析

　　在聯接宏觀─微觀層次研究中國外交政策上，進一步推進的一個有價值的方法是進行比較分析。對其他國家外交政策行爲的研究可以爲中國外交政策的研究提供範本，一個合乎邏輯的研究將是對其他社會主義國家的研究；研究者可以著眼於對前蘇聯外交政策根源的研究[74]。比亞勒（Seweryn Bialer）在其對蘇聯外交政策國內根源的研究中，討論了三個層面：文化和意識形態、政治和社會、經濟[75]。接著他考察了東歐背景下的蘇聯境況。研究者可以按照類似的路徑考察中國的外交政策及其國內根源，然後與蘇聯進行對比。

　　比較研究也可以拿中國與其他國家和地區進行對比。一個可能的路徑是將中國與其他發展中大國相比，例如印度。另外一個可能是對比中國和其他華人社會，例如臺灣，這一點在考察傳統思想和政治文化對外交議題的影響時尤其有價值。議題導向當然也值得嘗試；這方面的成果之一是有關中國和北韓、德國、越南圍繞國家統一和「分裂國家的政治」問題進行的比較研究[76]。

社會─機制─個人的聯接方式

　　如上所述，另一個有前途的研究路徑是必須注意：即使考察中國外交政策的國內根源本身，也有不同的層次。正如亨利・基辛格（Henry Kissinger）強調的那樣，系統評估國內因素對中國外交政策的影響「必須引入不同的因素，例如歷史傳統、社會價值和經濟體制」[77]。例如，研究中國的外交政策形成可以從社會層次、機制層次和個人層次三個層面入手。

　　中國政治氛圍在中華人民共和國成立後已經經歷了不同的週期轉變。按照白魯恂（Lucian Pye）的研究，中國的「國家─社會」關係對「內部政治的特

　　了此次會議的報告。筆者非常感謝金淳基能夠出席此會，他的觀點給予筆者很大啟發。

[74] 例如，讀者可以參見：M. Schwartz. 1975. *The Foreign Policy of the USSR: Domestic Factors*; Hoffmann and Fleron, eds. 1980. *The Conduct of Soviet Foreign Policy*; and S. Bialer (1981), *The Domestic Context of Soviet Foreign Policy*.

[75] Bialer, Seweryn, ed. 1981. The Domestic Context of Soviet Foreign Policy. Boulder, Colo.: Westview Press.

[76] 參見：Quansheng Zhao and Robert Sutter. 1991. Politics of Divided Nations: China, Korea, Germany, and Vietnam.

[77] Kissinger, Henry. 1969. "Domestic Structure and Foreign Policy," in James Rosenau, ed., *International Politics and Foreign Policy*, New York: The Free Press, p. 253.

色發展影響巨大」[78]。高層的政治分歧所導致的「不是西方左派和右派、或者自由陣營和保守陣營的『鐘擺效應』」，而是國家權利對社會滲透的集權和分權所導致的『上上下下』模式」。這種「上上下下」或「時緊時鬆」模式與中國政治領導精英的更迭有關，這些政治精英上臺後可能會帶來有關中國外交政策或戰略的新方向，例如毛澤東時代的「閉關政策」（closed policy）和鄧小平時代的「開放政策」。觀察不同的領導人，儘管還不是很清晰，但是研究者仍然可以看出「時緊時鬆」的搖擺效應與外交議題之間相互關聯。這一方面比較好的例子是，在不同領導人的統治下，北京政府對其公民接觸外界的態度有很大不同，例如海外學習以及海外旅遊。諸如武器出售等方面的中國外交政策的策略轉換，很可能取決於可察覺的國際環境動態變化。按照這一線索進行研究，而不是集中到社會—機制—個人的單個層次，將會得出關於這三個層次的一個綜合分析結果

　　總之，這種對不同層次進行聯接的方式應該建立起來。正如傑佛瑞・亞歷山大（Jeffrey Alexander）和伯恩哈德・吉森（Bernhard Giesen）指出的那樣，爲了建立「眞正的包括宏觀層次和微觀層次的聯接方式」，應該有「一個根本的不同出發點」[79]，只有這樣才能爲中國外交政策研究創造出新的議程。我們的確需要在這一領域開展這種必要和永久的改變。對於中國外交政策研究，離開不同層次的更加融合的方法，我們就不難理解中國過去做了什麼、正在做些什麼，以及將來將要做些什麼。這種新的分析方法將成爲未來中國外交政策研究中最重要的理論指導之一。

第三節　外交政策執行的特點

　　在研究外交政策內與外這個大框架下，一個很重要的側面就是各國在外交政策執行時的特點。這些特點不但受到歷史、文化的影響，而且也和政策制定

---

[78] Pye, Lucian. 1992. *The Spirit of Chinese Politics*. Cambridge: Harvard University Press, pp. 254-255.

[79] Alexander, Jeffrey, and Bernhard Giesen. 1987. "From Reduction to Linkage: The Long View of the Micro-Macro Link," in Jeffrey Alexander et al., eds., *The Micro-Macro Link*. Berkeley: University of California Press, p. 37.

者的好惡及在長期的實踐中所積累的經驗有緊密聯繫。下面我們還是用中國外交作爲案例研究來闡發政策執行過程中的策略與技巧。

　　國際關係學中有一種觀點頗爲流行：「每個國家都在追求自身的利益，而國家對這種利益的界定往往以最大化爲原則。」[80]馬基維利認爲，尋求生存是一個國家首要的利益[81]，不足爲奇，中國領導人在制定外交政策時也會遵循這些原則。不過，爲了實現國家利益最大化，北京在國際舞臺上形成了特定的外交政策行爲模式。

　　同樣，我們也用中國外交作爲研究的切入點。研究中國外交政策行爲的文獻可謂汗牛充棟，本節的學術興趣在於探究這一行爲模式中被廣爲談論卻很少深入分析的一個特點——即兩重性，這一分析的案例基礎以中日關係爲主。不少學者注意到，中國外交政策具有很強的「剛性」，或者說被意識形態所「扭曲」，「因其頑固而危險」；[82]另一方面，有些評論指出：「近年來中國在發展對外關係中，日益顯現出彈性（靈活性）和實用主義特徵。」[83]換言之，「出於實用主義，中國有時會表現出很大的靈活性，以至於會使外部產生困擾，因爲，比起中國領導人的靈活性，美國（或蘇聯）那種制度化的或者呆板的決策過程要對事件做出反應，往往會慢上半拍甚至幾拍。」[84]對於中國外交政策這種剛性和彈性的兩重性，金淳基（Samuel Kim）概括爲「堅持原則與靈活的策略相結合」[85]。

　　以往，對中國制定外交政策的研究要麼側重於分析國際環境制約[86]，要

---

[80] Kenneth Waltz, Men. the State and War. New York: Columbia University Press, 1959, p. 238.

[81] 參見Niccolo Machiavelli, The Prince and Discourses. New York: Library, 1950. Modern.

[82] Michael Hunt, "Chinese Foreign Relations in Historical Perspective," in Harry Harding, ed., China's Foreign Relations in the 1980s, p. 5.

[83] Harry Harding, "China's Second Revolution: Reform after Mao," Washington, DC: The Brookings Institution, 1987, p. 243.

[84] Lician Pye, "The Mandarin and the Cadre: Chinese Political Cultures," Ann Arbor, MI: Center for Chinese Studies, 1988, p. 106.

[85] Samuel Kim, "Reviving International Law in China's Foreign Relations," in June T. Dreyer, ed., Chinese Defense and Foreign Policy. New York: Paragon House, 1989, p. 123.

[86] 這一學派認爲，國際環境，尤其是與超級大國之間的關係，很大程度上制約著中國的外交選擇。參見Michael Ng-Quinn, "The Analytical Study of Chinese foreign policy," International Studies Quarterly, vol. 27, no. 2 (June 1983); and Jonathan Pollack, "China and the

麼強調國內因素主導[87]。審視這些流派的不同觀點，本節得出了與哈姆琳（Carol Hamrin）相似的看法：「爲了理解一定時期內中國的外交行爲，必須把當時中國不能不做出回應的國際環境以及中國領導人對外部世界的主流看法結合起來。」[88]

打通不同流派之間畫地爲牢的理論邊界（如嘗試將國際因素和國內因素相結合），我們會對中國外交政策的兩重性獲得更加深入的理解。當然，這種研究方法也會帶來進一步的理論或實踐問題，例如：如果說這種兩重性是中國實現其最大利益的重要手段，那麼，如何對中國外交政策行爲模式給以準確的概念化界定？北京的政策與環境之間的互動是否存在一定規律？如是，何種情況會使它趨向更加靈活抑或更加強硬？再有，面對看起來相似的狀況，爲什麼有時中國卻做出顯然不同的反應？以下，本節將結合中日關係發展的經驗做出具體的分析。

（一）力爭最大利益：中國外交政策的原則性與靈活性

意識形態與傳統思想的結合是中國領導人制定外交政策的一個主要依據。長期以來，馬克思主義和傳統文化對中國的國內外決策影響巨大，中國爲實

Global Strategic Balance," in Harry Harding, ed., *China's Foreign Relations in the 1980s*. New Haven: Yale University Press, 1984.

[87] 參見，例如：David Bachman, "Domestic Sources of Chinese Foreign Policy," in Samuel Kim, ed,. China and the World (2nd ed.), Boulder, CO: Westview Press, 1989; Carol Hamrin, "China Reassesses the Superpowers," Pacific Affairs, vol. 56, no. 2 (summer 1983): John Garver, China's Decision for Rapprochement with the United States, 1968-1971, Boulder, CO; Westview press, 1982; Harry Harding, "The Domestic Politics of China's Global Posture, 1973-1978," in Thomas Fingar, ed., China's Quest for Independence, Boulder, Co: Westview Press, 1980; Robert Ross," From Lin Biao to Deng Xiaoping: Elite Gottlieb, Chinese Foreign Policy Factionalism and the Origins of the Strategic Triangle, Santa Monica, CA: The Rand Corporation, 1977; and Kenneth Lieberthal, "Domestic Politics and Foreign Policy," in Harry Harding, ed., China's Foreign Relations in the 1980s.

[88] 參見Carol Hamrin, "Domestic Components and China's Evolving Three World Theory," in Lillian Harris and Robert Worden, China and the Third World. Dover, MA: Auburn House, 1986, pp. 50-51.

現外交政策目標所採用的策略與技巧也彰顯了這一特徵[89]，即以「原則性」和「靈活性」爲基礎的二重模式。1949年1月中共中央發出《關於外交工作的指示》，該指示由中華人民共和國第一任總理、同時兼任外交部長的周恩來起草。《指示》強調，「在外交工作方面，我們只有對原則性與靈活性掌握恰當，方能站穩立場、靈活機動」。一般而言，原則性是指在處理有關涉及國家利益、主權和中國社會主義道路等外部事務時，應堅持一系列原則；而「靈活性」則承認在國際舞臺中有靈活和妥協應變的必要。

　　毛澤東的原則性和靈活性策略既來源於馬克思主義哲學，又體現出中國的傳統思想。例如，傳統中國信條是「中學爲體，西學爲用」，既提倡以中國價值爲原則，又主張將西方價值用於技術和實際目的。中國古代軍事思想家孫子有言：「兵者，詭道也」，亦即應對局勢靠的是將者之智。在某種程度上，也正是通過將馬克思主義和中國傳統相結合，毛澤東才能在國家制度設計、社會道德引導和權力合法基礎等意義上，均確立了對中國外交政策的絕對領導地位。

　　事實上，考察每一個案例都可以看到，中國政府的行爲模式和政策選擇均體現了原則性與靈活性的特點。亦即：嚴格堅持基本原則，同時在實際和技術層面靈活應變。不過兩種情況會隨著形勢的變化而改變。不管怎樣，中國領導人在貫徹原則性和靈活性的基礎上爲繼續執政（regime preservation）實現了

---

[89] 很多學者都曾討論過文化因素在政治關係中的重要作用。例如，亨廷頓（Samuel Huntington）指出文化是解釋不同政治發展模式的「中心自變量」；同樣，美國學者白魯恂（Lucian Pye）也非常重視「民主過渡」過程中的文化因素，並提出「在經濟現代化的背景下，哪種文化才是民主的基礎？」的問題；也有學者（Fritz Gaenslen）在研究決策過程時強調，即使是細微的文化差異「也能對集體決策產生巨大影響」，這就促使學者們「嘗試著證明這一影響」。但是，正如雷蒙得‧科恩（Raymond Cohen）所說，文化通常具有「隱藏性」，即經常看不見，卻能夠對個人、集體和社會的行爲產生深遠影響。參見：Samuel Huntington, "The Goals of Development," in Myron Weiner and Samuel P. Huntington, eds., Understanding Political Development, (Boston: Little, Brown, 1987), p. 22; Lucian W. Pye, "Political Culture Revisited," Political Psychology 12, no. 3 (September 1991): p. 506; Fritz Gaenslen, "Culture and Decision Making in China, Japan, Russia and the United States," World Politics 39, no. 1 (October 1986): pp. 101-102; Raymond Cohen, Negotiating Across Cultures: Communications Obstacles in International Diplomacy (Washington: United States Institute of Peace Press, 1991), p. 153.

利益最大化。

　　考察中國政府對外行爲模式的策略和技巧，可以看出其外交政策主要堅持兩個原則：根本原則和「象徵性」原則（rhetorical）。根本原則是指向生死攸關的國家利益，包括捍衛國家主權等，中國政府一貫堅定不移的堅持這些原則；而「象徵性原則」則指高度敏感但不觸及實質問題的議題。這些議題通常是爲處於主要政策範圍目標之外的次要目標服務。

　　中國政府完全可以設定清晰的原則以預先確立自身的談判立場，這既是爲了自衛，也是爲了實現利益最大化。一旦確定了原則，一些外交情況可以通過協商和談判來解決，而另一些則不能。不可協商原則（原則性）涉及關乎重要國家利益的問題，如政權合法性和國內政治穩定等。可協商原則（靈活性）是那些次於重要國家利益的問題，也可稱技術問題。這些議題會隨時間、國內情況和國際環境的變化而有所改變。有時候，通過非官方或非正式管道，不可協商原則可以轉變成可協商原則。事實上，中國政府所奉行的這些原則是一種演繹式的方法：在堅持根本原則不變的情況下，允許以靈活的方式達到預期目標。

　　在新中國對外政策話語中，原則性和靈活性這兩個術語一直存在，並在中國政府的外交政策文獻反覆使用。所謂原則性，包含「原則或者講原則的」兩層意思，一般說來，它是指堅持遵循一些基本的信條，譬如國家利益、主權以及中國的社會主義道路等；反之，靈活性則承認在國際舞臺上有行爲調適和妥協的必要。那麼，怎樣解釋原則性和靈活性之間的關係和轉換呢？羅伯特·傑維斯（Robert Jervis）指出，忽略了決策者的信仰、對世界的認知等主觀因素，我們就無法對那些重要的外交決議或政策做出解釋。[90]因此，爲了更好地理解「原則性」和「靈活性」這兩個概念，必須瞭解中國領導人對於外部世界看法的思想淵源。究根溯源，中國傳統思想和馬克思主義毛澤東思想的意識形態爲其奠定了基礎。

　　早在近代中國開始與西方文明發生碰撞之時起，就有一種傳統觀點主張「中學爲體，西學爲用」，用現代的語言闡釋，就是以中國的價值觀爲本體，置西方於實用的、工具理性的層面來對待。也可以說，在這裡就體現出原則和

---

[90] 參見Robert Jervis, *Perception and Misperception in International Politics*, Princeton: Princeton University Press, 1976.

實踐（靈活性）的區分。

與中國傳統思想相比較，馬克思主義辯證法，尤其是經過原蘇聯理論界簡化後的哲學，提供了更加權威、更加具有科學意味的思想支持。這種哲學認為，世界萬事萬物都處於矛盾統一的狀態，矛盾的雙方是對立的，也是可以轉化的（如在一定條件下，好事變壞事，壞事也可以變好事）。具體而言，資產階級就經常交替使用暴力的與和平的兩手來達到統治無產階級的目的。馬克思主義者相信，在堅持基本原則的同時要根據條件靈活行事，以便抓住對無產階級有利的機會。傑出的革命者必須審時度勢，隨時準備採取不同的策略來達到目標。列寧在這方面樹立了很好的典範。

毛澤東和他的革命夥伴在國內外政策中都大大地發展了這種辯證思維。如在1940年代後期，毛結合世界形勢評論美國時指出它有兩重性，而我們要在戰略上蔑視它，看到美國不可避免地會衰落，不過是一隻「紙老虎」；同時，在策略上要重視它，看到它是武裝到牙齒的「鐵老虎」。1950年代中期，毛總結中國經濟建設面臨的問題時，提出要處理好相互矛盾的十大關係（如工農業的關係、沿海和內地的關係，等等），貫徹「兩條腿走路」的方針。對付西方帝國主義和反動勢力，毛一貫主張「用革命的兩手對付反革命的兩手」，更準確地說是「以革命的兩手策略反對反革命的兩手策略」。

可見，原則性與靈活性相結合是中國革命的一貫方針，也指導著中國的外交政策。但要記住的是，困難在於原則性和靈活性在現實中往往沒有一個清晰的界線，如何界定它就取決於不同的環境和觀念，這就像中國古代的軍事家孫子所說：「兵者，詭道也」。對一個具體事件，北京的外交實踐經常是剛性和彈性的混合，即嚴格地堅持基本原則，但是在實際的技術問題上卻可能有很大的靈活性。

下面，將結合過去四十年間中日關係的發展來分析中國外交政策中的兩重性，將其分解為五個方面的內容加以具體論述，即：實質性原則和修辭性原則、高優先順序和低優先順序、官方安排和非官方安排、正式管道和非正式管道、官員談判和首腦干涉。

實質性原則和修辭性原則：以中日關係為例

首先，讓我們通過「中日友好」、中日關係正常化的歷史來考察「原則性」這個術語所體現的內涵，何謂原則以及怎樣講原則。

在中日關係改善、兩國關係正常化歷程中，可以看到中國的對日政策始終

存在若干指導方針，即所謂原則。這在兩個問題上有清楚的體現，那就是臺灣的地位和警惕日本「軍國主義的復活」。

1958年，中國總理周恩來宣布了指導中日關係的「政治三原則」：日本不應：1.把中國視爲敵對狀態的國家；2.參與任何企圖製造「兩個中國」的陰謀；3.阻礙恢復中日兩國關係正常化。[91]此外，日本必須承認只有一個中國，北京是代表中國人民的唯一合法政府；臺灣是中國領土不可分割的一部分；日臺和約是違法的、無效的，必須廢除。總而言之，在中日關係正常化的整個過程中，北京在臺灣問題上態度強硬，毫不讓步。

這一強硬立場也反映在北京對日本的貿易政策上。1970年春，周恩來針對中日貿易提出了四個新條件，主要是強調臺灣問題。[92]1972年秋，在日本願意就中國政府提出的涉及日臺關係的政治三原則做出妥協之後，中日關係才實現了正常化。

中國在對待日本軍國主義復活的問題上則表現不同。1971年之前，中國一直告誡國內外要警惕並防止「日本軍國主義的復活」。1969年《佐藤—尼克森聯合聲明》宣稱：「臺灣地區的和平與安全也是日本安全的一個重要因素。」[93]周恩來隨即譴責佐藤政府在重蹈軍國主義覆轍，還在妄圖追求日本二戰時期的「大東亞共榮圈」的夢想。[94]在1970年春天訪問北韓期間，周恩來嚴厲地譴責「日本軍國主義正試圖、並且成爲亞洲危險的侵略力量」[95]。

然而，出於對付美國和蘇聯兩個超級大國的戰略需要，毛澤東的國際思想在1970年代初期發生了重大改變，提出「三個世界」理論，日本和西歐都被看作是處於第三世界「革命力量」和兩個反動的超級大國之間的中間地帶。以此推論，中國有必要也可以同日本、西歐國家發展友好關係；當然，經濟需要

[91] Peking Review, September 14, 1960, pp. 25-26.
[92] 貿易四原則是："No trade would be allowed to (1) Japanese who assisted Taiwan and South Korea; (2) anyone who invested in Taiwan and South Korea; (3) those who produced weapons for the American war of aggression against Vietnam, Laos, and Cambodia; and (4) American companies in Japan. These conditions were later negotiations between Beijing and Tokyo in 1971."
[93] 參見Department of State bulletin, December 15, 1969, pp. 555-558.
[94] Peking Review, December 5, 1969, p. 11.
[95] Peking Review, April 10, 1970, p. 5.

也是北京尋求與東京發展更緊密關係的助推器。北京媒體抨擊日本軍國主義復活的論調在這一時期明顯地減弱，在1972年田中角榮當選首相之後，甚至一度消失。代之而起的是「中日友好」的宣傳，目標是推動兩國關係正常化。中國相信，田中角榮取代佐藤榮作上臺爲中日兩國政府直接接觸創造了良機，與推動兩國關係正常化的大目標比較，日本的「軍國主義復活」顯然不再是那麼緊迫、重要的議題。這種認知持續到了1970年代末，中國一直在積極地尋求建立國際統一戰線來反對蘇聯霸權主義。中國領導人不僅不再嚴厲地反對日本重新武裝，反而對日美軍事聯盟的存在採取了默認的態度，並試圖與日本建立一定的防務關係。[96]

　　1982年以後，北京在鄧小平復出以後重申，堅持眞正獨立自主的和平外交政策，不結盟，推行「無敵國外交」。在這之後，由於同年出現了日本「教科書風波」，中國才再次對日本的右翼勢力進行了嚴厲的抨擊。當時，一些教科書在修訂後掩蓋、粉飾日本侵略戰爭的歷史，日本文部省遭到各方面的尖銳批評，包括日本國內的進步人士，以及亞洲的鄰邦（如中國、香港地區、北韓和南韓）。直到當年9月鈴木善幸首相既定的訪華之前，日本方面承諾重新審定教科書中引起爭議的部分，中國才停止了這一抨擊活動。鈴木善幸這次訪華正值中日關係正常化十週年，據說，他花費了很多時間向中國領導層說明要妥善解決此事。

　　1985年和1986年，修訂版教科書篡改歷史的問題再次被提出。緊接著，日本首相中曾根康弘正式參拜靖國神社，使情勢進一步惡化。中國新聞媒體掀起一輪更大的批評浪潮，北京、上海還有中國其他一些大城市都出現了學生示威運動，民族主義情緒迅速高漲。

　　通過上述兩個例子，我們可以把中國外交政策中的「原則」分爲實質性原則和修辭性原則兩種。實質性原則是那些關乎中國國家利益和主權的基本原則；對此，北京的態度始終保持堅定和一致。處理臺灣問題的原則就屬於這一類。

　　修辭性原則涉及那些高度敏感但可能並不完全是實質性的問題，如1970年代的日本軍國主義復活的問題。這些問題的解決通常作爲次要目標，根據主要目標的達成而調整，有時甚至降到無足輕重的地步。在1970年代，批評日

---

[96] Laura Newby, Sino-Japanese Relations. London and New York: Routledge, 1988, p. 70.

本「復活軍國主義」是爲了對佐藤政府的保守立場施壓，爭取由親華的領導人取而代之，從而促進中日友好。一旦實現中日關係正常化，這個問題就不再那麼重要了。

高優先順序和低優先順序

　　一國外交政策目標的排序總是有高低之分，中國也不例外。在實踐中，中國把原則性問題置於高優先順序，其他可以靈活處理的問題則隨機而定。北京對外國貸款的態度轉變是一個很好的佐證。

　　經歷過十九世紀末和二十世紀初西方列強對中國國家主權的踐踏，中國對任何外國干預都十分敏感。1949年新中國建立之後，北京對外國貸款長期抱持懷疑的態度。唯一的例外是在1953年至1960年期間，中國接受了來自蘇聯和東歐社會主義國家約相當於15億美元的政府貸款。1972年中日關係正常化之後，東京幾次提出以經濟合作的方式提供政府援助貸款，都被北京毫不含糊地拒絕了。[97]那時，防止外國干涉和影響是中國領導層最優先考慮的事情。晚至1977年，中國的領導人還強調中國不允許外國企業或者合資公司開發國內初級資源，也不接受外國貸款。[98]

　　1978年底北京開始實行改革開放政策後，經濟發展和現代化被置於優先地位，中國的國內政策和對外政策徹底改變。北京逐漸意識到外國貸款是中國獲得廉價資本的必要手段，而北京迫切需要廉價的資本發展經濟。日本的低息貸款、先進的技術以及市場對中國的決策者來說越來越具有吸引力。

　　雖然商業貸款是必需的，但是當財政危機再三地威脅中國的重要規劃時，

---

[97] Chae-Jin Lee, China and Japan, New Economic Diplomacy. Stanford, CA: Hoover Institute Press, 1984, p. 113.

[98] 例如，人民日報一篇文章稱（1977年1月2日）："We never permit the use of foreign capital to develop our domestic resources as the Soviet revisionists do, never run undertakings in concert with other countries and also never accept foreign loans. China neither domestic nor external debts." 中共官方刊物《紅旗》（Red Flag）（1977年3月號）也聲稱："Ours is an independent and sovereign socialist state. We have never allowed, nor will we ever allow, foreign capital to invest in our country. We have never joined capitalist countries in exploring our natural resources; nor will we explore other countries' resources. We never did, nor will we ever, embark on joint ventures with foreign capitalists." 亦參見Robert Kleinberg, China's "Opening" to the Outside World. Boulder, CO: Westview, 1990, p. 1.

國外政府的軟貸款（借款國可以用本國貨幣償還）顯得更有吸引力。1979年，中國開始接受日本政府貸款。日本在非社會主義國家中首開先河，後來其他西方國家如比利時、丹麥以及以世界銀行為代表的一些國際組織也加入進來。與日本的合作使中國學到了參與國際金融合作的寶貴知識。當時，美國一位高級官員評論說，「很明顯，中日關係是對中國最重要的國際關係」[99]。

　　鄧小平在1988年接見日本首相竹下登時公開表示，日本的貸款「非常重要」，由此可以看出日本政府增加貸款的重要性。當時竹下登剛剛宣布向中國提供總額為8,100億日元（54億美元）的第三批政府貸款。[100]1989年之後，日本追隨其他西方工業國家，凍結了給中國的政府貸款。1990年7月，在休士頓舉行的七個主要工業國家（七國集團）的經濟峰會上，日本首相海部俊樹宣布「日本將逐步恢復」第三批對華政府貸款，從而結束了持續一年多的對華經濟制裁。[101]中國總理李鵬立即做出回應，北京將「積極與東京合作」執行貸款計畫。[102]鄧小平和李鵬的言論清楚地反映出中國外交優先目標在發生變化。

　　中日和平條約的談判也是說明優先性的一個實例。1974年9月，中國和日本同意就和平條約開始談判，但是直到四年後（1978）條約才最終簽署。中日之間有兩個爭議問題：反霸條款和釣魚島問題（日本稱為尖閣列島）。

　　中國認為蘇聯是主要霸權國家，把蘇聯作為反霸條款的主要對象。1975年1月，周恩來首先提出：反霸原則應該構成未來中日關係的基礎。[103]儘管日本方面強烈反對該條款暗示蘇聯是一個擴張主義國家，擔心日本接受這一條款意味著與中國結成反蘇同盟，但是北京在這一問題上不願做出任何讓步。儘管不情願，東京最終還是同意和平條約中包括反霸條款。北京方面在獲勝的同時做出了一個戰術妥協，同意在條約中插入一條附加條款，保證「與任何協力廠商的關係（例如蘇聯）」都不受該條約的影響。[104]

[99] Amands Bennett, "Japan Excels in Relations with China. A fact that Washington Finds Useful," Wall Street Journal, April 13, 1984.

[100] Japan Times, August 27, 1988, p. 1.

[101] Japan Times, July 12, 1990, p. 1.

[102] Renmin Ribao, July 26, 1990, p. 1.

[103] Yung Park, "The 'Anti-Hegemony' Controversy in Sino-Japanese Relations," Pacific Affairs, vol. 49, no. 3 (fall 1976), p. 477.

[104] 有關當年談判的詳情，見Robert Bedeski, The Fragile Entente: the 1978 Japan-China Peace

　　釣魚島是一個無人居住的岩石島，位於臺灣島和琉球群島之間，北京和東京之間為該島的主權爭論不休，尤其是1968年以後，新聞報導稱該海域有大量的石油資源。1978年4月，一百餘艘機電裝置的中國漁船在釣魚島周圍航行，中日爭端激化。這個問題如果不能很快解決的話，將會危害不久將舉行的中日和平條約的談判。未待形勢進一步惡化，中國外交部一位副部長發表聲明，明確指出：「雙方同意把解決領土問題和提議中的條約談判分開處理。」[105]1978年秋，鄧小平在訪問日本期間建議擱置爭議，期望「後代能更好地解決」這個問題，從而在和平條約談判期間避免了釣魚島爭端。[106]

　　這個例子說明，當時北京的領導層把反霸條款看作是高優先順序的問題，釣魚島問題可以暫時置於次級地位。因為1970年代末蘇聯入侵阿富汗以及中越之間矛盾加劇，中國把蘇聯看作是最大的威脅，努力建立國際統一戰線反對「蘇聯霸權擴張」。堅持反霸條款實際是把兩個爭議問題聯繫起來：如果日本不同意反霸條款，那麼關於釣魚島的領土爭端就會升級。[107]

　　1973年至1974年，中日第一個友好貿易協定的談判也體現出中國如何根據優先順序，通過原則性和靈活性相結合來處理敏感、困難的外交問題，具體表現為對待巴黎統籌委員會（COCOM，簡稱巴統）[108]的貿易限制和爭取最惠國（MFN）待遇上。

　　中國進出口貿易長期以來受到巴統的嚴格限制，因此中國一直反對限制，並要求日本給予全面最惠國待遇。日本方面預計貿易協定談判會很艱苦，代表團為此作了大量的準備，爭取在即將到來的中日談判中有一個更有利的立場。通過內部討論，日方在兩條原則上達成一致：首先，應儘快達成協定；其次，日本應繼續維護巴統的原則，因為日美關係是日本外交政策的基礎。日方預計

*Treaty in a Global Context. Boulde*r, CO: Westview Press, 1983.

[105] Ibid., p. 37.

[106] Allen Whiting, China Eyes Japan, pp. 68-69.

[107] Daniel Tretiak, "The Sino-Japanese Treaty of 1978: The Senkakus Incident Prelude," Asian Survey, vol. 18, no. 12 (December 1978), pp. 1235-1249.

[108] 巴黎統籌委員會（Coordinating Committee of the Consultative Group），簡稱巴統（COCOM）於1949年由美國及其盟國在巴黎成立，最初目標是針對蘇聯和東歐集團的，管控其戰略物資貿易。1952年在巴統之下又成立了中國委員會（CHINCOM），專門受理對中國的出口管制問題。為方便起見，本章統一用巴統來代表這兩個貿易限制組織。

談判可能出現四種結果：

1. 中國取得「全面最惠國待遇」，這意味著同時廢止巴統的限制；
2. 「片面最惠國待遇」，意味著繼續承認巴統限制的原則；
3. 對「最惠國待遇」另外做出明確的界定，不提及「巴黎統籌委員」使其類似全面最惠國待遇，但不表示日本政府違反了巴統的限制；
4. 協定談判失敗。[109]

談判過程中，中國代表團在討論最惠國待遇條款時提出了巴統的問題，認為日本的繼續限制對華出口是對中國的歧視，兩國現在已經建立了友好關係，日本理當廢除這些限制。日方堅持說，所有的目標都可以達到，除了那些涉及多邊條約的，其實就是指「巴黎統籌委員會」。幾輪談判之後，形勢變得很明朗，中國並不堅持立即廢止巴統的限制。

事實上，中國人去東京之前就預料到這個困難，但不打算讓它推延或者破壞貿易談判。達成貿易談判是代表團的首要任務。[110]中國代表團出人意料的靈活性使得接下來的談判進行得非常順利。1974年1月，中日貿易協定在北京簽署，促進了中日雙邊貿易的擴大。這一事例進一步證明中國在一些優先順序較低的問題上相當靈活，儘管這些問題很敏感，處理起來可能有困難。

官方安排和非官方安排

1950年代冷戰主導國際環境，中國與蘇聯結盟，而日本外交完全處於美國的控制之下，中日之間幾乎沒有機會在政治或經濟領域有任何官方的雙邊交流。儘管日本的政策受到美國的影響，但是在對華問題上與美國有不同的理解。[111]日本外務省（MOFA）逐漸放鬆控制，並制定了「政經分離政策」（seikei bunri policy，把經濟活動與政治活動分開）。在這一政策下，除政府

---

109 1986年3月6日，於東京採訪時任日本海外開發公司總裁的大石敏朗。

110 1986年10月28日於北京採訪林連德。林早在1940年代畢業於東京大學，是中國早期的幾位日本問題專家。中日復交前，他在中國國際貿易促進會工作，負責對日貿易。1972年後，他被任命為中國外貿部日本處長，後又被提升為局長。林在東京以中國商務參贊身分工作了三年之後，於1985年退休。

111 參見Sadako Ogata, "Japanese Attitudes toward China," Asian Survey, vol. 5, no. 8 (August 1965), p. 389. 緒方貞子指出，很多日本人並不像美國人那樣把中國共產黨視為冷戰敵人。

官員外，任何日本人都可以去中國參觀遊覽，不需要獲得外務省的許可。[112]

對於日本政經分離原則，北京的官方回應很強硬。周恩來總理公開宣稱，把經濟活動與政治活動分開是不可能的。然後他提出了指導中日企業間進行商業貿易的政治三原則。這些公司總計大概有三百家，被稱為「友好公司」。雖然規模比較小，卻是當時中日貿易的主要管道。通過利用日本的「友好公司」，北京與日本先後達成四個非官方貿易協定，分別是在1952年、1953年、1955年和1958年，反映出很大的靈活性。

1960年代初，變化了的國際環境，尤其是中蘇之間衝突加劇，使得中日在貿易領域裡的共同利益進一步擴大。結果是，1962年11月中日締結了《L-T貿易協定備忘錄》。備忘錄以兩國代表的首字母命名L——廖承志（Liao Chengzhi），中日友好協會主席；T——高碕達之助（Tatsunosuke Takasaki），日本執政黨自民黨中老資格的國會議員。

雖然《L-T貿易協定備忘錄》（後更名為《貿易協定備忘錄》）是一個非官方協定，但是雙方都把根據備忘錄設在北京和東京的貿易辦公室視為半官方機構。事實上，這個協定是1962年9月中國總理周恩來在北京與自民黨政治家松村謙三（Kenzo Matsumura）討論雙邊關係時建議的。[113]廖承志，中方代表，雖然是以中日友好協會主席的身分簽字的，但是他在中國政府擔任官方職位——他是政府部長同時也是中共中央委員會委員。

從中國的角度看，這個安排只是名義上的「非官方」，因為在社會主義經濟體制下，政府控制每一個貿易公司。例如，中國國際貿易促進委員會，它是對日貿易的主要合作方，隸屬中國外貿部。此外，中國駐東京的貿易代表大部分是外貿部官員。

非官方接觸極大地便利了中日雙邊交流，尤其是在經濟領域。統計資料顯示，非官方貿易在中日關係正常化之前發展迅速。有了這些安排，兩國都表現出極大的靈活性並得到了巨大的經濟利益。

雖然北京願意與日本作出非官方貿易安排，但是這並不意味著中國會犧牲政治原則。中國政府從來沒有放棄中日關係正常化的政治三原則，一個很好的例子是：基於以中國的政治三原則作為指導原則的諒解，1968年中日貿易談

---

[112] 1986年3月8日採訪日本首任駐華大使小川平四郎。

[113] Japan External Trade Organization (JETRO), How to Approach the China Market, New York: 1972, 78-79.

判中締結了一個協定，繼續中日記者間的交流。但是，中國要求日方有關媒體聲明遵守這三條原則，否則中國將不予接納。違反了這些原則的日本記者要麼被驅逐出境（如《日本每日新聞》、《產經新聞》、《讀賣新聞》、《西日本新聞》），並禁止重新入境，要麼以從事間諜活動的罪名被逮捕（如《日本經濟新聞》）。北京方面嚴格的規定以及日本報界激烈的競爭迫使日本各媒體在涉華報導時不得不自我約束。[114]

通過對官方和非官方的安排採取不同的策略，北京實現了三個目標。首先，中國使用周恩來的「原則（或者條件）」選擇「友好公司」，不僅推動了雙邊貿易，而且使經濟友好優先於政治友好。換句話說，經濟手段可以被用來實現政治目標。

其次，在貿易關係中，中國大多數情況下處於主動（開始或者停止貿易），日本大體上只是被動地做出反應，原因在於日本的非官方貿易受到高度政治化程式的限制，此外，當時中國內政不穩定也使日方受到較大影響。

第三，關係正常化之前中日貿易的非官方安排使日本可以採取更為實際也更為靈活的立場。這基於日本政治、經濟體制開放、多元和競爭的性質。李基京指出一個事實：私人公司和非官方組織以友好協會的形式來處理雙邊關係，對日方也是有益的，否則，日本就得面臨中國強硬的政治要求。[115]

正式管道和非正式管道：以中日復交為例

當中日之間正式的外交管道還處於梗塞之時，中國領導人——尤其是周恩來，通過開闢非正式管道推動了中日關係正常化，表現出高明嫻熟的外交技巧。1972年7月，日本首相佐藤榮作在田中角榮即將接替他成為日本首相之前，曾嘗試與中國建立某種正式溝通的管道。

1970年和1971年，佐藤首相迫於國際環境和國內公眾輿論的變化，開始嘗試與北京領導人進行溝通。佐藤至少透過五條管道作了試探，包括：自民黨幹事長保利茂（Shigery Hori）、日本駐香港總領事岡田晃（Akira Okada）、日中備忘錄貿易辦公室主任渡邊彌榮司（Yaeji Watanabe）、東京都知事美濃部亮吉（Ryokichi Minobe），以及親北京的自民黨國會成員田川誠一

---

114 參見Osamu Miyoshi and Shinkichi Eto, Criticism on the Changing Report About China. Tokyo: Nisshin Hodo, 1972.

115 Chae-Jin Lee, China and Japan, pp. 11-12.

（Seiichi Tagawa）。[116]佐藤想通過他們向北京傳遞重要資訊，或者安排兩國領導人之間的高級別會晤。[117]然而，由於佐藤的親臺灣立場和「不友好行為」，如在聯合國支持美國的反華決議，周恩來拒絕了佐藤的建議，稱「只要佐藤仍擔任日本政府首腦」，中國不會考慮啓動政府間談判。[118]然而，拒絕佐藤並不意味著關閉所有管道，北京開闢了非正式管道來交流資訊。首先，中國數次派出非正式外交特使出訪日本，他們都是頂級的「日本通」，每次訪問都掀起了所謂「旋風」，對中日友好進程產生了巨大的影響。

「第一次王旋風」是指1971年3月到4月期間王曉雲訪問日本。王曉雲是以參加在名古屋第三十一屆世乒賽的中國乒乓球隊副領隊的身分訪問日本的，他沒有使用與其外交部相關的官方身分。王曉雲一個月的訪問富有成果。他與自民黨內部反對佐藤的領袖——例如三木武夫，以及日本企業聯合會和日本雇主聯盟的領導人，在東京舉行了一系列會議。這標誌著日本商業團體領袖與中國高級官員之間的第一次會面。會議之後，日本企業聯合會主席（Kazutaka Kikawade）告知媒體：「1970年，中日關係的改善是國家的問題。」[119]

四個月之後，緊接著出現了「第二次王旋風」。這次是王國權訪問日本，名義是出席長期對華友好的自民黨領袖和日中貿易積極促進者松村謙三的葬禮。王國權時任中日友好協會副主席，是一名經驗豐富的外交官。在為期一週的訪問中，他接觸了日本各方面的政治和經濟領袖。這次訪問在商業領袖中的影響尤其顯著。一些以前親臺灣的領袖，例如新日本製鐵株式會社（日本最大的鋼鐵公司）董事長長野，宣布接受周恩來的「貿易四原則」，並呼籲改善中日關係。[120]

「孫旋風」指的是1972年8月由孫平化帶領中國代表團訪日。孫平化的

---

[116] 參見Seiichi Tagawa, "Questioning the Sincerity of Secretary General Hori," Sekai (March 1972), 24-25.

[117] 詳見Zhao Quansheng, "Informal Pluralism and Japanese Politics: Sino-Japanese Rapprochement Revisited, "Journal Northeast Asian Studies, vol. 8, no. 2 (summer 1989), pp. 65-83.

[118] Asahi Shimbun, November 11, 1971.

[119] Asahi Shimbun, August 25, 1971.

[120] Sakako Ogata, "The Business Community and Japanese Foreign Policy: Normalization of Relations with the People's Republic of China," in Robert Scalapino, ed., *The Foreign Policy of Modern Japan*. Berkeley: University of California Press 1977, p. 195.

官方職位是中日友好協會副秘書長，此次訪問是以上海舞劇團團長的身分。
1972年7月田中就任日本首相之後，中日雙方加速了友好進程。孫平化此次
訪問在日本民眾中激起「中國熱」升溫。許多著名的政治和經濟領袖都希望
同中國官員交換意見。最重要的是，孫平化轉達了中國外交部長姬鵬飛給日
本外相大平正芳的一條官方消息：「周恩來總理歡迎並邀請田中角榮首相訪
華。」[121]田中熱情地接見了孫平化和上海舞劇團演員，並且接受了周恩來的
邀請。中國總理對日本首相的歷史性邀請實際是兩國間一系列非正式管道運作
的結果。

其次，中國還維持著第二種非正式管道，即同日本反對黨的關係。在兩
國關係正常化之前，日本反對黨一直積極主張發展對華關係。兩大反對黨——
社會黨和公明黨在中日關係正常化中扮演了重要的角色，尤其是在1971年至
1972年初，當時正常化進程正處於最敏感的決策階段。

北京長期以來與日本社會黨保持著良好關係，目的是在日本建立「廣泛的
聯合」，推動大眾支持中日關係正常化。1972年夏，周恩來總理邀請社會黨
前任委員長佐佐木更三於7月14日至20日訪問中國，此舉使社會黨在中日正常
化進程中起到了直接的重要作用：佐佐木更三自稱是新任首相田中角榮和周恩
來之間非正式的「傳聲筒」。來華之前，佐佐木與田中首相和外相大平正芳舉
行了會談。在北京，佐佐木向中方詳細、坦率地評介了田中首相的中國政策。
他告訴周恩來，田中和大平眞誠地接受中國對臺灣的立場。作爲回報，周恩來
表示歡迎田中訪問北京。[122]

同時，周恩來還就幾個重要問題對佐佐木做出了個人的表示：1.如果日本
表示「完全理解」——達不到接受——三條原則（關於臺灣問題），中國將會
感到滿意；2.中國接待田中訪華的禮儀將等同於尼克森來訪時的規格；3.安排
田中從東京直飛北京；4.中國理解自民黨內部關於臺灣問題的爭論，允許田中
有更多時間處理日臺和平條約；5.中國將採取靈活立場處理戰爭賠款問題。[123]
佐佐木一回到東京就立刻把這些資訊原原本本地轉達給田中首相和大平外相。

公明黨一直沒有明確宣稱親華的「一個中國」政策，直到1971年6月才發
生轉變。中國對這一姿態表示歡迎，隨後邀請由竹入義勝帶領的第一個公明黨

---

[121] Peking Review, August 18, 1972, p. 3.

[122] Asahi Shimbun, July 17, 1972.

[123] Chae-Jin Lee, Japan Faces China. Baltimore: The Johns Hopkins University Press, 1976, p. 114.

正式使團訪問北京，從而使公明黨也能在友好進程中扮演一個重要角色。運用這個非正式管道時，最富戲劇性的一幕是在田中訪華前兩個月出現的。1972年7月，儘管人們普遍相信中日友好將會出現突破，但是沒有一個人預測到實現的方式和時間。中日之間仍然缺乏預備討論。在訪問北京之前，竹入與田中首相和大平外相就中國問題進行了四次會談。之後，竹入在他對田中內閣的談判立場的理解基礎上提出了二十一點建議草案。[124]

7月25日，在佐佐木訪華結束後僅僅五天，周恩來邀請竹入訪問北京，這是他一年內第二次出訪北京。竹入向周恩來提出二十一點草案，其中包括與中國官方立場的一些分歧，如不提及日美安全條約問題。[125]在三天的訪問裡，北京的領導人和竹入進行了總計九個小時的會談。在討論最後，周恩來坦率地問道：「如果我們接受這個建議草案，日本政府是否會採取行動？」對此，竹入表示願以個人全部信譽來保證。當晚，他致電東京詢問田中和大平的意見，得到了積極的回答。[126]

竹入訪華的第三天也就是最後一天，周恩來出乎意料地把後來作為正式文件簽訂的《中日聯合聲明》的中文草案交給竹入。竹入通過翻譯逐字記下草案內容，並且為中國領導人所表現出來的靈活性感到吃驚。這個筆記後來被稱為「竹入筆記」，跟後來9月中日建立正式外交關係時簽署的最終公報非常相似。「竹入筆記」沒有提到日美安全條約和佐藤─尼克森聯合公報，這一點遭到中國人長期的批評。[127]靈活的政策為日本新首相在9月訪問北京鋪平了道路。8月4日，竹入回到東京後第二天，田中收到了「竹入筆記」。兩小時後，田中首相告知公明黨委員長，他願意去北京。[128]

這樣，通過派遣「日本通」訪問日本同時接受日本的「反對黨外交」，北

[124] Jiji Tsushinsha Seijibyu, Documents: The Japan- China Rapprochement, Tokyo, 1972, p. 27.

[125] Tadao Ishikawa, "The Normalization of Sino-Japanese Relations," in Priscilla Clapp and Morton Halperin ed., *United States-Japanese Relations*. Cambridge: Harvard University Press, 1974, pp. 158-159.

[126] Japna-China Economic Association, "Bulletin of Japan-China Economic Association," Tokyo, 1975, p. 5.

[127] Akihiko Tanaka, "Surrounded by the U. S., China, and the USSR," in Akio Watanabe, ed., Postwar Japanese Foreign Policy. Tokyo: Yuhikaku, 1985, pp. 234-236.

[128] Japan-China Economic Association, p. 5.

京開闢了重要的非正式管道,展開了中日關係正常化的談判。

官員談判和首腦干涉

在中國,重要的外交政策,像尼克森訪華或與日本恢復關係,都是由中國最高領導人直接決定的。通常認為,毛澤東時代,毛「完全主導」所有重大的決策;鄧小平在政治精英中扮演的是「關鍵性角色」。[129]外交部、外貿部等機構的主要官員負責談判和執行。這些官員可能在處理一般的或者較低優先順序的問題上享有一定靈活性,但幾乎無權過問重大決策,因為中國的外交決策是高度集中的等級體制。在有些情況下,最高領導人甚至插手一些具體安排,如1983年時任共產黨總書記的胡耀邦曾以個人名義邀請3,000名日本青年訪華。[130]

領袖決策的結果可能是積極的,也可能相反,端看當時國內的政治動向以及領袖的個性。實例之一:1958年第四次中日非官方貿易協定突然被推遲,原因是當年5月兩名日本青年在長崎百貨商場的一個郵票展上焚燒了一面中國國旗。這一事件連同日本首相岸信介對臺灣進行了官方訪問 —— 在臺灣他鼓勵蔣介石實現反攻大陸的目標 —— 使毛澤東認為岸信介政府不可信,「國旗事件」是東京—臺北策劃的一場「陰謀」。「為了維護一個獨立主權國家的尊嚴及其權利」,中國政府表示除了暫時中止與日本的貿易關係之外別無選擇。[131]據說這是毛澤東作出的決定,值得注意的是,中央領導層中比較溫和的一派對此有不同意見。[132]

文化大革命早期,當時的國防部長林彪和以中央文革小組成員江青等極左派得勢時宣稱中國是世界革命的中心,鼓吹輸出革命。[133]中國的外交路線也變得激進、強硬,結果使自己陷入極大的孤立:中國的朋友屈指可數,只有阿爾巴尼亞、越南和一些非洲國家。中國喪失了慣有的處理複雜事務的靈活性。在巨大的國際壓力下,中國高層也暴露出政策分歧。溫和派試圖緩和對美國、

---

[129] A. Doak Barnett, The Making of Foreign Policy in China. Boulder, CO: Westview Press, 1985, pp. 2-9.

[130] 此事在中國廣為爭議,成為導致胡耀邦於1987年下臺的導火線之一。

[131] Commentator, "Why Was Sino-Japanese Trade Interrupted?" Renmin Ribao, May 20, 1958.

[132] 1986年秋採訪一位中國外貿部高官。

[133] 參見,例如:Lin Biao's Long Live the Victory of People's War, Beijing: Foreign Language Press, 1965.

日本和其他西方國家的強硬政策，但是，正如羅厄爾‧迪特莫爾所指出的，「在所有可考慮的選擇方案裡，這種意見最不能為林彪集團所接受，因為這意味著城市、現代工業系統的發展，而這顯然是周恩來所代表的溫和勢力所控制的。」[134]

直到1960年代末和1970年代初，毛澤東開始改變思路。當時他和周恩來面對一系列壓力：文革帶來的國內混亂，1971年林彪在逃亡國外時墜機身亡，1969年中蘇邊境發生武裝衝突，國際變局正在醞釀之中。這些因素使毛澤東和周恩來開始尋求與西方大國改善關係，尤其是美國和日本。林彪墜機事件後，儘管江青為首的「四人幫」還在極力干擾，但周恩來重新獲得了對外交事務的控制。由於對西方大國的雙邊關係具有極為敏感的性質，在國內外都會產生巨大的影響，周恩來事實上負責起中美、中日談判的所有細節，包括準備雙邊文件，如聯合聲明、公報、條約、協定（包括經濟協定）等。這些文件在許多方面為後來類似的談判樹立了範例。

在那段時期內，周恩來總理頻繁地會見來訪的參加政治、經濟談判的日本政府代表團。當時，中央機構內部有一個規定，叫作「一事一報」，意思是「每一件事都要上報（給最高領導人）」。[135]參加過在東京舉行的貿易談判的日本代表團副團長大石（Toshiro Oishi）說，中國代表在談判中間幾次停下來，打電話請示北京並等待指示。大石（Oishi）說：「有人告訴我，他們不得不等待周恩來的指示。」[136]大石的印象也得到來自中國方面的佐證。林連德（Lin Liande）時任中國外貿部日本處處長，他記得周恩來總理負責談判中的每一個細節，逐字閱讀談判草案，並親自修正。[137]

中日雙邊談判不止一次陷入僵局，當代表團一籌莫措之際，是毛澤東和周恩來親自過問才打破僵局。[138]1973年中日航空協定談判就是一個例子。當雙

---

[134] Lowell Dittmer, China's Continuous Revolutions, Berkeley: University of California Press, 1987, pp. 113-114.

[135] 1986年7月15日於福岡採訪吳學文。吳曾在日本接受教育，是中國少有的日本問題專家。他在1960年代和1970年代是新華社駐東京記者。

[136] 1986年7月15日在東京採訪大石敏郎。

[137] 1986年10月28日於北京採訪林連德。

[138] 1986年4月12日在東京採訪劉延周。劉是1964年第一批被允許派駐日本的中國記者。把不同時期加在一起，劉總共在日本工作了十五年時間。

方爲臺灣航線的名稱、國旗以及降落機場等爭執不下時，中國的一個經濟代表團正在東京，準備進行貿易談判，該活動被推遲，意在向日方施壓。[139]與此同時，日本政府也受到來自國內（自民黨保守勢力）和外部（臺灣當局）兩方面的壓力，讓步與否，左右爲難。

直到1974年1月外相大平正芳訪華，這個問題才得到解決。大平有兩個目的：一是簽署貿易協定，這已經準備就緒，完成儀式即可；二是尋求航空協定談判有所突破。第一個使命順利完成，得到廣泛宣傳。毛澤東和周恩來接見大平的照片出現在中國最主要的官方報紙《人民日報》頭版。[140]但是他的第二個目標卻陷入僵局：雙方都不願作出更多的讓步。到訪問的最後一天，大平感到很沮喪。在他將離開北京返回日本前幾個小時，他同中國外交部部長姬鵬飛進行了最後的會談。一名中國官員走進會議室請姬鵬飛接聽一通電話。四十分鐘後，姬鵬飛回來並帶回中方一份新的建議，其內容非常接近日本代表團提出的要求。在兩小時之內，兩國外長就航空協定達成了妥協。當事的每一個人都知道，這是周恩來打來電話，破解了僵局。[141]

（二）中國外交：現代化、民族主義和地區主義

現代化、民族主義和地區主義對於我們理解當代中國的外交政策大有裨益。如前所述，鄧小平反覆強調中國的工作重心要由「革命」轉向「現代化」。國內政策的變動也使得北京政府更注重對外經濟政策，只有這樣方能大大提高人民的生活水準。

同時，在當今中國的現代化進程中，民族主義已經成爲一種主導的意識形態和中國外交政策制定的主要驅動力之一。後冷戰時代，中國社會各階層均擁有較強烈的民族主義情感，而這種情感在知識分子和政府官員中表現尤爲明顯。

我們需要注意，這種強烈的民族主義情感部分緣於中國自身的內部壓力。1996年夏季的中國暢銷書《中國可以說不》就是很好的例證。此書由五個中

---

[139] Japan Times, August 31, 1973.

[140] Renmin Ribao, January 6, 1974.

[141] 1986年3月8日在東京採訪小川平四郎。作爲日本首任駐華大使，小川也是大平代表團的成員。

國青年所著，並被廣泛認爲是反美書籍[142]。

中國民族主義發酵的另一個跡象緣於1980年代以來與日本之間的「教科書爭議」。1982年，日本擅自修改教科書中關於其二戰行徑的描述，此舉遭到日本國內民主左翼力量和亞洲鄰國（包括中國、泰國、香港、北韓和南韓）的強烈譴責。日本教育部把原有教科書中的「侵略」中國等亞洲國家，改爲「進入」中國等亞洲國家，從而激起了眾多東亞和東南亞國家的抗議。對此，北京也發起了一場大規模反對日本軍國主義傾向的運動，直到日本政府承諾重新修改相關措辭後才得以結束。隨後，爲紀念中日關係正常化十週年，日本首相鈴木善幸訪華，此間鈴木反覆重申了日本的立場。

1985年和1986年，有描述日本二戰行爲內容的教科書發行新版本，教科書爭議再次上演。這一問題在日本首相中曾根康弘參拜靖國神社後進一步惡化。靖國神社是供奉二戰陣亡之日軍軍人的地方，而包括日軍侵華總司令東條英機在內的很大一部分則屬於二戰戰犯。中曾根訪華期間，中國新聞媒體掀起了一股反對日本軍國主義的新浪潮，北京、上海和其他主要城市的學生也走上街頭遊行示威，表達強烈的愛國情感。

上述事件對於北京政府來說，既有利於增強民眾的愛國情懷，又可以迫使日本在政治經濟方面做出讓步。學生遊行時喊出的「打倒日本經濟侵略」的口號，就表達了對日本軍國主義和中日貿易不平衡的雙重不滿。

地區主義則強調中國只是地區強國，中國對外的政治、經濟和軍事活動主要集中於亞太地區。同時，中國也致力於參加各種重要的地區組織，例如亞太經合組織（APEC）和亞洲發展銀行（ADB）等。儘管融入國際社會的願望迫切，但中國政府主要的國際活動仍集中於亞太地區。

很顯然，對於中國來說，鑑於文化、種族、語言以及地緣上的接近等因素，亞太地區成了中國與外部世界開展經濟交流的最佳選擇，直接關乎到中國的現代化發展。同時，不僅在經濟層面，而且在政治和軍事層面，東亞國家和東南亞國家都是中國外交政策制定的重要考慮因素。

事實上，考察中國的外部活動，必須關注其以地緣爲基礎的主要貿易夥伴。亞洲國家是中國對外貿易的主要陣地。例如，2015年中國的外貿總額中，與東亞和東南亞國家的貿易額占到30%，與歐洲的貿易額占到24%，而

---

142 宋強等，《中國可以說不》，中國工商聯合出版社，1996。

與北美的貿易額僅占到16%[143]。需要注意的是，在亞洲，「大中華」內部[144]（大陸與臺灣、香港[145]和澳門）的貿易活動也非常活躍。

　　除經貿關係之外，中國政府同樣高度關注亞太地區的安全問題。其中，中國最為關注與越南和其他一些東盟國家在西沙和南沙群島方面的領土爭端。此外，東亞地區的軍備競賽也是影響地區安全的重大潛在威脅。總之，後冷戰時期中國外交政策的一般趨勢——現代化、民族主義和地區主義——在二十一世紀乃至其後將會持續下去。中國領導人對國內外環境的解讀也將在中國的外交政策制定中發揮重要影響。如果中國把美國看作威脅而非善意的夥伴，或者法理臺獨的企圖威脅到北京政府的合法地位，中國很有可能不顧經濟損失而中斷與美國的關係，抑或對臺灣採取激烈的行動。

相關鏈接　實踐與思考

　　從第二章起在每一章的最後，我還要加上一些我自己直接參與的部分經歷，以及對這一國家、對這一地區、對這一問題的個人的思考。

（一）實踐

　　我從很早以來就對大國戰略與外交政策很感興趣。正可謂「風聲雨聲讀書聲聲聲入耳，家事國事天下事事事關心」。事情的轉機就像千百萬和我同時代的人一樣，是在文化大革命結束和改革開放啟動之時，具體來說就是1977年恢復的大學入學考試。我有幸考入了北京大學國際政治系，這圓了我研究國際

---

[143] 參見Figure 7.1 in Quansheng Zhao's *Interpreting Chinese Foreign Policy* (Hong Kong, Oxford, and New York: Oxford University Press, 1996), p. 188.

[144] 「大中華」概念沒有一個統一的解釋。廣義上，它是指「跨越政治和行政的障礙，遍布於世界上的中國社會之間快速增長的互動交流」。狹義上，它包括中國大陸、香港、臺灣和澳門地區。見Harry Harding, "The Concept of 'Greater China': Themes, Variations and Reservations," The China Quarterly, no. 136 (December 1993): pp. 660-664. 例如，Business Week（October 1988, pp. 54-55）認為「大中華」是指香港、臺灣和大陸三地經濟融合所預期的結果。

[145] 需要注意的是，香港是一個貿易中轉站，大陸出口香港的貨物，會通過香港再出口到北美和歐洲。

關係的夢想，使我從那以後幾十年如一日地沉浸在對大國政治的研究之中。記得當時，國內的各個領域都是百廢待興，北大也是如此。進校一年多後，我們這些所謂「文革前老高中」的年齡稍大的學生們，可以以同等學歷跳考當時也才恢復的碩士研究生，於是我在1979年就通過考試進入了北大國際政治系的碩士班。當時研究的課題就是大國關係。具體來說，我的研究重點是美國和蘇聯這兩個超級大國的外交政策。記得當時，我還託人在美國買了有關喬治‧肯南（George F. Kennan）的專著，來研究美國二戰後以遏制政策爲代表的對蘇政策。當時國政系的系主任是趙寶煦，副主任是張漢清等老師。在北大期間，我還上過一些老教授的課，例如王鐵崖的「國際法」、吳琦玉的「國際關係史」、洪鈞彥的「世界經濟」，以及美國來的外教布里吉特‧蔻（Brigit Keough）的「美國歷史」等等。

　　隨著改革開放的深入進行，中國啓動了向歐美日等發達國家選派留學生的計畫，也就是學習西方的政策。但是當時的公費留學生基本上都是集中在理工科，例如電腦、生命科學、工程學等科目，而我們這些社會科學，特別是政治學和國際關係的學生，只能走自費的道路。我在1980年秋天開始申請美國的博士課程，1981年春天接到了來自耶魯大學和加利福尼亞大學柏克萊分校的錄取通知書。我還記得當時因爲對美國的情況知之甚少，所以在接到通知書後找到當時在北大做訪問教授、來自柏克萊的羅伯特‧斯卡拉賓諾教授（Robert Scalapino）諮詢。他給了我很明確的建議，說在政治學領域裡，耶魯和柏克萊不分仲伯，都是前三名以內的。但是，東亞研究這個領域，柏克萊就要更爲全面和領先。我至今還記得他笑眯眯地對我說：「你應該來柏克萊，這樣你就可以給我做教學和研究助手，就不用每年爲獎學金而發愁了。」東亞研究和教學助理這兩條深深打動了我，所以我就選擇了柏克萊。1981年9月我到達了舊金山灣區，成爲最早一批來自大陸的從事政治學和國際關係學研究的博士研究生之一。

　　來到柏克萊之後，自然斯卡拉賓諾教授就成爲我的指導老師。當時我的想法是在美國學成之後要回國報效祖國，所以應該盡可能地學習國際關係，特別是大國之間的關係。也就是說我以後不想以中國問題專家的身分回國，而需要努力成爲美國問題、蘇聯問題甚至是日本問題的專家。當時是1980年代中期，正是日本經濟奇蹟的頂峰時期，這就造成了整個美國政學界對日本的關注。我也就自然地把我的國際關係和比較政治研究的重點放到了日本的內政與外交上。除了上斯卡拉賓諾教授的「東亞國際關係」課以外，我還選擇了另外

一位東亞研究大師級人物——喬默思・詹森（Chalmers Johnson）的「日本政治與外交」課程。所以，「東亞」和「國際關係」作爲我的研究領域，是最早確定下來的。

　　當時柏克萊還有這樣一個制度：學校會給每個新入學的博士生分配一個學術指導老師，英文叫「academic advisor」。系裡通知我，一位叫作肯尼斯・沃爾茲（Kenneth Waltz）的教授將擔任我的指導老師。他給我的初步印象是一個平易近人的小老頭，後來我才知道他是新現實主義的開山鼻祖。我除了上沃爾茲教授的研究生課程以外，同時還給他的本科生國際關係理論課做教學助理（Teaching Assistant）。對於我這種沒有西方社科理論背景、同時英語還在不斷改進的外國學生來說，做他的教學助理可謂是苦不堪言，但這也是很好的學術歷練和不斷受教育的過程。另外，我還上了很流行的IPE課程，即國際政治經濟學。此外還有外交政策、安全政策等方面的課程。

　　作爲改革開放以來第一批留學生中的一員，有人經常問我到美國對新環境的適應是否順利。就我自己來說調整的壓力很大。不過有三個條件使我的調整過渡得比較快。第一，充滿學習動力；第二，出國前的北大，在文革剛結束的情況下百廢待興，雖然在學術專業方面給我的助益並不是很大，但是它在學習氛圍、英語訓練等方面爲我後來出國做了不可或缺的準備；第三，自己還是有適應能力的，再加上強烈的求知欲望。而且我很注意抓重點，一旦明確，一定要攻下來。最艱難的一段是1981年到美國後的第一年，不但在學業上的準備嚴重不足，而且還要給教授們做助教，先是斯卡拉賓諾，然後是沃爾茲。回想這段日子，是十分艱難的，就如同不會游泳的人一下子被扔到大海裡，有隨時被淹溺的感覺。

　　在柏克萊攻讀博士之難是眾所周知的，沒通過資格考試，拿不到學位，回家走人的例子不在少數。我之所以能夠堅持下來，在於認清了一個鐵律，即非英語學生想在美國打拚，在學術和事業上取得成績，一定要付出雙倍甚至更多於本土學生的時間和精力。1982年我獲得了政治學碩士學位，繼續在柏克萊攻讀博士。當時在柏克萊有這麼一個規定：每個博士生必須要選三個學術領域，每個領域都有資格考試。我的這三個領域就很自然地沿襲了我對大國政治的興趣，於是美國的政治外交也成爲了我的主攻方向。我當時修了很多涉及到美國內政外交的課程，包括用定量研究美國的選舉行爲（voting behavior）。後來又遇到了一位該領域的教授艾倫・威爾達夫斯基（Aaron Wildavsky），請他做我的研究導師。這樣，柏克萊的東亞比較政治、國際關係、美國政治這

三個領域的幾位專家就組成了我博士論文委員會。委員會主席是斯卡拉賓諾，委員會成員爲沃爾茲和威爾達夫斯基，以及根據規定從外系邀請的一位教授，一共四位。說來慚愧，當時我並不知道這個委員會陣容的強大。後來我才發現，不僅斯卡拉賓諾是東亞研究的領軍人物，其他兩位教授也是各自領域（國際關係理論和美國政治）的大師。後來，沃爾滋和威爾達夫斯基教授都先後成爲全美政治學會（APSA）的會長。我很榮幸擁有這樣一個強大的博士生導師陣營，他們每一個人的傳道授業都爲我後來的學術發展奠定了基礎。

我把自己在柏克萊博士生涯的收穫分爲三類。第一方面是基本理論和知識上的收穫，這在後面的各個章節裡都會涉及到。第二方面是研究方法和教學方法的訓練。給幾位教授做助理不僅解決了我的學費和生活費問題，更重要的是對我後來從事教學工作獲益匪淺，這裡面包括教學方法、處理學生關係以及更好運用教學助理等方面。第三個方面的收穫是，這三位導師在爲人師表、學術風範，以及對學生的關懷和對學術的執著追求方面給我樹立的榜樣和啓迪。例如，斯卡拉賓諾教授總是在關鍵的時刻給我明確的指導意見，並且在需要的時候給予我說明。他還特別注意照顧好外國來的學生，例如每年感恩節都要請外國學生到家裡一起吃火雞。威爾達夫斯基教授總是博士論文委員會裡第一個讀完我上交的每一個章節，而且讀完之後還加有批語，立即退還給我。我問他在如此繁忙的工作時間裡他是怎麼做到的，他就告訴我一句話：「keep your desk clean」，意思是當天事情當天解決。之後在我教學、研究、行政多頭工作十分忙亂之時，我就會時常想起他的這句話，盡可能地做到辦事不拖延。沃爾茲教授不但本人在每週和我見面時就國際關係理論研究傳道受業，他的夫人海倫也成爲了我的英語指導夥伴（English Partner）。我們每週進行對話，以加強我的口語能力。1984年我順利地通過了東亞比較研究、國際關係和美國政治這三個領域的資格考試，而且確定了「美國和日本的外交政策的比較研究：以對華政策爲案例」作爲我博士論文的題目。1985年我到日本東京大學進行了一年的田野調查（在日本的情況詳見第四章「實踐與思考」部分）。

在柏克萊求學期間我還有過幾次難忘的際遇。修完美國政治課程之後，任教的波士比（Nelson Polsby）和沃爾分哲（Raymond Wolfinger）兩位教授推薦我去華盛頓特區參加「柏克萊在首都」（Cal in the Capital）項目，爲一位來自加州選區的眾議院議員馬修・馬提尼斯（Matthew Martinez）做實習助理，就近觀察國會內部的運作。就這樣，我在1983年夏天從舊金山飛到華盛頓特區，給馬提尼斯議員做了三個月的立法助理（Legislative Assistant）。大

陸留學生裡我應該是第一個（1983年）到國會山爲美國國會議員做助理的。還有一次經歷是沃爾滋教授推薦我到歐洲去訪學以開拓眼界，在他的推薦下我於1984年夏天去牛津大學聖安東尼學院和倫敦政治經濟學院做訪問研究員。這些經歷都是很寶貴的第一手研究美國政治和國際關係的歷練，不但爲我後來寫博士論文，而且也對我以後的工作教學頗有助益。

　　1987年春博士畢業前夕，我們同屆的學生談得最多的話題就是畢業後的去向。外國學生中，不少想留在美國找工作，到大學教書和做研究，但並不知道能否順利在美國得到教職。當時留下來，是各方面的因素促成的。在美國謀職的事情比我想像的要順利得多。一提出申請，就得到了五、六所大學的面試，其中三、四所願意聘用我。有的學校還專門打電話問我在柏克萊的導師，說你這個學生怎麼不會申請工作？因爲我當時沒有打算長期留美，在申請信上說明任教兩年後要回國，使得一些本來想招聘我的大學望而卻步。1987年2月我接受了克利夫蘭州立大學（Cleveland State University）的聘請，於8月赴任，在政治學系成爲常聘軌道（Tenure-track）的助理教授（Assistant Professor）。第二年，維吉尼亞州的歐道明大學（Old Dominion University）擴大亞洲中心，把我招去。從1988年到1996年，我在該校政治學系任教八年，並於1993年升任終身職副教授（Tenured Associate Professor）。

　　在歐道明大學任教的八年期間，我眞正在校時間只有四年，因爲校外其他機會很多，所以有四年時間我都屬於停薪留職，必須說，歐道明大學給了我充分的自由，非常友好。第一次從歐道明離崗是在1989年，位於夏威夷大學的東西方中心邀請我去做一年的訪問學者。夏大和東西方中心的研究資料非常豐富，對我進一步研究東亞國際關係非常有利。這一年我最大的收穫就是充實修改了自己的論文，這對該著作後來獲獎有很大幫助。從夏威夷回來，1990年我又有機會被位於華盛頓的美國和平研究所聘爲爲期一年的高級研究員，再次從歐道明離崗。在此期間我啓動了對我關於中國外交政策專注的系統研究。第三次離崗是1993年，哈佛大學招博士後，機會很好，只是資助費用低於我當時的工資。我決定還是在消減工資的情況下到哈佛去做博士研究，這樣，我又暫時離開歐道明，去哈佛大學的甘迺迪學院度過一年。研究之餘，我還在波士頓地區做了一些兼職教學。先是給塔夫茨大學弗萊徹法律外交學院（Fletcher）開了一個學期的「日本外交」課程；後來又在波士頓的西蒙斯學院（Simons College）教了一個學期東亞國際關係的課。我在哈佛的最大收穫是初步完成了我關於中國外交政策研究的書稿。在此之前，中國外交研究的領

軍人物懷廷教授（Alan Whiting）邀請我就中國外交政策為美國《社會科學年報》撰文，促使我寫作了「中國外交政策制定」一文。離開哈佛後，我還長期兼任哈佛大學費正清東亞研究中心研究員。

我在哈佛一年的訪學還沒完成，1994年春季香港科技大學來美國招人。該校正處於創校階段，為了吸引人才，奉行拿來主義，直接到美國各地去挖人。記得當時是該校人文社會科學學部的主任（臺灣留美學者）來找的我，詳細談了他們的發展規劃和激勵機制：1.目標是要建立一所由華人創辦的世界一流大學；2.比照國際水準，薪酬加倍。1994年至1995年，我以副教授的身分去香港科技大學任教一年。這是到美國十多年之後，我第一次回到華人社區工作，感受還是蠻深的。香港科技大學透過把在美任教的華人學者請來的捷徑，讓該校很快就成為大中華地區以至整個亞洲的一所頂尖大學。

1995年夏，我從香港回到歐道明。板凳還沒坐熱，美利堅大學國際關係學院（American University School of International Service）的院長古德曼教授（Louis Goodman）向我發出邀請，希望我去美利堅大學從事東亞教學研究。華盛頓特區是美國政治中心，著名的大學和頂尖的智庫雲集，而美利堅大學的國際關係學院在全美同專業的排名中位於前列。這些無疑都是非常有吸引力的。隨後一年，我往來數次進行工作面試，到1996年，終於定下了去向，轉到了美利堅大學國際關係學院。在美利堅大學的工作是很順暢的，1998年，我從副教授升為正教授（終身職），1999年起，開始擔任地區比較研究系主任，系主任由全系教授投票產生，我連續做了三屆，到2008年卸任。同時，我還兼任學校的亞洲研究中心主任。現在除繼續做教授外，還保留了亞洲研究理事會主席一職（原為亞洲研究中心）。

在美國大學任教，特別是研究型的大學，真正關鍵的一步是從助理教授到副教授評職稱的階段，因為這涉及到每個教授的去留問題，也就是是否能夠獲得「終身教職」（tenure）。這裡的關鍵是學術出版，有一句流行的口頭語，叫「不出版，就走人」（publish or perish）。一旦拿到終身教職的頭銜，就是真正意義上的「終身」了。從保障學術自由這個角度出發，美國的大學形成了一套行之已久的制度。也就是說，只要你的學術水準合格，學校就不能因為政治和學派的原因開除你（當然，觸犯法律的情況除外）。而成為副教授之後能否成為正教授只是標誌著你的學術水準達到了業內同行更高一層的認可，就不是那麼「性命攸關」的一步了。所以，也有一些教授在拿到了帶有終身教職性質的副教授頭銜之後，就沒有很大動力去繼續發表學術著作，而成為了所謂的

「萬年副教授」。但是，學校的管理層也不能驅趕這樣的教授，頂多是在工資待遇等方面採取一些措施。1993年我在歐道明大學被提升爲副教授，拿到了「終生教職」職稱。1998年我在美利堅大學被提升爲正教授，評審時，請了九位評委，都是這個領域裡的大腕，九位評委全部肯定，一致通過。

　　朋友們有時提到，從探路的意義來說，我可以算是文革後政治學／國際關係專業大陸博士生中在幾個方面第一個吃螃蟹的人。我在美國任教的經歷被視爲具有標杆意義：第一個標杆是在美國第一個（1987年）找到常聘軌道教職（Tenure-track position）；第二個是最早評上副教授並拿到終身教職（1993年）；第三個是最早獲得終身職正教授職稱（1998年）；第四個是最早擔任系主任（1999年）。我總是回答，這只不過是沾了改革開放的光，來得早點年齡大點而已。「長江後浪推前浪」，很多從國內來美國的同行們早就在學術和業績上遠遠超過了我，看到他們所取得的成績，我眞是感到欣慰並爲他們驕傲。

　　我從1987年博士畢業到1996年不到十年期間，牛津大學出版社爲我出版了兩本英文專著：第一本專著《日本的決策》（Japanese Policymaking）和第二本專著《解讀中國外交政策》（Interpreting Chinese Foreign Policy）。這兩本書除了獲獎之外，還被翻譯成多種語言。這兩本書會在講到日本研究和中國研究的章節中分別詳細介紹。所有的這些在北大和柏克萊學習研究的經驗，都爲我對大國外交的比較研究打下了基礎。其他詳細的學術歷程，特別是1987年任教以後的一些實踐經驗，都散見於後幾章中最後的實踐與思考部分。

（二）思考

　　根據上文對外交政策比較研究的闡述，我們可以有很多思考。我發現中國在其對日外交中尤其突現出原則性和靈活性相結合的特點，成爲中國實現國家利益最大化的重要手段之一。通過前文在中國外交靈活性與原則性的五種表現方式的論述中我們可以更深入、更全面地看到，中國外交政策是強硬的還是靈活的，取決於北京如何在變化的國際環境中計算自己的利益。五組概念可以分爲兩大類：問題和風格。爲了理解北京的國際行爲，就必須學會區別哪些屬於問題的範疇，哪些屬於風格的範疇。

　　前兩組（實質性原則和修辭性原則、高優先順序和低優先順序）可以被看作是問題導向的概念。也就是說，理解這些問題的性質，評估它們在中國政策議程中的地位，發現「問題後面的問題」是很重要的。中國領導人一直高度重

視他們所認為的「原則」，不太可能在這些問題上做出妥協。在中日關係正常化的不同階段，中國領導人尤其是周恩來總理，堅持「政治三原則」和「貿易四原則」以確保維護中國在臺灣問題上的立場。但這並不是說，中國領導人在領土問題上一直是強硬的。當與其他大國討價還價時，如果北京認為靈活性在當時的政治、經濟和戰略背景下可以最好的實現中國的最大利益，也可能表現得很靈活，正如我們在釣魚島案例中看到的在鄧小平時代將釣魚島問題「擱置起來」。

我們從中日之間交往談判的過程中，可以區分「實質性原則」和「修辭性原則」存在一些爭議，甚至有時介於兩者之間。因此，弄清楚問題表面下的眞實動機是很重要的。1970年代初以及1980年代中期關於日本軍國主義復活的爭論，就具有我所說的「修辭性原則」或者介於「實質性」與「修辭性」原則之間的特徵。雖然日本軍國主義激起了中國民族主義，並引起了其他亞洲鄰國的強烈反應，許多日本和國際的研究者還想瞭解，除了攻擊軍國主義傾向，北京對日本修訂教科書的關注是否有隱藏的動機。[146]

第一類是中國的外交原則，在不同的時期，中國外交政策的原則和優先項可能會發生變化。優先項的變化不僅取決於在不同的時期中國的外交政策可能如何變化，也取決於北京為了實現利益最大化以及消除不利因素如何評估它的利益。例如，與反霸條款相比，釣魚島問題的優先順序低一點，這使中國後來的立場更加靈活和溫和。釣魚島問題也可能變成高優先順序問題，如果有政治需要（變化的國內情緒）或者經濟需要（發現石油），中國將會採取更為強硬的立場。此外，它也取決於當時的形勢，而靈活性程度與問題的優先地位比較一致。自從1970年代末以來，中國外交政策的首要優先項，正如羅伯特·薩特所討論的那樣，一直是追求「有效的現代化和發展所必需的穩定的環境」[147]，這與1950年代以及1960年代的優先項，如推進「世界革命」形成鮮明的對比。這也可以解釋爲什麼在1960年代和1980年代，中國在接受日本的

---

[146] 例如約翰遜曾經指出，北京有可能是利用教科書問題為籌碼來使日本政府讓步，而且頗為成功。見：Chalmers Johnson, "Japanese-Chinese Relations, 1952-1982," in Herberty Ellison, ed, *Japan and the pacific Quadrille*. Boulder. Westview Press, 1987, p. 127.

[147] Robert Sutter, "Implications of China's Modernization for East and Southwest Asian Security," in David Lampron and Catherine Keyser., ed., *China's Global Presence*. Washington, DC: American Enterprise Institute for Public Policy Research, 1988, pp. 204-206.

貸款的態度方面有巨大的差別。

　　第二類是中國的談判風格，包括官方與非官方安排、正式與非正式管道，以及首腦干涉。在與他國達成官方安排時，中國經常是緩慢的且往往呈現出強硬，原因可能出自意識形態考慮和國內政治鬥爭，或者是國際形勢的巨變。然而，與此同時，北京在通過非官方安排解決政治難題時展示了巨大的靈活性。中日之間關係正常化之前的非官方貿易協定以及《L-T貿易協定備忘錄》，不僅滿足了北京的需要，並且有助於北京努力培養並擴大日本商界和政界的親華勢力。

　　非官方安排更可能通過非正式管道。在中日關係正常化過程中，周恩來總理充分利用非官方管道的靈活性來傳達和接收資訊。正如緒方貞子所指出的，中日之間長期的非官方關係使得「有足夠多的人與北京保持親密關係，而且他們之間經常為獲得承認（作為關係正常化的非官方管道）相互競爭」。[148]這個經歷反映了非正式管道在日本和中國政治生活中的重要性。[149]「非正式管道」也被北京用來當作其對日「民眾外交」的一部分。其目標在於促進對話，擴大日本國內親中國勢力，製造「中國熱」現象，通過日本民眾的「合力」向日本政府施壓。這個戰略對於反對黨和商界很有效。像鮑大可指出的，當中國人「深深地介入日本的國內政治時」，日本人卻在1949年之後再也沒有對中國政治產生過直接影響。[150]

　　中國人談判風格的一個顯著特徵是首腦在談判進程中的干涉。即使自1970年代末起有了顯著的轉變──「從個人決策轉變為集體決策」[151]──這個過程依然缺乏制度化的安排。來自高層的干涉，如毛澤東、周恩來或者鄧小

[148] Sadako Ogata, Normalization with China: Comparative Study of U.S. and Japanese Process. Berkeley: Institute of East Asian Studies,1988, p. 103.

[149] 關於日本的案例，參見：Zhao Quansheng, "Informal Pluralism and Japanese Politics: Sino-Japanese Rapprochement Revisited." 關於中國的案例，參見：Tang Tsou, "Prolegomenon to the Study of Informal Groups in CCP Politics," in the Cultural Revolution and Post-Mao Reforms. Chicago Press, 1986, pp. 95-111; and Andrew Walder, *Communist Neo-Traditionalism: work and Authority in Chinese Industry*. Berkeley: University of California Press, 1986.

[150] A. Doak Barnett, China and the Major powers in the East Asia. Washington, D.C.: The Brookings Institution, 1977, p. 126.

[151] A. Doak Barnett, The Making of Foreign Policy in China, p. 16.

平，在中國外交政策中曾經發揮並將繼續發揮關鍵的作用。尤其出現僵局的時候，這種影響就更加顯著。不過，干涉的結果可能是積極的也可能是消極的（更加靈活或者更加強硬）── 正如毛澤東對長崎燒旗事件的干涉（強硬的），以及周恩來對中日航空協定談判的干涉（靈活的）。要指出的是，儘管像後一個例子所表現的那樣，首腦干涉是有積極作用的，但是「政府官員機制自上而下的權力模式更可能妨礙下層官員修正高層領導人的錯誤」。[152]每一個國家的外交政策行為實質上都有強硬和靈活的一面。正如白魯恂所稱的，「中國的政治修辭風格」並非是特殊現象，要辨識它並不困難。[153]因而，這項研究有助於理解中國外交政策的持久模式。

中國的行為模式表明，北京為了確定實現利益最大化的談判立場，通常都是預先制定清晰的原則。一旦原則確立，可以談判的條件和不能談判的條件就很清楚了。非談判的原則（原則性）與核心國家利益或者首腦干涉有關。可談判的原則（靈活性）常常指低優先順序的問題或戰術問題。問題的地位可能根據時機、國內情形以及國際環境發生變化。把非談判性原則轉變為可談判原則的一個途徑是通過非官方安排或者非正式管道。

這種兩重性一方面規定了中國的基本立場，防止在其他國家迫使下做出過分的讓步，同時也可以作為一個靈活的討價還價的工具。這是中國國際行為的邏輯路徑。中國常常強調首先澄清一些基本原則，並將之轉變為法則，然後「允許最大靈活的應用這些原則，甚至違背它以在實踐中達成想要的協定」。[154]這意味著中國討價還價的能力包括了對原則的靈活解釋。

中國外交政策中原則性和靈活性的概念以及兩者的結合，一方面是馬克思主義和毛澤東辯證思想的深刻影響，是中國處理與外部世界的關係時所必需的；另一方面，也反映了在國際舞臺上追求利益最大化時的「更強烈的現實主義」[155]。這種現實主義反映了兩種觀點 ── 國際限制因素和國內決定因素 ── 在本節開始已經討論過了：外交政策既是通過參與更大的國際舞臺，

[152] Allen Whiting, China Eyes Japan, p. 187.

[153] Lucian Pye, The Dynamics of Chinese Politics, Cambridge, MA: Oelgeschlager, Gunn & Hain, 1981, p. 28.

[154] Samuel Kim, "Reviving International Law in China's Foreign Relations," p. 123.

[155] Carol Hamrin, Domestic Components and China's Evolving Three World Theory," p. 51.

「持續學習和調整的過程」[156]產物；同時在本案例中，它也是中國政治精英運用政治策略的一個持久的過程。

進入本世紀以來，中國在外交政策增加了一些新的戰略考量。這些考量大概分爲三個層次。第一個是關於戰略機遇期。這主要是以繼續鄧小平的改革開放爲根據來開展對外關係。這就是說要將經濟發展也作爲對外工作的重點。以前我們提到過，除了大目標的確定，中國的現代化現在還需要一些具體條件，例如市場、資金和技術，而這些一定要從已開發國家和工業化國家引進。所以說，與這些國家修復或改善關係對中國來說尤爲重要，所以這些地區也就成爲了外交政策的重中之重。這些發達地區主要是指美國、西歐和日本。同時，要做到現代化，中國需要一個相對和平的周邊環境，這就是爲什麼中國提出了「周邊是基礎，大國是重點」這樣的指導方針。這個對戰略機遇期的考量在外交上如何表現出來呢？那就是盡可能的用和平手段來解決矛盾，例如在處理中美關係中提出「不對抗、不衝突，合作共贏」的新型大國關係的指導方針。進一步而言，在十九大之後，習近平的「一帶一路」戰略將中國外交進一步以更加開放的姿態，推到全球的舞臺上。

第二個大層次是韜光養晦和有所作爲。這一層面的含義，即爲了爭取戰略機遇期，中國在很多問題上都是「低調處理」。以中美關係爲例，中國提出的構築新型大國的原則，即「不衝突、不對抗，相互照顧核心利益，合作共贏」。鄧小平當時基本的思路就是先把自己的事情（modernization）做好，這個就是我所說的韜光養晦。但是，隨著中國走向世界，中國也需要與時俱進。這個表現在三個方面：一個是中國國民正在逐漸走出國門，中國的的海外投資也在增加，這就需要外交來提供更多對我們公民權利和海外投資的保護力量。第二個是中國的核心利益受到挑戰。這不光是指在陸上的邊境衝突，以東海和南海爲重點的海洋權益上的衝突在近年來也尤爲突出。第三是隨著國際形勢的變化而改變的傳統外交理念。例如，中國在傳統上有不結盟、不駐軍、不干涉外國內政的說法。在不駐軍的問題上，現在中國在吉布地有駐軍和軍事基地。雖然不結盟，但中國與一些國家例如俄羅斯和巴基斯坦建立了更加緊密的防務聯繫。在不干涉內政的問題上，中國現在在外交上提出了創造性的干預的新觀

---

[156] Gerald Chan, *China and International Organizations*, Hong Kong and Oxford University Press, 1989, p. 154.

念，也就是在多種必要的形勢和環境下，中國可以有選擇性地進行干預（見王逸舟《創造性的干預》）。這些都是中國從被動低調的外交到希望主動出擊的外交政策上（assertive foreign policy）轉變的表現。

第三個層次是中國外交實則其內政的延續。要想做到外交上的把握和對國家利益上的堅持，首先要把國內政治穩定下來。所以在追求穩定的國內環境的目標下，堅持中國內部共產黨的領導地位就成爲對中國外交的另一個考量。如果在對外交往中有涉及到對中國共產黨領導地位的威脅，那麼這無疑是需要引起中國在外交上的警惕的。這就是爲什麼「臺獨」、「港獨」等分裂勢力問題會引起中國外交的重視。這些問題不光是對國家利益的威脅，也是對共產黨執政的威脅。也就是說如果外國勢力介入了這些矛盾中，中國與這些介入國家的關係就會出現較爲嚴重的問題以及衝突。

現今，中國不僅是對其他大國，在與其周邊國家的關係上也更加注重，因爲從中國在改革開放後開始崛起到當今成爲世界的第二大經濟體，其在外交政策上有更多的考慮可以說是理所應當。這就是爲什麼世界前三經濟體所組成的「亞太三雄」是我們這本書的研究的重點。我在下面的各章裡將就美國政治外交、日本政治外交和中國政治外交進行一個簡單的梳理，這裡面也包括亞太地區的兩大熱點問題，即臺灣海峽和朝鮮半島。

第三章 美國：全球領導地位

　　二十世紀之所以被稱為美國的世紀，是因為第一次世界大戰和第二次世界大戰都奠定了美國作為一個全球性大國的地位。而二戰之後，美國又主導了對前蘇聯遏制的政策，成為當時兩級國際體系中重要的一級。而前蘇聯於1990年代初解體之後，美國又成為了世界政治中的唯一超級大國。直到進入二十一世紀，儘管唱衰美國的聲音不絕於耳，但從世界格局的角度看，至今還沒有一個大國能夠取代美國占據世界上的霸權地位。或者用美國學者自己常說的話：發揮全球的的領導作用。所以從國際關係和外交政策這個領域來看，不管側重哪個題目和哪個地區，美國都是不可繞開的重要角色。

第一節　研究路徑

　　自二戰以來，美國成為名副其實的世界霸主，在政治、經濟、金融、科技、文化等諸多領域全方位地占據著霸主地位。但是它自己不用霸主這個名字，而是稱其為領導地位。這裡面有兩個關鍵性的問題值得注意，一個是它所關注的戰略地區，另一個是它所關注的領域。從戰略地區的角度講，美國的重心一直是三大區域：歐洲、中東和東亞。歐洲的重要性不言而喻，它一直是冷戰期間美蘇爭霸的焦點地區，又是美國建國的精神與物質的母體，所以它的重要性怎麼強調也不為過。第二大戰略地區是中東。中東不僅僅是石油和能源的主要產地，並且它也是歐亞非三大區域的交界點。第三個就是東亞，這裡主要指的是中國、日本、朝鮮半島和與其相比鄰的地區，例如東南亞。這些年來從日本到亞洲四小龍的飛速發展，再到以中國為代表的亞太整體經濟的崛起等一個接一個出現的東亞經濟奇蹟不斷突顯東亞的重要性。早在1970年代日本就取代了歐洲諸強成為世界第二大經濟體。進入二十一世紀後，中國和日本成為世界第二、第三大經濟體，所以美國跨太平洋貿易額和美國的跨大西洋貿易額早就不在一個檔次了。從這個意義上講，世界經濟活動和經貿活動最活躍的地區就是東亞，與此而來的戰略地位的重要性也在不斷提高。這也成為了自歐巴

馬時期以來的轉向亞洲「Pivot to Asia」或者亞太再平衡戰略的基礎。在研究大國戰略內與外，也就是微觀和宏觀相結合的框架下，以下就對美國外交政策制定過程中發揮重要作用的戰略團隊進行研究。

美國的這一「戰略團隊」，包括三個層面上的因素：第一，由具有戰略眼光的決策領導人和頂級專家在瞬息萬變的國際形勢發展中，洞悉潮流，捕捉新的戰機。第二，由專家、官員通力合作，從新的戰略視角上提出具有創新精神的新思維和政策轉變。第三，在這個新的政策指導下，外交與戰略政策全力合作、協調落實，確保這一新政策能夠得到貫徹實施。通過這一案例研究，我們將對美國外交政策的制定過程和今後亞太國際關係發展的走向，有一個更加深入的瞭解。

那麼三大戰略重點會不會隨著時間的推移而改變呢？應該說在整體上是沒有變化的，有變化的只有優先順序。這就是說在可預見的將來，美國作為一個全球性的大國對這三大戰略重點一個也不會放棄，但是它的優先順位可能在某一時間以一個地區為優先點。例如在冷戰時期，美國放在歐洲和中東的注意力就要大於東亞；而到了亞太再平衡階段，它對太平洋投入的力量又大於大西洋。但是不能設想美國會放棄哪一個地區而專門關注一個地區。

美國戰略關注的重要議題是什麼呢？那就是在現行國際政治經濟體制中的領導地位。美國對於機構的建設和規則的制定都是牢牢抓在自己手裡的。有了領導權，就有了一切，也可以增加它對資源的掌控。有了機構保證，則可以確保經濟活動受到保護，而軍事安全又是為保護美國的利益，特別是商業和經濟利益服務的。美國自十八世紀進入亞洲以來，無非是在物質利益上開拓商業貿易之路，在意識形態上傳播西方宗教。這些目的演變到今天可以歸納為兩方面，一是一系列的軍事安全及經濟貿易方面的行為準則和規則，二是民主自由價值觀。所以，自二戰以來美國關心的是認定誰是下一個挑戰者。很明顯，二戰勝利後，前蘇聯就是美國的頭號挑戰者，這也就是冷戰的基礎。這個挑戰應該是全方位的：意識形態、軍事、政治、經濟以至於文化。在前蘇聯沒有解體的1980年代中後期，由於日本奇蹟的出現，美日貿易摩擦日益加劇。公眾輿論在那個時候就開始認定日本是下一個挑戰者。這也就是為什麼那個時候美國的外交重點是敲打日本（Japan Bashing）。美日的摩擦並沒有持續很長時間就得到了很大緩解，這個緩解是由兩個因素帶來的。第一是1990年代中後期開始，因為感受到的中國崛起，中國威脅論隨之產生；第二，由於日本自己泡沫經濟的出現，出現了「失去的十年」，以至於陷入了二十年經濟的不景氣。再

加上一系列美國敲打日本，經過磨合，日本再一次成爲美國在亞太地區的橋頭堡。

　　美國把中國認爲是頭號挑戰也是經歷了一個過程的。筆者認爲最突顯的時候是起於1990年代後期。那時候的臺海危機給中美帶來了一次無聲的軍力較量。2001年海南撞機事件又使得兩國劍拔弩張。以當時小布希總統爲代表的美國精英階層已經開始認定中國是主要的挑戰者，美國應該全力以赴去應對。但幾個月之後發生的911事件又改變了美國戰略的優先順位，使之重新調整，反恐聯盟成爲美國的主要戰略方向。阿富汗、伊拉克和中東地區一舉成爲美國戰略的主要目標，而中國在這一戰略轉換中又成爲美國反恐聯盟的夥伴。911事件對美國的戰略衝擊一晃就是十年，直到2011年，歐巴馬的戰略再平衡才重新把目標鎖定到中國。從這個意義上講，中國得到了戰略機遇期，避免露鋒芒，進行韜光養晦，發展自己的力量。也就是從這個時期起，中美兩國之間意識形態與社會制度方面的不相容性所帶來的觀念上的衝突和中美在貿易經濟之間的巨大的逆差，以及中國在南海、東海地區的越加活躍的政策，都使得美國的精英層逐漸在川普執政時期形成了下一個主要挑戰對象是中國的共識。

　　美國之所以得以維持其全球領導或霸權地位，是得益於它的三大支柱。第一，政治軍事領導力量。這個突顯在其全球一枝獨秀的軍事優勢和它在國際體系中例如聯合國等國際機構中的領導地位。第二，是它在世界金融體系中以美元爲代表的領導地位。美元作爲全球的通行貨幣，儘管歷經風雨起伏不定，但其地位仍然是不可取代的。第三，文化和意識形態方面的優勢。英語是全球的通用語言，美國的文化和軟實力優勢也是舉世皆知的。所以軍事力量、美元統治、英語文化這三大法寶是維持美國霸主地位的基石，也是作爲其大國戰略考慮的重要部分。

　　我們在研究美國大國戰略的基本方向時，當然要注意上面所提到的這些框架。但是這還遠遠不夠，我們還必須研究它在具體制定過程中的機制、人員、方式、管道和整個制定過程。這就意味著有必要選擇具體的案例進行考察。這也就是爲什麼筆者把美國在1990年代中期所進行的那場東亞政策大辯論以「三駕馬車」這樣的一個結構進行案例研究，並在下面展現出來。

第二節　戰略與外交決策

　　1990年代初，蘇聯解體，冷戰結束。這對整個二十世紀而言，都是一個意義重大的事件，因爲它引發了全球範圍內大國關係、外交政策新一輪的變化與調整。那麼，大家所關注的一個問題就是除了國際形勢和國內發展的因素，美國的這些戰略轉型是如何啓動和實施的。在此之前對這方面的研究成果很多，而本研究的切入點則是圍繞冷戰結束後美國外交政策體系中所出現的「外交戰略制定與實施團隊」（簡稱「戰略團隊」）在美國實施亞太政策轉型時所發揮的推手作用，即美國如何提出和實施《日美防衛合作新指針》，從而實現其外交安全方面的一次「華麗轉身」。就亞太國際關係而言，如何重組這一地區的大國關係、處理熱點問題，成爲了當時各國領導人所面臨的新課題。其中一個很重要的問題就是，自二戰結束以來就結成的美日同盟將何去何從。在這一期間，美日關係經歷了一段不確定的「漂流期」，給兩國關係帶來了重大的衝擊與考驗。然而，美國的戰略團隊審時度勢，提出了具有創新精神的新思維和政策轉變，使美國在歷史轉折時期順利地實現外交政策轉型。爲了研究美國這一戰略團隊在美國外交政策轉型中實現「華麗轉身」的推手作用，有必要對亞太地區當時所處的歷史背景和國際環境做一個簡單的梳理。

（一）二戰後日美關係的發展及國際環境的變化

　　第二次世界大戰結束後，美軍占領日本長達七年之久，在此期間簽訂了《舊金山和約》和《美日安全保障條約》，建立了美日軍事同盟。隨著美蘇關係的緊張和韓戰的爆發，日本順理成章地成爲以美日同盟爲指標的美國在亞太地區的戰略基石。1950年代，日本曾多次爆發過反對《美日安全保障條約》的運動和遊行，但兩國政府還是攜手在1960年對此予以修訂和再次批准。1970年代初發生了兩件大事，第一是1972年美國把沖繩歸還日本；第二是同年美國總統尼克森在事先未知會日本的情況下突然訪華，即被日本稱爲「越頂外交」的「尼克森衝擊」。

　　自1980年代開始，美日之間經濟摩擦不斷、戰略互信下降，美國出現了「敲打」日本的現象，而日本的離心力也日益增強。出現這一現象的主要原因是美日之間的經濟貿易摩擦。

　　美日公眾輿論調查顯示雙方相互間的好感度明顯下降，一度降至戰後最低

點，而反感度則不斷攀升（見圖3-1）。

　　從圖3-1(a)中我們可以看出，日本對美國的好感度在2002年高達72%，隨後在小布希時期一路下跌，到了2008年的50%。接著在歐巴馬時期又一路攀升，2011年更是高達85%。雖然在歐巴馬第二任期內有所下滑，卻始終保持在65%以上，直到川普上臺後第一年跌至57%，而2018年後又有所反彈。

　　而對美國的反感度則從1984年的不到10%，攀升到1995年的30%以上，對美國持反感的人第一次超過了持好感的人。1996年，美日簽署《日美安全保障聯合宣言》，提出修改《日美防衛合作指針》，為冷戰後的美日關係確立了新的框架，兩國之間的互相好感度出現了戲劇性的變化。日本對美國的好感度大幅上升，而反感明顯下降，又恢復到了原來的水準。

日本民眾對美國和美國總統的認知，有如過山車

Among the Japanese ...

圖3-1(a)　日本對美國及美國總統認知的輿論調查[1]

---

[1] 資料來源於皮尤研究中心2018年的民意調查：Bruce Stokes and Kat Devin, 2018, "Views of

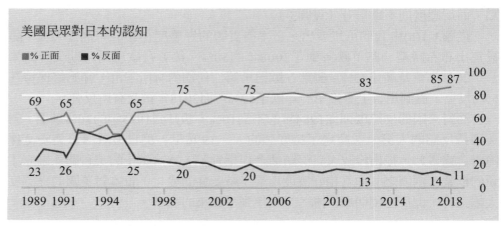

圖3-1(b) 美國對日本認知的輿論調查[2]

　　從圖3-1(b)中我們可以看出美國公眾對日本的認知變化轉折出現在柯林頓的任期內。自1980年代末，美國人對日本的好感度從69%一路下滑至1996年的不到50%，而隨後一路攀升，在2018年更是達到了近幾十年來的新高：87%。

　　我們再來考察同一時期中日關係的變化。從圖3-2中我們可以看出，日本民眾對中國的好感度雖然在2005年至2007年之間有所上升，但這之後的十年一路下滑，至2016年的8%。同時中國民眾對日本的厭惡感則從2007年以來一路上升，到2013年超過90%，然後在近幾年有所回落。可以看出，與圖3-1中日本民眾對美國的態度不同，日本民眾對中國的態度是不斷惡化的。

the U.S. and President Trump," Pew Research Center, November 12, https://www.pewresearch.org/global/2018/11/12/views-of-the-u-s-and-president-trump/.

2　數據來源於蓋洛普2018年的民意調查：Jim Norman, 2018, "Favorable Views of Japan, China Keep Climbing," Gallup, March 6, https://news.gallup.com/poll/228638/favorable-views-japan-china-keep-climbing.aspx.

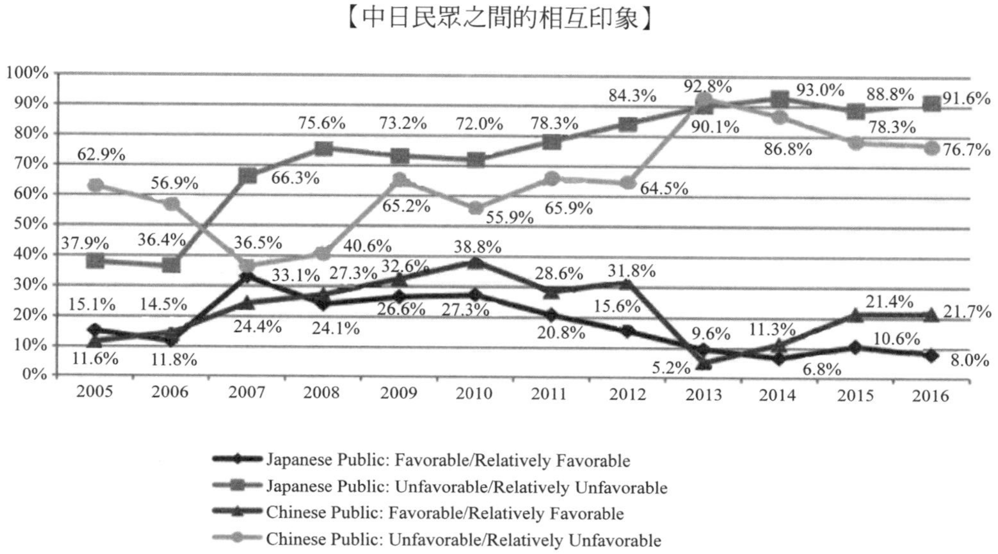

【中日民眾之間的相互印象】

圖3-2　有關中日民眾相互「好感度」的輿論調查[3]

（二）日本和美國各自在其內部辯論的歷史背景

　　自1980年代末至1990年代初，世界格局發生了巨大變化，蘇聯解體、冷戰結束，1989年西方陣營對中國實施經濟制裁，中國忙於應付國內事務，無暇他顧。美國的注意力在很長時間內集中於北約東擴，老布希時期又轉向中東地區，集中力量打海灣戰爭。日本則從1990年代初進入了所謂「不景氣的十年」的怪圈中。在這一期間，亞太地區國際關係相對平靜。美國外交和軍事戰略的重點還是集中在歐洲和中東，以至於在柯林頓的第一任總統任內，讓人感到美國對亞太地區出現了相對意義上的疏忽。但是到了1990年代中期，中國經濟繼續崛起，並逐漸成為國際上令人矚目的力量。與中國崛起相關的另一個事件是臺灣海峽的導彈危機。眾所周知，由於當時李登輝政權的運作而使島內「去中國化」和臺灣「獨立」的傾向日趨明顯，由此引發了「臺海危機」。值

3　有關日本民眾對中國「好感度」的輿論調查，參見日本內閣總理府網站近年的《有關外交政策的民眾輿論調查》。圖中方格灰線為日本民眾對中國的親近感，圖中三角黑線為日本民眾對中國的厭惡感。

得注意的是，美軍派遣兩艘航空母艦抵達臺灣海峽時，一艘航空母艦出自橫須賀基地，而大多數的空軍戰機則是從沖繩基地出發的。這一事件的進展更加證明了日本作爲美國在亞太地區橋頭堡的作用。

　　當時亞太地區另一個引人注目的問題是北韓核危機。北韓在1990年代初期研發導彈，到1994年引發了美國、北韓之間在核武問題上的爭執。北韓不顧各方的反對開發核反應爐（包括在1990年代後期試射導彈）。這一舉動在日本引起大嘩，也給日本政界鷹派勢力提供了其加強國防建設的有力藉口，從而使日本外交的主流思維相信，日本應該更加堅定地走加強自身軍事安全力量的道路。與此同時日本需要「借船出海」，也就是借著美日同盟這一現有的機制而達到其加強軍事力量，防止由北韓核武發展而引發的朝鮮半島不穩定對日本帶來的威脅。北韓核問題的發展牽動了各方的神經，中國也由被動到主動，開始積極參與進而在之後逐步主導針對北韓核問題的六方會談，這就使中、美、日、俄四大國都在不同程度上參與到亞太地區的熱點問題中。上述一系列重大事件的發生，使得美日同盟關係到了一個不得不選擇何去何從的十字路口，這也是日本和美國各自在其內部辯論的大歷史背景。美日同盟所出現的「漂流」和不確定現象主要是由於冷戰結束所帶來的國際關係和戰略調整方面的新問題：過去存留下來的機制還能否適用？是否要發展一些新的機制？各大國應該怎樣縱橫馳騁，重新調整它們各自的外交政策？就美國外交戰略而言，在歐洲有北大西洋公約組織，在亞洲有以美日同盟爲主的一系列雙邊安全安排，這些現存的機制都面臨著一個何去何從的問題。於是我們看到了美國主導下的在歐洲的北約東擴，和在亞洲的美日同盟再定義這樣的新的政策調整。

　　如前所述，就美日同盟將來何去何從而言，美日兩國內部均無定見，爭論不休，或提出把它改裝，或呼籲減少其作用。眾議紛紛，不一而終。日本《朝日新聞》著名記者船橋洋一就這一段美日雙方的政策辯論和決策過程，洋洋灑灑寫了一本長達500頁的《同盟漂流》的大作，詳細記錄了這一時期政策轉變的過程。[4]以下分別論述日本和美國內部關於外交政策轉型的辯論。

日本內部的政策辯論

　　日本內部對美國一直抱著一種複雜的心情：一方面，由於美軍占領所帶來的政治民主化和經濟現代化，而對美國充滿感恩之心，從而堅持走美國忠誠

4　Funabashi Yoichi, *Alliance Adrift*, New York: Council on Foreign Relations Press, 1999.

「小夥伴」的道路；另一方面，對於美國的「太上皇」角色以及在日本設立基地並長期駐防心懷不滿，從而引發民間的反美情緒。特別是美軍基地所集中的沖繩地區不斷發生包括強姦民女在內的重大惡性事件，使當地人民苦不堪擾，進而引發了大規模反美示威遊行。沖繩地方政府更是頻頻向東京中央政府提出要求美國退還軍事基地和美軍撤離沖繩的要求，直到現在還未完全解決的普天間機場問題就是在當時提出來的。與此同時，馳騁政壇多年的小澤一郎也率先提出了日本要成爲一個「正常國家」的呼籲。日本內部對於修改憲法、提高國家的政治地位也形成了一股頗具影響力的思潮。在這樣的背景下，東京都知事石原愼太郎和日本索尼公司總裁盛田昭夫出版了《日本可以說不》一書，[5]明確提出日本應該「前門拒狼，後門防虎」（狼和虎分指美國和中國），這在當時成爲了一個具有標誌性意義的行動，深刻地反映了日本精英層內心深處對美國「太上皇」角色的憤懣和要求改變的呼聲。這些都突顯了美日之間不但在歷史的恩怨問題上沒有根本解決，而且在新的時期還出現了新的矛盾，日本社會內部暗流洶湧。冷戰結束以後，一個突出的問題擺在日本政府和民眾的面前：冷戰時日本面臨的主要外部威脅——蘇聯如今已不復存在，那麼美日同盟是否還有繼續存在的必要？

　　這方面最有代表性的是日本提出了名爲《日本的安全保障與防衛力量的應有狀態》（也稱《樋口報告》）的國防政策建議書。1994年2月，細川護熙內閣成立了以朝日啤酒公司總裁樋口廣太郎爲召集人的首相諮詢機構——「防衛問題懇談會」。這一懇談會廣泛邀攬了包括東京大學國際關係學教授渡邊昭夫在內的外交安全方面的專家學者。[6]他們很快在同年8月向新成立的村山富市內閣提交了這份建議書。在《樋口報告》中，他們特別提出日本應該加強多邊安全合作，即一方面維持日美同盟，另一方面也應積極在聯合國框架下開展多邊外交安全合作，特別是要積極參與聯合國維和行動。[7]

　　受這一建議書的影響，1994年日本防衛廳所發表的《年度防衛報告》中

5　盛田昭夫、石原愼太郎，《日本可以說不》，軍事科學院外國軍事研究部譯，北京：軍事科學出版社，1990。

6　其中東京大學教授渡邊昭夫發揮了關鍵性的作用，可以說是「防衛問題懇談會」的靈魂人物。——來自2012年3月28日筆者與立命館大學足立研幾（Adachi Kenki）教授的訪談。

7　Funabashi Yoichi, *Alliance Adrift,* New York: Council on Foreign Relations Press, 1999, p. 231.

也指出，日本的外交安全戰略應在新的形勢下實現轉型，即日本外交與安全的中心應該從以美日同盟爲重點轉爲以聯合國憲章爲中心的和平主義外交。[8]與此同時，日本內部「重返亞洲」的呼聲也日益高漲。即，日本應該調整其自明治維新以來脫亞入歐的戰略選擇，強調它應修復與亞洲鄰國的關係，以回歸亞洲。也就是說，日本應該在堅持與美國結盟關係的同時，也要強調它在國際事務中獨立自足的地位，並突出它作爲亞洲特別是東亞地區重要一員的地位。這些意見的提出，都表明日本有可能要脫離多年來形成的日本外交應以美日同盟爲基石的主流思維。這正是日美關係處於「漂流期」的一個重要信號。

美國內部的政策辯論

自取代英國成爲全球主導大國乃至二戰後成爲超級大國以來，美國外交的一個重要原則就是不允許出現對其霸主地位的挑戰：不論意識形態如何，只要構成挑戰，美國必然有所反擊。從冷戰時期的蘇聯，到後來如傅高義所提出的《日本第一》[9]，再到後來的「中國威脅論」，都是一脈相承、異曲同工。

日本自1970年就已經成爲全球第二大經濟體，到1987年，其人均產值已經超過美國。隨著日本經濟實力的不斷發展壯大，兩國之間的競爭日趨激烈。這就引發了美國「敲打日本」的新的對日政策。例如在1980年代，人們經常可以聽到美國對日本的嚴辭批判，認爲日本奪取了美國人的工作，用不公平手段占領美國市場，而日本又不向美國開放國內市場。一些帶有象徵性意義的事件也相繼發生，包括底特律的工人用大鍾砸毀日本的豐田小轎車和索尼電視機的事件；1987年美國認爲日本向蘇聯洩密，出售可以幫助其潛艇攻擊美國的技術而起訴日本的東芝電器公司。美日在經貿領域內的爭執和摩擦成爲當時美國對日外交中的一個重要關注點。兩國對此爭吵不休，幾乎成爲兩國關係發展的主要潮流。早在蘇聯解體之前，美國的民意調查就顯示日本已經超過蘇聯成爲美國公眾認知中的頭號威脅。當時美國的日本專家出版了名爲《即將到來的美日戰爭》[10]的著作，集中地反映了當時的民意（這也使人想起數年後出版的

---

8   David L. Asher, "A U.S.-Japan alliance for the next century," *Orbis,* vol. 41, no. 3 (Summer 1997), pp. 343-374.

9   Ezra F. Vogel, *Japan as Number One: Lessons for America*, New York: Harper & Row, 1985.

10 George Friedman and Meredith LeBard. *The Coming War with Japan*, New York: St. Martin's Press, 1991.

《即將到來的中美衝突》[11]一書）。

美國民眾中這種視日本爲主要競爭對手的想法不可避免地影響到精英和領導層。當時政學界出現了一個有關日本研究的「修正主義」學派，他們認爲：1980年代中期，由於美國對日本的貿易逆差以及長期以來要求日本開放市場的努力不見成效，所以日本不是一個規範的、與西方類似的資本主義國家，有待美國協同其他西方國家去敲打、開放其市場，從而改變其內部傳統性、結構性的問題。在這一學派的影響下，美國的媒體、國會、學界和業界都紛紛要求美國政府在處理對日關係時表現得更爲強硬，並通過戰略性地管理雙邊貿易關係來構建一個更加公平的美日關係。[12]所以在老布希任總統期間和柯林頓任期的初期都有從「敲打日本」（Japan bashing）而變爲「忽視日本」（Japan passing）甚至「無視日本」（Japan nothing）的傾向。例如，當時美國政壇的一個風頭人物是時任美國對外貿易談判代表的米基·坎特（Mickey Kantor）。他多次主導對日經貿談判，發表了一系列對日強硬的言論，是美國方面「敲打日本」的一個衝鋒陷陣的部長級人物。

爭論的另一方是以哈佛大學教授約瑟夫·奈（Joseph Nye, Jr.）爲代表的認爲需要從戰略角度重新界定美日關係的學派。奈對日本的興趣由來已久。1993年他就和時任國防部長的威廉·佩里（William Perry）合寫了一份報告，其中明確提出成功的美日戰略應該具備以下基本要素：1.具有關於美國國家目標的清晰概念，並且可以通過對美日兩國互惠的方式得以貫徹；2.整合在冷戰時期被割裂的經濟和政治利益；3.依據同盟關係的變化調整這一同盟系統的國內、國際機制；4.將美日同盟關係置於美國全球戰略的背景下加以考慮。[13]

針對當時美國國內的辯論，奈在1995年《外交》季刊上發表的文章中，列出了美國的亞太戰略可能面對的五個選擇：1.撤出東亞；2.終止在東亞的同盟關係，但仍然留在東亞成爲均勢格局的一員；3.在東亞構建類似歐盟的鬆散

[11] Richard Bernstein and Ross H. Munro, *The Coming Conflict with China,* New York: Vintage Books 1998.

[12] William Perry and Joseph S. Nye, Jr., *Harness the Rising Sun: An American Strategy for Managing Japan's Rise as a Global Power*, 1993; David L. Asher, "A U.S.-Japan alliance for the next century," *Orbis*, vol. 41, no. 3 (Summer 1997), pp. 343-374.

[13] David L. Asher, "A U.S.-Japan alliance for the next century." *Orbis*, vol. 41, no. 3 (Summer 1997), pp. 343-374.

區域機制以取代同盟結構；4.在東亞構建類似北約的多邊區域同盟；5.堅持美國在亞太地區的領導權。[14]

　　奈明確指出，前四個選項都是不可取的或是無法實施的，美國必須堅持其在亞太地區領導的雙邊同盟體系，其中美日同盟又是這一體系的核心。不僅如此，奈還把美國對日政策的關注點比喻成一個凳子的「三條腿」，即經濟貿易、政治安全和國際事務中的作用，進而強調「美日關係必須保持『三條腿』並重，即三個方面缺一不可」。他認為，柯林頓政府頭兩年的美日關係，過分強調了經濟貿易摩擦這一面，而忽視了另外兩條腿的作用，而這一點必須得到改變。[15]在由他主導的《東亞戰略報告》中，他更是承諾美國在東亞的駐軍保持在10萬人的水準。[16]

　　針對奈的觀點，修正主義學派的一個主要代表人物——加州大學柏克萊分校東亞問題專家查默斯·詹森（Chalmers Johnson）則表示了明確的反對。他認為沖繩基地的事情清楚地表明東亞的冷戰已經結束，日本不再需要美國的駐軍。美國要做的是確保能夠順利地進入亞洲，而不是在東亞保持固定的基地。他指出奈加強美日同盟的觀點事實上是誇大了《樋口報告》的作用，並且還夾帶著美國自身的私利，例如保持同日本進行獲利不菲的軍火貿易，以及避免讓日本成為美國在國際安全領域的競爭對手等。[17]他特別強調，主張加強美日同盟的建議是出於對日本的不信任，希望借助同盟關係繼續發揮「瓶塞」的作用以防止日本重新軍備，而這樣做本身恰恰是對亞太和平的最大威脅。[18]兩派意見爭鋒相對、各不相讓，成為美日同盟出現「漂流」又一明顯跡象。

---

[14] Joseph S. Nye, "The Case for Deep Engagement," *Foreign Affairs*, vol. 74, no. 4, 1995, pp. 92-94.

[15] Funabashi Yoichi, *Alliance Adrift*, New York: Council on Foreign Relations Press, 1999, p. 259.

[16] David L. Asher, "A U.S.-Japan alliance for the next century," *Orbis,* vol. 41, no. 3 (Summer 1997), pp. 343-374.

[17] Chalmers Johnson, "The Okinawa Rape Incident and the End of the Cold War in East Asia," *JPRI Working Paper,* no. 16 (February 1996).

[18] Chalmers Johnson and E. B Keehn, "The Pentagon's Ossified Strategy," *Foreign Affairs*, vol. 74, no. 4, 1995, pp. 103-114; Tsuneo Akaha, "Beyond Self-Defense: Japan's Elusive Security Role under the New Guidelines for U.S.-Japan Defense Cooperation," *The Pacific Review*, vol. 11, no. 4 (Summer 1998), pp. 461-483.

第三節　戰略團隊及其作用

在美國對亞太政策轉型的過程中，「外交戰略制定與實施團隊」發揮了重要的推手作用，這個戰略團隊的組成應至少具備以下六點條件：

第一，要有一個推動政策發展的核心力量。例如上文所提到的戰略團隊的「三駕馬車」。他們對政策有著相同的理念和志向，同時也在長期的工作實踐中形成了互信和合作關係，從而成爲了一個特定政策的主要推手。

第二，這些核心人物都是由訓練有素的專業人士組成，或是有國際關係的背景，或是有地區專業知識；一般都是所在領域內的頂級專家，並且多數具有在政府和智庫部門工作過的實務經驗。相比於一般的政府官員，學者在看待和分析國際關係局勢，尤其是涉及戰略前瞻性的議題上，具有明顯的優勢。正如鮑曼・米勒（Bowman H. Miller）所指出的，參與決策的學者「可以相對獲取更多資訊，同其他同領域人士有更多互動溝通，因而可以有更加深刻的思索和理解」。[19]如果僅有在一個具體部門工作的經驗，恐怕將很難具有高瞻遠矚的政策眼光。

第三，需要具備長遠的戰略思維，能夠認清時代發展的潮流。例如冷戰後美國的外交戰略應該向何處發展，爲冷戰所設計的在歐洲的北約組織和在亞洲的美日同盟何去何從，就成爲美國外交轉型的一個重大課題。在戰略團隊的主導下，這些問題都比較快地得到了解決。

第四，需要具有創新性和前瞻性的思想，敢於提出反潮流的意見，而不被廣爲流行的主流意見所左右。如當時美國對日政策的主流意見是在經貿摩擦問題上「敲打日本」，甚至把日本視爲主要競爭對手。而由「三駕馬車」爲首的戰略團隊從長遠的戰略全域著眼，敢於提出不但應該停止「敲打日本」，阻止美日同盟的「漂流」，而且還要重新界定並高度評價美日同盟關係，從而把日本作爲後冷戰時期美國在亞太地區安全政策的一個主要基石。

第五，要有一個寬鬆的政策辯論環境。美國每一次重大戰略轉型都經歷了嚴肅認眞的政策討論，有時甚至是兩軍對壘式的政策辯論。很多情況下不僅是政策制定人士捲入辯論，而且還包括智庫及相關學者的參與討論。其程度之

---

[19] Bowman H. Miller, "Soldiers, Scholars, and Spies: Combining Smarts and Secrets," *Armed Forces & Society*, vol. 36, no. 4 (July 2010), p. 705.

深、場面之大，都是各國所罕見的。例如在上面提到的1990年代的那場有關亞太政策的大辯論，奈和傅高義以及對方陣營的領軍人物詹森都是美國學界的「武林高手」，而傅高義和詹森更是當時東亞研究領域裡精通日本和中國的數一數二的頂級學者。與此同時，這樣的政策辯論還常常在內部舉行，反覆權衡各種利益的交織以及各方面的利害關係，並允許非主流派充分發表與主流意見不同的反對意見。

第六，新的戰略不僅要有人能提出，而且還要有具有高度行政能力的執行者來進行具體的操作和實施。例如，美國的旋轉門機制就爲戰略團隊把理念付諸現實提供了很好的平臺。在這個戰略團隊中，最引人注目的是所謂的亞太政策「三駕馬車」。由於這「三駕馬車」都曾任教於哈佛大學，也稱爲「哈佛幫」（Harvard network）。這也就是本章開篇所提出的戰略團隊的核心力量。

（一）三駕馬車的作用

約瑟夫・奈被稱爲這「三駕馬車」的「設計師」（architect）和精神領袖。[20]他早期曾以國際政治經濟學相互依存理論而著稱，[21]1990年代初又率先提出軟實力的概念而名遐寰宇。[22]他的另一個鮮爲人知的政治主張則是強調美國應在後冷戰時期繼續保持國際事務中的領導權。[23]奈不但是美國政治學和國際關係學中的大師級人物，還是一個常年與政策圈有密切聯繫的學者，並通過旋轉門多次進入政策圈，直接參與政策制定。早在老布希時期，他就被延聘

---

[20] 筆者曾專門就有關這一「戰略團隊」的研究對約瑟夫・奈做了詳細的訪談和電子郵件資訊交流（2011年9月19日）。

[21] Robert Keohane and Joseph S. Nye, *Power and Interdependence: World Politics in Transition*, Boston: Little, Brown, 1977.

[22] 「軟實力」的概念最早出現在奈1990年代早期的著作（Joseph S. Nye, Jr., *Bound to Lead: The Changing Nature of American Power*, New York: Basic Books, 1991）中，2004年他又將這一概念進一步整合發展，出版了關於「軟實力」問題的專著（Joseph S. Nye, Jr., *Soft Power: The Means to Success in World Politics*, New York: Public Affairs, 2004）；另外，有關中美軟實力的比較可見：王希，《中美軟實力運用的比較》，載《美國研究》，2011年第3期，第19-32頁。

[23] Joseph S. Nye, Jr., *Bound to Lead: The Changing Nature of American Power*, New York: Basic Books. 1991.

到五角大樓主管一方工作，到了柯林頓時期他開始把視線轉向亞太地區，並爲柯林頓政府忽視日本而深感擔憂。所以他的兩位多年密友——時任國防部長威廉·佩里（William Perry）和副國務卿約翰·多伊奇（John Deutch）——一聲召喚，他就欣然再次從政，從哈佛大學來到華盛頓出任國家情報委員會（National Intelligence Council）主席，後又出任助理國防部長。奈從來不認同日本是美國最大的威脅，而是根據對當時國際形勢變化，特別是潮流發展方向的把握，認定美國不但不應該把日本視爲對手，而應更加強化與日本的戰略同盟關係，以應對亞太地區可能出現的種種變局。這也就是後來廣爲人知的「奈倡議」的精髓。值得一提的是，奈並不主張把崛起中的中國視爲敵人而反對遏制中國的政策。他希望通過確認和加強與日本的聯盟，來使美國在與中國打交道的過程中處於更加有利的位置。這實際上也是他一貫主張用鞏固硬實力來加強外交軟實力的具體實踐。

　　哈佛大學教授傅高義（Ezra Vogel）是「三駕馬車」中的第二位，他亦被稱爲「三駕馬車」的軍師。作爲東亞問題的專家，傅高義的特點是通曉中國、日本，對兩國的政治、經濟、文化和外交都有深入獨到的研究。更令人稱奇的是他還嫻熟地掌握了中文和日文，在中國和日本各自做了較長時間的田野調查，並發表了里程碑式的著作《日本第一》和《鄧小平時代》。[24]針對冷戰後美日同盟關係出現的變化，傅高義早在1992年就撰文指出「冷戰後將美日緊緊連接在一起的共同利益，源自兩國作爲世界上最大經濟體以及領先的海外貿易國的地位」。[25]傅高義出任國家情報委員會的東亞情報官以後，美國亞太政策的這一「戰略團隊」如虎添翼，從而使它的政策能夠建立在對日本和中國都深入瞭解的基礎上。傅高義還在美日兩國官員之間建立起了行之有效的互動機制，並把日本政治生活中的一些術語（例如「根回」——nemawashi）和做法成功地引入到美國決策圈，使得美國的這一戰略團隊能夠很好地把握日本政治文化的特點，在雙方談判中避免了很多不必要的誤會。但是僅僅能夠提出倡議和設想還是不夠的，還需要有對此一政策強有力的執行者，這就出現了我們所提到的「三駕馬車」的第三位成員。

24　Ezra F. Vogel, *Deng Xiaoping: And the Transformation of China*, Cambridge, Massachusetts: Cambridge University Press, 2011.

25　Ezra F. Vogel, "Japanese-American Relations after the Cold War," *Daedalus*, vol. 121, no. 4, 1992, p. 48

　　庫爾特・坎貝爾（Kurt Campbell）可謂是「三駕馬車」中衝鋒陷陣的先鋒人物和外交政策轉型的強有力的實施者。作爲一個學者，坎貝爾對國際關係的調整，尤其是戰略形勢的發展變化有著清晰的把握。[26]他於牛津大學取得博士學位後在白宮擔任了一段時間的白宮學者（White House Fellow），後又到哈佛大學甘酒迪政府學院任教五年；1994年，坎貝爾從哈佛大學轉到政府部門任國防部負責安全事務的高級官員；1995年至2000年，他又擔任國防部助理幫辦；在歐巴馬第一任政府期間，他擔任國務院負責亞太事務的助理國務卿直至2013年初。坎貝爾一方面直接瞭解奈、傅高義等人意見的精髓，另一方面又參與到與日本的許多談判過程中，包括沖繩問題和後來的《美日防衛合作指針》，處處都留下了他的腳印。[27]

　　應該指出的是，美國對日新政策的戰略團隊不僅依靠上述的「三駕馬車」，還包括其他東亞問題的專家。例如，傅高義曾建立了一個美日政策的非正式研究小組。該小組成員包括美國國防分析研究所（Institute for Defense Analysis, IDA）研究員邁克爾・格林（Michael Green）、國防部日本事務高級官員保羅・吉亞拉（Paul Giarra）、國防大學國家戰略研究所（Institute for National Strategic Studies, INSS）高級研究員派翠克・克羅寧（Patrick Cronin）等日本通。同時這些日本通也經常和當時在美國國防大學訪問的日本防衛廳的官員和學者進行深入的討論及交流。此外，還應該強調的是，這一戰略團隊還具有超黨派的特點。作爲當時柯林頓民主黨政府領導下的「三駕馬車」的「設計師」，奈同時也和共和黨的具有相同理念的官員保持著密切的聯繫。例如，他通過私人關係，經常從前助理國防部長理查・阿米蒂奇（Richard Armitage）和前國家安全事務顧問布倫特・斯考克羅夫特（Brent Scowcroft）那兒聽取有關對亞太政策的建議。[28]

（二）美日同盟再定義及地區安全

　　冷戰結束後，對於美日同盟何去何從的問題，當時美國的政界和學界有很

---

[26] Kurt M. Campbell, "Energizing the U.S.-Japan Security Partnership," *The Washington Quarterly,* vol. 23, no. 4 (Autumn 2000), p. 127.

[27] 就「三駕馬車」的具體情況，筆者最近採訪過約瑟夫・奈，以上論述是基於奈的回答整理而來。

[28] Funabashi Yoichi, *Alliance Adrift*, New York: Council on Foreign Relations Press, 1999, p. 229.

多辯論，莫衷一是，尤其是很多經濟部門的負責人仍然認為日本是美國的威脅，不願意改變對日本的態度。[29]儘管如此，美國最終還是實現了亞太戰略的華麗轉身。這一過程主要包括：

　　1994年10月，時任美國助理國防部長的約瑟夫・奈提出了「奈倡議」（Nye Initiative），建議對冷戰結束以來的安全關係進行廣泛的雙邊審議，並建立一個「超越一般利益、具有增強美國長期國家利益的戰略」，主張必須正確面對一個「大國化」的日本，「籠絡日本」，反對「敲打日本」和「封鎖日本」。[30]

　　1994年11月，柯林頓政府把評估美日關係的任務由國務院轉到國防部。[31]與此同時，美日相關政府部門保持著密切的聯繫和溝通。日本方面除了像橋本龍太郎首相這樣的領導人物外，在政策部門中也有一批骨幹力量。他們和美國的「三駕馬車」有著加強美日同盟的共同理念，具體實施和談判也是由外務省和防衛廳的官員來進行的，前前後後有很多重要官員捲入到與美方的談判與制定政策的過程中。這裡僅舉幾個例子：日本防衛廳副長官西広整輝（Nishihiro Seiki）、外務省北美局審議官田中均（Tanaka Hitoshi）、防衛廳防衛政策局局長畠山蕃（Hatakeyama Hajime）及其繼任者秋山昌廣（Akiyama Masahiro），他們都在不同場合與奈及其他美國國防部的官員頻繁接觸、時時通氣。[32]也正是在這種長期的互動與交流過程中，美日雙方逐漸恢復了彼此之間的互信，從而也為美日同盟的「再定義」奠定了基礎。我們知道，在國際關係和國際談判領域裡，互信問題是一個經常被強調的、保證國際合作成功的一個重要因素。[33]而「戰略團隊」的種種努力也正是起到了恢復和加強美日之間互信的關鍵性作用，其重要意義不容低估。

---

[29] Funabashi Yoichi, *Alliance Adrift*, p. 269

[30] 肖晞、王立名，《冷戰後美日同盟：從「漂流」到強化》，載《現代日本經濟》，2006年第3期，第14頁

[31] David L. Asher, "A U.S.-Japan alliance for the next century," *Orbis,* vol. 41, no. 3 (Summer 1997), pp. 343-374 .

[32] Funabashi Yoichi, *Alliance Adrift*, New York: Council on Foreign Relations Press, 1999, pp. 238-239.

[33] 有關這方面的論述，見Aaron M. Hoffman, "A Conceptualization of Trust in International Relations," *European Journal of International Relations*, vol. 8, no. 3 (September 2002), pp. 375-401.

　　1995年2月，在國防部長佩里的主持下，奈發表了《東亞戰略報告》（也稱《奈報告》）。這份報告否定了當時在美國頗為流行的看法，即「美日同盟已經隨著蘇聯的解體而壽終正寢」。相反，報告呼籲，美日同盟是東亞穩定的基礎，應對中國崛起是美日兩國的共同課題。[34]此外，報告還承諾在可預見的未來，美國將在東亞保持10萬駐軍，同時加強其在這一地區的雙邊同盟體系。[35]值得一提的是，在發表《東亞戰略報告》之前，奈與日本的官員保持著持續不斷的溝通，並曾將報告草稿事先交給日本防衛廳官員過目，使其對可能出現的變化做好了充分的準備。奈這樣做的目的是期望日本在今後的政策制定中也能「投桃報李」，從而建立起美日之間在政策制定前相互溝通、充分協調的慣例。事實上，日本方面也是這樣做的。在以後每年發表其年度防衛報告之前，都要先讓華盛頓過目，從而使兩國之間建立起更加緊密的聯繫。

　　此後，美日雙方進行了一系列高強度的雙邊談判。1995年11月，作為對《東亞戰略報告》的回應，日本出臺了新版的《防衛計畫大綱》。該大綱雖沿襲了原有防衛大綱（1976年）的精神，但又與舊大綱通過自身力量排除有限的小規模侵略的防衛力量整備目標不同，其主要目的是與日美安保體制相結合以「維持日本周邊地區的穩定」。該大綱把日本的防衛範圍由日本本土擴大到「日本周邊地區」，把使用武力的時機由「遭到敵人入侵之後」提前到「日本安全受到威脅」，把在日美安保體制下單純提供設施便利的義務改為可以「適當地採取對策」。[36]相比舊版大綱，新版大綱將提到「日美安保體制」的次數從兩次增加到了十三次，並特別強調美日同盟對日本是「不可或缺」（indispensable）的。[37]

　　1996年4月，美國總統柯林頓訪問日本，與日本首相橋本龍太郎就日美安全保障問題進行全面研討和磋商，並共同發表了《日美安全保障共同宣言——

---

[34] Joseph J. Nye, "East Asia Strategy Report," U.S. Department of Defense, 1995, http://www.defense.gov/releases/release.aspx?releaseid=380.

[35] David L. Asher, "A U.S.-Japan alliance for the next century," *Orbis*, vol. 41, no. 3 (Summer 1997), pp. 343-374.

[36] 黃大慧，《從「基礎防衛」到「動態防衛」——日本防衛政策的重大調整》，載《當代世界》，2011年第1期，第44-46頁。

[37] David L. Asher, "A U.S.-Japan alliance for the next century," *Orbis*, vol. 41, no. 3 (Summer 1997), pp. 343-374.

面向二十一世紀的同盟》。該宣言肯定「美日關係是歷史上最成功的兩國關係」，著重強調以美日同盟為核心的兩國同盟對維持二十一世紀亞太地區的繁榮與穩定將發揮重要作用。實際上，這是美日兩國對美國東亞戰略及《日本新防衛計畫大綱》的正式確認，是對《美日安全保障條約》的「實質性改定」。兩國同意對1978年的《日美防衛合作指針》進行修改，美日同盟被再定義為「地區穩定的基礎」。[38]

　　1997年9月，日美簽署《日美防衛合作新指針》，並於1998年在日本國會獲得通過，至此美日同盟重新定義的原則框架基本確立。新指針主要包括美日在三種情形下的軍事合作：一是日常情況下的合作；二是在日本遭到武裝攻擊情況下的合作；三是日本周邊地區發生對日本和平與安全產生重要影響的事態時雙方進行合作。其中第三種情形下的合作在美日同盟中是全新的，也是此次防衛合作指針修訂的關鍵。[39]

　　為進一步落實《日美防衛合作新指針》，1999年5月24日，日本參議院通過《日美防衛合作指針》相關三法案（即《周邊事態法》、《自衛隊法修正案》、《日美相互提供物資和勞務協定修正案》），允許日本政府在美軍介入日本「周邊」軍事衝突時派兵為美軍提供海上搜救、後勤支援等後方支援，遏止和干預「周邊事態」成為冷戰結束後日美軍事同盟的一項新使命，參與國際軍事事務被確定為冷戰結束後自衛隊的主要任務之一。[40]

　　通過這一系列的宣言和舉措，使美日同盟能夠及時應對後冷戰時期所帶來的新的轉變和挑戰，從而使這一同盟的性質發生了重大轉變：從服務於冷戰目的的軍事安全機制，轉變為以強調地區穩定和安全的聯盟組織。這就不但對兩國國內的公眾輿論有一個與時俱進的交代，對周邊其他國家也有了繼續發揮作用的「名正言順」的理由，從而順利地完成了美國對亞太政策的這一次「華麗轉身」。

---

38 聶宏毅、肖鐵峰，《日美同盟的歷史演變及其對亞太安全的影響》，載《當代亞太》，2007年第8期，第42頁。

39 倪峰，《美日強化軍事同盟的又一重要步驟——評日本眾議院通過美日新防衛合作指標相關法案》，載《宣傳》半月刊，1999年第10期。

40 聶宏毅、肖鐵峰，《日美同盟的歷史演變及其對亞太安全的影響》，載《當代亞太》，2007年第8期，第42頁。

第四節　中美雙領導體制的形成

　　從本世紀初開始，中美關係和亞太國際關係都發生了一些具有重大意義的變化。特別值得注意的是，亞太國際關係上出現了一個新的領導模式，即雙領導體制。在國際經濟貿易和金融領域中，中國逐步取得了上風並開始扮演重要的領導角色，而美國則由於幾次國際金融危機而在經濟上陷入了困境。但是在軍事安全以及政治領域中，美國仍然是一枝獨秀，保持著其霸權地位。它在這方面的影響力，遠遠領先於包括中國在內的所有其他大國[41]。這一正在浮現的雙領導體制，是一種不同領域不平衡發展的模式，既反映了中國在最近三十年以來經濟高速發展的勢頭，也再次確認了美國自二戰結束以來在世界事務中所確立的領導地位。

　　首先我們應該注意到的是，這一逐漸浮現的雙領導體制反映了中國崛起的最新趨勢，尤其是其高速、持續的經濟增長所帶來的影響。相對美國由於世界經濟危機所造成的經濟疲軟，中國的經濟增長正在改變其在亞太地區的影響力度。中國幫助亞太地區走出2008年金融危機的影響、成功維持該地區的經濟穩定，就是中國發揮影響力的一例。與此同時，美國在軍事安全和政治領域的領先地位，也使其能夠繼續在亞太地區發揮領導作用。中美在亞太地區各顯優勢，發揮不同領導作用的現象，既有相互制衡的作用，也成為地區穩定的基石。

　　一些現實主義理論家可能會將這一新出現的現象視作中美兩極體系或權力平衡，但在實際上，雙領導體制這一概念和兩極體制是不一樣的，它強調的是在基本力量不對稱的情況下，兩大國所展現的不同優勢。換言之，中國還沒有達到能全面挑戰美國領導地位的程度。相反，中國只是在經濟領域變得更有影響力。儘管這一趨勢最終將增強中國在軍事安全領域的硬實力和政治領域的話語權，但這一轉換並非一朝一夕就能實現。中國能否在政治軍事領域達到和美國平起平坐的地位尚難預期。

　　表面看來雙領導體制這一概念與G2以及相關「權力共用」的概念有共同之處，但從理論上和現實上看，兩者有著很大的差異。作為G2概念的積極宣

---

[41] Robert Sutter, "Assessing China's Rise and US Leadership in Asia – Growing Maturity and Balance." *Journal of Contemporary China*. April 28, 2010, pp. 39-77.

導者，布里辛斯基指出「美中已經在全球層面上形成了全面的夥伴關係[42]」。
與之不同的是，雙領導體制這一概念關注的是亞太地區出現的新格局，強調美
國與中國在不同領域所發揮的不同的領導作用，即軍事安全與經濟貿易上的差
別。這一新的格局還沒有從根本上改變全球政治的基本格局。在世界舞臺上，
美國的唯一超級大國的地位並沒有改變，中國最起碼在現階段仍然是僅次於美
國的幾個具有重大影響力的大國之一。

中美兩國在經濟貿易和軍事安全不同領域的不同表現，也體現在公眾認知
中。皮尤研究中心最近公布了一項關於美國公眾對全球大國影響力的看法調
查。在2008年時41%的美國人認為美國占據了國際經濟的主導地位，當時只有
30%的人將中國視為國際經濟的主導力量。而到了2011年，關於中美兩國實力
的公眾認知調查結果卻發生了引人注目的轉變，「近半（47%）的美國人將中
國視為世界經濟的主導力量，而僅有31%的人認為美國是主導地位的」[43]。

圖3-3中蓋洛普所展示的一項類似調查也反映了同樣的趨勢。也就是說在
2018年，44%的美國民眾認為中國在國際經濟事務中發揮著領導作用，而美國
只占42%，日本占4%。

這一公眾認知的變化緣於中國成功地渡過了金融危機，而美國、日本和歐
盟則仍深陷其中，使得公眾認知突顯了中國所發揮的作用，也許這樣的認知對
中國所發揮的實際作用有所誇張。但無論如何，在經濟和貿易領域，越來越多
的人開始關注中國的聲音。而且中國在國際機構（例如世界銀行和國際貨幣基
金組織）中的重要性也與日俱增。例如在2011年3月，國際貨幣基金組織通過
了一項決議，決定增加中國的投票權，從而使中國成為了該組織的第三大成員
國（當然它還遠遠低於位於第一位的美國）[44]。而中國周邊經濟體對中國的金
融和貿易市場依賴程度的不斷增加也使得這一趨勢在亞太地區更為顯著[45]（以
下我們將對此做更加詳盡的分析）。

[42] Zbigniew Brzezinski, "Moving toward a Reconciliation of Civilizations." *China Daily*, http://www.chinadaily.com.cn/opinion/2009-01/15/content_7399628.htm. January 15, 2009.

[43] "Strengthen Ties with China, but Get Tough on Trade," *PEW Research Center for the People and the Press.* January 12, 2011, http://pewresearch.org/pubs/1855/china-poll-americans-want-closer-ties-but-tougher-trade-policy.

[44] *International Monetary Fund*, March 3, 2011, http://www.imf.org/external/np/exr/facts/quotas.htm, Accessed March 21, 2011.

[45] Hiro Ito, "U.S. Current Account Debate with Japan then, with China Now." Prepared for Conference *Asian Economic Integration in a Global Context*. February 6, 2009, p. 5.

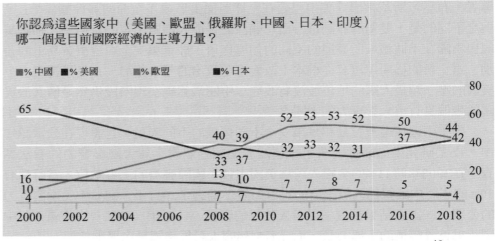

你認為這些國家中（美國、歐盟、俄羅斯、中國、日本、印度）
哪一個是目前國際經濟的主導力量？

圖3-3　蓋洛普組織關於美國公眾對國際經濟主導力量認知的調查（2018）[46]
註：印度、俄羅斯的相關資料沒有在這張表上顯示

　　這一亞太地區正在浮現的雙領導體制是當代國際關係中權力轉移的重要一步。權力轉移理論側重於研究正在崛起的大國與目前正處於主導地位的大國之間的關係，尤其是後者應該如何應對前者的崛起。根據這一學派，正在崛起的大國對現存國際體系的滿意程度決定了權力是和平轉移還是激烈對抗。當兩國關係處於接近平衡和對等的時候，衝突最有可能發生[47]。歷史表明，當一個正在崛起的國家對當時占主導地位的霸權國家產生了威脅，戰爭就可能爆發。但大國之間權力轉移通過和平方式實現亦有先例，例如十九世紀末美國取代了英國成為世界的主導力量[48]。羅伯特·卡根（Robert Kagan）指出：「近現代以來處理與崛起國關係最為成功的例子，便是十九世紀後期英國為避免與處在擴張時期的美國發生衝突而讓出西半球勢力範圍（加拿大除外）[49]。」當然，在

[46] 來源：蓋洛普組織，https://news.gallup.com/poll/231380/americans-rate-china-leading-economic-powers.aspx。

[47] Ronald Tammen, et al., *Power Transitions: Strategies for the 21st Century.* New York: Chatham House Publishers, 2000, p. 31.

[48] Christopher Lane, "China's Challenge to US Hegemony." *Current History.* January 2008, p. 16.

[49] Robert Kagan, "The Illusion of Managing China," *The Washington Post.* May 15, 2005, http://www.carnegieendowment.org/publications/index.cfm?fa=view&id=16939.

轉移過程中也有用戰爭作爲手段的例子，這裡面包括了日本從明治時期至二戰前這一期間對中國在東亞的主導地位的挑戰與取而代之，以及一戰前另一個崛起大國——德國，對英國在歐洲的傳統勢力範圍所發起的挑戰。此外，即使沒有爆發直接的戰爭，但前蘇聯力量的崛起無疑也是導致冷戰期間美蘇兩個超級大國長期對峙以及一系列「代理人戰爭」的重要原因[50]。

　　近年來，中美間積極合作和潛在衝突的可能性都在增加。正在浮現的亞太地區雙領導體制成爲一種在中美兩國權力轉移過程中調解兩國關係並促進兩國合作的新模式。區域內領導模式的轉變不僅有益於兩國間的互相協調，同時也加強了兩國與該區域內的其他主要國家之間（如日本、俄羅斯、朝鮮半島及東盟）的合作，從而爲避免大規模的軍事衝突創造了必要的條件。

（一）領導作用的概念

　　要界定一個國家是否在國際事務中占領導地位，一般來說其至少應具備以下五個基本要素：

1. 該國應在一個或多個領域中擁有決定性的實力和影響力；
2. 該國應具備在和平時期和危機時期配置及提供公共產品的能力；
3. 該國應在規則制定和議程設置上發揮決策者的角色；
4. 該國應在主要的國際組織（例如聯合國、世界銀行等）中占據領導地位；
5. 該國應占據道德制高點。

　　一個國家的領導地位與外界對其影響力的感知是密切相關的。在很多案例中，一個國家的實際實力或許尚不足以改變其在國際體系中的相對位置，但其他國家對這一崛起國家領導地位的認知卻可能超過其可量化的能力，從而成爲一個非常重要的衡量指標。這是因爲其他國家會更認眞地關注這一大國的訴求，並將這種關注轉換成它在國際事務中的影響力。例如，即使歐盟對於中國是否有能力挽救最近出現的歐債危機尚沒有定論，但是對於中國經濟實力的認知使得這些國家對於中國「拯救」歐元區、重振歐洲經濟抱有很大的期待。從這個角度上來看，雙領導體制中的領導地位是指某一領域中對一個大國可感受

50 Robert J. Art, "The United States and the Rise of China: Implications for the Long Haul." *Political Science Quarterly*, 2010, vol. 125, no. 3, p. 366.

到的影響力，而並不必然意味著這一大國已經占據了領導地位。

從這個意義上講，我們應該清醒地認識到，中國按照上述提到的五個標準來衡量，都還沒有達到領導地位的標準，也就是說，中國還遠未達到和美國平起平坐的地位。這裡我們所強調的是，中國在經濟貿易和金融領域的影響力已經大大增加。這一在單項上取得的成績，開始得到周邊國家的認可，並在這一領域中逐步發揮領導作用。但是對中國來說，要成為區域或者全球層面全方位的領導者則還有一段很長的路要走。從目前來看，中國可能正在朝這個方向發展。這裡我們無法預測中國是否能夠或者何時能夠達到這一階段，因為還有太多的不可測因素將會影響中國的發展。所以，我們在以下的分析中，將不對上述五個方面的每一條都做具體的分析，而把關注的重點放在廣義上的經濟與政治軍事領域權力分布的變化，從而折射出這一轉型的歷史時刻的具有重大意義的最新動態。

這裡我們應該再次強調的是，雙領導體制的概念反映的是亞太地區正在浮現的發展趨勢和相關國家的認知，而非對將來的預測。其實即便是在經濟領域中，中國的經濟實力也遠遠落後於美國，而且中國還存在一些關鍵性的軟肋，這些都會影響到中國的經濟高速成長的可持續性。我們這裡所反映的，只是過去三十年間中國經濟增長的一個重要趨勢，以及由其帶來的國際上對權力轉移現象的認知。所以，雙領導體制的概念提醒人們要關注目前經濟和軍事安全領域所出現的不同發展趨勢，並為未來可能的變化做好準備。我們下面所分析的，就是中國和美國各自在不同領域中所具備的優勢與劣勢。

在雙領導體制中，兩個領先大國間的協調與合作是決定這一體制能否成功的關鍵因素。一些國際關係學者也對這一點進行了論證。按照羅伯特·基歐漢（Robert Keohane）的觀點，「合作……需要一方的個人或組織的行為通過政策協調的方式與另一方達成一致」。「這表示，當處於合作狀態的時候，一方會按照另一方可能做出的行為來相應調整己方的行為……真正的合作應該帶給參與雙方的是雙贏的局面」[51]。他進一步闡明說，合作，抑或說兩個大國共同努力去達成一個共贏的局面，不應與和諧這一概念相混淆。基歐漢關於合作的理論框架也區分了大國間的「合作」與大國間的「和諧」這兩個概念。他提

---

[51] Robert Keohane, *International Institutions and State Power*. Boulder, CO: Westview Press, 1989, p. 159.

出，「和諧指的是一方（追求己方利益）的政策自然地促進了另一方政策目標的達成……當這兩國處於和諧狀態時，合作是沒有必要的」[52]。在中美關係中，合作是必要的、並且是當前正在進行中的權力轉移過程能否和平實現的決定因素。

在後冷戰時期，我們已經看到了資本主義大國間建立的以安全共同體為形式的合作。這一後冷戰時期的國際秩序展現了合作在各大國間得以進行的模式。正如威廉・奧爾森（William Olson）所說，「後冷戰時期的主要特點是資本主義大國間的安全共同體。這說明了很多國家不預期或不準備在相互關係的處理中動用武力」[53]。安全共同體意味著在共同體內部使用規範性的措施以避免衝突的發生[54]。而同盟關係或其他防禦性組織是因為國家之間出於對外部威脅的共同感知才結成聯盟，而並非以減少武裝衝突為目的。伴隨著經濟的持續增長，中國在國際談判中的話語權也在日益增加，這就意味著中國在與美國談判的過程中能夠站在更加平等的立場上與美國討價還價，這同時也增加了雙方妥協與溝通的可能性。在雙領導體制下持續的互動，能為構建一個在亞太地區以中美為核心的、更加有效的安全共同體，提供一個可具規範性的平臺。

在這一正在浮現的雙領導體制中，中美合作是勢在必行。詹姆斯・多爾蒂（James Dougherty）和羅伯特・法爾茨拉格夫（Robert Pfaltzgraff）認為，「國家之間的合作，是有可能在相對強勢的一方與相對弱勢的一方之間實現的」[55]。從這一點來說，儘管中國和美國之間在發展程度上還有很大的差距，但隨著差距的不斷縮小，兩國間的合作將顯得越發重要。

在探討「領導者」這一概念的同時，我們還需要討論一下「被領導者」——無論它們是勉強選擇跟隨還是被迫為之。在國際領導體制中，領導者的地位既不是自封的，也不是選舉產生的，而是自然形成的。但在大多數情況

---

[52] Robert Koehane, *After Hegemony: Cooperation and Discord in the World Political Economy.* Princeton, NJ: Princeton University Press, 1984, p. 51.

[53] William C. Olson, *Theory and Practice of International Relations* (9th ed.), Englewood Cliffs, NJ: Prentice-Hall, Inc, 1994, pp. 210-211.

[54] Acharya, Amitav. *Constructing a Security Community in Southeast Asia.* Florence, KY: Routledge, 2009, pp. 20-21.

[55] James Dougherty and Robert Pfaltzgraff (2007), *Contending Theories of International Relations.* Addison Wesley Educational Publishers, Inc, 2007, p. 419.

下，這又僅僅是相對而言。也就是說，大國總是有其追隨者，但宏觀上，一些大國會在某個特定的領域裡擁有更多的追隨者。在這種情況下，每個大國都有機會在某些領域發揮領導作用。

　　這一概念不同於冷戰時期的零和思維，它更多地體現在兩個大國之間的不斷協調與妥協，以及在一些場合共同扮演領導者的角色。因此，這一雙領導體制更接近於一種既合作又解決爭端的方式。它反映了兩個大國在經濟實力與軍事實力和政治影響力中各自發揮領導作用，以實現雙贏而非零和的局面。

（二）中國在經濟、貿易與金融領域的領導作用

　　眾所周知，經濟領域是一個能夠最快反映正在變化的世界格局的重要指標。在過去的幾十年裡，世界經濟的中心逐漸從大西洋地區轉移到了太平洋地區。作爲東亞經濟的重要組成部分，中國經濟也借鑑了日本在1950年代至1980年代間的發展模式而取得了史無前例的增長。2010年，中國的國內生產總值（GDP）超過日本，成爲世界第二大經濟體[56]。而到了2017年，中國的經濟總量就是日本的兩倍半（見表3-1）。由此我們可以看出中國不斷攀升的經濟地位。

■ 表3-1

國內生產總值（GDP）排名前十的經濟體（2017）[57]		
排名	國家	（名義）GDP，十億美元
1	美國	19,485
2	中國	12,238
3	日本	4,872
4	德國	3,693

---

[56] R. A., "China: Second in Line." *The Economist*. August 16, 2010, http://www.economist.com/blogs/freeexchange/2010/08/china_0. Accessed February 19, 2011.

[57] 來源：世界銀行，https://data.worldbank.org/indicator/NY.GDP.MKTP.CD?most_recent_value_desc=true。

排名	國家	（名義）GDP，十億美元
5	印度	2,651
6	英國	2,638
7	法國	2,583
8	巴西	2,054
9	義大利	1,944
10	加拿大	1,647

儘管單一的GDP指標不足以反映一個國家的經濟實力，但這一變化在國際事務中影響深遠。即便中國經濟發展的前景屢屢被唱衰，在實際上它仍保持著強勁的增長勢頭[58]。也有預言及美國公眾認為，中國會在不遠的將來超過美國而成為世界第一的經濟體[59]。但是，中國是否和何時能夠全面超過美國，還是眾說紛紜、見仁見智。

我們當然也應該看到，就算是在經濟領域，中國和與美國的實力仍有很大的差距。例如，中國的GDP相當於美國的60%左右，而人均GDP更是只有美國的27%（世界銀行2016年資料）。此外，沒人能否認中國還面臨著一系列嚴重的國內問題，包括潛在的經濟泡沫、環境汙染、社會不滿及腐敗等等。這些都有可能成為減緩甚至阻礙未來經濟發展的因素。同時，中國在包括世界銀行在內的各類國際組織中的影響力也遠遠不如美國。既然如此，為什麼還要說中國在亞太地區的經濟領域中起到領導作用呢？

首先，中國經濟的發展速度遠遠高於美國。在最近的三十年，即1980年至2009年，美國GDP的年平均增長率為2.7%，而中國的年平均值則保持在10%的水準[60]。儘管在未來幾年的發展中，中國經濟將面臨著一系列挑戰，但據美國彼得森經濟研究所的一位專家所估計，其年增長率會保持在6%左右。這就意味著到2030年，中國的GDP將占到世界的20%；與此同時，美國所占的

[58] Gordon Chang, *The Coming Collapse of China*. New York: Random House, 2001.

[59] Arvind Subramanian, *Eclipse: Living in the Shadow of China's Economic Dominance.* Washington, D.C.: Peterson Institute for International Economics, 2011.

[60] 參見世界銀行：http://data.worldbank.org/indicator/NY.GDP.MKTP.KD.ZG。

份額則下降到不足15%[61]。

　　其次，中國的經濟增長足以為亞太地區及世界提供重要的公共產品。中國在克服2008年金融危機和世界經濟復甦的過程中起到了火車頭的作用。世界GDP在很大程度上依賴著中國的GDP增長與投資[62]。在二十一世紀的頭十年中，中國的經濟增長占到了世界經濟增長的22%，與此同時美國在這一資料上的比例僅為17%。2011年，中國消費者對世界經濟增長的貢獻更是第一次超過了美國。2011年11月，由世界頂尖的諮詢公司麥肯錫和思偉提供的兩份調查報告顯示，越來越多的中國消費者開始偏好國外的東西，包括食品和其他進口產品[63]。中國消費者為全球及區域市場創造了更多的需求，正日益成為穩定與繁榮的源泉。由此可見，無論是在生產、投資還是消費領域，中國都已經成為世界經濟增長的最主要動力之一[64]。

　　從表3-2中我們還可以看到，中國已成為世界第一大的債權國，持有17.3%的美國政府債券。

■ 表3-2

亞太地區國家和地區所持有的美國政府債券（億美元，2019年3月）[65]		
名次	國家／地區	總量
1	中國	11,205
2	日本	10,781
3	香港	2,076

[61] Arvind Subramanian, "The Inevitable Superpower," *Foreign Affairs*, Sep/Oct2011, vol. 90, issue 5, pp. 66-78.

[62] He Liu and Wang Jingzhong, "China Takes Leading Role in Global Recovery: Asia Pacific Business Leaders," *People's Daily.* November 15, 2009, http://english.peopledaily.com.cn/90001/90776/90883/6813259.html.

[63] Berthelsen, John, "Will Chinese Consumers Come to the West's Rescue?" *Global Asia* 6, no. 4. Winter 2011, p. 25.

[64] Roundtable: China's Surrounding Security Environment, *China Review*, March 2011, pp. 53-67.

[65] 來源：美國財政部，https://ticdata.treasury.gov/Publish/mfh.txt。

名次	國家／地區	總量
4	臺灣	1,688
5	新加坡	1,388
6	南韓	1,199
7	加拿大	997
8	泰國	844

註：持有國僅包括菲律賓、新加坡和泰國

　　由於擁有了如此之多的美國政府債券，中國的經濟已經與美國高度連動，這也使得中美之間對對方的政治經濟變化異常敏感。例如，2011年夏，在經歷了嚴重的黨派僵局後，美國政府曾經有一度面臨無法提升其舉債上限的局面，這就意味著美國將有可能無力償還債務。雖然最後美國成功提高了債務上限從而避免了危機，但是這一事件卻突顯了包括國債在內的美國經濟的脆弱性，而中國正是這些國債的主要投資者。戰略與國際研究中心（Center of Strategic and International Studies, CSIS）的研究指出，如果美國拖欠債務，其國內消費者的信心將會發生動搖，從而也將進一步降低他們對中國出口產品的需求，並增加對中國人民幣與美元脫鉤的壓力，而這些又會影響到中國對美國政府實現未來承諾的信心[66]。

　　在標準普爾（Standard & Poor's）下調美國長期主權信用評級以後，美國經濟潛在脆弱性的另一個表現也開始突顯。2011年8月，信用評級機構標準普爾第一次下調了美國的長期主權信用評級，將其從AAA級下調到AA+；這很有可能影響投資者對美國政府債券的信心[67]。就在標普下調評級之後的那個週一，道鐘斯工業平均指數下跌了5.6個百分點——這是自2008年經濟危機高潮以來最劇烈的下跌。這一事件增加了投資者和經濟學家對美國經濟正在走向二次探底的恐慌。如果經濟發生停滯，從政治上來看，美國政府將很有可能難以

---

[66] Charles Freeman and Jeffrey D. Bean, "China's Stake in the U.S. Debt Crisis," *Center for Strategic and International Studies*. July 28, 2011.

[67] Zachary A. Goldfarb, "S&P downgrades U.S. credit rating for first time," *The Washington Post*. August 6, 2011, http://www.washingtonpost.com/business/economy/sandp-considering-first-downgrade-of-us-credit-rating/2011/08/05/gIQAqKeIxI_story.html.

通過第二次經濟刺激計畫或者採取其他類似的振興經濟的措施。正如最近的美國債務上限危機所顯示的，諸如經濟刺激計畫之類的任何將顯著增加美國債務的措施，都有可能難以在國會中獲得兩黨的支持[68]。儘管評估這一事件所帶來的影響為時尚早，但這一危機以及未來將會出現的相似情況，都有可能促使中國分散其投資。在可遇見的將來，不管美國經濟繼續惡化還是復甦，有一點可以肯定的是，中國在國際經濟事務中的話語權，將會向不斷增加的方向發展。

通過表3-3，我們可以瞭解到在金融與貨幣領域，中國的外匯儲備居於世界第一，比位居第二位的日本和第三位的東盟的總和還多。

■ 表3-3

亞太地區國家和地區的外匯儲備（億美元，2016年）[69]		
名次	國家／地區	總額
1	中國	30,807
2	日本	13,217
3	東盟	7,781
4	臺灣	4,403
5	南韓	3,785
6	墨西哥	1,769
7	美國	1,162
8	加拿大	831

不僅如此，對華貿易在亞太很多國家和地區的對外貿易中占了頭一把交

---

[68] Graham Bowley, "Stocks Suffer Largest Drop Since 2008," *The New York Times.* August 7, 2011.

[69] 來源：國際貨幣基金組織，http://www.imf.org/external/np/sta/ir/IRProcessWeb/colist. aspx；國家外匯管理局，http://www.safe.gov.cn/model_safe_en/tjsj_en/tjsj_detail_en.jsp? ID=30303000000000000,19&4。

椅，其中包括日本、香港、東盟和澳洲（見表3-4）[70]。而對美貿易占其外貿第一位的只有美國的兩個鄰國：加拿大和墨西哥。東亞、東南亞、大洋洲和南亞的國家正日漸依賴與中國的貿易關係，中國也正成爲世界各國一個非常重要的交易夥伴。

■ 表3-4

國際貿易主要夥伴國家和地區，按排名（2018）[71]						
國家／地區	#1	#2	#3	#4	#5	#6	#7
中國 （2018）	美國	香港	日本	南韓	越南	德國	印度
南韓 （2018）	中國	美國	印度	菲律賓	墨西哥	土耳其	臺灣
日本 （2018）	中國	美國	南韓	臺灣	香港	泰國	新加坡
香港 （2018）	中國	美國	印度	日本	泰國	新加坡	臺灣
東盟 （2016）	中國	日本	美國	歐盟	南韓	臺灣	香港
美國 （2019）	加拿大	墨西哥	中國	日本	英國	德國	南韓
加拿大 （2018）	美國	中國	英國	日本	墨西哥	南韓	德國

---

[70] Dick Nanto and Emma Chanlett-Avery, "The Rise of China and its Effects on Taiwan, Japan and South Korea: U.S. Policy Choices," *Congressional Research Service.* January 13, 2006, p. 1.

[71] 資訊蒐集自：http://www.worldstopexports.com；美國資料來自：https://www.census.gov/foreign-trade/statistics/highlights/top/top1904yr.html（截至2019年6月）。

國家／地區	#1	#2	#3	#4	#5	#6	#7
墨西哥（2018）	美國	加拿大	哥倫比亞	瓜地馬拉	秘魯	巴拿馬	委內瑞拉
印度（2018）	美國	阿聯	中國	香港	新加坡	英國	德國
澳洲	中國	日本	美國	南韓	新加坡	紐西蘭	英國

　　中國仍舊保持了其吸收外商投資總額第三名的地位，僅次於美國與荷蘭（見表3-5）。很多美國公司，例如沃爾瑪，都持續向中國市場注入資金。截至2011年5月，沃爾瑪在中國擁有90,000名雇員，年消費額高達70億美元[72]。

表3-5

外商直接投資資金流入額（十億美元，2017年）[73]

名次	國家／地區	總額
1	美國	355
2	荷蘭	317
3	中國	168
4	香港	122
5	德國	78
6	巴西	71
7	英國	65

---

[72]　Berthelsen, John, "Will Chinese Consumers Come to the West's Rescue?" *Global Asia*, Winter 2011, vol. 6, no. 4, p. 26.

[73]　來源：https://data.worldbank.org/indicator/BX.KLT.DINV.CD.WD?most_recent_value_desc=true。

另外，中國的對外直接投資額也在不斷增加，特別是對發展中國家的投資。儘管仍遠遠落後於第一名的美國，但表3-6中的趨勢表明了中國對外投資額的迅猛增長，若將香港的投資貢獻包括在內，這一趨勢便更為明顯。

■ 表3-6

亞太地區國家和地區的對外直接投資額（十億美元，2017年）[74]

名次	國家／地區	總額
1	美國	379
2	荷蘭	332
3	日本	169
4	英國	147
5	德國	125
6	中國	102
7	香港	101
8	加拿大	81
9	英屬維京群島	71

例如，中國已經成為主要的對非洲投資國，尤其是在基礎設施和其他一些發展專案[75]。根據《金融時報》的一篇報導，「在2009年與2010年，中國發展銀行與中國進出口銀行批准了至少1,100億美元的貸款給予發展中國家政府與企業。而2008年中期至2010年，世界銀行發放的類似貸款額為1,003億，為其歷年額度最大的一次，以應對金融危機」[76]。

---

[74] 來源：https://data.worldbank.org/indicator/BM.KLT.DINV.CD.WD?most_recent_value_desc=true。

[75] Yuan-kang Wang, "China's Response to the Unipolar World: The Strategic Logic of Peaceful Development." *Journal of Asian and African Studies*, 2010, vol. 45, no. 554, p. 563.

[76] Geoff Dyer, Jamil Anderlini and Henny Sender, "China's Lending Hits New Heights," *Financial Times.* January 17, 2011, http://www.ft.com/cms/s/0/488c60f4-2281-11e0-b6a2-00144feab49a.

　　中國也利用它的經濟實力，尤其是通過雙邊和區域自由貿易協定的簽署，來領導和推動區域經濟秩序的建設。正如中國社科院張蘊嶺所指出的，自由貿易協定「能有效地促進各個經濟體之間以及區域體系內部的治理」[77]。中國與周邊國家及地區簽署了一系列雙邊和地區性的自由貿易協定，包括2010年生效的東盟—中國自由貿易區、2003年生效的《內地與香港關於建立更緊密貿易關係的安排》、2007年生效的《中國—巴基斯坦自由貿易協定》、2008年的《紐西蘭—中國自由貿易協定》，以及2010年初生效的、作爲大陸與臺灣雙邊合作重要的一步的《臺灣經濟合作框架協定》[78]。

　　總之，由於其他亞洲國家既需要中國的投資，也需要中國這一重要的交易夥伴，使得中國擁有了顯著的地區影響力。如表3-7所示，通過成爲他國重要的交易夥伴、大量持有美國債券與外匯，及日益增加的對外直接投資額，中國正在經濟上縮小與美國的差距。

　　本節並沒有忽視中國經濟所面臨的各種挑戰，其中包括腐敗、環境汙染、沿海與內地發展的不平衡、科技創新的不足等等。但是我們也不能因此而否定近三十年來中國經濟所取得的巨大成就，尤其是在製造業領域，更是爲中國贏得了「世界工廠」的美譽。這一模式使得中國的經濟訴求正日益爲區域國家所關注。儘管目前經濟實力仍遠在美國之後，但中國在經濟領域中的領導作用已被亞太地區國家認可。

（三）美國的領導地位——軍事安全與政治影響領域

　　在軍事、安全與政治方面，美國無疑還保持著絕對優勢。從表3-8中可以看出，美國2015年的軍費開支高達6,980億美元，占全世界的43%。而儘管中國被認爲是軍費開支第二高的國家，其當年的軍費開支只占全世界的7.3%，爲1,190億美元[79]。

---

html#axzz1FUcJlnYW.（按：筆者在美利堅大學的同事Deborah Brautigam提醒，實際數字還是具有爭議性的。）

[77] Zhang Yungling. "Emerging Force: China in the Region and the World." *Global Asia,* Winter 2011, vol. 6, no. 4, p. 20.

[78] China FTA Network, *Ministry of Commerce, PRC*, http://fta.mofcom.gov.cn/english/index.shtml. Accessed March 18, 2011.

[79] Stockholm International Peace Research Institute Yearbook, 2015.

■ 表3-7

美國與中國的各項比較[80]	中國	美國
外匯儲備 （2017年，億美元）	30,802	1,237
第一、第二交易夥伴地區 （2016年）	8 （4為#1，4為#2）	6 （4為#1，2為#2）
外商直接投資流入資金額 （2016年，十億美元）	171	425
對外直接投資資金額 （2016年，十億美元）	217	348

■ 表3-8

全球軍費開支（2018）[81]			
名次	國家	軍費開支（億美元）	GDP
1	美國	6,488	3.2%
2	中國	2,500	1.9%
3	沙烏地阿拉伯	676	8.8%

---

80 來源：http://www.google.com/publicdata?ds=wbwdi&met=bx_klt_dinv_cd_wd&idim=country: CHN&dl=en&hl=en&q=china+foreign+direct+investment；聯合國貿易與發展會議，http:// www.unctad.org/Templates/Page.asp?intItemID=3198&lang=1；國際貨幣基金組織，http:// www.imf.org/external/np/sta/ir/IRProcessWeb/colist.aspx；國家外匯管理局，http://www.safe. gov.cn/model_safe_en/tjsj_en/tjsj_detail_en.jsp?ID=30303000000000000,19&4；臺灣行政 院主計總處，http://eng.stat.gov.tw/point.asp?index=5 eThailand；http://www.ethailand.com/ news/asean-considering-utilising-foreign-reserves-27676.html。

81 來源：斯德哥爾摩國際和平研究所，https://www.sipri.org/sites/default/files/SIPRI-Milex-data-1949-2018_0.xlsx。

名次	國家	軍費開支（億美元）	GDP
4	印度	665	2.4%
5	法國	638	2.3%
6	俄羅斯	614	3.9%
7	英國	500	1.8%
8	德國	495	1.2%
9	日本	466	0.9%
10	南韓	431	2.6%

　　此外，近幾十年以來，美國的年均軍費開支大概在其GDP的4%左右，而中國僅爲2%。這使得中國從本質上來說很難在可預見的將來在軍事上縮小與美國的差距。美國同時也是世界最大的武器交易方（見表3-9）。

■ 表3-9

全球武器交易支出（2005-2015）[82]

國家	占世界百分比
美國	31%
俄羅斯	23%
德國	7%
法國	6%
中國	4%
英國	4%
西班牙	2%
義大利	2%

---

[82] 來源：斯德哥爾摩國際和平研究中心，http://armstrade.sipri.org/armstrade/html/export_values.php。

國家	占世界百分比
荷蘭	2%
烏克蘭	2%
其他	17%

　　更重要的一點是，如果從亞太地區國際軍事機構和組織的設置來看，絕大多數都在美國的掌控之下。除了美日同盟、美韓同盟，美國還與其他諸多亞太國家和地區保持著長期軍事夥伴關係，如菲律賓、澳洲、紐西蘭、泰國、印度、巴基斯坦、新加坡以及臺灣等。下面的表3-10更詳細地顯示了這一關係。此外，美國也與其他的一些區域性國家發展了緊密的安全聯繫，例如越南。

■ 表3-10

與美國有正式軍事關係的國家[83]

國家	關係	起始年份
菲律賓	安全夥伴—相互防禦協定	1951
日本	正式同盟	1952
澳洲	安全夥伴—澳新美安全協定	1952
南韓	正式同盟	1953
泰國	安全夥伴—馬尼拉條約	1954
臺灣	安全協議—臺灣關係法（美國國內法）	1979
印度	安全夥伴—下一步戰略夥伴	2005
新加坡	安全夥伴—戰略框架協議	2005
巴基斯坦	戰略對話	2010

　　美國在亞太地區最堅實的軍事關係是其與日本和南韓的軍事同盟。如美國從1970年代開始便參加與南韓的聯合軍事演習，包括每年一度的、以北韓為

83　來源：美國國務院，http://www.state.gov/t/pm/c17687.htm。

假想敵的「乙支焦點透鏡」演習[84]。「團隊精神行動」是1976年至1997年間進行的階段性軍事演習[85]。而2010年共有「勇者無敵」演習、對北韓的海上威懾演習、反潛演習和爲期十一天的戰爭威懾演習等四場不同的聯合軍演，以及在延坪島炮擊事件後安排的軍事操練[86]。美國每年還與日本進行一百場以上的聯合軍演，及領導「和平-09」海上演習（中國也是參加方之一）[87]和延坪島事件後的一系列軍演[88]。

　　而中國在這一領域裡能夠拿到檯面上的可能只有上海合作組織[89]，由中國和俄羅斯發揮共同領導作用；再有就是中國—北韓同盟關係以及中國和巴基斯坦的「全天候夥伴關係」。1961年簽署的《中朝友好合作互助條約》將在2021年終止，而在東北亞地區唯一一個中美共同發揮領導作用的國際安排則是北韓核問題六方會談。

　　雖然美國的軍事實力在全球仍居主導地位，但中國的國防預算和開支在過去的幾十年裡顯著增加。1978年到1987年，中國的軍費年均增長3.5%；1988年到1997年間的增長爲14.5%；1998年至2007年則爲15.9%[90]。中國現在已經成爲全球第二大軍費開支國。很明顯地，其軍事力量在迅速擴大，軍事預算在不斷增加。

84　John Pike, "Military: Ulchi Focus Lens," *GlobalSecurity.org*, 2000-2011, http://www.globalsecurity.org/military/ops/ulchi-focus-lens.htm. Accessed February 19, 2011.

85　John Pike, "Military: Team Spirit," *GlobalSecurity.org*, 2000-2011, http://www.globalsecurity.org/military/ops/team-spirit.htm. Accessed February 19, 2011.

86　Luis Martinez, "U.S. to Join South Korean Military Exercise off North Korean Coast," *ABCNews.com*. June 2, 2010, http://abcnews.go.com/Politics/Media/us-join-south-korea-military-exercise-north-korea/story?id=10807101. Accessed February 19, 2011.

87　Pakistan to Conduct "Aman (Peace) 09", Multinational Maritime Military Exercise. February 27, 2009, MarineBuzz.com, http://www.marinebuzz.com/2009/02/27/pakistan-to-conduct-aman-peace-09-multinational-maritime-military-exercise/. Accessed March 4, 2011.

88　"South Korea-US military exercises stoke tensions," November 28, 2010, *BBC News*. Accessed February 19, 2011, http://www.bbc.co.uk/news/world-asia-pacific-11855162.

89　*Shanghai Cooperation Organization*. 2011, http://www.sectsco.org/EN/. Accessed March 18, 2011.

90　Andrew S. Erickson, "Chinese Defense Expenditures: Implication for Naval Modernization," *China Brief*. April 16, 2010, vol. 10, no. 8, pp. 11-15.

　　總的來說，在軍事安全方面，美國不但在軍事實力和裝備上占據了絕對的領導地位，而且其在這一區域內的追隨者和合作夥伴的數量都比中國大很多。儘管根據前面提到的，相關學者估計中國經濟可能會在2030年超過美國，但美國在軍事安全領域的領導地位卻難以在短時間內被撼動[91]。

　　而中美兩國在政治影響力上的差距也同樣顯著。這不僅是因為美國仍是國際事務中唯一的超級大國，也因為華盛頓對軟實力和巧實力（曾經被原美國國務卿希拉蕊援引）極為看重[92]。美國在軟實力外交中尤其注意運用以下四點：

1. 隨時調整外交政策從而占據道德制高點；
2. 加強並引導公眾輿論；
3. 提高國際公信力以保持同盟關係；
4. 對內政和外交經常性的公開辯論使得美國的外交政策制定有很強的自我糾正能力，從而避免了可能導致的外交災難。

　　有人會說反美主義依然是一個在全球很多角落都引人注意的現象。但是總體來說，美國的軟實力和政治影響力仍遠遠大於中國，特別是輿論影響、公眾認知和政治領導力方面更是如此。在解釋最近戰略重心向亞洲轉移的政策時，美國國務卿希拉蕊‧柯林頓就曾指出：「美國是唯一一個在亞太地區擁有廣泛同盟、沒有領土野心、並且長期向區域國家提供公共產品的國家[93]。」

　　儘管中國不斷重申自己和平發展的願望及對和諧世界的追求，西方和中國周邊國家對其意圖依然心存疑慮。中國的崛起經常被視為是對其亞洲鄰國以及對全球政治秩序的威脅。因此，軟實力就成為了中國外交政策上的一個軟肋，並且威脅到了中國的核心利益。例如，中國一再聲稱臺灣、西藏和新疆是其核心利益的一部分，但西方公眾仍缺乏對中國這一基本立場的認識，並且相當一部分人對與中國政府敵對的政治勢力持同情態度[94]。

[91] "GDP Could be 2.5 Times that of the US by 2030," *China Daily.* May 3, 2008, http://www.chinadaily.com.cn/china 2008-05/03/content_6657813.htm.

[92] "Clinton: Use 'Smart Power' in Diplomacy." *CBS News.* January 13, 2009, http://www.cbsnews.com/stories/ 2009/01/13/ politics/main4718044.shtml.

[93] Hillary Clinton, "America's Pacific Century," *Foreign Policy.* November 2011, http://www.foreignpolicy.com/articles/2011/10/11/americas_pacific_century.

[94] Stapleton Roy, "Foreign Service Challenge: Dealing with a Rising China," *Annual Adair Lecture on the Foreign Service.* September 2010, p. 4. Transcript.

中國的崛起已經在世界範圍內引起了關注。一些專家預言其將會與其他主要大國（如美國）發生衝突。中國是否是「和平崛起」直接攸關中國的影響力，以及其在東亞地區和世界範圍內的聲望[95]。中國提升軟實力的辦法包括：派遣醫務人員和教師去海外服務、接收外國留學生來華，以及在海外建立孔子學院並設立相關語言培訓專案。然而，中國的這一軟實力「魅力攻勢」所能發揮的作用還是有限的[96]。

（四）雙領導體制的含義

正如在本節最初所提到的，亞太地區雙領導體制的出現，反映了一種自然發展過程。這不光體現了中國和美國各自的現狀及國家核心利益，還表明了中美兩大國在這一體系中所應承擔的責任。這一新體制未來的最終走向取決於其是否符合中美兩國以及該區域內的其他主要參與國（例如日本、俄羅斯、南韓、北韓以及東盟）的利益。因此，上述國家間的密切協調勢在必行，並不完全取決於各國的意願。

從雙領導體制的含義來看，它表明了兩國各有其優勢及劣勢。根據上文所述，在經濟領域中中國發展勢頭強勁並已占據上風，而同時美國在軍事和政治影響力上仍然比中國更勝一籌[97]。基於這一現狀，中美兩國需要不斷適應以及互相支援。雙方都應在其相對弱勢的領域中有所妥協，同時在其優勢領域中應更具前瞻性並願意承擔領導者的角色。常言道，政治是不能脫離經濟而獨立存在的，因而應更好地協調兩者的關係。此時，「3-C」原則，即協調、合作以及妥協（coordination, cooperation, and compromise），在中美關係中顯得尤為重要。

3-C原則的精神可以從筆者之前的一篇論文〈大國關係的共同管理〉中體現。這一概念認為：「兩國需要找到一種合適的方式來實現『利益攸關方』

---

[95] Robert Sutter, "China Reassures Neighbors, Wary of US Intentions," *Comparative Connections.* January 2011, p. 1.

[96] 更多的有關「魅力攻勢」的論述，見：Joshua Kurlantzick, *The Charm Offensive: How China's Soft Power is Transforming the World.* Yale University Press, 2007.

[97] Robert Sutter, "Assessing China's Rise and US Leadership in Asia – Growing Maturity and Balance," *Journal of Contemporary China.* April 28, 2010, pp. 39-77.

式的共存，例如雙方應具有對彼此核心利益的共識[98]。」人們可能會拿這一積極的3-C原則與另外一種可被稱為消極的3-C原則——競爭、衝突和對抗（competition, conflict, and confrontation）——相比較：積極的3-C原則是建設一個和平的雙領導體制所必需的，而消極的3-C原則則會導致一個分裂的領導體制。本節並不是要論證亞太地區正在浮現的雙領導體制必然會往積極的方向發展而不引發任何衝突。但是考慮到中美兩國在亞太地區擁有廣泛的共同利益，這一雙領導體制更有可能在積極的3-C原則下發展，從而為東亞地區帶來穩定。

在另一篇題為〈管理大國關係〉的論文中，筆者討論了兩個「衝突熱點地區」。一個是朝鮮半島——北京和華盛頓在此實行「明確共同管理」的政策並保持六方會談的進行。另一個是臺灣海峽——中美兩國對此實行「隱性共同管理」的政策[99]。在本節中，筆者對整個亞太區域結構的共同管理進行了探討，而不僅僅侷限於朝鮮半島和臺灣海峽這兩個熱點區域。正如本節開頭已談到的，根據權力轉移理論，已占主導地位的國家與權力上升中的國家處於均勢時，是可能導致雙方對抗的最危險的時期。事實上，正如尼克·比斯利（Nick Bisley）所指出的：「2009年至2010年所發生的事情標誌著中美兩國將在今後很長的一段時間內就相互交叉的利益、不斷增強的軍事實力以及區域內國家以軍事手段貫徹戰略政策等問題發生各種衝突和摩擦。但與此同時，中美兩國又共用很多利益，這些都可能成為區域新秩序的基礎[100]。」就這一點來說，華盛頓和北京當前最重要的任務是進一步加強兩國間的交流與協調。

對國際關係的不同觀點的研究，可以幫助我們檢驗中國的崛起將造成零和還是雙贏的局面。根據進攻性現實主義者的觀點，中美兩國面對的戰略環境是一種零和博弈。據此，權力的共用是沒有任何發展空間可言的，尤其是在軍事上——中國的崛起威脅了美國在這一領域的地位。就像約翰·米爾斯海默

---

[98] Quansheng Zhao, "Managed Great Power Relations," *Journal of Strategic Studies,* vol. 30, no. 4-5, August-October 2007, pp. 609-637.

[99] 有關「明確共同管理」和「隱性共同管理」的詳細討論，見：Quansheng Zhao, "Moving toward a Co-management Approach: China's Policy toward North Korea and Taiwan," *Asian Perspective*, vol. 30, no. 1, April 2006, pp. 39-78.

[100] Nick Bisley. "Biding and Hiding No Longer: A More Assertive China Rattles the Region," *Global Asia*, Winter 2011, vol. 6, no. 4, pp. 70-73.

（John Mearsheimer）所說的：「在二十一世紀前期美國可能面對的最危險的局面是中國成為東北亞地區潛在的霸權國。在中國權力不斷上升的情況下，中美兩國註定成為對手[101]。」兩國間確實存在著一些重要的分歧並有可能導致衝突甚至軍事對抗，其中包括美國對臺軍售，以及中國的南海、東海問題。

中美在諸如南海、人權等問題上的衝突會讓人們不禁質疑兩國能否維持一個長期和平的關係。爭執、辯論和衝突很有可能成為常態。但這並不必然與更廣泛層面上的合作趨勢相矛盾。即使盟友之間，也不可能就所有問題達成一致，激烈的爭辯並不鮮見。本節並不意在論證未來衝突的可能性已經消失；相反，本節想指出在雙領導體制的框架下，合作與共同管理疑難問題將會變得相對容易一些。

全球化和相互依賴增加了實現雙贏局面的希望，這與冷戰時期美蘇激烈對抗的零和競爭形成了鮮明的對比。首要也是最關鍵的是，美蘇之間並沒有形成經濟上相互依賴的局面；相反，中國目前則需要美國的直接投資和消費來推動其製造業的發展，而美國也需要中國的市場和出口產品。中國所持有的美國國債更是使得美國經濟的穩定和聯邦政府赤字的狀況成為中國的重要利益之一。其次，美蘇意識形態對抗的模式也完全不可能適用於中美關係，因為中國目前更關注實際的現代化進程而非意識形態。即便這不能完全排除對抗的可能性，中美之間在經濟相互依賴以及務實目標上的共同利益使得雙贏局面出現的可能性遠遠大於基於消極3-C原則的零和競爭。

通過對中美共同及交叉利益的比較（例如區域穩定及繁榮），我們可以認為兩國應該有能力以和平的方式來處理它們之間的分歧。為了這個目的，兩國應避免衝突並且進一步發展危機預防和危機管理的機制及體系。根據雙贏的理念，中國的崛起不論對中國還是美國都是有好處的。相互依存理論闡明，只要大國間的關係得以管理，衝突實際上是可以避免的。此外，全球化及區域一體化的不斷發展將導致經濟上更大的相互依存。我們可以看到很多當前中美間相互合作的例子，例如，從2006年開始每兩年一次在北京和華盛頓舉行的中美戰略經濟對話[102]。兩國間的高層接觸和國事訪問頻繁見諸報端，例如歐巴馬

---

[101] John Mearsheimer, *The Tragedy of Great Power Politics*. New York: W.W. Norton, 2001, p. 4, 401.

[102] Patrick deGategno and Damien Tomkins, "U.S.-China Strategic & Economic Dialogue." *Atlantic Council of the United States*. August 7, 2009, http://www.acus.org/new_atlanticist/us-china-

總統於2009年11月來華訪問、胡錦濤主席2011年1月對華盛頓進行訪問以及習近平主席2012年2月對美國的訪問，以及後來中美領導人多次的互訪。還有一點是，共同管理這一概念是包容性的，而非排他性的。例如中美應當與其他相關參與國（例如日本、俄羅斯和南韓）進行相互合作。

筆者之所以認爲雙領導體制正在「浮現」，是因爲這一進程目前仍處於萌芽的階段。它尚不是一個類似北約或美日同盟那樣有協議保障的功能性機制。即使在朝鮮問題六方會談中中美雙領導格局已隱約顯現，這一模式也遠未制度化。雙領導體制的發展不僅取決於中國能否持續地向上發展，機制和規範性基礎的進一步奠定也將決定其未來的命運。

雙領導體制的發展是浮動的、不斷變化的。中國的影響力是否能擴展到政治、軍事領域或者向亞太地區外溢，以至於向全球發展，尚難有定論。可以想像的是，具體的機制安排和建設將會向著加強雙領導體制的方向發展。這無疑值得引起人們的關注。唯此我們方能有效把握歷史機遇：二戰結束以後，中國經濟的持續高速發展第一次賦予了其在亞太地區有可能發揮領導作用的機會。

同樣值得關注的是，儘管在中國民眾中民族主義情緒持續高漲，北京方面卻從來沒有眞正認可過所謂的G2概念，並且一直在避免使用「領導」這一概念來描繪其在各個領域扮演的角色[103]。這主要是因爲中國的眞正實力尚沒有達到這一程度，但同樣重要的是「韜光養晦」目前依然是中國外交的指導方針。

（五）未來發展方向

到目前爲止，亞太地區的雙領導體制被證明是有積極作用的，它爲中美兩國均帶來了利益。但是，我們仍需進一步觀察該體制是否促進了中美兩國與區域內其他國家（例如日本和俄羅斯）的協調。有一個可能性是，某些區域性的機制（例如六方會談）將進一步機制化，並繼續把該地區的相關大國囊括在內[104]。此外，中美兩國有可能也有必要擴展現有的機制，從而正式或非正式

---

strategic-economic-dialogue. Accessed March 18, 2011.

[103] 有關這方面的論述，見：Peter Gries, *China's New Nationalism*. University of California Press, 2004.

[104] Robert J. Art, "The United States and the Rise of China: Implications for the Long Haul," *Political Science Quarterly,* 2010, vol. 125, no. 3, p. 389.

地將彼此納入其中。兩方都應該考慮到對方的核心利益並做出一定的讓步，例如中國應儘量滿足美國在經濟和金融領域內的相應需求而避免出現經濟危機。同時，美國也應作出類似的考量，例如是否應將中國納入美日兩國現有的外長與防長的「2+2」會談機制，從而使之成為中日美三國間的「2+2+2」機制。這樣一來，這一雙領導機制將得以更加穩定地發展。

此外，還可以從以下兩個角度對雙領導體制進行分析。一方面，我們應該認識到中美兩國在許多領域中的差距在不斷縮小（如GDP總量），因此中國有可能在二十年內超過美國。隨著中國在全球範圍內的影響力、軟實力以及GDP總量的上升，一些人認為中國的這一「上升」或將伴隨著美國的不斷「下降」。另一方面，儘管中國的迅猛發展有可能使其成為在一定領域內（例如經濟領域）的超級大國，但是中國在軍事與政治領域裡將在很長一段時間內，難以達到和美國平起平坐的地位。也就是說，這一雙領導體制的出現，將會延續相當長的一段時間，而不大可能出現由一方取代另一方的帶有根本性的轉換。這也就是為什麼我們要對亞太地區雙領導體制這一概念進行深入研究的一個根本意義。

事實上，雙領導體制是有雙重含義的。它不僅強調中國的崛起和影響，同時也突顯了美國實力的強大及其難以動搖的領導地位。儘管全球金融危機以及美國在阿富汗、伊拉克的處境在一定程度上削弱了它在全球事務上的信譽，然而其超強的硬實力和軟實力在當今世界上還是獨占鰲頭。二戰以來挑戰者不斷，無論是前蘇聯、歐盟和今天的中國，但都沒有達到取而代之的地步。這也是為什麼在過去三十年間我們同時見證了中國持續的經濟增長和美國絕對的軍事、政治領導地位同時並存的重要原因。無論是亞太地區還是世界範圍，都在經歷一個關鍵的「歷史時刻」，這同時也呼籲進一步的實證考察和理論建設的出現。

之所以不斷強調這一新的領導體制出現的重要性，是因為這一體制將繼續存在至本世紀末抑或是更長的一段時間。中國的經濟實力將不斷增長，同時美國在軍事領域也會繼續占據主導，雙方在特定領域內的地位無法相互取代。我們有理由相信，中美兩國及其他主要參與國將構建一種優勢互補的發展模式。雙領導機制不僅使兩國在特定領域內占據主導，同時該體制也在一定程度上確保了未來相當一段時間內的區域穩定與發展。

相關鏈接　實踐與思考

如前所述，我對大國政治外交一直有著濃厚的興趣，美國當然更是重中之重。博士論文本身就是美國對華政策和日本對華政策的比較研究。自任教以來雖然教學研究的重點是在中國和日本，但也離不開亞太國際關係。這其中最重要的一個角色就是美國政治與外交。所以可以說我在研究興趣上延續了長期以來的對大國（中美日）政治外交的興趣。

（一）實踐

我在美國學術成長與發展的每一個階段都與美國外交研究直接相關。一個有意思的現象是，在美國國內，首先看重的是我作為中國專家的背景；我在美利堅大學主講的中美關係和中國政治與外交等課程，以及受邀參加的學術會議、時政評論、媒體採訪、聽證會，都離不開討論中國問題。但是，對美國外交研究的需求還是以東亞地區為多。多年來，似乎形成了這樣一種模式，即在美國的時候要求我講中國（或日本）問題，而到了亞洲，無論是北京、東京還是首爾，經常要求我講的題目就變成了美國。

近年來國內大學國際化的力度大大加強，邀請我回國講學的次數顯著增多。2012年，中國外交部所屬的外交學院被納入國務院外專局啟動的「海外名師計畫」，邀請我幾次到該校去授課和舉辦講座。有一次社會科學院日本研究所的一位研究員也來參加了我的美國亞太政策的報告會。幾天之後《國際安全研究》期刊的主編打電話找我約稿，說是那位研究員推薦的。盛情難卻，我就寫了〈戰略團隊在美國外交政策轉型中的推手作用〉一文，2013年在該期刊發表[105]。藉此契機，這篇文章的英文版本又於2016年在英國的《歐洲東亞研究》（*European Journal of East Asia Studies*）上發表[106]。

我在美利堅大學所在的院系以比較研究為重點，我除了教授東亞政治以外，還教授一門中美關係和一門美國對東亞政策的課。這屬於跨系別的課程，

---

[105] 趙全勝（2013），戰略團隊在美國外交政策轉型中的推手作用，國際安全研究，第133期，第27-43頁。

[106] Zhao, Quansheng. "The Shift of US Strategy towards East Asia." *European Journal of East Asian Studies*, vol. 15, no. 1, 2016, pp. 5-33, doi:10.1163/15700615-01501004.

不同系別的學生可以選修。在比較政治外交的大框架下，我的研究重點一直在
亞太地區的大國博弈；眾所周知，美國是這一地區中最重要的棋手，分析亞太
政治外交，美國的視角不可或缺。像斯卡拉賓諾教授在柏克萊所教的課程之一
就是美國的東亞政策，我當時在柏克萊給他做教學助理。自從1987年在美國
任教以來，我的研究重點也一直包括中美關係和美國外交政策，我教授的課程
也涉及這些主題。

海外交流

　　美國國內和海外學術交流是大學提高學術水準及建立網路聯繫的重要途
徑。全球化的到來使得海外學術交流更為重要，這種交流既包括研究也包括
教學。如前面各章所提到的，我在加州柏克萊大學攻讀博士學位的那六年中，
就已經多次到海外進行田野調查和學術交流。例如1984年夏天到英國牛津大
學客座和歐洲其他地方訪學。1985年到1986年我又在日本東京大學做了一年
的客座研究員並進行田野調查。1987年任教以來，我更是經常利用學術假或
寒暑假到美國以外的國家去教課或進行學術訪問。有意思的是，我在東亞地區
的交流也是和不同地區經濟發展的程度銜接在一起的。例如暑假期間的小學
期制度。這最早是日本的一種制度，叫作「集中講義」，也就是說要在兩個
星期內將一門課的全部課程授完。這個制度的思路是打時間差，也就是說美
國的高校5月初就放暑假了，而東亞國家要到7月才放假。美國自二戰以來，
其學術地位幾乎在各個領域都占據著執牛耳的地位，而學期中是很難請美國
的教授來授課的。這樣一來，小學期就成為將美國學者請到東亞授課的絕佳
機會。我的第一個小學期是在1996年應日本青山學院大學（Aoyama Gakuin
University）的邀請去東京做了一個月的集中講義。2006年和2007年，韓國的
高麗大學（Korea University）又請我在夏天進行集中講義式的教學。我還利
用學術假到歐洲和亞洲的大學開一個學期的課，包括荷蘭的萊頓大學（Leiden
University）和日本的立命館大學（Ritsumeikan University）。這些大學的特
點都是用英語教學，而所教的課程一般也是東亞國際關係。

　　除了集中講義以外，還有一種類型的海外交流。這類交流是純粹做客座研
究的，不包括教學任務。我從1990年代末開始陸續在一些大學進行過此類交
流，這裡面包括新加坡國立大學東亞研究所、瑞典的歐洲日本研究所和斯德哥
爾摩和平與安全研究所。這期間我一般都是做一到兩個月的高級訪問學者。

　　我的海外交流活動除了歐洲和日韓新以外，還應該提到的就是大中華地

區的港澳臺三地。我最早是1990年去臺灣政治大學國際關係研究中心客座兩個星期。1994年到1995年我到剛剛成立不久的香港科技大學做了一年的訪問教授，用英語教學。我客座過的還包括香港城市大學和澳門大學。2017年夏天，我又回到臺灣政大為他們的日本碩士學程開了「日本政治與外交」課程。除了教學與研究之外，我還應邀到這些地區的大學做過學術評審員，對他們的學術表現和教學科目進行評審。這裡面包括臺灣政治大學、香港城市大學、香港教育學院，以及澳門大學。

和中國大陸的交流

我完成博士學業後，儘管留在美國任教，但幾乎所有海外學者都有要用自身所學為促進中國國內相關學科的發展貢獻微薄之力的不解情結。這就不可避免地使我與大陸的大學和研究機構交流合作，進行互動。自從在美國任教以後，我一直在以各種方式去實現這個心願。隨著大陸的崛起，我和大陸高等院校的交流日益密切，並在中國國內數所大學兼任客座教授，包括：北京大學、清華大學、復旦大學、對外經貿大學、南京大學、外交學院、國際關係學院、北京第二外國語學院、遼寧大學、山東大學、武漢大學、華中師範大學、暨南大學、廈門大學和西南交通大學等。

隨著國內學科建設的蓬勃發展和經濟水準的不斷上升，進入新世紀以來，國內大學也步日本與韓國之後，啟動了暑期的小學期教學。從我的經驗來看，上海的復旦大學是首開風氣之先。他們在英語教學和訪學待遇方面都開始和國際接軌，我也曾兩次去復旦，為從本科生到博士生不等的班級開辦暑期小學期。後來我參與過小學期的學校還包括外交學院、中國經貿大學、國際關係學院、暨南大學、廈門大學、山東大學、武漢大學、華中師大和遼寧大學。除了上述大學之外，我也應邀到其他的一些大學去舉辦講座，如北京大學、清華大學、政法大學、北京師範大學、北京外國語大學、北京第二外國語大學、中國青年政治學院、上海交通大學、上海同濟大學、上海外國語大學、上海第二軍醫大學、南京大學、浙江大學、暨南大學、中山大學、廣州經貿大學、西安外國語大學、西南交大等。

我在任職美利堅大學國際關係學院比較研究系主任和亞洲研究中心主任期間，接待了大量來到美利堅大學從事研究的訪問學者。在1990年代和本世紀初，日本、韓國來的人比較多。本世紀初以後，大陸學者不斷增加。累積下來，日韓等國的訪問學者各有五十人左右，大陸來的為期半年或者一年的學者

則已經有五十人以上，這就無形中形成了一個頗具規模的國際學術圈。這些訪問學者大都處於年富力強的階段，回國後他們之中的很多人都成為本單位的領軍人物或者業務骨幹，我和他們合作又開拓出一批新的研究專案，也經常有互訪和互動。

美利堅大學比較研究系的國際訪問學者，最初以韓國為主。我擔任系主任以後，沒有刻意改變。不過中國申請進修的學者確實逐年增多，我在可能的情況下盡力提供便利，如減免「板凳費」（管理費）、提高審批的效率、注意學術分享等等。根據這種情況，我創辦了華盛頓亞洲論壇（Washington Asia Forum），又辦了東方政經論壇（Oriental Forum），後者主要考慮大家來訪的重點不同，英語水準也不一樣，不能統一要求。所以華盛頓亞洲論壇用英文，而東方政經論壇用中文發言，交流學習體會，前者辦了兩百多期，後者辦了三十多期。大家相互熟悉了，有些自己就建立了學術群，經常聯繫。

政論時評

在美國的大學裡教書和做研究雖然是一個象牙塔式的環境，但是也有很多積極參與政治的機會。最主要的表現方式就是通過媒體為平臺發表政論時評。這些年來，各方面的媒體例如美國的CNN、VOA、PRI，中國的鳳凰衛視、人民日報、新華社，日本的NHK、Japan Times都邀請我就國際形式的變化發表評論。例如，2012年習近平以國家副主席的身分訪問美國，美國的公共廣播網（PRI）邀請我和頂尖的中國研究專家如布魯金斯學會的李侃如（Kenneth Lieberthal）、喬治城大學的唐耐心（Nancy Tucker）一起去做一個節目，題目就是「Who is Xi?（誰是習近平）」。主持人戴安娜・瑞姆（Diana Reim）以問題尖銳著稱，一上來就點名要我介紹習近平的家庭背景和個人經歷。

每當涉及亞太國際關係的問題：例如中美關係、日本問題、北韓核問題、臺灣問題發生重大波折或者衝突的時候，我們都密切關注，還經常參與媒體採訪等方式發表政論時評。國際關係「樹欲靜而風不止」，為了各自的國家利益，衝突與合作都不是一成不變的。中美之間合作與衝突並存，已經成為常態，對雙方損害最嚴重的事態是什麼？無疑是大規模衝突甚至戰爭。致力於保持中美和平，發展兩國正常關係，這是留美學者普遍持有的立場，是理性的結論。我在美國各種場合經常講中美關係、中國發展和亞太問題，會議、媒體、公開講演等幾乎每個月都有。我們希望通過自己的工作，加深中美兩國之間的相互理解，減少誤判。簡而言之，中美之間鬥而不破已經成為常態。在這方面

海外華人也能爲中美關係的發展做一些工作。

舉一個例子：2001年4月中美海南撞機事件發生後，美國輿論大嘩，喊打喊殺，氣氛很緊張。過了十天，CNN請我和其他一些專家去做評論，現場直播，每人談五分鐘。在當時那種對華強硬占壓倒優勢的場合應該怎麼發言也是頗費思量的。我從客觀的立場作了分析，提議美國方面不妨換位思考，如果中國的間諜飛機跑到美國加州沿岸，美國會作何反應呢？事後，我聽一位對撞機事件有研究的香港媒體人士說，我是在美國媒體上第一個主張降溫的，我那天發言之後，美國主流媒體就開始請不同觀點的人士就此事件作出評論。CNN的調子也發生變化，不再一味喊打喊殺了。他認爲這是一個說明學者理性的案例，事實證明，海南撞機事件最後還是以和平方式解決而沒有引爆更大規模的衝突。

當然作爲一個留美學者，在融入到美國社會的同時如何保留「家國情懷」也是一個值得思考的問題。美國是一個大熔爐，多民族、多文化融合，來自不同地方的人對美國政治和文化的認同度很高，但也保留著自己作爲少數族裔的身分認同。美國媒體的話題90%是當地（Local）的新聞，例如美國選舉、政黨政治、經濟起落、種族衝突，以至於像同性戀、墮胎、移民、醫保改革等社會經濟問題。國際新聞只占一小部分，外來族裔自然在身分認同上有所體現，一個典型的試驗性的問題是，當你觀看一場運動比賽時，你希望誰贏呢？多數場合下，外來族裔還是希望自己的母國獲勝的。在國內政治方面有何取向呢？就我觀察，華裔美國公民在美國政黨政治方面立場比較靈活，不大會執著於民主黨或者共和黨哪一方，而是以政策衡量爲主，包括政治家對少數族裔和對華政策的傾向性。

這種政論時評的作用有時還能上升到美國政治的最高殿堂裡，例如，2007年美國國會參眾兩院就是否和如何規劃高鐵專案召開國會聽證會。他們邀請了當時高鐵已經很發達的日本和歐洲代表前來，所以日本新幹線局長和以德法爲主的歐洲之星的總裁都來講授經驗。由於當時接受邀請的中國鐵道部無法派出代表來，我就被邀請就中國高鐵做聽證。我當然不是高鐵方面的技術專家，但這是一個傳播中國經驗、促進中美發展的好機會，於是我精心準備了一份長達20多頁的證詞提交上去。在聽證會上我主動請日本和歐洲的代表先發言，因爲當時中國高鐵尚在籌備階段，只開通了京津動車。在這次聽證會上，美國幾個州的議員：包括紐約州、佛羅里達州、新澤西州、加州、堪薩斯州議員都痛感在高鐵發展上落後了，要爭取和歐、日、中合作。能在這樣一個場合

介紹中國經濟發展的成就，也是一種引以爲豪的體會。後來，鳳凰衛視還特地請我就此去做評論。但由於美國國內政治的原因，直到這本書問世，他們所躍躍欲試的高鐵專案還在準備階段。

專業網路和智庫平臺

　　美國的專業網路是有點類似公民社會的那種學者協會，即同領域的學者自發組建的專業平臺。我自己就一直保持著三大專業組織的會員：全美政治學會（APSA）、亞洲學會（AAS）和國際研究學會（ISA）。這些都是開放組織，而我在前兩個學會都是終身會員，同時也是美中關係全國委員會（National Committee on United States-China Relations）的成員。最初我每年都去參加全美政治學會年會活動。1990年代初開始，我們負責兩個分會，主要討論中國內政與外交。我每年都去參加這些活動，持續了十年。後來其他活動太多，組織工作就由更年輕的學者接過去了。

　　作爲美利堅大學亞洲研究中心主任，我以此爲平臺，在本世紀初啓動了華盛頓亞洲論壇（Washington Asia Forum）。邀請頂尖的亞洲問題專家來美利堅大學做講演和大家做交流。與此同時，也以此爲平臺，推出年輕的剛取得博士學位的亞洲問題學者來發表他們的研究成果；雖然以在美國的學者爲主，但是也經常邀請來自中國、日本、韓國等不同國家來訪的學者。把第一線的學術成果和大家分享，到2017年下半年爲止就已經突破200場了。我們亞洲研究中心還與日本、韓國、中國大陸、臺灣的學術機構和基金會攜手多次舉辦有關亞洲問題的研討會。

　　除了舉辦會議、組織講座以外，我還受多家期刊邀請撰寫文章並擔任這些期刊的編委。有的期刊是長期擔任編委，有的是有任期的。這些前後擔任編委的期刊有：Comparative Perspectives in Modern Asia（當代亞洲的比較研究視角）、Contemporary World's Classics: Political Science Series（當代世界經典：政治科學系列）、Studies on Comparative Asian Politics（亞洲比較政治研究）、Journal of Contemporary China（當代中國期刊）、China Review（中國研究）、Hong Kong Journal of Social Sciences（香港社會科學期刊）、Journal of Chinese Political Science（中國政治科學期刊）、Journal of International Insurance Studies（國際保險問題期刊）、Journal of Asian and Middle Eastern Studies（亞洲與中東研究期刊）、Economic and Political Studies（經濟與政治研究）、Journal of International Relations（國際關係期

刊）、Oriental Books（東方文庫）、East Asian Community Review（東亞研究）、Journal of Strategic Studies（戰略研究期刊）、American Asian Review（美亞研究）、Korea Review（韓國研究）。

　　有的期刊在用人上很精明，盡可能地充分利用編委的優勢。例如，英國的《戰略研究》（Journal of Strategic Studies）期刊於2001年提出他們的亞太研究是弱項，問我能不能就亞太冷戰後十年期間亞太國際關係形勢的變化做一綜述，負責編輯出版一期專輯。我接受了這個任務，請了一批很有分量的專家出馬，其中，斯卡拉賓諾（Robert Scalapino）寫總論、邁克爾‧格林（Michael Green）寫日本、維克托查（Victor Cha）寫朝鮮半島、Brantly Womack寫中美關係、Phil Deans寫臺日關係、Danny Unger寫東南亞、Shamsul Hague寫環境安全問題，我則就亞太地區的權勢轉移大趨勢作了闡述。專輯出來後，英國一家出版社在2002年又編輯成書出版（Future Trends of East Asian International Relations）。《戰略研究》期刊又於2007年邀請我組織關於中國崛起的文章。我就請了來自北京大學、現在美國任教的劉國力教授協助共同編輯，又請了一批專家學者就亞太地區各國對中國崛起的反應進行了討論。這一期邀請的學者包括Warren Cohen、Robert Sutter、Mike Mochizuki、William Callahan、Yong Deng、Evelyn Goh和賈慶國等人。Routledeg出版社於2009年以「應對中國挑戰」（Managing the China Challenge）為題把這一期專輯作為一本編著出版。

（二）思考

　　多年來，我在美國與亞太這個領域發表了多篇論文，尤其對後冷戰時期的國際格局、地區權勢變動、大國關係管理、地區治理、各國外交與國內政治經濟互動進行了密切的跟蹤研究，提出了一系列看法。2007年，我發表了〈大國關係管理：中美實力上下變動的內涵〉一文，[107]從世界政治的整體變動中考察中美關係，並且就大國關係管理的模式提出新思路。

　　文中指出：當今，國際社會普遍承認中國是一個正在崛起的大國，而美國

---

[107] 本章原發表於：Quansheng Zhao, "Managed Great Power Relations: Do We See 'One Up and One Down?'", Journal of Strategic Studies, vol. 30, no. 4-5 (August-October 2007), pp. 609-637.

則是現實世界中居於領導地位的大國。如何看待中美關係的變動及其發展趨勢？進攻性現實主義的觀點認為，中國地位的上升會以美國地位的下降為代價。該派的代表人物米爾斯海默直言不諱地宣稱：「美國在二十一世紀初可能面臨的最大的潛在危險便是中國將成為東北亞的霸權」，因此，「隨著中國力量的增長，中美兩國註定會成為對手」。顯然，持這種觀點的人相信中國的崛起意味著威脅，因而中美兩國的衝突在所難免。

　　防禦性現實主義也承認中國崛起這一事實，但強調它是相對的，中國並不能取代美國在世界政治中的領導地位。正如布里辛斯基所說，「中國的高層並不傾向於在軍事上挑戰美國，他們仍將主要精力放在經濟發展和贏得世界認可這兩個方面」，因此，「軍事衝突並非不可避免，甚至很難想像它的發生」。持這種觀點的人認為，崛起的中國更多的是創造了機遇，營造一個雙贏的局面是可能的。美國學者約瑟夫・奈認為，從相對角度出發美國仍然會是世界「堅強的領導者」。作為占據全球經濟、政治、軍事龍頭老大地位的美國，其外交戰略無疑是它全球戰略中的一個重要組成部分。美國外交動向一直是世界各國關注的焦點。它的外交政策的成敗榮辱，眾說紛紜。一方面，其強勢作風和霸權地位在世界的不同角落經常引發反美主義情緒；另一方面，美國獨占鰲頭的軟硬實力又使它成為國際體系保持穩定與發展的不可或缺的領導者。

　　自二戰結束以來，美國的霸主地位雖然屢經挑戰，幾經沉浮，但它至今仍然能夠保持其一枝獨秀的超級大國地位，這是由很多複雜的歷史和現實原因形成的。在外交政策方面，美國能夠保持其對全球事務的領導地位，除了它自身的實力以外，最重要的是它能夠根據錯綜複雜的形勢變化不斷提出新的分析和具有創意的理念，並在此基礎上做出戰略轉型的重大決定。這在冷戰時期是如此，後冷戰時期則更為突出。歐巴馬政府自2011年提出的「重返亞洲」這一帶有指標性的戰略轉移政策無疑是這方面的一個很好的例證。美國外交曾經經歷過多次戰略性轉型。而1990年代所發生的亞太地區政策重大轉型中，一個很值得注意的現象正是本章所關注的「戰略團隊」，以及其由奈、傅高義和坎貝爾組成的「三駕馬車」。作為美國戰略轉型的核心人物，他們的特點是對一定的政策取向志同道合，有著明確的外交與戰略理念，並且能夠在政策設計、國際談判和實施落實方面實現「一條龍式」的作業方式，在相對短的時間內完成重大的政策轉型。他們有的時候也可以起到在不同部門機構中的「中間人」

的作用，以達到交流資訊、互通意見，以促進新政策的實施。[108]

在這裡，我們還應該注意人才問題。在以上對戰略團隊的研究上，我們可以看到這樣的一個行為模式：

人—→理念—→政策—→具體實施

在這個過程中，最關鍵的還是能夠提出創新理念並將其付諸實踐的人才，這也就是經常被強調的有關在新的理念指導下的外交政策的說法。[109]我們所討論的戰略團隊的「三駕馬車」，前兩位奈與傅高義均為名遐寰宇的頂尖學者，第三位坎貝爾則是具體政策實施的高手。類似坎貝爾這樣的「白宮學者」在美國還有很多，例如後來成為美國政策轉型主要推手的國防部長佩里和助理國防部長奈，早在從政之前就多次在每年阿斯本（Aspen）外交國防政策研討會議上碰面，並就國際關係和外交政策問題進行頻繁的切磋，從而積累了深厚的友情和互信。

這裡所研究的戰略團隊以及其所發揮的關鍵性作用在後來的政策轉型中也都頗為明顯。例如小布希執政初期的反恐戰略，就是由當時一組被稱為「新保守主義」的代表人物所推動的。再來看亞太政策，進入二十一世紀以來，日本外交再次出現「漂流」。這就是在自民黨與民主黨政權更替之際，民主黨的第一位首相鳩山由紀夫於2009年明確提出日本應與中美兩大國保持「等距離外交」的理念，並高調要求美軍撤出位於沖繩的普天間機場，從而使美日同盟何去何從的問題再次浮上檯面。對日本這一次的「漂流」傾向，美國行動迅速，不給日本內部想要脫離美國的力量以及外部力量（例如中國）有任何可能使日本改變方向的機會，從而確保後來的菅直人和野田佳彥政權都只能重申依靠美國的外交政策，使日本繼續留在美日同盟的戰車上。到了2012年底，以安倍晉三為首的自民黨重新掌權，日本這一輪由鳩山由紀夫啟動的短暫「漂流」期就完全結束了。

---

[108]有關「中間人」的論述，參見Colin J. Bennet and Michael Howlett, "The Lessons of Learning: Reconciling Theories of Policy Learning and Policy Change," *Policy Sciences*, vol. 25, no. 3 (August 1992), p. 275.

[109]有關論述可參閱Judith Goldstein and Robert Keohane, ed., *Ideas and Foreign Policy*, Ithaca: Cornell University Press, 1993.

　　實際上在新一輪的對付日本「漂流」的過程中，美國的戰略團隊也發揮了重大的作用。在1990年代發揮重要作用的智庫和智囊也還在繼續影響著日美關係，例如阿米蒂奇和奈在2012年8月發表的有關美日同盟的報告中，重申了美日同盟對亞太政策的重要性。在談到如何應對南海和釣魚島的領土爭端時，他們專門強調日美同盟對中國的戰略應該是接觸和兩面下注相結合（a blend of engagement and hedging），來應對中國可能採取之戰略行動的「不確定性」[110]。由此，我們可以很清楚地看出美國戰略的雙重性，一方面美國不斷地向日本表達它對日本安全的責任和義務，以使它在日美關係中的信用（credibility）不至於喪失；另一方面美國又從權力轉移理論的背景出發，在中國崛起這個問題上十分慎重。美國在釣魚島及其附屬島嶼最終主權歸屬問題上之所以不選邊站，是因為一旦局勢最後對中國有利，美國不至於處於被動的地位。

　　對美國而言，它在1990年代中期對亞太政策的戰略轉型是一個成功的承上啓下的轉捩點，可以被視為是其外交政策上的一個華麗轉身。如前所述，這次轉型使美日之間從瀕於分離轉為重歸於好，而中日之間則從一個相對友好的時期走向了一個從精英到民眾都有強烈對立情緒的時代。值得我們注意的是，1990年代那一次政策轉型與2011年歐巴馬提出的「重返亞洲」的思路是一脈相承的，那時所形成的戰略格局也為當前美國對亞太的外交政策奠定了堅實的基礎。還有一點應該指出的是，本章所討論的戰略團隊，實際上是說明了領導人員和精英層在外交政策制定上是能夠發揮指導作用的。從中日關係、中美關係和美日關係這三組雙邊關係來看，如果單單從國際關聯式結構性的角度來看，恐怕不易從中看到它們未來潛在的變化。而在現實世界中，國際關係和各國外交政策卻往往豐富多彩且複雜多變，變化隨時可能出現，機會出現後也可能稍縱即逝。這就需要政策決定者有著對潮流動向敏銳的觀察和把握，從而不失時機地發揮引導潮流的作用，而並非僅限於在大潮過後做些修補補補的工作。這也正是外交政策領導人和決策者（例如戰略團隊）所能發揮作用的空間。我們在強調戰略團隊在美國外交政策轉型過程中的重要性的同時，也應該特別注意上面所提到的戰略團隊的出現和組成所應該具備的六個基本條件。

---

[110] Richard L. Armitage and Joseph S. Nye, Jr., "The U.S.-Japan Alliance: Anchoring Stability in Asia," *A report of the CSIS Japan Chair*, August 2012, p. 9, http://csis.org/files/publication/120810_Armitage_USJapanAlliance_Web.pdf.

2012年至2013年秋春之際，習近平上任、歐巴馬連任、安倍晉三重歸相位。而到了2019年秋，習近平進一步為他所提出的新時代而努力，安倍再次贏得日本大選，而川普也在跌跌撞撞之中幾乎走完了他的總統第一任期，並爭取連選連任。中美日三國都實現了以強人政治為特徵的領導層之建立與鞏固以及外交團隊的建立，從而為各自外交戰略的轉型提供了新的契機，也為三邊關係互動增加了新的機會。在此歷史性時刻，本章中所分析的美國外交團隊的經驗及其推手作用就更是值得借鑑的了。

第四章　日本：「非正式機制」與「帶傾向的中間路線」

在國際關係理論中，「權勢轉移理論」的一個中心關注點就是崛起大國向世界秩序的挑戰以及守成大國如何應對崛起大國，這一理論現在通常是被用在中美關係中，也就是所謂的修昔底德陷阱。這個大背景反映了當前全球戰略格局的變化。如果放到亞太地區，就不僅僅是中美之間的博弈了，其實權力轉移這場大戲，早在清末時候就已開始。守成大國是中國，挑戰國是日本。眾所周知，自遠古到近代的開始，東亞地區的主導地位一直是由中國占據。作為中央王國，中國通過朝貢體制建立了一整套東亞的秩序，不但向周邊國家輸送安全保護、經濟利益，而且也傳播文化、傳統、價值觀。日本和其他國家，例如朝鮮和越南，長期以來是中國的學生，直到1840年以後的鴉片戰爭，大清帝國急劇衰落；而日本則通過1868年明治維新迅速實現工業化，成為亞洲第一個工業化國家，由此就上演了在東亞地區近代以來的第一場權勢轉移。經過幾十年的博弈，這場轉移以日本完勝為結束，其標誌就是1895年甲午戰爭之後簽訂的馬關條約。這一條約不僅僅是用通商開埠賠款奠定了日本的勝局和中國的敗落，而且也把朝鮮和臺灣拱手相讓，使中國的朝貢國朝鮮和中國的一個省臺灣落入日本手中，成為日本的殖民地（朝鮮殖民地1910-1945，臺灣殖民地1895-1945）。這種局面直到二戰結束日本完敗、美國稱霸才得到大逆轉。但1895年權勢轉移所打造的東亞格局所出現的朝鮮問題和臺灣問題，二戰後又以新的形式出現，直至今日還是亞太地區的熱點問題和戰爭的導火索。

第一節　研究路徑

當前在國際關係理論中最引人關注的是中美權勢轉移和相互競爭，而這一權勢轉移到目前為止並無定論，人們往往忽視了在亞太地區中日權勢轉移的重大逆轉所帶來的衝擊。自2010年中國GDP超越日本之後，到了2016年，中國GDP就已經是日本的兩倍半以上。而如果用購買力平價PPP來說，差距則高達

四倍，這就完成了東亞地區又一次的轉換，即中國占據了領先地位，而日本則退出了其在1895年之後就引以爲豪的帶頭羊地位（這一領先地位在二戰之後是在美國的保護傘之下重新確立的）。而這一次出現的再逆轉，不可避免地會對日本的外交政策帶來巨大的衝擊，而在其內部引發新一輪的政策辯論。

在這一過程中，我們可以看出，中日作爲兩大鄰國，千百年來存在著剪不斷理還亂的複雜關係，既反映了深刻的實力變化的影響，也夾雜著複雜的愛恨情仇，而這種複雜的感情又是相互的。簡單來說，日本對中國的輝煌歷史和傳統文化有著深深的仰慕，而中國在近代以來實現其現代化的過程中師從日本和歐洲。反過來，中國對日本近代以來的帝國主義行徑和侵略行爲有著刻骨銘心的痛苦記憶。而從日本方面來說，它對於中國的大國崛起，以至於上面所提到的最近一輪的權力轉移所帶來的巨大的心理上的衝擊，以及由此而帶來的厭華甚至反華情緒，都爲中日關係的發展帶來了顯而易見的不確定因素。

由於這樣的歷史發展情節，近代以來中國和日本的相互觀察與研究就從來沒有停止過。而日本也常常以「中西方樞紐」而自居。它身上既有明顯的傳統文化的痕跡，又有鮮明的現代思維的影響。我們在對日本的研究過程中就要把握住它的這些基本特點。而下面提出的關於非正式決策機制的研究也是向此方面努力的一個嘗試。由於日本自二戰以來的戰敗國地位的影響，日本長期以來奉行對美國的「追隨外交」，因而缺乏明確的國際戰略，外交政策調整似乎無規律可循，而筆者的研究立意從外交決策過程入手，揭示機制之下的運作機理，提出了日本不同於美國的決策特點。進入二十一世紀，國際權勢轉移對日本形成的衝擊遠遠超越了一般意義的政策調整，引發了日本朝野關於國家命運、憲政制度改革、軍事化、國際地位和形象等一系列重大問題的激烈爭論。筆者在最近的研究中系統梳理了日本外交史上圍繞外交轉型的三次大辯論，強調指出最新一輪日本外交政策辯論就是由日本如何應對中日之間權勢轉移過程中的大國博弈所激發的，並且就爭論中的具體問題給予了分析。日本外交是否會走向極端化，即放棄戰後憲法中的「和平條款」，再度走上與周邊國家對抗衝突的歷史老路，對此，筆者認爲日本外交的主流思維仍然是以帶傾向性的中間路線爲主；雖然當前出現向右傾的搖擺，但是尚未發生極端勢力占上風的逆轉。最後，筆者將與讀者分享日本研究的多年歷程和心得體會。

第二節　非正式決策機制

　　冷戰結束對日本政治經濟造成了巨大的衝擊。以長期執政的自由民主黨獨占鰲頭爲代表的「1955年體制」面臨巨大的挑戰，泡沫經濟破產，1993年夏天以來，日本政壇劇變不斷，外交連續性也被打亂。我們原來對日本政治和決策過程的理解受到了這場政治活劇的新的挑戰。筆者認爲我們不應僅僅考慮日本正式的政治架構，還應該考量其幕後的決策機制，以便更好地瞭解日本政治的內部運作狀況。

　　在外國學者眼裡，儘管日本在二戰後追隨美國建立了三權分立的政治體制，但是，正如費雪[1]（Glen Fisher）所指出，日本決策的機制常常對外「隱蔽」；或者用吉野（M. Y. Yoshino）和里弗遜（Thomas Lifson）[2]的話說，通常「看不見」。雷裳（Edwin Reischauer）在他對日本政治模式的探討中[3]指出，日本的民主以一種「西方人不熟悉」的方式運作，「政治盟友與對手之間存在著大量的幕後磋商」。日本的決策機制涉及廣泛的社會現象，包括社會體制與結構、政治機構以及個人關係。在日本政治前所未有的變化環境中，決策機制的這種微妙且難以琢磨的特性值得仔細研究。

　　傳統分析常常認爲日本的決策方式更爲「模式化」[4]，或者說是更「有規律可尋」[5]，這意味著日本模式相比西方民主社會模式，決策更爲正式、更爲結構化。然而，筆者強調日本決策過程中存在顯著的非正式方面的因素，通過直觀分析日本推行對外政策和處理國際問題的方式，強調非正式管道和做法在日本政治決策過程中的地位絕對不亞於正式管道。

---

[1]　Glen Fisher, *International Negotiation*, 1980. Chicago: Intercultural Press.

[2]　M. Y. Yoshino and Thomas Lifson, *The Invisible Link: Japan's Sōgō Shōsha and the Organization of Trade.* Cambridge, Mass: MIT Press, 1986.

[3]　Edwin Reischauer, *The Japanese Today.* Cambridge, Mass: Harvard University Press, 1988.

[4]　Ellis Krauss and Muramatsu Michio, "A Japanese Political Economy Today: The Patterned Pluralist Model" in *Inside the Japanese System,* ed. by Daniel Okimoto and Thomas Rohlen. Stanford, Calif: Stanford University Press, 1988, pp. 208-210.

[5]　Seizaburō Satō and Tetsuhisa Matsuzaki, *Politics and power of the LDP*, 1986, Tokyo: Chūō Kōronsha.

（一）非正式機制的概念

　　肯尼斯・沃爾滋（Kenneth Waltz）在其經典著作《人、國家與戰爭》中，提出了一種國際關係理論的系統方法，即從三個層面來分析世界體系：個人層面、國家層面和國際系統層面[6]。這種全新的分析方法對當今國際關係及其相關理論的研究產生了重大影響。雖然本文研究的對象不同，但筆者試圖採用類似的方法，應用層次分析法。

　　本文從三個不同的層面來分析日本的決策過程。1.社會層面——社會制度和環境；2.機構層面——政治行為體和組織，以及3.個人層面——人際關係和尋求共識。本文不僅考察一般的政治機構，還考察了社會和文化環境，這與一般的從單方面考察日本政治和決策的內部運作也有所不同。本研究不是從政治機構的角度來對日本政治體制作一概述，也不是從文化角度強調「日本的特殊」，當然也不是簡單地重複有關日本政治和社會的傳統論調，而是在全面研究了政治機制的基礎上，從多個角度提供一種全新的分析框架，來考察日本決策複雜、深奧的一面。

　　「非正式」這個術語的意思即「不正式；不規則；缺乏統一的形式」[7]。更確切地說，非正式行為指的是一整套游離於正式國家機構（如立法、行政、司法系統）之外的非正式政治活動，所以也被稱作「政府外活動」。

　　決策機制的概念是指影響政策輸入和輸出的一系列安排、活動、規則、價值觀以及行為模式和特徵。這些機制會影響甚至操縱決策者的行為及決策過程，它們是社會環境、政治結構以及文化價值觀的產物。在不同層面，這些變數可以用不同的理論方法來考察，例如多元論、社會網路、組織理論和政治文化等。

　　日本的非正式決策中有三大組成部分特別需要讀者注意，它們是：社會環境和網路（「付き合い」，tsukiai）、非正式政治行為體和組織（「黑幕」，kuromaku）以及幕後尋求共識的活動（「根回し」，nemawashi）。本文使用了日本習以為常的一些術語，例如「付き合い」、「黑幕」和「根回し」，既是為了讓讀者直接品嘗「日本風味」，同時也使得筆者的描述和分析更為生

---

[6]　Kenneth Waltz, *Man, the State and War*. New York: Columbia University Press, 1959.

[7]　A. S. Homby, *Oxford Advanced Learner's Dictionary of Current English*. London: Oxford University Press, 1963.

動。這些術語和它們的引申意義極富吸引力，從某種程度上說，也有利於讀者更好地理解日本政治和決策過程。然而，日本語語彙畢竟不是拿來分析概念的，所以也不宜過多使用。此外，讀者可能已經意識到，很多情況下使用這些日本語語彙會顯得更準確，相比之下，英語中的對應詞常常意義較廣而不夠確切。為避免混淆，特別是在理論部分，讀者仍需要推敲並借助英語的定義（英語的定義在解釋概念方面更準確）以便更準確地理解。

　　亞洲社會中官方權威與非正式活動的關係始終是學者們關注的重要課題。白魯恂（Lucian Pye）在其《亞洲權力與政治》（Asian Power and Politics）中聲稱：「要發現權力的真正流向，就必須透過官方權力的正式安排，觀察非正式關係的活動動態。」[8]亞洲社會的非正式關係往往「產生實質權力，最終在政治發展中起到決定作用」。法爾（Susan Pharr）在研究日本的權位衝突中發現，「為數眾多的非正式幕後活動能起到鋪平道路的作用」，特別是法爾注意到日本談判行為背後的準備工作（「根回し」）的重要性。[9]赫爾曼（Donald Hellmann）也強調日本的「機構外活動」「包圍並支撐著正式的政府決策」[10]。赫爾曼聲稱「只有將正式的政府決策與廣泛的、非正式的、個人間的環境聯繫起來考慮」，才能理解日本經濟外交政策的成功。筆者認為，白魯恂通過非正式關係的活動動態來考察權力的真正流向，法爾對「非正式幕後活動」的分析以及赫爾曼強調的「機構外活動」，這些都是對日本政治中決策機制的直觀研究。

　　人類學家、社會學家、法律專家也都曾研究日本社會的非正式社會環境和非正式行為。盧埃林（Ted Lewellen）在其《政治人類學》（Political Anthropology）中論斷：人類學家關注日本社會的兩大要素，其一是基於階級、愛好、年齡和教育，且在正式組織框架內運作的非正式團體；其二是組

8　Lucian Pye, *Asian Power and Politics: The Cultural Dimensions of Authority*. Cambridge, Mass: Harvard University Press, 1985.

9　Susan Pharr, "A Status Conflict: The Rebellion of the Tea Pourers" in *Conflict in Japan* ed., by Ellis Krauss, Thomas Rohlen and Patrician Steinhoff. Honolulu: University of Hawaii Press, 1984, pp. 214-240.

10　Donald Hellmann, *Japanese Foreign Policy and Domestic Politics: The Peace Agreement with the Soviet Union*. Berkeley and Los Angeles: University of California Press, 1969.

織內關係、組成組織的個人以及更爲廣闊的環境[11]。法律專家厄珀姆（Frank Upham）聲稱「日本社會衝突的特點是非正式性和垂直型」，而且「非正式性在各級政府以及政府—公民關係內均受到歡迎」。[12]根據亨德里（Joy Hendry）的觀點，日本的非正式性也反映出日本傳統價值觀，即根據情形的不同，行爲可區分爲「建前」（tatemae，或者說是公開行爲）與「本音」（honne，即眞實感受）。[13]社會學家中根千枝（Chie Nakane）解釋說日本的工業化催生出了一種新型的組織，其正式結構可能和現代西方民主社會中的組織類似，然而非正式結構卻不一定類似，例如日本，這是因爲傳統結構在很大程度上得以保留了下來。[14]

　　個人關係和日本政治生活中的非正式因素也吸引著日本問題專家的注意力。理查遜（Bradley Richardson）和弗蘭納甘（Scott Flanagan）在其對日本政黨的研究中論斷，非正式關係和團體有時比正式的機構還要重要。[15]柯帝士（Gerald Curtis）認爲日本政治和商業高層之間的「非正式關係」雖然沒有像許多作者所強調的那麼至關重要，但也「顯然在商業—政府間之關係起到一定的作用」。[16]坎貝爾（John C. Campbell）在其對日本預算政治的研究中認爲，執政的自民黨內「非官方團體」的活動就如同其他的施壓機制一樣重要。[17]

　　雖然日本政治中的非正式因素（或者說政府外因素）已經引起眾多學者的注意，但是正如薩繆爾（Richard Samuels）所暗示，尚未出現對這些因素「實證的」和系統的研究[18]。況且，這些因素也沒有被放在日本政治決策機

[11] Ted Lewellen, *Political Anthropology*. South Hadley, Mass: Bergin & Garvey Publishers, 1983.

[12] Frank Upham, *Law and Social Change in Poistwar Japan*. Cambridge, Mass: Harvard University Press, 1987.

[13] Joy Hendry, *Understanding Japanese Society*. London and New York: Groom Helm, 1987.

[14] Chie Nakane, *Japanese Society*. Berkeley: University of California Press, 1970.

[15] Bradley Richardson and Scott Flanagan, *Politics in Japan*. Boston: Little, Brown & Co, 1984.

[16] Gerald Cutis, "A Big Business and Political Influence" in *Modern Japanese Organization and Decision-making*, ed., by Ezra Vogel. Berkeley: University of California Press, pp. 3-10.

[17] John. C. Campbell, *Contemporary Japanese Budget Politics*. Berkeley: University of California Press, 1977.

[18] Richard Samuels. "A Power Behind the Throne" in *Political Leadership in Contemporary Japan*, ed., by Terry E. MacDougall. Ann Arbor, Mich.: Center for Japanese Studies, University

制的理論環境中考察。對於這些因素的忽視也是有原因的。弗蘭納（Scott Flanagan）研究了日本最近的選舉行爲後認爲，在研究日本政治（例如選舉政治）和決策過程中，社會環境（例如社會網路）以及人際關係「沒有得到重視」[19]。對此他給出三條解釋：首先是方法論的解釋——進行大規模、全國性的調查時，個人的社會關係的影響變得微不足道。其次是從傳統民主理論的影響得出的解釋，強調個體決策和利己選擇，社會外部影響就顯得無關緊要或不太重要。再次，對西方政治行爲（特別是選舉行爲）的研究歷來遵循的都是「將人際影響作用最小化的模式」。綜上所述，本文的研究自然而然地填補了理論和經驗之間的空白。

　　筆者想強調一下，以上的論斷並不是低估日本政治中正式行爲的重要性，而只是說明非正式行爲是日本政治生活中的一大特點。日本的決策有其切實的「正式」的一面，日本的政策輸入過程向大眾開放，也受到廣泛尊重。如果讀者認爲只有非正式管道值得關注，或者說戰後的日本政治和決策只停留在非正式層面，那是不正確的。本文旨在考察那些在政策分析中歷來不太受到重視的組織、過程、規則和活動並強調其重要性，意在說明非正式過程是日本決策過程中的重要因素，至少與正式過程一樣重要。本文認爲考察非正式機制尤其困難，因爲其通常隱居幕後。日本決策過程中的正式機構在其他著作中也有大量論述，所以這並不是本文的焦點，而本文在論述過程中常常會將其與非正式機制作比較。

　　要考察日本決策的非正式機制需要跨學科的研究方法。對於政治學家來說，跨學科的方法非常重要，然而盧埃林認爲此方法沒有在政治學領域得到重視[20]。1950年代末，有些研究者開創性地對日本村莊進行了多學科的研究方法。這項共同努力的成果出自密西根大學三位成員：日本學研究中心的人類學家比爾茲利（Richard Beardsley）、歷史學家霍爾（John Hall）和政治科學家

of Michigan, pp. 127-146.

[19] Scott Flanagan, "A Mechanisms of Social Network Influence in Japanese Voting Behavior" in Scott Flanagan, Shinsaku Kohei, Ichirō Miyake, Bradley Richardson, and Jōji Watanuki, *The Japanese Voter*. New Haven, Conn., and London: Yale University Press, pp. 143-197.

[20] Ted Lewellen, *Political Anthropology*. South Hadley, Mass: Bergin & Garvey Publishers, 1983, pp. 124-125.

華德（Robert Ward）[21]。他們對社區關係的調查爲日本學研究樹立了重要的
樣板。本文願以此爲例，將焦點放在比較政治學，當然也牽涉到其他領域的研
究，例如社會學、人類學以及法學。

　　波爾斯比（Nelson Polsby）在其《群體力量與政治理論》一書中試圖用
三種類型的資料來區分決策過程，並以此作爲行爲力量的指標[22]。他所區分的
三種類型是：「1.誰參與了決策；2.在各種可能的結果中，誰得利、誰失利；
3.誰占據上風。」波爾斯比認爲最後一點更能說明：哪些個人和團體在社會生
活中「更有力量」。要想瞭解「誰占據上風」，就需要對決策過程中政策輸入
機制的政治影響有所瞭解。

　　決策研究與民主社會的研究密不可分。彭佩爾（T. J. Pempel）認爲要眞
正理解和區分不同的工業化民主國家，關鍵是要瞭解政黨和其他行爲體之間集
體利益的分配[23]。彭佩爾進一步提出兩個問題：「在工業民主國家內部，政黨
之間和政黨系統與其他國家或社會力量（塑造和區分政治組織的力量）是如何
關聯起來的？政黨和政黨系統是如何依附於國家權力結構？」要回答這些問
題，讀者不僅要考察政治機構（多數政治科學家都做到了），同時還要考慮社
會環境的影響。

　　讀者也可以將此研究放置在更廣闊的主題下──現代化與發展，這是比較
政治學中一大研究主題。根據白魯恂的觀點：現代化理論預示著「發展，諸
如經濟增長、科技傳播、通訊傳播範圍的擴大與通訊速度的提高、教育系統
的建立等，都將引起政治變化」[24]。在對非西方社會（例如日本）的研究中，
研究人員多把注意力放在現代化與西方化的區別上。越來越多的學者開始相
信，用亨廷頓（Samuel Huntington）的話說，「現代化與西方化的關係已經

---

[21] Richard Beardsley, John Hall, and Robert Ward, *Village Japan.* Chicago: University of Chicago Press, 1959.

[22] Nelson Polsby, *Community Power and Political Theory*, 2nd ed. New Haven, Conn., and London: Yale University Press, 4.

[23] T. J. Pempel, "A Introduction" in *Uncommon Democracies: The One-Party Dominant Regimes*, ed. by T. J. Pempel. Ithaca, N.Y., and London: Cornell University Press, 14-15.

[24] Lucian Pye, "A Political Science and the Crisis of Authoritarianism" in *American Political Science Review* 84, no. 1 (March): 3-19.

破裂」[25]。

　　事實上，當我們考察非西方社會的現代化過程時，我們不得不再次提起現代化與西方化的關係。一個多世紀以來，西方殖民的擴張和文化影響，使得殖民地社會與西方世界的關係越來越接近，殖民地社會之間的關係也越來越接近。相當數量的社會科學家和日本問題專家投入了對日本——這個非西方社會的大國——的現代化道路的研究。從二十世紀以來，日本創造了經濟發展的奇蹟，也努力成爲全球一大政治力量，所以日本的現代化與西方化，以及日本政治和決策的本質等問題，成爲了眾多國際關係學者和比較政治學者所關注的焦點，同時也引起政策制定者、商業團體以及公眾的關注。

　　1970年代中期，日本問題專家比斯利（W. G. Beasley）曾提出一個根本性問題：非西方社會之間的差別是否能大致反映其在單一的現代化發展過程中的某個特定階段？或者說這些差別能否大致被看作是各種前現代化傳統應對「現代化」的證據並最終對現代化產生不同影響？[26]比斯利指出，日本人在明治時期就提出過這個問題，而現在「日本社會再次提出這個問題」。顯然，問題的關鍵在於傳統價值觀與現代化的關係，它們是如何相互作用來影響非西方社會的現代化方向的。

　　至於傳統如何影響當今的日本社會，各方觀點不盡一致，甚至互相對立。有一派認爲日本吸收了新文化，而不是盡力保護舊傳統，所以，日本的傳統沒有堅持下來。[27]另外一派觀點正好相反，認爲從傳統價值觀的角度來說，日本保留了「東方精神」[28]，或者說日本雖然取得了卓越的經濟成就，但「日本保留了很多傳統因素，所以其社會和文化方面的現代化顯得滯後」[29]。

　　筆者認爲，大致來說，日本的現代化和傳統顯然是結合在一起的。這種結

---

[25] Samuel Huntington, "The Goals of Development" *in Understanding Political Development*, ed. by Myron Weiner and Samuel Huntington. Boston: Little, Brown & Co, 1987, 26-27.

[26] W. G. Beasley, "Modern Japan: An Historian's View" in *Modern Japan: Aspects of History, Literature and Society,* ed., by W.C. Beasley. Berkeley: University of California Press, 23.

[27] Takeo Kuwabara, *Japan and Western Civilization*. Tokyo: University of Tokyo Press, 1983.

[28] Katsuichirō Kamei, "Return to the East" in *Sources of Japanese Tradition*, compiled by Ryusaku Tsunoda, W. T. Bary, and Donald Keene. New York: Columbia University Press, 1958, p. 906.

[29] Harumi Befu, "Gift-Giving in a Modernizing Japan" in *Japanese Culture and Behavior*, ed., by Takie and Lebra and William Lebra. Honolulu: University of Hawaii Press, 1986, pp. 168-169.

合引起了很多奇妙的問題，也促進了外國和日本自己的研究者積極探索日本社會和政治的本質。史密斯（Robert Smith）在其亞洲研究協會會長就職演說中指出，「西方對於日本的研究史，很大程度上，是關於日本傳統的本質和內容以及相關的文化、歷史、機構等重要因素的辯論史」[30]。同樣，本文也可以看作是這個辯論過程的一部分。

　　現代化使得今天的日本政治和經濟體制與西方社會一樣正式，這是事實。然而相比西方，政治發展、傳統社會和文化價值觀的影響，使日本在政治機構、社會環境、工作方式等方面能夠保持其自己的政治運行方式。

　　正如霍爾（John W. Hall）指出，研究日本的現代化，就是研究其外來因素和固有因素的相互影響[31]。本文借助日本對華決策和中日關係的研究框架進行個案研究，也可以看作是對日本式的政治發展和現代化之探索的一種嘗試。

　　本研究借助一系列個案來探求日本決策過程中的非正式機制。分析基本上基於三個層面：社會層面、機構層面和個人層面。本研究特別強調了日本決策機制和政治、社會、文化變數之間的相互關係，這些因素對於評估和理解當代日本政治和決策至關重要。

　　在多元化的民主國家裡，由於對外決策過程變得日益複雜，阿爾佩蘭（Morton Halperin）指出，我們不僅應該考察採取了什麼樣的行為，更應該考慮「不同的決策者之間的動機、利益和權力的來源是什麼？誰作出了決定以及日後的行為？」[32]本文將注意力集中於研究日本政治中的非正式行為，可以被認爲是嘗試研究決策機制中「誰作出了決定以及日後的行為」。

（二）非正式機制和決策

　　非正式機制包括以下一些理論要件：政治多元論的概念、組織理論和政治文化。本研究通過三個層面的分析來揭示日本決策過程中社會關係網、非正式

[30] Robert Smith, *Japanese Society: Tradition, Self and Social Order*. Cambridge, Mass.: Cambridge University Press, 1983.

[31] John Whitney Hall, "Changing Conceptions of the Modernization of Japan" in *Changing Japanese Attitudes Toward Modernization,* ed., by Marius Jansen. Rutland, Vt., and Tokyo: Charles Tuttle, 7-41.

[32] Morton Halperin, *Bureaucratic Politics and Foreign Policy*. Washington, D.C.: Brookings Institution, 1974.

政治行為體和組織、幕後尋求共識的活動。我們首先來考察社會環境與社會關係網，或者說是「付き合い」。社會關係網是政治精英之間用來協調各方利益以達成一致的最有效機制之一。根據普通人類學關於行為規範的理論，在一個特定的社會裡，成長中的孩子會很快意識到順從不但能帶給他愉快感，而且也有利於他早年地位的爬升。他會發現自己置身於社會關係的網路之中，只要他表示出「願意」，他就能獲取；如果他不按這樣的行為規範去做，他就相應地蒙受損失。社會裡的這種給予與索取，通常被稱為互惠或對等，它貫穿於人的整個生命過程[33]。在日本，順從規範和社會的給予與索取現象就是通過「付き合い」來體現的。

蠶農與中小企業之間的衝突以及日後對蠶農有利的結局，就顯示了日本自民黨和有組織的農民之間的特殊關係的重要性[34]。在國際上，社會關係網也用來建立政治關係，正如日本從1980年代起一直通過其對外援助專案來「贏得中國人民的心」。[35]中日經濟協定談判時，日本談判代表團內部的協調也是一例，東京大學校友關係利用其社會網路，或者說是「學閥」關係，在日本代表團內部建立起可貴的一致氛圍。

值得一提的是，日本國會中一群擁有高度專門權力之人的影響在上升，他們被稱作「族議員」。他們憑藉在黨內的資深地位，在某一個或某幾個領域建立起自己的影響力。一旦某個人成為了這個族的頭號人物，他就在其政策領域內（例如「農林族」、「建築族」、「教育族」、「外交族」、「國防族」、「醫療族」等等）具有相當的影響，而他是否具有官方職位卻無關緊要。農業部官員（MAFF）與自民黨內受到農民支持的「農林族」之間有特殊關係，這種關係就是由於蠶農為了生絲保護而成功建立起來的。

其次，讀者可以從機構層面考察政治系統結構。在任何一個政治系統中都存在有「正式權力」和「非正式權力」。這在日本政治中是確確實實存在

[33] Felix Keesing, *Cultural Anthropology: The Science of Custom.* New York: Holt, Rinehard & Winston, 1958.

[34] Quansheng Zhao, "The Making of Public Policy in Japan: Protectionism in Raw Silk Importation" in *Asian Survey* 28, no. 9 (September): 926-944.

[35] Quansheng Zhao, "Domestic Factors of Chinese Foreign Policy: From Vertical to Horizontal Authoritarianism" in *The Annals* (the American Academy of Political and Social Sciences) 519 (January), special editor, Allen Whiting, 159-176.

的[36]，日本政治中有許多非正式組織。理查遜和弗蘭納甘把政黨內的「非正式組織」定義為：「政黨內產生的人際關係網路、相互思想的一致以及其他關係或組織，它們不在政黨正式組織計畫之列。」[37]所以，它們也常常「比政黨的正式機構更為重要」。

此外，跟從領導者（派系間關係）也是自民黨內特別重要的因素，因為派系間的關係是選舉黨和國家最高領導人的媒介，黨的領袖也就是日本的首相。本質上，日本政黨內有一些以問題為中心的聯盟或團體，問題一解決它們就解散。通過對中日親善以及四輪經濟協議的研究，我們可以看到，決策過程中某些最積極的人物卻是非正式政治行為者和組織。佐藤的「鴨子外交」、反對黨的「野黨外交」以及1989年政治風波後派往北京的秘密非官方特使都是非正式政治行為的很好例證。

自民黨內很多非正式組織和專門組織參與了對華政策的制定，這其中包括：亞洲研究協會、亞非研究協會以及一些不太正式的調查和專門委員會，例如為了保護生絲而組建的絲綢和絲線工業特別委員會。1970年代早期，自民黨的中國小組委員會和日中邦交正常化委員會就充當了政策商議和不同意見的論壇的角色。所有這些組織在政黨內部舉行辯論，對政黨有著導向性影響，這些組織也都不是自民黨內的正式組織，其成員來自黨內的各個部門，很多成員還同時屬於不同的團體。更重要的是，自民黨內這些專門組織的在政治上通常比正式機構（如國會）更具影響力，這是事實上的一黨統治所造成的。[38]

非正式組織是正式組織的派生。它們常常迫使政治活動偏離純粹的正式系統，也有可能輪流支援正式系統來對正式目標進行修正。這種趨勢使得非正式組織變得正式，正如自民黨內的派別逐漸被認為是自民黨政治生活的一部分。對正式政治行為來說，非正式環境起到了催化劑和安全閥的作用。

非正式機制的第三個構成要件是「事先疏通」（「根回し」），即幕後尋求共識的活動。這種工作方式在日本政治文化中根深蒂固。在日本政治生活

---

[36] Takashi Inoguchi, *Contemporary Japanese political economy*. Tokyo: Nihon Kenzai Shimbunsha, 1983.

[37] Bradley Richardson and Scott Flanagan. *Politics in Japan*. Boston: Little, Brown & Co, 1984.

[38] 關於國會功能和地位的進一步討論參見：Hans Baerwald's *Party Politics in Japan* (1986). In the concluding chapter, Baerwald asked and answered a question: Is the national assembly (Diet) supreme? (pp. 154-158).

中，執政黨和官僚機構內外廣泛存在「根回し」，用來協調不同的職能。「根回し」也可用於對外關係，如中日貿易協定，日本官員在談判前與中國官員進行了從科級到局級再到部級的「根回し」。佐藤首相對華關係中使用的「鴨子外交」不僅是非政治行為體發揮作用的例證，也是「根回し」發揮作用的例證。正如「鴨子外交」所暗示的，日本的舉動就類似於一隻鴨子「表面看似平靜，而腳在水下十分繁忙」。1989年政治風波後，日本面臨是否對中國實行經濟制裁的兩難局面（包括日本第三批54億美元貸款），通過個人聯繫和關係，日本的真實意圖也傳達到了北京和華盛頓的相關各方。

　　在日本，這種現象也叫作「建前」（公開的言論或應有的角色）和「本音」（真實想法和意圖）的差別。佐藤政府雖然表面上與中國在臺灣問題上有爭執，但仍然派遣了「五隻鴨子」與北京取得聯繫，包括一位頂級政治家、一位外交部官員、一位反對黨議員、一位非主流自民黨領袖和一位商人，這種動作是不可能通過正式和常規管道完成的。野黨外交（反對黨外交）也證明日本外交政策中「根回し」的效用。從1952年第一批三名議員訪華至1972年的「竹入備忘錄」，在與中國關係正常化過程中，反對黨都發揮了建設性作用。[39]

　　幕後準備用到了明示和暗示的交流方式。其中之一就是「腹芸」（haragei），這是種心知肚明的藝術或者說非言語的交流，相互之間通過直覺傳遞資訊以達成諒解。自民黨內防止年輕鷹派人物走向極端的「不成文規則」，以及國會內執政黨與反對黨之間的諒解都很清楚地表明了這點。這種理念的基礎就是暗示的行為規範和非言語的政治互信。

　　總之，日本決策過程中的非正式機制擁有三重特性：「付き合い」給政治活動提供了恰當的社會環境；「黑幕」使政治行為體和機構能夠用非正式的方式完成艱鉅的政治任務；「根回し」是在個人層面促進相互瞭解、建立政治互信的手段。三重特性的結合形成了一種特殊的政治過程，使得決策者能夠聽取更多意見，能夠獲取更有彈性且足以讓步的談判空間，減小冒犯國內外相關行為體的風險。非正式接觸為日後的正式交往和決定鋪平道路，起到催化劑和安全閥的雙重作用。讀者可以得出這樣的結論：沒有非正式機制，日本的政治就

---

[39] 中日之間非正式接觸的詳細過程可參見：Yukio Besshi, "Informal Contact-Makers in Japan-China Relations," in *Informal Channels in Japanese Diplomacy*, Tokyo: The Japan Association of International Relations, 1983, pp. 89-113.

不能順利運作。另一方面，現實中正式環境和非正式環境之間往往沒有清晰的界限，二者之間的邊界模糊。

　　關於日本政治的非正式性有各種各樣的解釋。讀者可能首先會想到，非正式機制是日本自身政治發展的體現。日本步入世界經濟較晚，所以它採取了以經濟發展爲導向的政策。政治家和官僚之輩都相信政治穩定是經濟發展的基礎。爲了達到這樣的目標，有必要設立足夠的管道讓不同意見輸入到決策機關（即便是反對意見），但是，多數人的政治不應該導致社會的不穩定和政治上的騷亂。

　　韋斯特尼（D. Westney）斷言，作爲一個「後來者」，其日後的發展會「偏離已開發國家的發展道路」。[40]根據克勞斯（Krauss）和村松（Muramatsu）的意思，新近的現代化國家如日本，需要將強大的政府官僚和國家權力的傳統與不斷發展的多數人之社會中的民主和消費者導向的觀念、分化而有力的利益集團結構以及可行且有原則的反對意見相結合。[41]所以，有必要借助不太正式且更富彈性的政治機制來調節各種政治力量，以便集中精力搞好國家的現代化。雖然最近通向更爲多元化的政治發展已表明：關於經濟發展，大眾的廣泛一致已經不再目標單一，即不再僅僅追求多元的增長和一小部分政治利益[42]，但日本決策的大部分非正式模式仍保留完整。

　　另一種解釋是：日本國會系統的結構特性迫使參與者訴諸非正式方式。政府給予每一位日本議員的補貼只夠他們養活兩到三名助手。這些助手相當於美國國會的行政助理，並非立法助理，他們通常沒有時間也沒有能力起草法案，他們的主要任務是照顧選民，確保他們的「上司」在下一輪選舉中能連任。議員通常用東京辦公室和地方辦公室的政治資金來僱傭更多的助手，當然幾乎所有的助手都從事行政工作。正是由於這種結構限制，一方面議員非常依賴起草法案的官僚，另一方面，如果他們有足夠的能力，也會組織起他們自己的「研究機構」來研究政策。自民黨議員浜田卓二郎（Takujiro Hamada）的自由社

---

[40] D. E. Westney, *Imitation and Innovation: The Transfer of Western Organizational Patterns to Meiji Japan*. Cambridge, Mass.: University of Harvard Press, 1987.

[41] Ellis Krauss and Muramatsu Michio, "Japanese Political Economy Today: The Patterned Pluralist Model" in *Inside the Japanese System*, ed., by Daniel Okimoto and Thomas Rohlen. Stanford, Calif.: Stanford University Press, 1988, pp. 208-210.

[42] Gerald Curtis, *The Japanese Way of Politics*. New York: Columbia University Press, 1988.

會論壇就是一例，其中運作的專案有「亞洲論壇」和「日中政策對話」。

　　還有一個結構特性就是被升味準之輔（Junnosuke Masumi）稱作「1955年政治體制」的自民黨長期一黨專政。[43]從1955年至1993年，自民黨連續執政三十八年。正如我們上面所研究的，黨內的老領導和政策導向「族」積累了強大的力量，足以操縱和影響當時所有的重大決策。在一個一黨統治的政治體制內，達成共識相對容易，日本領導人通常也能夠先宣布新政策再等待共識。雖然達成共識是政治領導人廣泛使用的策略，但日本領導人對共識的偏好以及他們對這一過程的理解和有意的應用也特別明顯。[44]

　　從組織的角度來看，日本長期以來的一黨統治對政黨自身也有影響。黨內老一輩同志的影響力可能會阻礙年輕的自民黨議員擁有其自己的立法職員。執政黨內老一輩領導的政治現實、強有力的官僚政治、資金不足以及年輕議員成為立法專家的動機都促成了日本政治決策中的非正式特性。

　　有些日本問題專家認為非正式機制是日本政治文化的一種表現。[45]在傳統日本社會中，和為貴，即便妥協或者忽略可能的爭端都是可以的。強調和諧就要強調人際關係的和諧，更重要的是要進行非正式接觸，利用非正式組織。白魯恂（1985：285）在研究了亞洲政治文化後總結：「非正式關係給予正式機構活力，這種非正式關係通常是高度個人化的。」

　　非正式系統的一個重要目標是解決衝突。威爾達夫斯基（Aaron Wildavsky）在其預算過程的比較研究中注意到：「日本政府部門之間會相互避開，它們會繞開衝突，相互之間很少發生聯繫。」[46]非直接接觸避免了面對面的衝突。在日本，「避開」一詞通常是相關各方之間的磋商與讓步中得來的。在中日貿易協定談判的例子中，MITI與日本外交部就日本訪華代表團的領導問題進行幕後協商。兩部門的官員折衷的結果就是將六天的行程分為兩部

[43] 「1955年政治體制」是升味準之輔首次於*Seiji taisei*（published in *Shiso*, June 1964）提出的，升味準之輔後來對這一概念又有了進一步的詮釋，見：*Postwar Politics in Japan, 1945-1955* (1985: 329-342).

[44] Robert Ward, *Japan's Political System*, 2nd ed. 1978. Englewood Cliffs, N.J.: Prentice-Hall.

[45] Bradley Richardson, *The Political Culture of Japan* 1974. Berkeley: University of California Press.

[46] Aaron Wildavsky, *Budgeting, A Comparative Theory of Budgetary Processes*. Revised ed. New Brunswick, N.J.: Transaction, 1986.

分：每個部門領導三天。促進幕後共識達成的另一因素就是日本人口和社會的單一性，這有益於非言語的交流和相互理解。

以上分析了日本非正式機制的三個維度：社會環境、政治機構、個人機構和尋求共識。對決策本質的研究有益於讀者「更好地理解國家決策目標的多樣性和表面的非連貫性」[47]。赫林（Pendleton Herring）認為，公共政策「是政府促進全社會福利的行為的計畫」。[48]以上討論已提示，日本決策過程得益於這些機制的存在。非正式機制能夠促進公共政策制定過程中政策和資訊輸入的管道增加。正如金登（John Kingdon）指出，資訊輸入決策的模式「既影響了決策，也決定了什麼樣的資訊會被忽略」。[49]所以，輸入模式至關重要，它決定了各種觀點能否被傳遞到決策機關那裡。很明顯，日本政治系統中此類輸入有很多管道，上述關於對華政策形成的研究已經證明了。決策者通過採用「非正式」的方式也獲得了廣泛的管道。非正式環境也是「民主國家的一個重要元素，因為這說明國家去傾聽那些原本被忽略的意見」。[50]

非正式機制也有其侷限和缺陷。因為它是非正式的，所以不存在固定的運作方式，很大程度上取決於個人或者情況的差異。「鴨子外交」、反對黨的「野黨外交」、1989年政治風波兩個月後對北京的非官方秘密訪問，以及首相對幕僚的各種運用都是很好的例證。然而，非正式方式會促進更多的個人和團體參與到決策過程，厄珀姆指出，社會中基於相互聯繫的非正式性通常強調「具體問題」，而不是「普遍原則」，因此會限制其參與的領域。[51]執政黨內和國家機器間各種網路關係產生的不平衡之政治影響的結果，可能是保護了一部分群體的利益（例如蠶農），也犧牲了另一部分群體的利益（例如生絲工業和進口公司）。對於和決策者沒什麼社會關係的個人和團體來說，這種機制就顯得不夠公開。

通過非正式的方式尋求共識的理念通常減緩了決策機關（例如執政黨和國

---

[47] Roger Hileman, *To Move a Nation*. Garden City, N.Y.: Doubleday & Co., 1967.

[48] Pendleton Herring, *To Move a Nation*. New York: W. W. Norton, 1965.

[49] John Kingdon, *Congressmen's Voting Decisions*. New York: Harper & Row, 1981.

[50] David Apter and Nagayo Sawa, *Against the State: Politics and Social Protest in Japan*. Cambridge: Harvard University Press, 1984.

[51] Frank Upham, *Law and Social Change in Postwar Japan*. Cambridge, Mass.: Harvard University Press, 1987.

家官僚）的協調安置過程。上級應用他們的人際網路來瞭解其他相關方的安置情況，下屬通常需要沒完沒了地向上級請示，或者是爲了避免衝突而費盡口舌[52]。最終這種過程可能會耽擱決定或錯過良機。政治互信的建立在內外兩方面都耗費時間。外人通常不能理解通過個人關係和幕後準備而達成的內部諒解。其他政治文化下的談判者不太可能透過「建前」來理解「本音」。這種非正式的操作方式有時候會向外顯示出混沌、不確定的資訊，導致與外國人的交流出現迷糊。

　　在對外交往中，非正式交往方式也有可能給日本自己帶來麻煩。鈴木孝夫（Suzuki Takao）指出，當日本人的交往對象不是日本人的時候，日本人就麻煩了，他們會陷入難以被外國人理解的境地；「這就是爲什麼日本在對外談判中總是起步較晚，不管是在外交、政治還是經濟方面。」[53]日本曾一度（也不總是）由於其1989年政治風波之後的對華政策而同時受到美國和中國的批評，這顯示出日本在國際社會中維護其真正意圖時的外交困境。而且，在日本的決策系統中，「每一位參與者都揣測著他人的行爲，但即便是直接參與決策的人，都沒有一個敢斷言誰作出了決定」[54]，這種體制也會在國際上造成日本決策過程模糊且缺乏責任的印象。非正式機制的另外一個侷限就是可能被政治或社會團體用來追求特定的利益；同時，也因爲其非正式本質，這種系統的運作過程不對大眾公開。義利（義務）可能會成爲「結構性腐敗」的基礎，這點已經引起了越來越多的公眾對日本政治發展的關注。義利也有可能會造成這樣的印象，用卡爾德（Kent Calder）的話說，「日本政治結構和文化中一種根深蒂固的對反對多元的偏愛」[55]。從更爲廣闊的國家利益的角度和日益相互依賴的國際社會的視角來看，決策過程中強烈的個人因素可能會阻礙「政治和

---

[52] Glen Fisher, *International Negotiation*. Chicago: Intercultural Press, 1980.

[53] Takao Suzuki, "Language and Behavior in Japan: The Conceptualization of Personal Relations" in *Japanese Culture and Behavior*, ed., by Takie Lebra and William Lebra. Honolulu: University of Hawaii Press, 1986, pp. 142-187.

[54] Aaron Wildavsky, *Budgeting, A Comparative Theory of Budgetary Processes*. Revised ed. New Brunswick, N.J.: Transaction, 1986.

[55] Kent Calder, *Crisis and Compensation: Public Policy and Political Stability in Japan, 1949-1986*. Princeton, N.J.: Princeton University Press, 1988.

政策概念的發展（例如公共物品），促進政治家權力的擴大」。[56]隨著日本經濟的進一步發展，社會會沿著政治多元化和國際化的方向發展。讀者可能會預測到，群眾對更爲積極的政治參與的需求會繼續增長。隨著反對黨影響力的增強、大眾媒體的增加以及自民黨黨員更多樣化和更多的個人行爲，日本政治會走向包容。公開論壇裡討論政策會更爲常見，特殊利益團體會更成熟並富有活力，政治影響也會隨之增加。自民黨如何應對來自內外增長的需求，這是一場眞正的考驗。

　　當代的選民對他們的政治代表期待更高，而且由於社會的價值觀和期望正在經歷前所未有的變革，導致選民的期待常常大相逕庭。這也許會加速國會的政治改革，促使國會議員和他們的助手能在立法問題上花更多的時間和精力。爲了有效回應選民，可能會產生一個更爲結構化、更正式的機制來吸收選民的不同意見，允許在國會聽證會上對這些問題進行辯論，而不是依賴於幕後協商。然而，另外一方面，政治結構和政治文化的變革是一個長期的過程。預計在未來，非正式行爲以及它作爲決策機制的作用仍然會是日本政治生活中的一個顯著特點。

（三）基礎：政治多元化

　　日本政治中的非正式行爲，不是一個獨立的概念，非正式機制的基礎是政治民主和多元政治。如今，日本政治生活中已經沒有絕對主導力量。日本軍隊「自衛隊」絕不可能像戰前一樣，宣布脫離內閣的控制而自成一體。言論自由、選舉制度都保證了政黨的運作。這種政治環境爲日本社會團體和網路發揮其政治作用提供了機制基礎，這是很多發展中國家仍然缺乏的關鍵要素。

　　民主是政治發展中的一個過程，雖然能夠用某些指標來描述這種過程（例如：有效參與、決策階段的選舉平等、控制優先權等），但是現實中不存在完美的民主過程或完美的民主政府[57]。民主國家的樣板和模式各有不同，但是有一個原則是共通的：反對專制、獨裁統治和政治多元化。[58]

　　雖然非正式性的特性和「黑幕」、「付き合い」、「根回し」的概念在日

---

[56] Shigeko Fukai and Haruhiro Fukui, "Elite Recruitment and Political Leadership" in *PS: Political Science and Politics* 35 (1): 25-36, 1992.

[57] Robert Dahl, *Democracy and Its Critics*. New Haven, Conn.: Yale University Press. 1989.

[58] 關於這一問題的出色研究見於：David Held's *Models of Democracy* (1987).

本已存在了幾個世紀,但非正式機制是在1947年新憲法生效後才全面發展起來的。只有在民主的基礎上,日本才能擺脫其歷史遺留下的專制統治。大家都相信,訴諸專制方式來達到目的的民主運動是不會長久的。換言之,如果決策規則、決策價值觀和決策模式本質上是專制的,那麼政治多元不會持久。

隨著日本官僚對決策主導的弱化,政治多元在日本生根開花。執政黨和利益團體逐漸在決策過程中增強了其影響力。例如,關於進口生絲中央管控法令,相關利益集團(蠶農和中小規模企業)都開始了遊說活動,對自民黨和高官施壓。最後結果對蠶農有利,這折射出政治影響力的不平衡,這種影響力就是相關方與關鍵決策者的社會聯繫。這種政策的變化也涉及政府(MAFF、MITI、MOFA)機構內部的協商。生絲進口問題的最終解決可以看作是多方力量的妥協。

政黨,特別是執政黨在決策過程中的作用值得我們關注。例如,1970年代早期,執政的自民黨領袖在中日邦交正常化中起到關鍵作用。一名外交部的退休官員在採訪中證實,佐藤政府後期,政府機構感到來自內外的強大壓力,要求政府重新審視日本的對華政策,但是「除非佐藤和其他政治領袖對政策底線作出決定,否則其他一切都沒有意義」。[59]所以可以認定,當今日本政黨與政府機構的相互影響已成定局,而這有五方面的原因。

第一,從1955年至1993年的三十八年間,自民黨維持了事實上的一黨統治。[60]1993年失利以後,甚至是1994年末九大反對黨組成一個新的改革黨以後,自民黨仍然是最大的政黨。[61]這使得自民黨內高級政治專家對高度政治和具有廣泛爭議的問題的決策具有決定性作用,例如對華邦交正常化。

第二,1993年以前,由於自民黨長期以來在議會占有相對或絕對多數席位,這使得其相對容易控制立法機關和國會,正如上述簽署四個中日經濟協定

---

[59] 1986年6月4日於東京訪談外務省助理次官國廣道彥。

[60] 關於一黨獨大的民主模式的出色研究見於:*Uncommon Democracies: The One-party Dominant Regimes*, edited by T. J. Pempel (1990).

[61] 1994年10月在國會下院裡各黨團的席位分布如下:LDP(201)、Kaikaku(187)、SDPJ(73)、Sakigake(21)、Japanese Communist Party(15)、New Democratic Club(4)、Independents(8),一共509席。參見:Takahiko Ueda, "Opposition Shuns Murayama's Diet Speech," *The Japan Times* (weekly international edition), October 10-16, 1994, p. 1, 6.

的例子所示。這也使得自民黨自己的決策機關（通常被稱作PARC）比國會的政策委員會具有更大的權力。[62]

　　第三，讀者需要對「族議員」影響力的上升給予關注，自民黨議員作為一些重要機構和組織的一把手，權力甚大，並且在那些位置上建立起了權威，在某些政策領域積累了資質和政治影響力。這樣，自民黨議員和國家官員在獲取資訊和特權方面的差別逐漸減小。直到最近，國家官員主導了幾乎所有有關決策的資訊和資質，而議員卻極度依賴官員們起草法案，因為其缺乏專家和法律工作者。

　　第四，生絲政策協商也顯示出政府官僚和自民黨的親密關係：越來越多的「族議員」成為部長或議會副委員長，退休的前政府官員轉往政壇發展，加入自民黨，最終成為「族議員」。例如，自民黨國會成員中有30%以上是前政府官員，內閣成員中有40%以上都有政府工作背景[63]。退休的官員常常充當執政黨和政府官員之間非正式仲介的角色。所以，要提出一項政策建議僅僅通過政府官員是不夠的，往往要說服自民黨，特別是相關的「族議員」。正如Yung Park所說，沒有自民黨和「族議員」的保佑，就「不會有任何機構行為」。[64]

　　第五，官員內部的角逐也增強了執政黨的力量。隨著日本進入工業化時代，社會經濟生活變得日益複雜。決策過程中會涉及更多的問題和利益，這也會強化官員內部的角逐。通常一項政策受多方管轄，這就迫使官員們尋求外界力量來達到仲裁。多數情況下，執政黨能夠充當這一角色。雖然歷來害怕政治家干涉政府官員，但是日本外交部與其他部門的衝突使得外交部官員可能會尋求政治家的幫助，特別是執政黨的議員。這種執政黨領導人參與外交政策問題在1990年代更明顯。1990年9月，自民黨老幹部金丸信（Kanemaru Shin）與北韓進行私人會談，1991年3月在莫斯科（正值戈巴契夫訪問日本之前），時任自民黨總裁小澤一郎試圖進行「援助換島嶼」計畫，以上兩例都是很好的例證。[65]

[62]　Francis Valeo and Charles Morrison, eds. *The Japanese Diet and the U.S. Congress*. Boulder, Colo.: Westview Press, 1983.

[63]　Liberal Democratic Party, ed. *Political parties in Japan*. Tokyo: Jiyuminshuto Koho Iinkai Shuppan Kyoku, 1977.

[64]　Yung Park, "The Politics of Japan's China Decision" in *Orbis* 19, no. 2, 1975 (Summer): 192.

[65]　Robert Delfs, "Missing Links: Ministry Realizes It Cannot Function in a Vacuum," *Far Eastern*

　　根據棉貫讓治（Joji Watanuki）的觀點，從執政黨領袖到政治領導人的演進有不少好處，[66]我們就拿自民黨作例子。最主要的好處就是執政「三角架」之間緊密的協調：自民黨、高端精英官員集團和商業社團。第二個好處是自民黨卓有成效的後援會（koenkai，議員的後援協會）在自民黨的長期統治中發揮了主要作用。通過後援會，「民眾的各種需求（個人的、區域的和職業的需求）都得到採納和滿足」。第三個好處是自民黨議員享有廣泛的自由來表達其對政策的看法，甚至可以針對國內外的政策行為。日中關係正常化過程中親北京一方和親臺北一方意見對立，但結果很清楚地證明了這一點。

　　執政黨影響力的增強逐漸打破了政治官僚的決策主導地位。這樣的發展為政策輸入提供了更多的管道。1970和1980年代，日本對華政策頗受爭議，政治領導和民眾之間分工明確：自民黨給出大致方向，或者是「定基調」，而這些政策的啟動和施行主要依靠政府官員[67]。自民黨不能完成施行的任務，因為政調令的外交事務部只有三名成員。[68]相反，政府機構是一個擁有一流人事的系統，也是擁有出色的執行和資訊能力的系統，是一個獨立的團體。雖然政府機構對政策的傳統影響力受到削弱，但其仍然很強，而且執政黨日益增強的影響力並沒有阻礙日本政治朝多元方向發展。一位農業部官員說，總體來說，自民黨和政府機構的關係不是自民黨「指導」政府機關，而是「協商」。

　　我們可以進一步考察自民黨和政府機關之間的相互依賴關係[69]。Yung Park將兩者之間的相互依賴描述為「黨—政合作與共生」。[70]1989年政治風波後自由社會論壇代表團秘密訪問北京就證明了這點，自民黨領導的論壇和外交部之間有著良好的協調。所有這些機構環境都為非正式行為的運作提供了廣闊的空間。

Economic Review, July 18, 1991, pp. 20-21.

[66] Joji Watanuki, *Politics in Postwar Japanese Society*. Tokyo: University of Tokyo Press, 1977.

[67] Jun-ichi Kyogoku, *The Political Dynamics of Japan*. New York: Columbia University Press, 1987.

[68] 1986年8月28日於東京訪談自民黨政策調查委員會外交部會工作人員中丸到生。

[69] Michitoshi Takabatake, *Contemporary Japanese politics 1972-1977*. Tokyo: San-ichi Shobo. 1978.

[70] Yung Park, *Bureaucrats and Ministers in Contemporary Japanese Government*. Berkeley, Calif.: Institute of East Asian Studies, University of California at Berkeley, 1986.

　　日本政治的多元本質的重要要素之一是政黨與國會的作用。本傑明（Roger Benjamin）和Kan Ori論斷，日本的政黨制度是「政治影響力發揮作用的主要工具」。[71]這也就是說，日本政黨追求和保持領導地位的過程已經取代了戰前軍隊的權威。

　　1989年大選中，自民黨首次失去議會上院的多數席位，但在下院中仍能維持其主導地位，但這一地位在1993年夏天也失去了。在這樣的情形下，自民黨不得不在很多政策問題上與反對黨妥協，甚至與其老對手社民黨結盟。

　　讀者可以看出，反對黨在1993年取代執政的自民黨以前可以發揮四個作用。第一，他們可以在外交政策上提出不同的觀點，這種觀點通常能夠打開新的外交局面，讓執政黨和外交官員改變原來的想法，日中復交就是一例。第二，反對黨可以提供更多資訊和非官方管道，這是自民黨和政府官員做不到的。第三，他們可以通過新聞媒體、國會聽證會等公共視聽媒介來改變公眾、官員和執政黨對某些有爭議的問題的看法。第四，他們會評估、批評政府的決策，防止新的錯誤和失敗。[72]

　　在日本決策過程中，國會中的反對黨發揮了重要作用。自民黨退休黨員菅沼元治（Suganuma Motoji）說，他們的主要作用是「穩定政治，讓國家聆聽各種意見」，所以，「他們和執政黨一起構成了卡車的兩個輪子」。[73]這點千真萬確，特別是提及日本政治生活的非正式方面。所以，非正式機制可以發揮催化劑的作用，以促進日本的多元決策。另一方面，日本的新發展也證實，日本政治朝著西方的兩黨制發展，其中剔除了幫派主義，引入了「真正的辯論」，這正是小澤一郎所宣導的。越來越多的學者、專家、媒體以及利益集團參與到政治中，這是1970年以來的另一發展。戰後日本，除了在占領時期，就沒有政府審查制度，「所有主要報紙和電視網路都被認為是民主的衛士」[74]。筆者在日中復交及日本在1989年政治風波前對華政策的例子中已討論過，知識分子和「幕僚」們開始參與政策導向論壇和活動。[75]

[71] Robert Benjamin and Kan Ori, *Tradition and Change in Postindustrial Japan*. New York: Praeger, 1981.

[72] Mitsuru Yamamoto, *Fantasy of independent diplomacy*. Tokyo: Chuo koronsha, 1974.

[73] 1986年3月6日在東京採訪東京市議會前議長菅沼元治。

[74] Joji Watanuki, *Politics in Postwar Japanese Society*. Tokyo: University of Tokyo Press, 1977.

[75] 關於日本智庫發展的細緻討論見趙全勝：《學者和智囊團》（Scholars and Think-tank）

　　日本的政治發展里程反映了西方對日本的影響的重要性。然而，日本不能完全照搬西方政治體制，西方模式必須與「日本的傳統和現實情況」相結合。[76]戰後多年，日本已經發展起了自己的決策機制——非正式機制。日本政治生活中的非正式性可以一直追溯到二戰前。確實，本文使用的「付き合い」、「黑幕」和「根回し」等詞已經存在了幾個世紀了。然而，全方位的民主化和多元化是1947年憲法之後才出現的。若是沒有這樣的政治基礎和結構，民主原則不能運作，非正式機制在日本也不能得到全面發展。

　　克勞斯認爲，官僚統治的結束、政黨影響力的增強、利益集團活動增多以及商業社團的建立，都是「日本眞正的決策精英在數量、規模和多樣性方面的發展」。[77]這種發展進一步加強了政治多元化，政治多元化是日本非正式機制的基礎。另一方面，像阿列維（Eva Etzioni-Halevy）指出，政治體制的多元不僅是這個系統受到的壓力多元，更是其結構多元。[78]國家結構的複雜性爲利益集團施加其影響提供了多種管道。非正式機制既提供了這種管道，又支撐了日本多元主義的發展。這種觀點駁斥了那些看似很有道理的論斷，即日本多元主義的出現是虛假的，因爲政策制定過程中有大量的非正式活動。柯耐爾（Samuel Kernell）曾表示，日本政治控制中的非正式機制「並不意味著日本的憲政已經腐朽了，也不意味著決策已經不民主了」。[79]

　　非正式模式是日本政治生活的特性之一。日本政治在很多情況下運作是非常「正式」的、開放的和公開的。然而，日本決策的非正式方面沒有受到系統性考量。日本非正式機制的發展模式已經爲政治學家和亞洲問題專家提供了一個新的研究課題，這比研究日本國內政治和外交決策更有意義。對學者來說，「日本模式」對東亞社會的影響，例如對韓國和臺灣，仍然是極富吸引力的課題。

（1986）。

[76] Tadashi Fukutake, *Japanese Society Today*. Tokyo: University of Tokyo Press, 1981.

[77] Ellis Krauss, "Japanese Parties and Parliament: Changing Leadership Role and Role Conflict" in *Political Leadership in Contemporary Japan*, ed., by Terry MacDougall. Michigan Papers in Japanese Studies, no. 1. 1982. Ann Arbor: University of Michigan, 93-114.

[78] Eva Etzioni-Halevy, *Bureaucracy and Democracy*. 1983. London and Boston: Routledge & Kegan Paul.

[79] Samuel Kernell, "The Primacy of Politics in Economic Policy" in *Parallel Politics: Economic Policymaking in Japan and the United States*, ed., by Samuel Kernell. Washington, D.C.: Brookings Institution, 1991a.

第三節　政策辯論與外交方向

　　近代以來，日本外交經歷了三次重大轉型，即1868年前後的明治維新時期、1945年至1952年的美軍占領時期，以及1990年之後到二十一世紀初的後冷戰時期。日本的每一次外交政策轉型都是帶有根本方向性的，並伴隨著國內精英層具有深遠意義的政策辯論，同時也對其各個時期的對華政策具有重大影響。

（一）明治維新時期的外交政策辯論

　　我們所說的第一次十字路口是發生在十九世紀中葉。當中國的清朝受到以英國為首的西方帝國主義列強的侵略時，作為長期以來中國的學生，日本是非常注意這一次如費正清所說的「中西方文明的大衝突」。當中國在鴉片戰爭中被打敗，並於1842年簽訂了中國歷史上第一個不平等條約——《南京條約》，以及隨之而來的接二連三被其他帝國主義國家，如法、德、俄所入侵，割地賠款、喪權辱國。這一切都使日本的統治者、上層階級和知識分子提出了一個重大問題：日本應該如何從中國接受教訓？其外交政策應該向何處去？是繼續堅持和中國一樣的閉關鎖國和排外政策，還是洗心革面走一條不同的道路？這也就是1868年日本實行明治維新，對其內政外交進行重大改革的大背景。

　　明治維新時期，日本面臨「開國」和「鎖國」的問題。如何應對西方的入侵，在當時日本形成以福澤諭吉和岡倉天心為代表的兩大思潮間的外交政策辯論。福澤諭吉提出「脫亞入歐」論，認為日本的亞洲鄰國中國、朝鮮等國是積弱、落後、內部分裂和不文明的，日本如果想要先進和文明就需要離開亞洲而融入歐洲，躋身西方已開發國家的行列，與西方為伍，用富國強兵的方法實現現代化。而岡倉天心則在對外關係思想中提出了與福澤截然不同的口號。他在《東洋的覺醒》一文中，提出了「亞洲一體」的政策建議，對於西方對東方的入侵進行了尖銳批評，強調了東亞社會團結一體抗拒西方入侵的重要性。當然，岡倉的「亞洲一體」與今日的「東亞共同體」概念有著很大的區別，但它畢竟代表了對當時日本在國際社會中身分認同問題所提出的不同思路。福澤諭吉和岡倉天心是日本近代文明重要的啟蒙者，其思想影響深遠。

　　在「脫亞入歐」與「亞洲一體」的這場辯論中，福澤諭吉的「脫亞入歐」

論顯然占據上風，其影響更爲強大與深遠。明治維新給日本帶來的深刻的政治、經濟和社會變革的歷史地位是不可低估的。而此時期的思想與政策辯論，催動了日本精英階層達成共識，實現了其外交政策的重大轉型。這次轉型一方面推動了日本工業化和近代化的步伐，使其成爲亞洲第一個實現工業化的國家，但另一方面也催生了日本的軍國主義，使其走上了一條窮兵黷武的不歸之路。明治維新對日本對華政策和中日關係的影響也是巨大的。追溯歷史，亞洲千百年來是中國主導，挑戰者無一成功。明治維新後，日本挑戰中國在亞洲的主導地位，用三十年的時間實現了亞洲權力轉移，自甲午戰爭和《馬關條約》之後成爲東亞占據支配地位的大國。

　　明治維新直接導致了日本工業化的迅速實現、國力的大幅度增強，及國際地位的迅速崛起。從十九世紀末到二十世紀初，日本接連打敗了兩個大國，也就是在1894年至1895年的甲午戰爭中打敗了大清帝國，又在1904年至1905年的日俄戰爭中戰勝了俄羅斯帝國，使日本從一個遠處東海的彈丸之地一舉成爲名揚四海的「日本帝國」。日本政治、經濟、社會都在這一時期經歷了脫胎換骨式的重大變化，使日本從一個以農業爲主的封閉性封建國家，走向以工業化爲導向的經濟軍事強國。所有這些都使日本的統治者自我膨脹，進一步接受了西方殖民主義者弱肉強食的帝國主義邏輯。日本從二十世紀上半期走向軍國主義道路，殖民朝鮮半島、入侵中國東北、建立滿洲國，以至參加德、義、日三國軸心、發動和積極參與第二次世界大戰、南下東南亞、奇襲珍珠港，使「日本帝國」的版圖擴大到日本有史以來的最大範圍[80]。然而，耀眼的勝利也預告著慘痛的失敗。在中國、韓國和其他亞洲各國人民所發動的反侵略戰爭中，日本受到了極大的打擊。美國反攻太平洋諸島，轟炸日本本土，在廣島和長崎投擲原子彈。蘇聯紅軍挺進中國東北，擊潰日本關東軍。這一切都給日本帶來了毀滅性的打擊，最終導致日本於1945年8月宣布投降，接受美軍占領。

（二）美軍占領時期的外交政策辯論

　　日本在二戰結束時的慘敗使日本面臨著其近現代史上第二次決定性的選

---

[80] 有關日本侵華，特別是南京大屠殺，可參看：Joshua Fogel, ed., *The Nanjing Massacre: In History and Historiography*. University of California Press, 2000; Iris Chang, *The Rape of Nanking: The Forgotten Holocaust of World War II*. Basic Books, 1997.

擇。日本的內政外交向何處去？日本如何從戰爭的廢墟中發展起來，重新返回國際社會？這些都是日本所需要解決的關鍵性問題。在美軍占領當局的領導下，日本於1947年通過了第二套憲法，並於1952年簽訂舊金山和約，確立美日同盟，從此走向了以和平發展爲主軸的道路。戰後不到二十年，日本就進入了經濟高速發展時期，成爲亞洲經濟奇蹟起飛的領頭雁。日本經濟超過了歐洲諸強，直逼美國，成爲世界第二大經濟體。

在二戰之後的美軍占領時期，作爲戰敗國的日本面臨著國家重新定位的問題。盟軍總司令麥克阿瑟提出日本民主化和非軍事化兩大原則，從內政和外交根除日本舊軍國主義體制，推動日本走向民主與和平，並圍繞著「民主化」和「非軍事化」這兩大議題展開了有關外交政策的又一次帶有根本方向性的辯論。在美國的單獨占領下，日本廢除軍國主義體制，進行民主化改革，實現政黨政治，發展以經濟爲主的通商國家路線。日本當時的政治家、政府官員和學界的憲法精英提出的各種憲法修改草案，均被占領當局否決。美軍占領當局認爲日本仍不成熟，缺乏民主化的土壤，便用英文（後翻譯成日文）起草了於1946年頒布的《日本國憲法》，提出聞名世界的和平條款「憲法第9條」，即日本放棄戰爭，不維持武力、不擁有宣戰權，限制日本軍事力量的發展，制約在海外發動戰爭，確保日本成爲走向和平發展道路的國家。

這次辯論不僅是日本高層之間的探討，更是在美國主導下展開的一場具有歷史意義的深刻辯論，「民主化」和「非軍事化」的主流政策形成了日本「經濟立國」的和平發展路線，進而實現了戰後日本的經濟奇蹟。與此同時，還確定了日美同盟成爲日本外交政策的主軸，也就是說日本在冷戰時期的外交是綁在美國的戰車上，其對華政策也基本上是在美國的主導下進行的。甚至在1970年代初打開通往北京大門的過程中，也是先有尼克森，後有田中角榮。戰後以來由於日本經濟的快速崛起，日本相繼超越英、法、德，自1968年就已經成爲資本主義世界第二大經濟體。到1987年，其人均產值已經超過美國，被美國學者傅高義稱爲「日本第一」。

（三）1970年後的外交政策辯論

隨著日本經濟實力的不斷發展壯大，日美之間的經濟摩擦也日漸增強。在1980年代，人們經常可以聽到美國對日本的嚴詞批判，認爲日本奪取了美國人的工作，用不公平手段占領美國市場，而日本又不向美國開放國內市場。一些帶有象徵性意義的事件也相繼發生，包括底特律的工人用大錘砸毀日本的

豐田小轎車和索尼電視機的事件，以及1987年美國認為日本向蘇聯洩密，出售可以幫助其潛艇攻擊美國的技術而起訴東芝電器公司等。美日在經貿領域內的爭執和摩擦，成為當時美國對日外交中的一個重要關注點。兩國對此爭吵不休，幾乎成為兩國關係發展的主旋律。

早在蘇聯解體前，美國的民意調查就顯示，日本已經超過蘇聯成為美國公眾認知中的頭號威脅。當時，美國的日本問題專家出版了《即將到來的美日戰爭》，集中地反映了當時的民意，該書認為日本對美國的主導地位形成了挑戰。1980年代以後，美國開始把日本作為頭號挑戰者，由此引發美國新的「敲打日本」的對日政策，以維護其在世界的霸主地位（數年後出版的《即將到來的中美衝突》一書，標誌著中國開始取代日本在美國心目中挑戰者的地位）。當時日美之間的這些事件以及後來國際形勢的發展，都引發了日本國內新一輪的外交政策辯論。

從1990年代開始，隨著前蘇聯的解體，以及全球化地區主義趨勢的不斷加強，日本也經歷了一系列的變化。從1990年代初到本世紀初，日本經濟陷入了一個「失去的十年」的困境，1997年的亞洲經濟危機更使日本經濟雪上加霜。從1980年代初開始的中國經濟高速增長，也就是中國崛起，更給日本上下帶來了全方位的巨大衝擊。從1990年代開始出現的北韓核武器危機更觸動了日本內政外交的神經。隨著這一系列重大國內外政治經濟情況的發展，日本朝野上下也出現了新一波的民族主義高漲，以及政治保守化傾向的進一步加深。日本政界以及政治領導人也經歷了一場前所未有的、以小泉純一郎為代表的重大社會政治變革。這一切都把日本外交推向了一個新的十字路口，促使日本的決策者、政治家和知識分子，在本世紀初展開了一場如何在新的的歷史條件下作出符合日本國情和國家利益的政策大辯論。

日本外交何去何從，成為第三次外交政策辯論的主要議題。《朝日新聞》著名記者船橋洋一就這一段日美雙方的政策辯論和決策過程寫了一本專著《同盟漂流》，詳細記錄了這一時期政策轉變的過程。日美同盟所出現的「漂流」和不確定現象，主要是由於冷戰結束所帶來的國際關係和戰略調整方面的新問題：過去存留下來的機制還能否適用？是否要發展一些新的機制？各大國應該怎樣縱橫馳騁，重新調整它們各自的外交政策？就美國外交戰略而言，在歐洲有北大西洋公約組織，在亞洲有以美日同盟為主的一系列雙邊安全安排，這些現存的機制都面臨著一個如何重新安排的問題。於是，人們看到後來形成的美國主導下在歐洲的北約東擴，和在亞洲的美日同盟「再定義」這樣的新的政策

調整。

　　日本內部對美國一直抱著一種複雜的心情：一方面，由於美軍占領所帶來的政治民主化和經濟現代化而對美國充滿感恩之心，從而堅持走美國忠誠「小夥伴」的道路；另一方面，對於美國的「太上皇」角色以及在日本設立基地並長期駐防心懷不滿，從而引發民間的反美情緒。特別是美軍基地所集中的沖繩地區，不斷發生包括強暴民女在內的惡性事件，基地也使當地人民不堪其擾，進而引發大規模反美示威遊行。沖繩地方政府更是頻頻向中央政府提出要求美國退還軍事基地和美軍撤離沖繩。直到現在還未解決的普天間機場搬遷問題，就是在當時提出來的。

　　與此同時，修改憲法第9條和重整軍備，成為日本外交政策辯論的又一焦點。在吉田路線主導下，日本積極發展經濟，實現經濟大國目標。但是，吉田路線導致的直接結果，形成日本經濟巨人、政治侏儒的形象。隨著海灣戰爭的結束，推行「支票外交」的日本遭受嚴重衝擊。在日本國內出現了一股要求修改憲法、提高國家政治地位的頗具影響力的思潮。其中，最為典型的是小澤一郎提出「正常國家論」，宣導修改憲法，加強日本軍事力量。在這樣的背景下，東京都知事石原慎太郎和索尼公司總裁盛田昭夫出版了《日本可以說不》一書，明確提出日本應該「前門拒狼，後門防虎」（狼和虎分指美國和中國），宣導擺脫美國控制、實行獨立外交的立場（既反美又批華）。這在當時成為一個具有標誌性意義的行動，在很大程度上反映了日本精英層內心深處對美國「太上皇」角色的憤懣和要求改變的呼聲。

　　該時期圍繞日本是優先發展經濟還是要做政治大國的政策辯論也越演越烈。對此，由中曾根康弘宣導的「政治大國」的呼聲日益強烈，主張日本成為聯合國常任理事國，不僅要做經濟大國，而且也要做政治大國。和這一主張緊密相關的，是日本國內極端民族主義抬頭，修正歷史、修改憲法的主張開始大行其道。例如，防衛省航空幕僚長空將田母神俊雄發表《日本曾是侵略國家嗎》一文，否認侵略歷史，美化日本的侵略行徑。但對此也有反對之聲，例如慶應大學教授添谷芳秀提出的「中等國家論」，提出日本不要爭做大國的主張。

　　這些都突顯了日美之間不但在歷史恩怨問題上沒有根本解決，而且在新的時期還出現了新的矛盾，日本社會內部暗流洶湧。冷戰結束以後，一個突出的問題擺在日本政府和民眾面前：冷戰時期日本面臨的主要外部威脅——蘇聯如今已不復存在，那麼日美同盟是否還有繼續存在的必要？這方面最有代表性

的，是日本提出了名爲《日本的安全保障與防衛力量的應有狀態》的國防政策建議書（也稱「樋口報告」）。「樋口報告」提出，日本應該加強多邊安全合作，即一方面維持日美同盟，另一方面也應積極在聯合國框架下開展多邊外交安全合作，特別是要積極參與聯合國維和行動。受這一建議書的影響，1994年日本防衛廳所發表的年度防衛報告中也指出，日本的外交安全戰略應在新的形勢下實現轉型，即日本外交與安全的中心應該從以日美同盟爲重點轉爲以聯合國憲章爲中心的和平主義外交。與此同時，日本內部「重返亞洲」的呼聲也日益高漲。即，日本應該調整其自明治維新以來「脫亞入歐」的戰略選擇，強調它應修復與亞洲鄰國的關係以回歸亞洲。也就是說，日本應該在堅持與美國結盟關係的同時，也要強調它在國際事務中獨立自主的地位，並突出它作爲亞洲特別是東亞地區重要一員的地位。這些意見的提出，都表明日本有可能要脫離多年來形成的日本外交應以日美同盟爲基石的主流思維。這正是日美關係處於「漂流期」的一個重要信號。

當然，日本外交政策的主流意見還是堅持依靠美國的，通過1996年至1998年期間在日本和美國同步進行的有關外交政策的辯論，日美同盟終於以防衛合作新指標的方式得到了重新確認。在橋本龍太郎首相領導下，日本相關政府部門與美方保持著密切的聯繫和溝通。在日本政策部門中也有一批骨幹力量，他們有著加強日美同盟的共同理念，並直接參與到與美方的談判與制定政策的過程中，例如防衛廳副長官西廣整輝、外務省北美局審議官田中均、防衛廳防衛政策局局長畠山蕃及其繼任者秋山昌廣，他們都在不同場合與美國國防部和國務院的官員頻繁接觸、時時通氣。也正是在這種深入的互動與溝通過程中，日美雙方逐漸恢復了彼此之間的互信，從而也爲日美同盟的「再定義」奠定了基礎。

1996年4月，美國總統柯林頓訪問日本，與日本首相橋本龍太郎就日美安全保障問題進行全面研討和磋商，並共同發表了《日美安全保障共同宣言 —— 面向二十一世紀的同盟》。

兩國同意對1978年的《日美防衛合作指針》進行修改，日美同盟被再定義爲「地區穩定的基礎」。通過這一系列的宣言和舉措，使日美同盟能夠及時應對後冷戰時期所帶來的新的轉變和挑戰，從而使這一同盟的性質發生了重大轉變：從服務於冷戰目的的軍事安全機制，轉變爲強調地區穩定和安全的聯盟組織。這就不但對兩國國內的公眾輿論有一個與時俱進的交待，對周邊其他國家也有了繼續發揮作用的「名正言順」的理由。和日美關係1990年代的下滑

相仿，中日關係在同一時期也開始走下坡路，所不同的是從那時起直到安倍第二任期的前半期兩國關係再也沒有出現大的轉圜。特別是到了小泉純一郎任首相時期（2001-2006年），領導人中止見面，兩國關係降到谷底。而安倍晉三在其2006年第一次執政時期，一方面強調日美同盟，另一方面也開展了對北京的「破冰之旅」，加強與中國、韓國等亞洲鄰國的關係。這也標誌著歷經十幾年的日本第三次外交政策大辯論初步形成了共識，亦即「帶傾向性的中間路線」。從那時之後，日本外交辯論雖然還時有所聞，但辯論的著眼點更多的是在堅持中間路線的基礎上，更加強調哪一種傾向。

在2009年自民黨與民主黨政權更替之際，日本外交再次出現「漂流」，試圖偏離中間路線的立場。這就是民主黨的第一位首相鳩山由紀夫明確提出了可謂「石破天驚」的三大口號，即等距離的中美日三邊關係、沒有美國加入的東亞共同體、美軍遷出沖繩普天間基地，從而使日美同盟何去何從的問題再次浮現。對日本這一輪的「漂流」傾向，美國行動迅速，不給日本內部想要脫離美國的力量以及外部力量任何可能使日本改變方向的機會。同時美國外交也有恩仇必報的特點。鳩山面臨著種種困境，特別是來自美國的阻力和壓力，最終只任首相八個月就黯然下臺，從而確保後來的菅直人和野田佳彥政府都只能重申依靠美國的外交政策。到了2012年底，以安倍為首的自民黨重新掌權，全力修補日美關係。日本這一輪由鳩山由紀夫啟動的短暫「漂流」期就宣告結束了。

有關日本內部外交政策辯論，還可參閱雖然代表少數派的意見但也不失為一家之言的孫崎享於2012年出版的兩本書。孫崎享曾做過日本駐伊朗大使以及外務省情報局局長，退休後又到日本防衛大學任教。在《戰後史的真相》一書中，他提出戰後日本外交存在著兩條路線的鬥爭。其中主流是親美路線，從吉田茂到安倍晉三，都把日美同盟作為外交基石。另外一條外交路線雖然不否認日美同盟的重要性，但強調多邊外交，追求更加獨立自主的外交，並保持和加強與亞太鄰國的友好關係。田中角榮、鳩山由紀夫為該路線的典型代表人物。孫崎享在他的另一本書《被美國人毀掉的政治家》中，細數戰後幾十年來日本政壇被美國「毀掉」的政治領袖（例如在1972年實現日中邦交正常化的田中角榮），提出美國高度介入日本社會和政治，日本國內任何企圖背離美國的政治家都會遭到美國的嚴厲打擊直到下臺為止的觀點。作為一個占領日本長達七年的戰勝國，美國對日本控制的深度和廣度是常人難以想像的，這裡我們或許可以有所體會。

綜上所述，我們看到，日本外交政策始終存在著「脫亞入歐」與「重返亞洲」的辯論。進入二十一世紀以來，小泉純一郎時期是典型的「脫亞入歐」。而安倍則在其第一次執政時期，改變了小泉時期嚴重親美的外交路線，在加強日美同盟的同時，也努力改善與中國、韓國的關係。在安倍之後的福田康夫和鳩山由紀夫時期，更表現了清晰的重視亞洲的外交路線與思維。安倍在其第二任期，在不放棄對中國、韓國外交努力的同時，全力修補日美關係，重新取得了美國的信任，在其2015年訪美期間與歐巴馬總統攜手出臺了日美同盟的升級版。不難看出，日美同盟在1996年和2015年的兩次轉型是有異曲同工之妙的，既是兩國內部政策辯論的產物，也是各自根據大國博弈的需要所作出的政策選擇。

日本外交政策的大辯論，不僅是日本國內政治變化的縮影，更是對國際政治變化和大國博弈的折射。日本外交主流思維的這種帶傾向性的中間路線，既可以看作是現實主義與理想主義兩大思維方式的碰撞，又可用來分析日本對外關係的演變。

第四節　帶傾向性的中間路線

作為一個二次世界大戰以後發展起來的民主多元國家，日本各界對外交政策有不同的意見和傾向性，是非常自然的。但是如果簡單的把不同的意見排列出來，則無法得到其真諦。所以，這裡強調的是主流思維。所謂主流思維指的是日本政經學界和官僚體系，通過較長時間的思想激蕩而就其外交政策所達成的一定程度上的共識。這種共識只是反映了相對多數人的意見，而這種相對多數也是在不斷變動中的。

談到對一個國家外交政策的分析，就不能不注意國際關係理論中的基本概念。大家耳熟能詳的現實主義理論集中強調的是國家的實力和國家的根本利益[81]。外交政策的最高領導最注意的是如何保持這個國家的興旺與政權的鞏

---

[81] 有關這一學派的主要理論著述見：Kenneth Waltz, *Theory of international Politics*. Readings, Massachusetts: Addison-Wesley Publishing Company, 1979. 把這一理論用於外交政策研究的重要代表作的例子有：John Mearsheimer, *The Tragedy of Great Power Politics*. New York: WW Norton & Company, 2001.

固。所謂高政治和低政治之說，也就是一個國家在外交政策的制定上，其軍事政治外交往往高於對其他因素，包括經濟文化方面的考量。在這個意義上講，各國之間軍事政治實力的增長與削弱，對本國國家利益優先順位的相對變動，都會對這一國家的外交政策走向造成重大影響。所以說，現實主義是以一個國家的國家實力和根本利益為考量的。其他因素，例如意識形態等，都處於相對次要的地位。

而自由主義學派，特別是最近興起的全球化的研究，則把注意的重點放在國與國之間的相互依存，特別是大國之間在經濟貿易領域由於相互依存的加強而帶來的合作與妥協[82]。在這個意義上講，世界舞臺上的國際組織，以及區域性出現的一系列共同體建設的國際機構與組織，都對國與國之間的關係以及一個國家的外交政策走向產生了巨大的作用。

最近一個時期所廣為流行的建構主義理論，則把注意的重點放在國家政權和政策制定者對國際形勢、地區和世界格局發展的感受所引發的外交政策的變化[83]。一個國家及其政策制定者對本國、本地區歷史的認知、所處地位的感受，都是這個國家在制定外交政策時的重要考量依據。自由主義學派和建構主義理論所強調的都是國家實力與利益之外的因素。在這個意義上講，它們常常也被劃歸為統稱理想主義的這一大學派。

毋庸置疑，國際關係和外交政策分析理論中還有眾多的學派可以用來分析日本外交政策的走向。以上所舉的只是幾個主要的理論學派。另外派生出來的學派，例如：權力轉移理論、利益集團理論、決策者與內外環境互動理論等等，都是十分有用的理論框架。最近以來，不少學者已經開始試圖從國際關係理論的視角來分析亞太地區的國際關係[84]。我們在下文對日本外交的主流思維

---

[82] Robert Keohane and Joseph Nye, *Power and Interdependence*. Boston: Little, Brown and Company, 1977.

[83] 有關這一學派的代表作包括：Alexander Wendt, *Social Theory of International Politics*. New York: Cambridge University Press, 1999.

[84] 我們可以從以下幾個例子看到這方面所做的努力：G. John Ikenberry and Michael Mastanduno, ed., *International Relations Theory and the Asia-Pacific*. Columbia University Press, 2003. Stephan Haggard, "The Balance of Power, Globalization, and Democracy: International Relations Theory in Northeast Asia," *Journal of East Asian Studies*, vol. 4, 2004. pp. 1-38.

進行分析時，將在不同程度上對這些理論有所應用。

　　在二十一世紀初，日本朝野基本上達成共識，完成了從後冷戰時期開始就著手醞釀的外交方向的第三次大的政策選擇。與前兩次的一個根本不同就是日本無需選擇帶有與過去決裂性質的轉變，而選擇了一條頗具玩味的「中間路線」。筆者在2005年5月有機會參加了安倍晉三在訪問美國時舉行的一次午餐演講會，這也是爲他一年多以後就任日本首相所進行的熱身活動之一。在本次午餐會上，筆者向安倍提出日本在當時的相當一段時間內加強了與美國的關係，而與中韓關係有所惡化，那麼日本外交是否仍然受到脫亞入歐思想的影響。安倍回答說，日本同美國的關係和與中韓之間的關係是互爲補充的，而不是互相排斥的[85]。安倍的這個思路典型的反映出日本這一輪政策選擇的新趨勢，是把兩個不同的極端方向避開，而向中間靠近，也就是所謂的「走中庸之道」。安倍上任一個月之後，美國紐約時報也發表評論指出，他的外交路線是走「中間路線」[86]。而在2007年秋登上日本首相寶座的福田康夫就是一個典型的走中間路線的穩健的政治家。也就是說，除了少數人仍然選擇極端路線外，多數精英層人士選擇的是中間路線。但即便如此，不同的政治家在不同的時期還是可以有不同的傾向性，而這種傾向性又往往是我們瞭解這一時期日本外交發展方向的關鍵因素。這就是本文所強調的日本外交以「帶有傾向性的中間路線」爲主流的思辨方式。下文將就日本外交帶傾向性的中間路線這一命題的具體表現逐一進行分析。

（一）中間路線一：「脫亞入歐」與「亞洲一體」

　　在日本兩千年的歷史長河中，作爲中華文明的熱心弟子，日本東亞社會一員的身分一直是很清楚的。而這一身分的認同在十九世紀中葉，日本社會發生重大變革時期而受到了帶有根本性的挑戰。當時的日本知識分子領導人，也就是後來建立了慶應大學的日本思想家福澤諭吉，提出了「脫亞入歐」的口號。福澤認爲，日本應該脫離當初處於落後狀態的中國及其他亞洲社會，而盡最大

---

[85] Shinzo Abe, Miles to Go: My Vision for Japan's Future, http://www.brookings.edu/events/2005/0502japan.aspx.

[86] 〈美報：強硬安倍上任一月轉向中間路線〉，http://big5.xinhuanet.com/gate/big5/news.xinhuanet.com/world/2006-10/31/content_5269631.htm。

的努力按照歐洲國家的模式成爲現代社會的一員[87]。在日本國內應該進行一系列的政治經濟改革，加速日本的現代化；在國際社會上，日本應該與歐美先進國家結盟，成爲強國中的一員。

與福澤諭吉同時代的日本思想家岡倉天心儘管也深受西方文化的影響，卻在其對外關係的思想中提出了與福澤截然不同的口號。他在《東洋的覺醒》一文中提出了「亞洲一體」的政策建議，對西方白人社會對東方的入侵進行了尖銳的批評，強調了東亞社會團結一體抗拒西方入侵的重要性[88]。當然，岡倉天心的「亞洲一體」的提法與我們今天東亞共同體的提法有著很大的區別，但它畢竟代表了日本知識分子在當時對日本在國際社會中身分的認同有的一種不同的思路。

由於日本國內外形勢的急劇變化和清朝政府對外政策的一系列慘敗，使福澤諭吉的學派在日本政學界逐漸占據了上風。隨著「脫亞入歐」思想的深入人心，日本社會中尊重與熱愛中國文化的思想潮流被輕視與厭惡亞洲社會的心態所取代。從這個意義上發展出「既然西方列強能夠對包括亞洲在內的發展中國家進行殖民侵略，爲什麼日本不能？」的心態。這種心態直接導致了日本走向殖民朝鮮、占領中國、入侵東南亞的一系列侵略行徑。沿著這一思路走下去的日本在亞太地區的擴張政策一直到第二次世界大戰結束才告終結。

如前所述，1945年日本戰敗使日本面臨著其當代史上的第二次重大選擇。實際上，日本經歷了長達七年的美軍占領期，使日本不可能獨立地進行政策抉擇，而只能接受美國的領導，參加以美國爲首的西方陣營。由於國際大環境使然，也更加確認了日本沿著「脫亞入歐」方向發展的外交政策。1952年簽訂的舊金山和約以及隨之而生效的日美安保條約，都使日本成爲冷戰時期西方陣營的堅定一員[89]。日本社會高度西化（也就是美國化）的趨勢自二戰結束以來一直是日本社會發展的主線。

二戰之後的年代裡，隨著亞洲經濟的復甦與高速發展，帶來了二十世紀中後期的東亞四小龍的經濟奇蹟，從而使日本認識到亞洲對其經濟發展的重要

---

[87] 福澤諭吉，《西洋事情》，慶応義塾出版局，2002；《文明論之概略》，1875。

[88] 岡倉天心，《東洋の覺醒》，圣文閣，1940。

[89] Victor Cha, *Alignment Despite Antagonism: The US-Korea-Japan Security Triangle.* Stanford University Press, 1999. Walter LaFeber, *Clash: U.S.-Japan Relations throughout History.* W.W. Norton, 1997.

性。而這一認識又被中國連續二、三十年的經濟高速發展和冷戰後東亞經濟共同體的啓動（例如東盟加三〔中、日、韓〕）所加強。日本在位首相不止一次地宣稱：「『脫亞入歐』已經不完全是日本所應該採取的政策選擇。日本既是東亞社會的一員，又是西方先進工業化國家的一員。」但是在實際運作上，特別是在需要作出重大政策抉擇的關鍵時刻，日本決策者的籌碼更經常的是向歐美方向傾斜。例如，在小泉首相任期的後半期，當他被問到日本與中、韓關係惡化的對策的時候，他的回答是：「只要跟美國搞好關係，對中、韓也就自然會改善。」其重歐美、輕東亞的心態在此表露無遺。當然，在日本社會中要求領導人正確處理對中、韓等亞洲國家關係的呼聲在相當一段時間裡不斷高漲，特別是經濟企業界更是擔心日本在亞洲的經濟地位有可能被逐漸削弱而敦促其領導人「回歸亞洲」。[90]這也是2006年10月初，安倍晉三當選日本首相後首次的外交出訪國家便是中國和韓國的主要原因之一。安倍之後的福田康夫加強與中韓之間的合作關係等一系列做法也是這方面的明證。有理由相信，日本外交在以日美同盟爲基軸的方針下與處理好與其他亞洲國家關係的中間路線的選項仍將繼續下去。

（二）中間路線二：和平與軍備

　　日本國家發展道路的方向在明治維新時期就經歷了重大的政策辯論，當時日本知識界與領導層所達成的共識是「富國強兵」。也就是說爲實現「脫亞入歐」的目標，日本需要在實現其工業化的同時，也要成爲一個軍事大國。在這個意義上講，經濟與軍事發展是並重的。從十九世紀後半期開始到第二次世界大戰，軍事發展目標更加成爲日本外交的優先考慮。由於二戰的慘痛失敗，在美軍的領導下，日本朝野痛定思痛，通過了1947年以和平憲法著稱的新憲法。憲法第9條正式放棄日本除自衛以外的軍事能力，奠定了日本在半個多世紀以來得以和平發展的基礎。美軍占領結束後隨即簽訂的日美安保條約爲日本提供了核保護傘。所以儘管在冷戰時期日本面臨著前蘇聯的安全威脅，日本仍然可以專心致志地發展經濟，而把它的軍事預算控制在1%上下。這也就是後來世所周知的「搭順風車」（freeride）的經濟發展戰略。這也奠定了日本半

90　有關日本財界早期與中國的交流，參看李廷江，《日本財界と近代中國—辛亥革命を中心に》，禦茶の水書房，2003。

個多世紀以來以經濟發展優先爲特點的內政外交的指導方針[91]。

隨著日本國力的不斷增強，日本社會出現了要在發展經濟的同時也提升它的軍事地位的呼聲。[92]日本著名政治家小澤一郎所提出的「普通國家」的概念即是這一思潮的代表。[93]大家記憶猶新的是在老布希任職期間發動的美國第一次對伊拉克的戰爭。日本提供了巨大的經濟贊助，但是在伊戰後，科威特政府在《紐約時報》上所發表的感謝信上只對十幾個出兵國家表示感謝，日本的名字根本沒有提及，這被認爲是日本「支票外交」的重大失敗。在這一思想指導下，日本國內出現了一種修改憲法、改變憲法第9條的思潮。不少學者和政治家開始爲國防軍備升格製造輿論，進而把「防衛廳」改爲「國防省」。隨著「中國威脅論」在日本的廣爲流行和1990年代開始的北韓核危機以及後來的高潮迭起，都對日本國內加強軍備的思潮起了推動作用。

當然我們也應該看到，日本社會中堅持和平發展，反對加強軍事裝備，成爲軍事大國的社會力量還是十分強大的。日本朝野都有爲數眾多的政治家與學者反對修改憲法，特別是憲法第9條。他們認爲，日本堅持優先發展經濟，避免成爲軍事大國的戰略是成功的，日本的和平憲法在世界上也是獨特的，對維護世界和平已經作出了重大貢獻。所以，日本不應該重走軍事大國的道路。

關於日本在和平與軍備發展不同外交方向的爭論中，國際輿論也是有不同看法的。美國的主流政治家希望日本能夠成爲一個負責任的「正常國家」，而在國際事務中，特別是國際安全事務中作出重大貢獻。[94]他們認爲，日本戰後的發展已經爲其和平道路奠定了堅實的基礎，所以日本不可能再次發動侵略戰爭，對其他國家造成安全威脅。[95]對這一問題，中國、兩韓以及受過日本侵略的東南亞國家則持有不同看法。他們認爲，日本應該在修憲問題上持慎重

[91] Eric Heginbotham and Richard Samuels, "Mercantile Realism and Japanese Foreign Policy," *International Security*, vol. 22, no. 4, Spring 1998, pp. 171-203.

[92] 胡榮忠，〈日本軍事大國化的新動向〉，《日本學刊》，2004年第5期，第24-38頁。

[93] Takashi Inoguchi and Paul Bacon, "Japan's Emerging Role as a 'Global Ordinary Power'," *International Relations of the Asia-Pacific*, vol. 6, no. 1, 2006, pp. 1-21.

[94] Gilbert Rozman, "Japan's Quest for Great Power Identity," *Orbis*, Winter 2002, pp. 73-91.

[95] Michael Green. "Understanding Japan's Relations in Northeast Asia," Testimony for the Hearing on "Japan's Tense Relations with Her Neighbors: Back to the Future", House Committee on International Relations, September 14, 2006.

態度，特別是憲法第9條。日本應該堅持其和平發展的道路，對過去歷史中所犯下的侵略罪行進行深刻地反省，以避免重走軍國主義的老路。在這個意義上講，日本面對的不光是其自身所面臨的兩難選擇，而且也面臨著來自美國和亞洲的兩種不同聲音。在這樣的國內外大環境下，日本中間路線的選項則已是必然的。但是在每一個具體的政策上，例如修憲問題等等，不同的政治領導人則會有不同的政策傾向性。而相關政策是否發生重大轉變也取決於該時期的主流思維向某一特定方向傾向的程度。

（三）中間路線三：經濟優先與「政治大國」

　　日本外交自二戰結束以來的第一個指導方針就是所謂的「吉田主義」。當時的日本首相吉田茂提出了優先發展經濟的國策。如上一節所講到的，日本修改了其明治維新以來所強調的「富國強兵」這一建國方針，以強調「富國」爲首要目標，而在「強兵」這個問題上則依賴於美國的核保護傘。也就是說，只要日美安保條約保證了日本的國家安全，日本就不需要把大量的財力用於國家安全方面，而只需保持一個小而精的自衛隊力量就可以了[96]。多年以來，日本長期把其軍事開支維持在國民經濟收入的1%就足以維持其國防的需要，而集全國上下的力量努力發展經濟，使日本迅速超過了英、法、德等歐洲大國。日本早在1970年代就成爲僅次於美國的第二大經濟實體。

　　日本經濟大國的地位還被其在海外活躍的經濟活動所不斷加強。日本在美國的大量投資與收購，再加上日美兩國間此起彼伏的經濟貿易磨擦，都使日本的實力得到世界的承認，而有力地提高了日本的大國地位。應該值得強調的是，日本在海外開發援助的問題上也逐漸超歐趕美。早在1980年代，日本已成爲對第三世界發展中國家提供最多援助的國家，這一領先地位直到1990年代後期日本處於經濟不景氣的時期才又被美國超過。儘管日本有其「失去的十年」的經濟不景氣，但直到今天，日本仍然是世界第二大經濟強國，尤其是它的機械、汽車製造業與電子高科技的發展水準都處於世界的領先地位[97]。

---

[96] 儘管如此，日本的國防力量仍然位居世界前茅。

[97] 參閱Steven K. Vogel, *Japan Remodeled: How Government and Industry are Reforming Japanese Capitalism.* Cornell University Press, 2006. Richard Colignon and Chikako Usui, *Amakudari: The Hidden Fabric of Japan's Economy.* Cornell University Press, 2003. Bai Gao, *Japan's Economic Dilemma: The Institutional Origins of Prosperity and Stagnation.* Cambridge

　　儘管日本在經濟領域取得了傲人的成績，但它在世界的影響力並沒有得到相應的增長。與上一節提到的和平與軍備這一兩難的困境所相似，日本在最近一段時間以來也面臨著如何把其經濟大國的地位提升到與之相稱的政治大國地位。[98]很多日本的政治家對日本所謂的「經濟巨人」和「政治侏儒」的狀態十分不滿意。爲改變這一狀態，日本加強了其在地區事務中的活動，特別是在東亞共同體的啓動與發展，以及區域性的經濟整合注入了巨大的財力與精力[99]。但由於日本不能很好地處理由於歷史問題所帶來的傷痕，而難以提高其在亞太地區的作用。在小泉執政期間，日本與中、韓兩國的關係由於小泉連續參拜靖國神社而陷於低谷。這都使日本的決策當局認識到，僅僅強調經濟關係或提供經濟援助並不一定就能加強其政治地位或改善外交關係。

　　舉日本對中國提供經濟開發援助爲例：日本自1979年開始提供援助以來，在二十多年的時間裡對中國提供了高達幾十億美元的經濟援助，包括長期低息貸款、無償援助和技術援助[100]。但進入二十一世紀以來，日本政府以中國的軍事開支不透明等原因，多次削減或凍結對華援助，最後把這一援助鎖定在2008年的中國奧運年時結束。所以，雖然在整體上來講日本的對華援助和對中國的現代化發揮了極其寶貴的作用，但由於在停止援助期間的言詞舉措不當，就大大削弱了日元貸款對加強兩國政治關係的作用[101]。這些都是值得日本政府所汲取的教訓。

　　日本實現其政治大國的另一個途徑是希望通過對現存的國際組織加以改造

University Press, 2001.

[98] 王紅芳，〈小泉執政後向政治大國全面推進的軌跡〉，《國際資料資訊》，2004年第4期，第24-27頁。

[99] 參閱Peter J. Katzenstein and Takashi Shiraishi, ed., *Beyond Japan: The Dynamics of East Asian Regionalism.* Cornell University Press, 2006. J. J. Suh, et al. *Rethinking Security in East Asia: Identity, Power, and Efficiency.* Stanford University Press, 2004. Edward Lincoln, *East Asian Economic Regionalism.* Brookings Institution Press, 2004.

[100] 參閱金熙德，《日本政府開發援助》，社會科學文獻出版社，2000；Juichi Inada, "Japan's ODA: Its Impact on China's Industrialization and Sino-Japanese Relations," Japan and China: Cooperation, Competition, and Conflict. Hans Gunther Hilpert and Rene Haak, eds., Palgrave, 2002, pp. 121-396.

[101] Takamine Tsukasa, "A New Dynamism in Sino-Japanese Security Relations: Japan's Strategic Use of Foreign Aid," *Pacific Review*, vol. 18, no. 4, pp. 439-461.

來實現。這裡面最好的例子就是日本在最近幾年來所開展的一連串推動聯合國改組的活動。日本的目標是積極推動改革聯合國安理會的組成，而使自己和現存的中、美、俄、英、法一樣，成為常任理事國[102]。2005年，日本和德國、巴西、印度一起組成聯盟，開展了如火如荼的競選活動，但終因未得到相應大國的支持以及亞洲鄰國的回應而功虧一簣[103]。在可以預見到的將來，日本在入常問題上仍然不會放棄其努力，不但會繼續做大國的工作，也會向亞洲、非洲和拉丁美洲的小國開展外交攻勢[104]。但其爭取入常的前景還是充滿了變數。

　　事實上，儘管日本政府成為政治大國的努力得到了國內主流精英層與政治家的認可，但日本島內有關日本不要成為政治大國而保持其中等國家地位的呼聲也不絕於耳。根據這一派的意見，日本應該繼續其戰後以來所實行的經濟優先的政策，使日本成為一個舉世矚目的經濟發達、民主健康的和平國家，而無需一定要在政治與軍事領域與其他大國爭奪領導地位。這也就成為意在求得平衡的這種中間路線的民意基礎。

（四）中間路線四：領導者、被領導者，或夥伴關係

　　筆者在一篇報導裡讀到，哈佛大學的亨廷頓教授在回答記者有關他對日本將來發展方向的預測時答道：「我想在現階段，日本還是會跟美國走，而到了下一階段，日本就會轉向中國。」他進一步解釋他之所以持有這種看法，是因為日本在歷史上就總是與當時的世界頭號強國結盟：先有英國，又有德國，最後是美國。隨著中國的不斷崛起，如果中國成為東亞地區首屈一指的強國時，日本就會投向中國的懷抱。亨廷頓的預測是否正確我們姑且不論，但它反映了日本外交政策中的一個心理因素，也就是日本長期以來有一種崇拜強者、輕視弱者的心態。在這個意義上講，日本習慣於或作為強權大國的追隨者，或成為周邊國家的領導者，而不知道如何與其他國家平等相處。

---

[102] Kitaoka Shin'ichi, "The United Nations in Postwar Japanese Diplomacy," *Gaiko Forum*, vol. 5, no. 2, Summer 2005, pp. 3-10.

[103] Reinhard Drifte, *Japan's Quest for a Permanent Security Council Seat*, New York: Palgrave MacMillan, 1999.

[104] 可參見：毛峰，〈日本金援非洲倍增制衡中國〉，《亞洲週刊》，2008年6月29日，第22-23頁。

　　日本的這種心態在處理與中國關係時也是很明顯的。在千年以上的歷史長河中，日本一直視中國為自己的文化母國而持一種仰視的態度。到了近代以來，隨著中國被西方國家入侵與分割而日積虛弱，成為「東亞病夫」，日本對中國的態度就有了一百八十度的轉彎，由仰視轉變為俯視，不屑與中國為伍，強調「脫亞入歐」。這種強弱關係的轉變直到現在還對日本國民心態有著深刻的影響[105]。無論是「以強對弱」或「以弱對強」這兩種關係，日本都知道如何去應付，而對中國崛起之後在東亞地區所出現的雙雄並立的「以強對強」的新結構則感到無所適從，亂了陣腳。很明顯，日本需要在今後長期的國際關係的轉變過程中對自己的心態進行調整，在心理上做好由中國崛起所引發的國際關係轉變的準備[106]。這樣的一種心理轉變也就使日本外交開始對一種前所未有的夥伴關係之出現有所適應。這種中間路線的想法也就成為日本接受中國戰略夥伴關係的提法，以至提出的自己的戰略互惠關係的設想。

（五）中間路線五：傳統政治與民意外交

　　任何國家的外交政策都是深受其國內政治和其傳統外交的影響。本文一開始所提出的筆者在1993年出版的《日本外交政策制定》一書中特別強調了日本傳統外交的重要性，重點分析了日本政治中的非正式機制。根據這一分析框架，在正規機制（例如：政府部門、政治家、執政黨）所起的正常作用之外，日本外交還深受其傳統政治的影響。這些政策制定機制，包括社會層次上的「付合」（社會網路）、機構層次上的「黑幕」（非正式機構與政治家），和個人層次上的「根回」（共識的建立），統稱為非正式機制；日本政治外交中時有所聞的「料亭政治」和「密使外交」都是這一決策風格的具體表現[107]。日本外交的這些非正式機制在其1970年代以來的對華外交中發揮了重大作用。

　　隨著全球化的進一步發展，日本政治也發生了引人注目的變化。日本民眾

[105] 有關日本的這種矛盾心態可參閱：戴季陶，《日本論》，九州出版社，2005。

[106] 有關亞太地區大國關係轉換的論述參閱：Quansheng Zhao, "The Shift in Power Distribution and the Change of Major Power Relations," *Future Trends in East Asian International Relations*, edited by Quansheng Zhao. London: Frank Cass, 2002, pp. 49-78.

[107] Michael Blaker, Paul Giarra, and Ezra Vogel, *Case Studies in Japanese Negotiating Behavior*. USIP Press, 2002.

與政治家對包括民主價值觀在內的意識形態因素更爲注重。日本政策的決定過程大幅度增加了透明度，有關公共政策的辯論也日益盛行。這些都造成民意對政策方向的影響力度明顯加大[108]，日本執政黨與在野黨政治家的風格也隨著社會風氣的變化而朝著更加公開化與透明化的方向發展[109]；小泉純一郎在其執政五年期間所作的重大政策改革就是這一變化的明顯例子。我們可以預期，包括外交政策在內的公共政策的公開辯論和進一步機制化將不斷減少「密使外交」和「黑幕政治」的作用；日本外交也將更注重其國內的民意背景，並更經常地使用「民意牌」。儘管我們預期有這樣的政策性變化，但作爲一個政治實體的傳統政治文化是不會馬上消失的，其頑強的生命力不可低估[110]。在這樣的大背景下，我們可以設想由於外交政策的制定與實行本身就帶有相當程度的機密性，而日本又是從事「密使外交」的高手，日本傳統外交與民意外交交替出現的這種中間路線的現象是可以預見的。

以上所論述的日本外交政策路線中中間路線的選擇，既反映了後冷戰時期新的國際形勢的變化，也有著日本國內政治發展的深厚的民意基礎。雖然這次歷史轉型不像前兩次那樣脫胎換骨式的「革命性的轉變」，但也是一種觸及靈魂的歷史反省。在這個意義上講，日本外交的這種主流思維的形成可以被稱爲「無聲的革命」。應該指出的是，這種中間路線的現象不是一種簡單的中庸之道，而是一種在國內外左右兩種勢力中的一種平衡。這也就是說日本外交中走極端的歷史傳統並沒有因這條中間路線的出現而完全消失；相反，它會時不時地出來影響具體政策的制定，從而使其成爲「帶傾向性的中間路線」。小泉時代的堅持參拜靖國神社而造成中日關係重大倒退，和福田時代的拒絕參拜靖國神社，積極推動中日關係的改善，就是這條中間路線不同傾向性的具體例證。我們是否可以這樣說，小泉的「把日美關係搞好，日中（日韓）關係自然都會

---

[108] Ellis Krauss, *Broadcasting Politics in Japan: NHK and Television News,* Ithaca: Cornell University Press, 2000.

[109] Frank Schwartz and Susan Pharr, eds., *The State of Civil Society in Japan.* Cambridge University Press, 2004.

[110] 有關日本政治文化的精彩論述可參閱：Ruth Benedict, *The Chrysanthemum and the Sword: Patterns of Japanese Culture.* New York: New American Library, 1946. 中文版本爲：本尼迪克特，《菊與刀》，商務印書館，2005。中國學者在這方面的著述可看：李兆忠，《曖昧的日本人》，金城出版社，2005。

好」的說法反映了「脫亞入歐」思想的傾向性，而福田在其訪華時所提倡的「溫故創新」和他支持繼承孔教儒教學說的提法則反映了「亞洲一體」的傾向性。還應該指出的是，日本外交這種帶傾向性的中間路線主流思維的形成是經過較長時間的孕育、思辨的漸進過程。也就是說，它始於上世紀後冷戰時代的出現，而在本世紀初歷經小泉、安倍和福田，最後才基本形成。所以，我們在研究日本外交的主流思維時要特別注意這個中間路線的傾向性問題。

（六）日本對華政策與博弈中的中日關係

日本外交主流思維的這種帶傾向性的中間路線，既可以看作是現實主義與理想主義兩大思維方式的碰撞，又可被用來分析日本對華外交的演變。回顧二戰結束以來的日本外交，由日美安保條約爲基石的對美外交無疑是日本外交中的重中之重，而對華外交則可以被看作是僅次於對美外交的重點外交方向。日本對華外交經歷了從冷戰外交到以1972年中日建交爲標誌的中日友好外交的重大轉變。而自1990年代中期起，日本開始出現了終結「1972年體制」，邁向開展對華「正常外交」的呼聲[111]。中日雙方都隨著前蘇聯解體而帶來的後冷戰時期的來臨，而對各自的外交政策進行了全方位的調整，因此可被稱之爲「博弈外交」[112]。

博弈外交的特點是以本國的國家利益爲基本考慮，根據國內外形勢的新的特點而對以前的外交政策進行調整，從而更加注重實際利益而減少意識形態因素的考量。這一點在小泉純一郎和江澤民執政期間都是十分明顯的。從1990年代中期到2006年9月小泉下臺，中日外交經歷了一個從相對友好的平穩期逐漸轉變爲相對敵視的低谷期的過程。對於這種變化的出現，學界有各種不同的解讀。有的學者認爲，這是由於國際形勢出現的結構性變化所引起的；有的學者認爲，變化的主要原因來自於日本國內的右傾化和民族主義高漲；而還有一種解釋是把中國崛起而引發的日本不平衡感作爲一種主要原因。應該說，這些

[111] Ming Wan, *Sino-Japanese Relations: Interaction, Logic, and Transformation*. Stanford University Press, 2006. Reinhard Drifte, Japan's Security Relations with China since 1989. Routledge Curzon, 2003. Takashi Inoguchi, ed., *Japan's Asia Policy: Revival and Response*. Palgrave MacMillan, 2002.

[112] 對於中日關係的博弈局面，可參看馬亞華，〈論中日囚徒困境的存在及逃逸〉，《日本學刊》，2006年第2期，第14-28頁。

論述在一定程度上都是有一定道理的，但筆者在這裡想強調指出的是中日雙方領導層對對方政策所出現的「雙重倒退」。也就是說，北京和東京在處理中日雙邊關係的時候都出現了重大的政策性失誤。小泉純一郎從田中角榮時期的「友好外交」的倒退，和同一時期的中國對日政策從毛澤東、鄧小平的「戰略外交」的倒退。

（七）小泉純一郎時期中日雙方各自存在的誤區

日方誤區

　　日本方面的失誤主要表現在以下三個方面：第一，日本外交政策之所以花費了很長時間才在中間路線這一主流思維達成共識，是由於其傳統上缺乏大的戰略性思考，特別是在國際形勢中出現權勢轉移的這一關鍵性時刻。我們知道，美國對由於中國崛起而帶來的國際關係中的權勢轉移進行了較爲長期而深刻的研究。美國智庫和政府決策部門都對如何應對中國崛起不斷地開展政策性的辯論。美國對華政策的變化突出表現在其對臺灣政策的轉變上[113]。小布希總統的對華政策從剛上臺時的「競爭對手論」而發展到後來的「合作夥伴論」就是一個最明顯的例子。筆者把最近一個時期以來出現的中美關係的變化稱之爲邁向「共同管理」的新階段[114]。也就是說，北京和華盛頓聯手對亞太地區集中表現在朝鮮半島和臺灣海峽的熱點問題施行雙方默認，但不公開宣示的共同管理模式。這一模式的一個直接後果就是臺灣在美國外交政策中的地位呈不斷下降的趨勢[115]。相反，日本就缺乏這種長遠的戰略性思考，從而面對權勢轉移所帶來的新變化而舉措失當。和美國相對照的是，臺灣問題在日本外交政策考量中不但沒有降低，反而呈上升趨勢。東京在與華盛頓2+2會談之後所公開提出的臺灣問題直接涉及日本根本利益的說法就是這樣一個例子。這無疑使北京方面認爲東京傷害了它的核心利益，而對日本今後的發展深感疑慮，從而

[113] Quansheng Zhao, "America's Response to the Rise of China and Sino-US Relations," *Asian Journal of Political Science*, vol. 14, no. 1 (December 2005), pp. 1-27.

[114] Quansheng Zhao, "Moving toward a Co-management Approach: China's Policy toward North Korea and Taiwan," *Asian Perspective*, vol. 30, no. 1 (April 2006), pp. 39-78.

[115] 見《中國評論》記者2006年8月對筆者的一次訪談，「臺灣在美國外交戰略上的地位明顯下降——訪美利堅大學國際關係學院教授趙全勝」，《中國評論》，2006年10月號，第48-50頁。

在小泉時期出現了從根本上動搖中日關係基礎的苗頭。

由於缺乏大的戰略思想的考量，日本外交就不能很好的把握其中間路線的傾向性。這可以在對華政策上與美國的不同點中得到證明。劉衛東總結出以下六處不同：1.在戰略層次上，日本傾向於對抗，而美國更重視引導；2.在安全問題上，日本既有防範又有挑釁，而美國則是合作與防範並重；3.在經貿問題上，日本更注重對華經濟機遇，但其內涵穩定性不足，而美國的決策雖時常受到政治因素的影響，但目標侷限內涵穩定；4.臺灣問題的戰略價值對日本呈上升狀態，而對美國則逐步降低；5.對日美同盟，日本試圖用來遏制中國，而美國則希望借其防範中國和控制日本；6.在意識形態層次，日美對華態度出現不同步的升降變化[116]。

第二，正是由於這種缺乏大的戰略背景思考的前提下，小泉首相及其智囊錯誤判斷了中方在靖國神社問題上的決心，也低估了中國在國際事務中所可能發揮的作用。平心而論，日本不願意在其內部事務中「聽從外國指揮」的願望，從而要在中國面前說「不」的做法，也是可以理解的，但選擇靖國神社這個問題來作文章，則實際上把自己放在一個必定是輸家的地位[117]。日本在這個問題上的立場甚至遭到其盟友的批判。例如，美國聯邦眾議院國際關係委員會主席海德就致書日本駐美國大使對小泉參拜靖國神社提出了強烈的批評[118]。這種批評不光來自美國政界，而且也包括美國的主流媒體[119]，甚至和日本關係很深的日本問題專家都表示了在這個問題上的不解與批評[120]。對美

[116]劉衛東，〈近年日本和美國對華政策的差異〉，《日本學刊》，2006年第5期，第40-52頁。

[117]有關靖國神社問題來龍去脈的詳細論述，可看：高海寬，〈靖國神社與合祀甲級戰犯〉，《日本學刊》，2006年第3期，第20-31頁。

[118]有關海德對日本批評的報導可參閱：Yasukuni Visit Denounced by Chairman of U.S. House Committee on International Relations, October 28, 2005. Access at http://news.wenxuecity.com/BBSView.php?SubID=news&MsgID=96139&c_lang=big5.

[119]例如，美國《紐約時報》發表社論對日本外相麻生太郎有關歷史問題的錯誤言論進行了尖銳的批評，見：Editorial, "Japan's Offensive Foreign Minister," The New York Times, February 13, 2006.

[120]Brad Glosserman, "Koizumi's Dangerous Determination to Keep a Promise," *PacNet Newsletter*, no. 46, October 20, 2005. Timothy Ryback, "A Lesson From Germany: Japan May Have to Bend Its Knee," *International Herald Tribune*, April 26, 2005, p. 8.

國外交界主流而言，這裡面有一個很明顯的道理：你可以和中國採取對抗的態度，但是不可以在第二次世界大戰這個問題上翻案。從外交上講，小泉首相的這個做法也是不明智的。連續參拜靖國神社的後果是使雙邊關係降到谷底，而使北京可以在表達自己意見的時候更加無所顧慮。中國在日本爭取成為聯合國常任理事國問題上持明確反對態度，就是引用了靖國神社問題作為日本沒有很好面對歷史[121]。在這個意義上講，日本對華政策背離了其中間路線的主流思維，所以是失敗的。

第三，小泉內閣的對華外交和日本國內保守傾向的發展出現了一種惡性循環的互動，而這種互動又使日本外交的靈活性受到了很大的限制。換言之，日本國內民族主義的高漲使其領導人更加堅持「不聽北京指揮」而無視問題本身的對錯，上面提到的靖國神社問題就是這樣一個例子。而反過來，這種領導人的一意孤行又推動了日本媒體對中國的批判，[122]致使「厭華」情緒的蔓延，加劇了兩國民眾間的對立。[123]在這種形勢下，對中日關係有深入解的有識之士亦很難站出來對錯誤的外交方向予以糾正。甚至當有的政治家、學者、企業家對政府的對華政策提出異議時，還受到包括涉及人身安全在內的個人攻擊，這就更加使日本國內為數眾多的、持不同政見者保持沉默，從而無法堅持其中間路線的立場。這種惡性互動當然限制了小泉政府在對華問題上開展務實和靈活外交的可能性。

中方誤區

與日本出現的問題相似，中國在其對日外交的考量方面也出現了誤區，具體表現如下：第一，北京領導人在一定程度上改變了把對日外交放在全球大環境下進行戰略思考的傳統。這裡面有一個戰略思考上的優先順序排列問題。長期以來，中國領導人從來沒有把歷史問題放在其對日政策的首位。在毛澤東時期，日本被認作是在美、蘇兩霸與包括中國在內的第三世界之間的「中間地帶」，也就是所謂的「第二世界」的一員。在尼克森1972年訪華前後出現的

---

[121] 劉江永，〈戰後國際法中的日本〉，《環球時報》，2005年5月18日。

[122] 金贏，〈日臺關係的新走向〉，《日本學刊》，2006年第3期，第32-36頁。

[123] 中日兩國各自都就中日關係進行了多方面的輿論調查。例如，中方的調查可看："Chinese Respondents Rational Toward Sino-Japan Relations," China Today, vol. 54, no. 11, November 2005, p. 8；日方的調查可看：〈海外における對日世論調查結果〉，《外交フォーラム》196號，都市出版株式會社，2004，第58-61頁。

北京—莫斯科—華盛頓三角戰略關係的大格局中，東京被認爲是一個可以爭取的對象。在中日關係於1972年以田中角榮訪華爲標誌的全面正常化的過程中，以毛澤東、周恩來爲代表的中國領導人固然對當時出現的日本軍國主義傾向和歷史問題進行了批評，但一直都是把這一問題從屬於北京全球戰略的考量中。1978年鄧小平開創中國的改革開放新時代以後，中國的外交是服從於北京努力實現現代化的戰略目標之下的，中國的對日外交也是以此爲首要考量[124]。北京對日本在歷史問題上的錯誤行爲，包括教科書問題和日本個別領導人（例如當時的首相中曾根康弘）參拜靖國神社的行動都進行了批評，但並沒有使其干擾自己爭取團結日本，從而達到爲實現中國現代化而服務的戰略目標[125]。而在小泉執政的同一段時間，北京似乎把歷史問題提升到對日關係的第一位考量，從而進一步使兩國關係漸行漸遠，反過來在中國的其他核心利益上（例如臺灣問題）受到了損害[126]。

　　第二，北京在小泉執政時的對日外交策略也是值得推敲的。一個國家的外交首先要對自己究竟有多大影響力有一個清醒的估計。內政問題要按內政方法來處理，外交問題要通過外交管道來解決。其次，即使在兩國兵戎相見的時候，也要盡可能保持最高層交流管道的暢通，美、蘇領導人在冷戰時期即是如此。那種由於一個問題沒有得到解決而拒絕最高領導人見面的做法是外交不成熟的表現[127]。在處理複雜國際問題時更要審時度勢，充分利用一切可以利用的對方陣營中的矛盾與機會。美國把1980年代由於「敲打日本」而造成的日美關係惡化，轉變爲1990年代後半期在新的日美安保指針引導下而出現的雙邊關係極大改善，就是這一方面的成功案例。具有諷刺意義的是，日本對美關

---

[124] 有關當時中日雙方的相關戰略思考，參看李恩民，《日中平和友好条約交渉の政治過程》，御茶の水書房，2005。

[125] Quansheng Zhao, "China Must Shake Off the Past in ties with Japan," *The Straits Times* (Singapore), November 7, 2003, p. 20.

[126] 有關日本近年來加強日臺關係的做法，可參看吳萬虹，〈日臺關係的新走向〉，《日本學刊》，2005年第2期，第24-31頁。

[127] 筆者於2005年3月在北京召開的學術研討會上，對中國對日政策的一些做法提出了批評，其中就包括停止高層互訪的做法。有關當時辯論的報導請看「美日聯手對付中國——留美學者談中美日關係」，《環球時報》，2005年3月25日，第15版。其他有關中國國內對日政策的辯論，可參看Peter Gries, "China's 'New Thinking' on Japan," *The China Quarterly*, December 2005, pp. 831-850.

係的改善和日本對華關係的惡化幾乎是同步進行的。這也就說明，外交策略的不同確實可以對一個國家對外關係的轉換發揮舉足輕重的作用。

第三，開展對一個國家的外交不僅應該瞭解這個國家的歷史，而且更應該準確掌握這一國家的現狀，這在對日外交上尤其重要。如前所述，自明治維新以來在「脫亞入歐」和「富國強兵」方針指導下，日本逐漸走上了一條對外擴張的軍國主義路線，給亞洲人民——特別是中國和朝鮮半島帶來了巨大的災難。但是我們也應該看到，日本自二戰結束以來還是堅持了一條經濟優先發展的國策，其和平憲法對約束日本對外擴張的可能性還是起了作用。日本內部也在如何認識過去歷史的問題上進行著複雜而艱鉅的鬥爭。在這個問題上，北京就有必要進一步加強對日本的研究，正確認識日本社會政治發展的主流[128]。特別是，中國外交政策的制定者應該對日本外交的主流思維有清晰地認識，也就是說，應該特別重視本文所提出的帶傾向性的中間路線。通過大量的外交工作，使這種傾向性向中日友好的方向轉化；與此同時，北京也應該站在高瞻遠矚的立場上引導國內的民族情緒向正面發展。為了達到這一目的，對日工作和其他外交工作都應該盡可能地吸納日本問題專家，或至少對日本有切身瞭解的精英分子參與決策過程，這樣才能避免對日政策走向新的誤區。其實，知日家的重要性還不僅僅在於能提供比較符合實際的認知，而且還能在外交折衝中提供有用的網路關係。中國前駐日大使楊振亞在其回憶文章中所提到的，他利用與當時日本首相竹下登年輕時代發展的個人友誼而阻止了策劃中的李登輝訪日就是一個很好的例子[129]。北京亦應更加重視對日本新生代政治家的工作；應該看到，他們對影響日本外交中間路線這一主流思維向何處傾斜所能發揮的潛在性的重大作用[130]。

應該特別指出的是，中日兩國政府與民眾在中日關係這一亞太地區至為重要的雙邊關係上都進行了深刻的反省與再思考。胡錦濤主席和安倍晉三首相於2006年10月和11月在北京和河內的兩次會面，都代表了兩國領導人改弦更張、改善雙邊關係的決心。隨之而來的多次高層互訪，包括2007年溫家寶總理訪日和福田康夫首相訪華，以及2008年的胡錦濤主席訪日，都使中日關係

---

[128] 美國學術界對這一問題的把握是十分重視的，在這方面是值得借鑑的，可參看：Robert Pekkanen, *Japan's Dual Civil Society Members*, Stanford University Press, 2006.

[129] 楊振亞，〈我對中日友好交往的幾點體會〉，《日本學刊》，2006年第3期，第5-11頁。

[130] 可參閱吳寄南，《日本新生代政治家》，實事出版社，2002。

走出谷底，並不斷加溫。並在一些具體問題上，例如東海油田的合作開發[131]和中日軍艦互訪[132]，取得了重大突破與進展。當然，以上所提到的各自外交政策上的誤區並不是一朝一夕可以走出的。中日之間儘管在小泉之後恢復了高峰會談，但仍存在著不少其他難題，例如：圍繞著釣魚島／尖閣群島的領土糾紛[133]、教科書問題，以及日本在臺海問題上的態度等等[134]。這些難題都有待兩國領導人在今後一一面對，予以解決。

（八）今後日本外交的發展方向

　　在經過後冷戰時期相當長時間的醞釀與思辨，日本政治、經濟和官僚各界主流已經基本上達成了一種共識，這就是日本外交的帶傾向性的中間路線。根據對這一共識的分析，特別是安倍和福田這幾年的政策行動，我們可以看出今後日本外交在中間路線這一主流思維下，在不同問題上的不同傾向性：

　　第一，日本外交將繼承戰後日本外交把對美外交放在第一位的傳統路線。我們可以預見到，日本領導人不光要強調日美同盟爲其帶來的安全保障，而且也會緊跟全球化的發展潮流而強調其對民主價值觀的認同，更加強調日美之間所存在的共同價值觀念。與此同時，日本外交將如日本前首相中曾根康弘表明的：會努力實現其「完全獨立的主權國家的目標」[135]，更加強調國家利益與獨立自尊的重要性[136]。也就是說，安全和價值觀將成爲日美同盟的兩大支柱。在可以預見到的將來，日本以對美外交爲基石的戰略方針不會改變[137]。

　　第二，日本將謹慎處理對華關係。儘管東京對由於「中國威脅論」而引發的疑慮仍然存在，但日本將更加從宏觀的權勢轉移這一戰略發展方向作爲其外

---

[131] 毛峰，〈中日共同開發東海相互讓步〉，《亞洲週刊》，2008年7月6日，第46-47頁。

[132] Andrei Fesyun, "A Slight Sino-Japan Thaw," *The Washington Times*, July 17, 2008, p. B2.

[133] 南方朔，〈兩個釣魚臺互動：北京東京臺北三角博弈〉，《亞洲週刊》，2008年6月29日，第24-25頁。

[134] Kent Calder, "China and Japan's Simmering Rivalry," *Foreign Affairs*, vol. 85, no. 2, Mar/Apr 2006, pp. 129-139.

[135] 中西寬，〈二一世紀の国家像を確立せよ〉，《外交フォーラム》，200號，都市出版株式會社，2005，第10-17頁。

[136] Michael Green, *Japan's Reluctant Realism*. Palgrave, 2001.

[137] Anthony Faiola, "Japanese Premier Plans to Fortify U.S. Ties in Meeting with Bush," *Washington Post*, November 15, 2006, A12.

交政策的出發點，而在涉及中國核心利益，例如臺灣問題，將謹慎從事。這也是從日本的現實利益出發的，如果真的出現了從「政冷經熱」[138]到「政冷經涼」的轉變，這對日本的根本利益也會帶來很大的傷害[139]。

　　第三，日本將會更加積極地參與東亞地區經濟共同體的建立與發展。在強調經濟合作的同時，例如10+3的框架（東盟+ 中、日、韓）[140]，日本也會強調在共同價值觀框架下所推動的區域整合，也就是所謂的10+3+2（澳大利亞和紐西蘭）再+1（印度）。這樣做既能分享與中國在東亞地區的領導地位，又能對不斷增加的中國影響力予以平衡[141]。

　　第四，日本政界會繼續推動對其和平憲法的修改，以進一步提高日本政治和軍事大國的地位。日本為提高其包括聯合國在內的國際組織中地位的努力仍將繼續進行。為了實現其成為聯合國安理會常任理事國的願望，日本將在這一問題上加大對美國和中國做工作的力度，以求得這兩大強國在這一問題上真正的理解和支持。儘管日本在北韓核問題上處於次要角色的位置，但它在為解決這一問題而形成的六方會談這一框架的參與上仍將採取積極的態度[142]。日本對可能出現的中、北韓、俄在半島問題上的統一戰線將會繼續保持警惕，亦將

---

[138] "Staying Positive," *Beijing Review*, vol. 49, Issue 3, January 19, 2006, p. 19.

[139] 伊奈久喜，〈小泉外交とは何だったのか―ポスト冷戦后の日本が直面する外交課題〉，《外交フォーラム》，220號，都市出版株式會社，2006，第12-20頁。

[140] 有關東亞地區主義的文章參看：Takashi Terada, "Creating an East Asian Regionalism: the Institutionalization of ASEAN + 3 and China-Japan Directional Leadership," *The Japanese Economy*, vol. 32, no. 2, Summer 2004, pp. 64-85. Baogang He, "East Asian Ideas of Regionalism: A Normative Critique," *Australian Journal of International Affairs*, vol. 58, no. 1, March 2004, pp. 105-125. David Kerr, "Greater China and East Asian Integration: Regionalism and Rivalry," *East Asia*, vol. 21, no. 1, spring 2004, pp. 75-92.

[141] Fred Hiatt, "A Freedom Agenda for Japan," *Washington Post*, November 15, 2006, A21.

[142] 在這方面可參閱筆者在2006年發表的幾篇論文，見Quansheng Zhao, "China's North Korea Policy: A Secondary Role for Japan," *North Korea Policy: Japan and the Great Powers*. eds. Linus Hagström and Marie Söderberg. London and New York: Routledge, 2006, pp. 95-111. Quansheng Zhao, "Chinese Foreign Policy toward Korea and Coordination with Japan"；佐藤東洋士、李恩民編，《東アジア共同體の可能性―日中関系の再檢討―》，御茶の水書房，2006，第347-374頁；趙全勝，〈変容する東アジアの地域的経済お よび安全保障の枠組み〉（佐藤史郎），中逵啓示編《東アジア共同体という幻想》，ナカニシヤ出版，2006，第181-211頁。

避免由於領土爭執而造成的日韓關係惡化[143]，而進一步加大其改善日韓關係
的力度。

　　第五，日本外交將把加強其「軟實力」（soft power）作爲實現其外交戰
略目標的重要手段。作爲世界第二大經濟大國，日本有這個實力來開展「軟實
力外交」。日本自2006年以來所推動的邀請中國中學生到日短期訪問學習的
項目就是這方面的一個很好的例子。我們知道，推動中日青年交流的計畫甚至
在小泉在任期間就已經啓動了。也就是說，從加大民間外交的力度上做起。日
本希望能夠從青少年出發，進一步改善日本在國際社會、特別是亞洲地區的形
象。例如安倍首相夫人在其訪問北京一所中學時也特別強調了這一點[144]。文
化外交也將成爲日本軟實力外交的一個重要組成部分[145]。

　　日本外交這一「帶傾向性的中間路線」主流思維的形成，可以說是在現實
主義與理想主義不同理論框架下不斷進行思辨的過程中所產生的。如前所述，
我們在進行政策分析的時候，應該特別注意這個「傾向性」問題。也就是說，
儘管中間路線已經成爲共識，但不同的領袖人物（及其派別）、不同的政策領
域，和不同的國內外形勢都會催生出不同的傾向性。這些基本因素都將成爲分
析研究這一主流思維及其發展變化的基礎。

相關鏈接　實踐與思考

　　我對大國關係一直有著濃厚的興趣。1970年代在北大讀書時，曾經設想
以美蘇的研究作爲主要方向。但是幾十年下來，對日本的研究卻在我的研究中
占據了一個特殊地位，從而形成了現在的對亞太大國博弈，以及美國、中國、
日本外交政策的比較研究體系。

---

[143] 「韓日獨島爭端越演越烈」，《僑報》，2005年3月18日，第15版。

[144] 毛峰，〈推動中日友好從中國娃娃開始〉，《亞洲週刊》，2006年11月5日，第62-63
頁。

[145] Kondo Seiichi, "A Major Stride for Japan's Cultural Diplomacy," *Japan Echo*, vol. 32, no. 6,
December 2005, pp. 36-37.

（一）實踐

　　具體來講，在我的研究生涯中，中國和美國當然是我研究的主要對象，但是在實踐中日本也有多重的「首先」的含義，這裡面包括了：日本是我第一次踏足的外國領土。1981年9月我從北京飛舊金山，去加利福尼亞大學柏克萊分校攻讀博士。途中在東京轉機，就此停留了三天，順路去拜訪一位在北大教過我美國歷史的居住在東京的老師，由此得到了對戰後日本的最初印象。幾年後我的博士論文的選題也是以美國和日本對華政策的比較研究為主題，這樣就使我的第一次田野調查在日本進行。在博士論文階段，我獲得了日本國際交流基金的研究獎學金，使我能夠在東京大學為了博士論文的材料蒐集進行了一年的田野調查（1985-1986年）。在這個田野調查的基礎上，我完成了博士論文。在出版第一本專著（Japanese Policymaking）的時候，主題也是日本外交政策制定。

　　真正以研究者的眼光看待日本，主要得益於我在柏克萊的導師斯卡拉賓諾教授的指導和身體力行。二戰期間，斯卡拉賓諾曾作為美國駐日占領軍的一名海軍軍官，在日本度過了一段難忘的歲月。戰後，他進入哈佛大學讀書深造，追隨費正清、賴肖爾等東亞研究的大師級人物，1949年取得博士學位後應聘到加州大學柏克萊分校，自己也成為東亞研究的領軍人物。雖然他最早研究的對象是日本，但很早就對中國和北韓問題都展開了深入的研究，也分別就這兩個國家的政治問題出了專著。他同時還是柏克萊東亞研究所的創任所長和《亞洲研究》（Asian Survey）刊物的創刊主編。在這些崗位上，他一幹就是幾十年，直到退休才交棒。斯卡拉賓諾教授不但是著作等身，而且還是桃李滿天下。我於1981年成為他第一個來自中國的弟子的時候，已經是他執教的後期了。我的很多學長學姐們都在全美高校成為亞洲研究領域的領軍人物，還有一些國際學生回國以後也都成為國家的棟樑之才；例如回到日本的緒方貞子（後來成為聯合國難民署專員）和回到韓國的韓昇洲（後來成為韓國外交部長和駐美大使）。

　　我1981年9月初到美國時，蘇聯政治經濟發展停滯，實力明顯下降。反觀日本，上升勢頭正猛，尤其海外投資來勢洶洶，大肆兼併歐美企業、不動產，甚至招牌式的文化產業，惹得美國國內「狼來了」的驚呼聲不絕於耳。這也就是後來所引發的美日之間的貿易摩擦和美國對日本的敲打政策（Japan Bashing）。日本研究在美國頗有顯學的趨勢。我記得東亞課上，哈佛大學傅

高義發表的《日本第一》一書是我們的指定教材，引發熱議。而柏克萊東亞研究所在這個領域當然也名列前茅，凝聚了一批傑出的專家學者，教學研究力量之強可謂登峰造極。我印象深刻的除了斯卡拉賓諾教授之外，還有喬默思‧約翰遜。他提出了「發展國家的戰略」理論，聲望如日中天。斯卡拉賓諾的日本政黨政治研究也深受學生推崇。在這種熱烈而濃厚的東亞研究氣氛薰陶下，我關注的重點也就自然地從對美蘇關係轉移到中美日外交政策制定的比較研究。

　　作為當時的一名博士生，我被大量的新知識、新理論淹沒。可是我有一種感覺：東亞國家照搬西方模式未必適合。日本在當時是東亞唯一實現了現代化的民主國家，亞洲「四小龍」中的韓國、臺灣、新加坡還是是強人政治，而香港則還是英國的殖民地。即使日本也是自民黨一黨獨大，和西方的政黨輪換制度有所不同。從1955年到如今的六十多年期間，只有三年九個月的時間為非自民黨執政，這在歐美民主國家幾乎是不可想像的。日本向西方學習現代化的經驗有十分可貴之處，這種特殊現象卻難以掩蓋東方文化傳統的影響。這種認識導致我決定採用比較研究的路徑，以美日為主要比較的對象，從兩國對外政策的制定切入，探究其中異同及其表現，進而闡釋其淵源。從柏克萊開始，我對日本的研究從未中斷。

　　我記得很清楚，在通過了三項資格考試之後，就需要選定博士論文的題目了。根據我所上的課程、知識背景和研究興趣，當時有兩個可能性：一個是以日本為案例研究東亞政治發展的模式，另一個是研究中國共產黨的高層政治和今後中國的發展方向。我把這兩個題目都提出來向斯卡拉賓諾教授請教，他的回答是：「我建議你選第一個題目，因為如果你現在從日本著手，將來很容易再轉入中國研究，這樣你就能成為一個真正意義上的東亞問題專家。而如果你一開始就鎖定在中國問題上，那麼將來你的研究教學都很難有機會就日本問題做深入的研究。」他又提出，研究中國的高層政治固然是一個好題目，但也有一定的敏感度，對我將來回國的發展恐怕會有障礙。我覺得他的建議很有道理，也符合我一開始就對大國政治與戰略研究的興趣。所以，我索性就把美國和日本外交政策的制定過程作為我博士論文的主題，在這個大的框架下以各自對華政策的制定作為案例進行比較研究。

　　於是我確定了以「美日對華政策制定過程比較研究」作為博士論文選題，並很快得到日本國際交流基金的資助，於1985年秋天第二次踏上日本的土地，從事為期一年的田野調查。與第一次浮光掠影式的參觀不同，我在東京大學東洋文化研究所和教養學部國際關係學科做客座研究員，與此同時，還每天

去早稻田大學語言研究所學習日語。在這期間，看資料、做研究，與上百位日本政、經、商、學各界人士深入地交流探討。在日本期間向當時國際關係領域和中國問題專家學到了很多知識，光是東京大學就是名師林立，例如：衛藤沈吉、豬口孝、平野健一郎、佐藤誠三郎等等。再加上早稻田大學和慶應大學等國際關係以及中國研究領域的重鎮，真是讓人感到有學不完的東西。這是我第一次運用田野調查的方法，去切身瞭解一個看似熟悉實則陌生的民族和國家。經過大量的研究考察，我很快地梳理出了一個基本觀點，並把它歸結爲「日本政治中的非正式機制」，在論文中詳細地分析了這一特點的表現、根由、運作過程、作用以及典型案例，並與美國、中國等進行了比較分析。日本的非正式機制中有東方傳統文化的影響，如「料亭政治」（飯桌政治），與中國的關係學有相同之處又有所不同。日本是一個現代民主國家，對透明度的要求更大。但另一方面，「鴨子外交」依然是日本外交的一大特點，也就是說像鴨子滑水一樣，在水面上，保持穩定而安詳的姿態，但在水面下，鴨蹼活躍地滑動，進行桌面下的外交溝通。日本至今仍然很重視這類外交手段，中國應該多加瞭解。

　　在日本田野調查的這一年裡，我訪問了上百位日本政、經、商、學各界人士，就博士論文題目「美日對華政策制定過程比較研究」與他們進行了深入的交流探討，爲博士論文做了大量的準備工作。在日本度過的一年，十分充實，田野調查和比較研究的路徑使我獲益匪淺，奠定了我以後研究所採用的方法論基礎。日本的許多方面給我留下了深刻的印象。我的博士論文經過反覆修改後，定名爲*Japanese Policymaking*（《日本的決策》），於1993年由普瑞格出版社推出精裝版。該書的社會反響很好，1995年，這本書被美國的《選擇》（Choice）期刊遴選爲「傑出學術著作」。該刊很有影響，爲全美圖書館推薦書目。牛津大學出版社隨後跟上，於1995年又推出了該書的簡裝版。一年後，香港商務印書館翻譯成中文出版；又於1999年在東京的岩波書店出版了日文版，東京大學的豬口孝和早稻田大學的天兒慧兩位教授分別爲此書寫了前言和導讀。

　　回到美國以後，我的一個學生給我講過這樣一件事：柯帝士（Gerald Curtis）是哥倫比亞大學的日本研究權威，有一次這個學生聽了柯帝士的講演後提問：日本政治起起伏伏，很難把握，能否用一句話來概括？柯帝士回答：當然可以，那就是「非正式決策機制」（informal mechanisms of policymaking）。我聽後很是欣慰，說明「非正式決策機制」這個概念在學界

得到廣泛認可。

　　後來的幾十年裡，我基本上保持年年到日本或開會或訪學或田野調查。例如擔任過客座教授的就有青山學院大學、中央大學、立命館大學、島根大學、宇都宮大學和新潟大學等。很有意思的是，除了英文出版物外，中國大陸的日本學界早在1980年代中後期就開始和我聯繫，希望我能用中文發表自己的研究成果。我最早給大陸中文期刊投稿是在1985年，社科院日本研究所主辦的《日本問題》（後改名爲《日本學刊》）向我約稿。當時我人在東京，寫了一篇〈美國的日本研究〉，之後陸續寫過一些文章。我在2009年寫了一篇叫作〈日本外交的主流思維——帶傾向性的中間路線〉的文章，在《日本學刊》2009年第1期發表，並獲得該刊2010年度隅谷三喜男最佳論文一等獎；2016年又在該雜誌上發表了〈日本外交政策辯論和大國博弈中的中日關係〉。算起來，《日本學刊》是我在大陸發表論文數量最多的期刊。

　　我在日本研究領域推出的最新研究成果之一，是我於2015年編著的、由臺灣五南出版社出版的《日本外交研究與中日關係》。「十年磨一劍」，這本書的出版是全球華人政治學家論壇（華人論壇）自2006年以來啓動的日本外交研究項目的一項重要成果。自日本研究項目啓動後，論壇於2006年12月在位於美國首都華盛頓的美利堅大學舉行了第一次有關日本外交的國際研討會。來自美國、日本和中國大陸的眾多學者齊聚一堂，對日本外交展開了熱烈討論。2008年7月，在日本東京的早稻田大學召開了第二次學術會議，同年8月又在北京清華大學舉行了一個小規模的工作會議。從2011年起華人論壇與遼寧社科院東亞研究中心合作，又連續三年在大連一起舉辦了包括臺灣學者在內的日本問題研討會。這些都爲華人學者中的日本問題專家進行學術討論提供了絕佳的機會與環境，也爲本書的寫作打下了堅實的基礎。臺灣的五南出版社以社會科學出版物爲主，是一家獨立的、有聲望的出版社。我邀請了海內外二十八名日本研究專家，包括八位來自國內的著名專家、八位在日本的專家、八位在臺灣的專家、四位在美國的專家，共同撰文、各抒己見，充分展示在中日關係問題上的各種觀點和主張。

　　這個研究項目從策劃到完成歷時八年，先後在美國美利堅大學、日本早稻田大學、清華大學、大連等地召開研討會。從章節安排到封面設計等細節，我都一一過問。無論如何，這項集體成果終於有了一個和讀者見面的結局，我深感欣慰。儘管這一研究課題僅僅邁出了第一步，但它在推動全球華人日本問題研究的學術網路聯繫，以及對日本外交的深入研究上的意義則是不容低估的。

本書的特點是從海內外華人學者的視角來分析和研究日本外交。作為日本的主要鄰國，中國學術界，更不要說政界、經界，都對日本國內外發展的動向極其關注，在研究日本外交的領域裡也出現了不少重大的研究成果和可喜的成就。但是這裡面仍然存在著兩個問題。第一，如何提高研究日本外交的水準，以及從社會科學領域的角度來研究日本外交，對海內外的華人學者來說仍然是一個重要的課題。第二個問題就是中國學者的聲音往往還很難走出國門，例如我們在日本經常聽到的有關「外國」對日本外交的研究成果，往往來自西方學術界，也就是歐、美學術界。在國際學術界中，中國學者的分析經常被認為是中國政府的聲音，從而不甚受到重視。這也就是說，中國大陸和海外華人學者（包括在美國、日本和臺灣的學者）儘管都在各自領域裡取得了引人注目的成就，但他們在國際上的聲音還是十分微弱的，而且相互之間的交流也還剛剛起步。為探索如何解決上面所提到的兩個問題，在過去的幾年裡我們把在中國大陸、臺灣、美國和日本受過系統學術訓練的華人學者聚集到一起，分別在華盛頓、東京、北京與大連舉行了幾次國際學術研討會和工作會議，從理論和實踐相結合的角度對日本外交進行深入的分析。這樣的一個研究成果將為國際社會認識日本外交及其政治、經濟、社會發展提供一個新的視角，同時也為我們更好地瞭解全球華人社會對日本的認識，以及中日關係今後的發展提供新的研究成果。因此我們可以說，這個項目本身對學術問題的深入研究以及對學術網路的推動都具有重大意義。我們在華盛頓、東京、北京和大連就此課題研究舉辦的學術活動期間經常聽到來自各方學者的呼聲，希望通過這一專案所建立的學術網路能夠繼續發揚光大，以對日本研究以至於亞太國際關係做出應有的貢獻。這本書的出版也是對這一呼聲的響應吧。

（二）思考

如果不把日本與其他國家進行一番比較，本章就不能算完成。國家間相互依賴增強，也需要更多的互相諒解。誤解越來越會成為國際衝突的主要根源。作為全球經濟強國（同時也是潛在的政治強國），日本已經並將繼續成為國際事務中的一個重要且頗有爭議的領導力量。國際社會越發需要對日本有所瞭解，不僅要瞭解日本政治的一般術語，更要通過比較來理解日本的決策方式。然而，本文並不打算作一個完全的比較研究，因為日本社會同時受到西方和東方的影響，本文集中比較在東亞社會和美國的背景下，日本政治和決策的非正式方面。

　　非正式機制模式研究的更大意義在於非西方社會中存在其他類似的政治發展模式，特別是在經濟和政治變革較快的東亞地區。在通向現代化和民主化的過程中，每個社會都有其歷史遺產，包括政治結構和傳統文化，所以也會有其發展的模式。當然，在現代化進程中，一國可以從他國汲取經驗。我們相信，日本的政治發展經歷一定會對其東亞鄰國產生重要意義。

　　日本作爲一個東亞國家，和中國大陸、韓國、新加坡、臺灣、香港及越南之間存在共通的文化遺產（例如儒家文化）。很多研究東亞政治的學者相信文化差異是造成這些社會之間「不同的發展模式的重要因素」[146]。然而，僅僅強調文化傳統是不夠的，還應該考慮政治機構和政治結構。

　　東亞的現代化和民主化始於十九世紀，但是多數國家開始取得實質性進展卻是1960年代的事情，並且在1980年代達到高峰。讀者可以看看中國大陸的經濟改革和政治風波，看看臺灣民主化進程中的反對黨的運動，以及韓國1990年誕生的類似日本自民黨的保守執政聯盟和持續的大規模遊行。東亞的這些變化在方式、領域和利益集團及統治精英的策略上各不相同，但唯一共通的就是其基本態勢以及民眾對經濟發展和政治民主的追求。

　　這樣看來，對東亞各國來說，國內外環境都穩定、有利，爲這一地區各國經濟和政治發展提供了良機。日本的經驗對東亞其他國家的政治發展都有作用。例如，1990年早期韓國三個政黨（雖然其本質頗受爭議）合併成立保守聯盟（民主自由黨），可以說這就是模仿了日本的自民黨。日本1993年前的自民黨模式，即一個大黨處於主導地位同時允許反對黨的存在，吸引了日本的鄰居（如韓國和臺灣）的注意。

　　如果要比較日本與中國的政治和經濟體制，那麼資本主義制度和社會主義制度之間的區別是顯而易見的。[147]然而，讀者也會發現這兩個國家在決策機制上有相似的地方，特別是決策中的非正式方面。

　　不少中國問題專家已經強調過中國政治生活中的非正式性。例如瓦爾德（Andrew Walder），他在研究中國社會結構和工人政治時強調了中國社會

---

[146] Bradley Richardson, *The Political Culture of Japan*. Berkeley: University of California Press, 1974.

[147] 對中國外交決策體制的詳細研究見趙全勝（1992）："Domestic Factors of Chinese Foreign Policy: From Vertical to Horizontal Authoritarianism."

「非正式網路」的重要性[148]。瓦爾德指出，「非正式關係是追逐利益的眞正舞臺」。確實，在中國，社會關係和社會網路和在日本同樣重要。「關係」被廣泛用來指代社會網路，可以說，就等同於日語中的「付き合い」。[149]在中國，人們認爲「關係」是增加人際網路的催化劑，也是辦事的催化劑。如果沒有「關係」，那麼這個人在中國政治舞臺上肯定沒什麼影響力。

鄒讜（Tang Tsou）對中國政黨政治中的非正式團體進行了專門的研究，他分析了「非正式規則、團體和過程」以及它們是怎麼轉變成正式的規則、團體和過程的，他把此描述爲「官僚和政治體制變動中最有趣的現象」[150]。中國政治中非正式性的例證有很多。除了「關係」和上述的「付き合い」，中國也有其「黑幕」，即幕後能夠影響政治的人物可能沒有正式的職位。中國的「根回し」強調的是作出決定前的非正式接觸。然而，這裡並不是想說明日本和中國的模式是完全一樣的，[151]只是讀者會發現東亞影響政治機制的政治結構和文化出奇地相似。看看日本、中國、韓國、臺灣和其他國家和地區近期的發展歷程和模式，讀者可能會發現，雖然經濟和政治制度不同，但東亞各國的發展方向會變得更爲多元，也許是以「非正式」的方式。

彭佩爾指出，日本的政治體制「在其政治和社會機構以及行爲特性上」與其他一些已開發工業民主國家相似，「但是日本是從非西方文化傳統中成長起來的。」[152]所以，日本是「比較理想民主和現實民主的良好個案」。在日本

---

[148] Andrew Walder, *Communist Neo-Traditionalism: Work and Authority in Chinese Industry*. Berkeley: University Of California Press, 1986.

[149] 中文裡的「關係」和日文裡的「giri and tsukiai」還是有一些細微的不同。可參考白魯恂（Lucian Pye）的觀點（1982：91），他認爲：「giri」與中國的「關係」一辭所隱含的意思相比，含有一種更明確地表示感恩和義務的意思，它會使日本人比中國人更爲凝聚。要是所期待的信賴達不到，日本人對敵視的潛在危險要敏感得多。

[150] Tang Tsou, *The Cultural Revolution and Post-Mao Reforms*. Chicago: University of Chicago Press, 1986.

[151] 例如，K. John Fukuda分析了中國和日本在管理風格上的差異。Fukuda（1988: 113）認爲：「中國的領導模式強調理性約束，相比之下，日本則更看重情感紐帶。因此，任何企圖，尤其是不屬於一個群體的人，想在底下進行非正式活動，都會被中國的領導人視爲削弱其特權——與日本那些允許依賴下屬的領導人不同，中國領導人試圖通過製造下屬之間的競爭來達到目標。」

[152] T. J. Pempel, "Japanese Democracy and Political Culture: A Comparative Perspective" in *PS:*

和美國，都沒有專制國家意義上的單一權力來源或集權，這兩個社會最大的相似性就在於民主和多元的本質。日本和美國都與專制國家不同，它們的政治領導的機構化、決定通過選舉來形成人民認同的政府、公民擁有基本的政治權力，如言論自由和結社自由。兩個國家都設有民主政治體制，允許利益集團來表達他們的需求，從不同管道影響決策過程。日本生絲保護主義事件中有組織的農民和美國的很多結社行為相似。

在陳述日本和美國的區別之前，我必須明確說明一點，如果去比較美國的總統制度和日本的議會制度的差別，那就好像拿蘋果去和梨子比。即便在政體的民主本質上是相似的，但是美國和日本有很多不同之處，特別是在機構的功能和決策過程。布魯金斯（Brookings）的一本名叫《平行政治：日本和美國的經濟決策》廣泛比較了兩國的政治體制和決策過程[153]。柯耐爾（Samuel Kernell）在其結尾章節中詳細討論了政黨制度、選舉、立法、行政領導（總統與總理等）以及政府官僚的相似性與不同。由於本文並不打算對兩國的政治體制給予全面比較，我也不想過多重複以前的研究的種種觀點，所以，我在這裡只提及一些與決策的非正式方面相關的一些觀點。

非正式行為是日本政治生活的一個內生特性。日本國會的結構侷限是造成日本立法政治中非正式管道具有顯要作用的原因之一。政府給予議員的補貼只夠他們聘請二至三名國會助手，所以議員也極度依賴非正式管道和顧問團體來作政策研究，也依賴官僚在起草法律中的作用。相比，美國政府給予國會議員的資金足夠讓他們僱傭行政助理和立法助理，例如，一名參議員平均擁有二十五名以上的助手，多的可以到七十五名。多數法律顧問學歷較高，通常是博士，且在自己的領域內可以獨立起草法律，無需外界幫助。委員會和子委員會還有額外的成員。即便白宮提議立法（並且希望得到個別或全體議員支援），通常也需要依賴國會助手來起草法律提案。不像日本政治家需要依靠官僚，美國政治家依賴的是國會成員。

美國與日本政治體制的差異造成了日本政治的非正式性。特殊社會網路發揮的重要作用、非正式政治行為體和組織以及為尋求共識而存在個人關係都顯

Political Science and Politics 35 (1): 5-12, 1992.

[153] Samuel Kernell, "The Primacy of Politics in Economic Policy" in *Parallel Politics: Economic Policymaking in Japan and the United States*, ed., by Samuel Kernell. Washington, D.C.: Brookings Institution, 1991a.

示出其施加政治影響的獨特機制。對權威的態度也有所不同：日本將非正式權威當作合法權威的一部分，這種接受程度遠遠大於美國。在日本，執政黨和政府官僚機器廣泛應用非正式管道來協調政策準備中的不同利益。通過這些非正式、非立法的方式，日本人之間相對容易達成共識。然而在美國，政治辯論高度公開化、立法機構的權威都使得高度敏感的決策問題更明朗。

　　當然，美國政治中也有非正式的方面。例如，在華盛頓，有一些所謂的「超級律師」，他們有政治影響力，但通常悄悄施加他們的影響，而不驚動媒體。在華盛頓，利用下班後的晚餐來培養政治關係也很常見，人們也常常能在國會或其他政治戰場上聽說幕後的討價還價、協商和妥協。東海岸的常春藤校友聯盟中的「大男孩關係」也具有類似的社會經濟背景，對美國政治也很重要。從這個意義上說，即便在非正式政治領域，日本和美國具有一定的相似性。

　　但是，當我們考察日本決策機制時，例如社會關係（「付き合い」）、非正式政治行為體和組織（「黑幕」），以及幕後尋求共識的活動（「根回し」），讀者能夠察覺兩國在領域和程度上的差別。例如，雖然兩國政府官僚中都有「學閥」，或者說「學校幫派」，但在日本，集中於同一所大學的比例比美國更高（東京大學）。兩國決策機制的不同常常成為兩國誤解的根源。例如，克里斯多夫（Robert Christopher）指出，美國人傾向於覺得「根回し」過程「太消耗時間」，甚至是「為了說謊而故意耗費時間的策略和機制」[154]。

　　事實上，「非正式外交」和「幕後政治」都不是日本獨有的，是所有政治體制都存在的。讀者可能會經常聽說日本、美國和英國等西方民主國家都有「臺下政治」。[155]如果非正式政治僅僅意味著非正式團體（即沒有對某一問題具有法律裁定權的組織）的參與，那麼每個國家都有非正式政治。但是日本的非正式機制作為一個由三個部分組成的決策機制，具有其自己的特點。上述四例已經研究了日本外交政策的形成過程，如果讀者仔細研究「黑幕」、「付き合い」和「根回し」是如何廣泛地存在於決策過程中，就會認識到日本決策

---

[154] Robert Christopher, "Culture Dimensions of the U.S.-Japan Relations" in *Destinies Shared: U.S.-Japanese Relations*, ed., by Paul Laurren and Raymond Wylie. Boulder and London: Westview Press, 1989, p. 32.

[155] 例如，對瞭解華盛頓政治生活很有幫助的論述之一可參見：Charles Peter's *How Washington Really Works* (1980).

方式的特殊性。運用社會關係來取得政治影響力和政治動員「是日本常見的現象，可能比其他任何工業化國家更明朗、更常見」[156]。換言之，在非正式政治方面，日本和西方民主國家在廣泛程度上存在差異。

總而言之，相比美國，日本的決策通常顯得不夠機制化、更爲模糊、更依賴於社會關係和個人聯繫之類的非正式方式。這種差異的本源並非出於政治的民主本質，而主要源於政治結構和決策過程、政策形成的機制以及運作的方式和方法。

現在我們再把對日本外交的研究放到中美日這個大框架來考察。從上一次的中美日三邊關係所發生的歷史轉型一直到最近的釣魚島及其附屬島嶼爭端，我們都可以看出從1990年代至今，中國雖然在處理對美關係所保持的「鬥而不破」戰略是可圈可點的，但是在對日關係上往往「就事論事」，很少把中日關係放在亞太全域這個層面上處理。

從1990年代的日本到鳩山時期的日本「漂流」景象中，我們可以看到日本內部有很大一股脫離美國、保持外交獨立的力量。[157]實際上，這種傾向早在二戰結束後就已經出現了。2012年8月日本出版了孫崎享（Magosaki Ukeru）的新書《戰後史的正體》，孫崎享是前日本駐伊朗大使，後來又是日本外務省情報局局長。他在這本書裡提出了一個新的觀點，即日本戰後的外交一直存在圍繞著兩條路線的辯論：一條是堅持追隨美國；另一條是在維持日美同盟的基礎上，追求更加獨立自主的外交，並保持和加強與亞太鄰國的友好關係[158]。孫崎享進而提出，日本國內任何企圖背離美國的政治家都會遭到美國的嚴厲打擊直到下臺爲止（例如在1972年實現日中邦交正常化的日本首相田中角榮）。中國對這些日本內部的政策辯論的深度和廣度恐怕並沒有充分認識

---

[156] Bradley Richardson, "Social Networks, Influence Communications, and the Vote" in Scott Flanagan, Shinsaku Kohei, Ichiro Miyake, Bradley Richardson, and Joji Watanuki, *The Japanese Voter*. New Haven, Conn., and London: Yale University Press, 1991, pp. 332-366.

[157] 即使在釣魚島事態最嚴重的時候，日美關係還出現了一些裂痕，比如在2012年10月發生的美國魚鷹戰機部署引起日本沖繩民眾抗議以及日本士兵強姦民女事件。詳情參見："Okinawa assembly passes protest resolution over rape," *BBC News*, October 22, 2012. http://www.bbc.co.uk/news/world-asia-20024609; "Nakaima protests rape case during visit to Washington," *The Japan Times*, October 24, 2012.

[158] 孫崎享，《戰後史の正体1945-2012》，東京：創元社，2012。

到，從而沒有對日本在日美同盟這個問題上的「游離」傾向借力使力，使形勢向更有利於自己的方向發展。

　　從1990年代初開始的日本外交政策的第三次大辯論，從表面上看不如前兩次那樣轟轟烈烈，頗為低調，但它在二十一世紀初達成的「帶傾向性的中間路線」這一共識，同樣具有深遠的意義。在可以預見的將來，特別是安倍晉三繼續執政期間，日本外交在其具體傾向上還會呈現出兩面性的特點，一方面繼續強化日美同盟，堅持「積極和平主義」，以配合歐巴馬政府推行的「亞太再平衡」戰略，並藉此助推日本戰略轉型的進程；積極爭取「入常」，繼續介入東海、南海問題；另一方面也會加強改善對華、對韓關係，加強東亞共同體的構建。在文化層面上強調年輕人的交流，輸出日本價值觀和文化，加強其「軟實力」外交。[159]日本將繼續遵照經過長期的政策辯論所達成的共識，在其對外關係上尋找一個平衡點，也就是走「帶傾向性」的中間路線。其傾向性會隨著不同時期、不同的國內外環境，特別是具有不同理念的領導人執政而發生變化，對其「中間路線」有這樣或那樣的偏離。但總的來說，其外交政策的大方向還是要回歸到對日本國家利益最有利的「中間路線」。

　　毋庸置疑，中日關係的走向也是中國從根本上改善周邊關係以及穩定亞太地區的關鍵點之一。對日關係是中國外交無法繞過的一個坎兒，更加需要具有創新思維的大戰略視角。從對日外交的角度來看，中國應認真研究日本社會各種政治力量和思潮的發展，善於捕捉其內部外交政策辯論的趨勢，從亞太地區大國博弈的戰略高度出發，充分利用並發揮中日關係中的正面因素，也就是說要尋找兩國之間的共同利益點。漫長的歷史長河中，中日之間互補互學的年代要遠遠長於甲午戰爭之後出現的敵對時期。

　　冷戰結束以來，大國之間的博弈就以更加錯綜複雜的形式出現，在很多情況下「既競爭又合作」與「合縱連橫」已經成為國際關係的新常態。那種非敵即友、黑白分明的簡單思維，已經不能適應當今世界的潮流。在這方面，我們不但可以學習歐盟組建過程中（特別是法德之間）化敵為友的經驗，也可以借鑑中國對韓外交的經驗來發展對日關係（二者當然是不盡相同的）。例如，可以利用中日韓峰會和中日韓自貿區談判作為一個突破口，努力促進東亞共同體

---

[159]參見張薇薇，〈美日同盟的新一輪強化：內容、動因及前景〉，《美國研究》，2015年第4期。楊伯江，《美國戰略調整背景下的日本「全面正常化」走向分析》，《日本學刊》，2013年第2期。

的實現。再如，對北韓核問題的關切，也是中日之間的一個共同點。中韓兩國1992年建交以來，中方用了大約二十年的時間成功地促成了韓國在大國博弈中的相對「中立化」。隨著亞太國際關係權勢轉移的進一步發展，能否設想中方也可以把促成日本「中立化」作為一個長期（二十年甚至更長時間）的戰略目標呢？如果一時難以做到，最起碼也要和日本國內的有識之士一起努力延緩甚至阻止中日關係進一步惡化，從而避免出現兩大民族對抗的局面。在發展中美關係的同時，積極推動對日外交，從而逐漸改變中美日三邊關係的不對等狀態。

第五章 中國：歷史、現實與政策制定

　　筆者對外交政策內部因素與外部因素交叉研究最早是用在對中國外交政策，但是，對政策制定過程的研究早在筆者做博士論文期間就已經展開，例如對日本和美國外交政策的研究。在1990年代初，筆者在位於華盛頓的和平研究所一年的高級研究員，和在哈佛大學一年的博士後研究，使得筆者有充足的時間和優異的學術研究環境來發展出一套完整的理論框架來完善中國的外交政策研究。

第一節 研究路徑

　　本章的研究路徑正是在第二章中提到的微觀宏觀相結合的理論。筆者把國內外大形勢的變化發展作爲宏觀環境，而把領導者個人和政策決定團體作爲微觀的因素。這一理論框架本身就是內政外交相結合，儘管在此之前已經有學者討論過，但筆者所著重的不僅是它們的相互影響，而是更多的集中在微觀宏觀層面上互動，也就是說它們通過什麼樣的路徑、管道、方法和形式來相互作用，然後把這一理論框架用到案例研究中，從而完成了筆者的又一專著——《解讀中國外交政策》（*Interpreting Chinese Foreign Policy*）[1]，1996年於牛津大學出版社出版。

　　這一理論框架的主要目的在於喚起研究中國外交政策領域的學者對社會科學領域中宏觀—微觀層次聯接重要性的關注。在這一領域，概念引導的重要性被白魯恂（Lucian Pye）很好的描述爲：「在一般理論家與領域專家之間的勞動分工業已銷蝕的情況下，標準而宏大的概念問題顯得尤爲重要。」[2]在對宏

---

[1]　Zhao, Q. (1996). *Interpreting Chinese foreign policy: The micro-macro linkage approach*. Oxford University Press, USA.

[2]　Pye, Lucian. 1975. "The Confrontation between Discipline and Area Studies," in Lucian Pye, ed., *Political Science and Area Studies*, Bloomington: Indiana University Press, p. 21.

觀─微觀的聯接進行詳細討論之前，讓我們先對中國外交政策研究在過去二十年內的進展做一個簡單回顧。

　　同時在外交政策分析領域，國內─國際聯繫是其中最為重要的模式之一。為了理解中國的外交政策，我們需要從歷史和現實兩個方面入手。與此同時，在宏觀上對一國外交的指導思想進行研究的同時，也要從從微觀角度對外交決策的國內環境和基礎進行深入的研究。因此本節將首先簡要梳理中國外交政策的歷史演變，提出中國外交當前所面對的問題，最後從中國政策特點和制定過程進行分析。下面筆者就從幾個不同的角度 ── 傳統理念、智庫作用、政策特點，和政策制定過程來分析中國外交政策的內與外。

第二節　傳統理念對中國外交的影響

　　從國際關係和外交政策分析領域的角度來看，觀念對於一個國家外交政策的轉變經常起著至關重要的作用。這就是說，國家的政治和外交政策不僅深受世界政治潮流變遷的影響，也深受傳統思想和遺產的影響。本節將審視儒學對中國內政與外交的影響，包括分析近期幾個當代前沿的思想家對儒學作用的爭論，並對中國與東亞其他幾個國家（如日本與韓國）進行簡要的比較分析。

（一）歷史和哲學遺產

　　儒學的價值在歷史上一直是有爭論的，利弊都很明顯。一方面，儒學被認為有助於維護社會秩序和穩定；另一方面，又被批評為與民主精神背道而馳。

歷史發展

　　儒學作為一種道德、社會和政治哲學，起源於中國古代的哲學家孔子（西元前551年至前479年）的教學活動。它在漢代獲得流行，成為形而上學的教義。漢末，對知識的追求以及重構社會框架促使儒學的地位被道教和佛教哲學所替代。[3]雖然儒學在唐代經歷了復興，但是也變得更加世俗化。[4]此後儒學長

---

[3]　Nicholas J. S. Miller, "Pragmatic Nationalism and Confucianism: The New Ideology of the CCP | Cesran International," *Cesran International*, 2014, Web (Accessed: Apr. 10, 2016).

[4]　有關孔子的生平和他的學說，參見：Theodore De Bary, ed. Sources of Chinese Tradition. New York: Columbia University Press, 1960.

期成爲科舉考試的重要內容。[5]儒學的長期制度化，使其成爲中國國家身分不可分割的一部分。然而，隨著1911年清朝的覆滅和科舉考試的終結，儒學失去了其官方地位，儘管因其漫長的歷史意味著它仍將是普通老百姓共同擁有的哲學[6]。儒學中的社會秩序和道德準則的影響獲得中國歷史上歷屆統治者（包括共產黨領導層）的關注。中國共產黨成立後，曾將儒家思想看作是落後的、過時的和反對現代精神的而試圖予以批判，但與此同時，儒學中保留下來的有關社會秩序和道德準則的理念則獲得了政治精英的青睞。[7]

對中國社會的影響

在中國社會互動中各個級別的所有方面都有儒學思想的提醒，例如在君臣、父子、夫婦、長幼和朋友之間設置嚴格的社會等級治理關係。[8]儒學的核心教義之一是孝，即尊重長輩，特別是父母。它還爲領導管理其民眾制定應該遵從的道德準則。[9]

同時儒學非常重視個人的美德，認爲美德應該引導所有的個人行爲。[10]其中五常──仁、義、禮、智、信。「仁」即人人應該幫助其他人，有同情心，不惡意對待他人，幫助他人不求回報是格言「己所不欲，勿施於人」西方黃金規則理念的基石，是儒家思想的核心[11]。「義」強調理性思維、自律和正直，是面對逆境和不良誘惑時的行爲指導原則。「禮」聚焦於儒教開發的社會等級結構，源於古代傳統典禮和祭祀；它適用於向平輩、長者和上級表示忠誠和尊

5　有關儒家學說對當前中國政治的影響，參見：Daniel Bell, The China Model. Princeton, NJ: Princeton University Press, 2015.

6　Nicholas J. S. Miller, "Pragmatic Nationalism and Confucianism: The New Ideology of the CCP | Cesran International," *Cesran International*, 2014, Web (Accessed: Apr. 10, 2016).

7　Wing-Tsit Chan, Chinese Philosophy trans, Wing-Tsit Chan, Princeton, NJ: Princeton University Press, 1963, p. 773.

8　David Kang, East Asia Before the West: Five Centuries of Trade and Tribute, New York: Columbia University Press, 2010, p. 25.

9　Wing-Tsit Chan, Chinese Philosophy trans, Wing-Tsit Chan, Princeton, NJ: Princeton University Press, 1963, pp. 19-21.

10　Xinzhong Yao, An Introduction to Confucianism, New York: Cambridge University Press, 2000, p. 47.

11　Wm. Theodore De Bary and Weiming Tu, Confucianism and Human Rights, New York: Columbia University Press, 1998, p. 301.

重，也適用於飲食、衣冠、服喪和受教等互動的規範和預期行爲[12]。「智」是確定合乎道德的適當行爲的基礎，它支持所有其他的美德，因爲離開它就不能理解其他美德。「信」是誠實和正直，以在思想、言辭和行爲之間維持一種清晰而直接的關係。

近代儒學的衰落與復興

1919年五四運動期間「打倒孔家店」成爲當時中國新文化運動蓬勃發展的一個重要標誌，與「科學、民主」並列成爲當時青年運動的主要口號與訴求。在「文化大革命」（1966-1976年）期間，關於儒家學說的著作遭到摧毀，儒學被看作是剝削階級的學說，儒學的社會和諧理念被認爲與馬克思主義原理相牴觸，從而遠離主流意識形態，特別是被學者和政治領導人所拋棄[13]。

然而，儒家思想近年來在中國學界和政界重新獲得支援。在Confucianism In Human Rights一書的前言中，Wm. De Bary評論到，這樣的轉變是一種極大的諷刺，因爲即使在1960年代到1970年代，政府對於儒家思想仍有著極大的排斥。這不是中國統治者第一次借助儒學來實現社會秩序和社會道德，Peter Kees Bol就在Neo-Confucianism in History一書詳細論述了漢朝的儒學復興。[14]隨著演講和報告中引用儒家學說的越來越多，儒家學說甚至滲透到共產黨行爲的內部準則中。這是包容一度被鄙視的中國文化傳統元素的復興運動的一部分，以努力恢復中國國家身分的認同。2011年初，一座高大的孔子雕像突然在天安門廣場揭幕，與毛澤東畫像互視（不過，幾個月後又突然被移走）[15]。考慮到道德意識下降成爲中國國內的一個重要問題，政府看到了新的機遇，通過回歸傳統價值——大力提倡儒家思想——提出中國方案來解決中國問題並應對西方的影響。[16]儒家思想的復興再度將現代中國與其歷史上的先驅們連通起

---

[12] David Kang, East Asia Before the West: Five Centuries of Trade and Tribute, New York: Columbia University Press, 2010, p. 10.

[13] Nicholas J. S. Millee, "Pragmatic Nationalism and Confucianism: The New Ideology of the CCP," Cesran International, 2014, Web (Accessed: Apr. 10, 2016).

[14] Wm. Theodore De Bary and Weiming Tu, Confucianism and Human Rights, New York: Columbia University Press, 1998, Preface, ix-xix.

[15] Andrew Jacobs, "Confucius Statue Vanishes Near Tiananmen Square," Asia Pacific, April 22, 2011 (Accessed Apr. 23, 2016).

[16] Wm. Theodore De Bary and Weiming Tu, Confucianism and Human Rights, New York:

來，從而強化中國正統，提升民族自豪感，展示中國核心價值觀，以應對不斷增長的進一步西化的壓力[17]。

（二）儒學與中國政治

　　民主的原意是「民治」，其基本理念包括：政治權力從根本上來說是源於人民，政治權力只能由民意代表來行使，普通公民參與政治事務享有平等的權力[18]。Julia Ching在她的「儒學和人權」一章中，依據儒學對個人的觀點提出，儒學和民主之間的關係其實並不緊密。在她看來，儒學通常把維持社會和諧看得比個人權利更重要，所以它通常提倡限制人們掌握的能力。她認為，儒學限制了個體的人權，因為儒學認為個體首先是作為社會網路的一部分而存在[19]。Randall Peerenboom同樣提出了儒學與民主背道而馳，因為在他看來儒學強調「正確的思考」（「right thinking」），而不是思考的權利（「the right to think」）。在Peerenboom看來，儒學對於和諧社會的強調很大程度上剝奪了作為民主基礎的自由思考的權利[20]。不能夠自由思考，人們只能以他們被教育的方式思考。以上這些觀點都能夠顯示儒學的思想和民主是相悖的。

　　也有一些學者認為儒學和民主是可以互相相容的。Merle Goldman認為儒學對政府的批判是一個能證明其有民主精神的例證。她在「儒教具有民主精神」這一課題上進行了深刻研究[21]。De Bary、Chan和Watson在他們的《中國傳統之起源》一書中重述了儒學的「人性本善」的觀點，而這一觀點認為每個人本性中潛在的善意可以被用於詮釋民主體制[22]。自由和平等是最基本的民主

Columbia University Press, 1998, p. 64.

[17] Kai Jin, "The Chinese Communist Party's Confucian Revival," *The Diplomat*, Sept. 30 2014, Web (Accessed: Apr. 10, 2016).

[18] Keqiang Xu, "On the Compatibility between Confucian Principles and Democracy," Confucius 2000, May 2004, Web (Accessed: Apr. 10, 2015).

[19] Julia Ching, "Human Rights: A Valid Chinese Concept?" In Confucianism and Human Rights, New York: Columbia University Press, 1998, pp. 67-83.

[20] Randall Peerenboom, "Confucian Harmony and Freedom of Thought" In Confucianism and Human Rights, New York: Columbia University Press, 1998, pp. 234-261.

[21] Merle Goldman, "Confucian Influence on Intellectuals in People's Republic of China" In Confucianism and Human Rights, New York: Columbia University Press, 1998, pp. 261-270.

[22] Wm. Theodore De Bary, Wing-Tsit Chan, and Burton Watson, Sources of Chinese Tradition, ed.

精神。然而，「人人生而平等」和「人人生來自由」的理念在任何一個社會裡都沒有得到實現。這些觀點既不能用經驗證明，也不能用邏輯推導。它們只能用本體證明本體，或者只是個信念，而並不是科學理論。同樣的，儒學中的「人性本善」觀點也是如此[23]。

　　儒學和民主可以相互相容的觀點強調「中庸之道」是儒學的一個重要思想。在制定決策中，儒學的中庸之道和民主體系的過程及結果相符合。民主的一個原則是決策由多數人制定。由多數派通過民主方法做出的決定一般都是選擇性的——這代表了不同觀念[24]。而這正是儒學的中庸之道所提到的：中庸之道有多重含義，並且有很多被解釋的方式[25]。在決策過程中，中庸之道的含義是在兩種極端相反的觀點之基礎上取其中間[26]。多數派通過民主方法所作出的最合適和穩定的決策通常並不極端，而是一種妥協。只有在專制狀態下極端主義者才能夠占到主導。因此，「中庸之道」和民主並不衝突。它們相互相容，並能相互支持。

儒學的完美主義

　　在現存的儒家學說基礎上，Joseph Chan展示了他的「儒學的完美主義」的說法，即一種基於適應於現代社會儒學的政治哲學。Joseph Chan認為「儒學的完美主義」包含了好幾個自由主義民主的學說，它們都可以歸納為「儒學的完美主義」，從而重新定義了它們的角色和用途[27]。依據Chan的說法，它應該提供一系列組成好的生活和社會秩序的元素——如有價值的社會關係、實踐的智慧、學習、誠意、和諧、社會和政治互信、道德自律、經濟效率、個人責

Theodore De Bary, New York: Columbia University Press, 1960, p. 104.

[23] Joseph Cho Wai Chan, Confucian Perfectionism: A Political Philosophy for Modern Times, Princeton, NJ: Princeton University Press, 2014, pp. 90, 126, 131.

[24] Wing-Tsit Chan, Chinese Philosophy trans, Wing-Tsit Chan, Princeton, NJ: Princeton University Press, 1963, Chapter 5, pp. 95-114.

[25] Joseph Cho Wai Chan, Confucian Perfectionism: A Political Philosophy for Modern Times, Princeton, NJ: Princeton University Press, 2014, p. 69.

[26] Wm. Theodore De Bary, Wing-Tsit Chan, and Burton Watson, Sources of Chinese Tradition, ed. Theodore De Bary, New York: Columbia University Press, 1960, p. 25.

[27] Joseph Cho Wai Chan, Confucian Perfectionism: A Political Philosophy for Modern Times, Princeton, NJ: Princeton University Press, 2014, p. 18.

任，探討這些元素在社會及政治布局中的應用[28]。Chan認為提出儒學完美主義能夠引領構建一個能夠維繫和諧社會的政府。

社會變化

更加重要的是，中國的儒學也隨著時間發生改變。從歷史上來看，它是一個基於族長統治社會，並用來對婦女進行系統化壓制的哲學[29]。這一切都在二十世紀被改變了。現在，當代儒學經常表明性別平等實際更加能展現人性精神，而並非像先前的排他主義一樣。如今的儒學不再以以往哲學或政治的方式而存在。中國的國情改變了它的意義和特點[30]。

權力、政權和秩序

很多學者擔心儒學太強調權力與集權。實際上雖然儒學崇尚秩序，但這並不意味著政府至上主義[31]。就像孔子的學生孟子說的：「民為貴，社稷次之，君為輕。」[32]這表明了儒學把政府權力歸為社會最不重要的部分，所以它並不暗示著政府至上主義[33]。除此之外還有一些對於儒學社會中國家至上主義的懷疑。但是，政治上的約束在儒學和民主中確實也都是存在的。

雖然儒學的「君權天授」思想給予領導者相當大的權力，但它是一種偶然的道德領導[34]。道德領導包括了尊重公眾意見、人民的贊同、維護人民的福

---

[28] Joseph Cho Wai Chan, Confucian Perfectionism: A Political Philosophy for Modern Times, Princeton, NJ: Princeton University Press, 2014, p. 200.

[29] Wing-Tsit Chan, Chinese Philosophy trans, Wing-Tsit Chan, Princeton, NJ: Princeton University Press, 1963, p. 47.

[30] Matthew F. Cooper, "Confucianism Is Not an Obstacle to Democracy," 'The Useless Tree' July 2016.

[31] Joseph Cho Wai Chan, Confucian Perfectionism: A Political Philosophy for Modern Times, Princeton, NJ: Princeton University Press, 2014, p. 28.

[32] Daniel Bell, Confucian Political Ethics, Princeton, NJ: Princeton University Press, 2008, p. 20.

[33] Wm. Theodore De Bary, Wing-Tsit Chan, and Burton Watson Sources of Chinese Tradition, ed. Theodore De Bary, New York: Columbia University Press, 1960, p. 95.

[34] Peter Kees Bol, Neo-Confucianism in History, Cambridge, MA: Harvard University Asia Center, 2008, p. 114.

利、維護自由平等及公正[35]。這些教條的價值觀都和民主社會的非常相似[36]。除此之外，孟子還提到過，殺死暴君是正確的做法，因爲如果君主不能很好地爲人民服務，他便是一個失敗的君主[37]。

中國模式

在中國清華大學和山東大學任教的加拿大學者貝淡寧（Daniel A. Bell）發表了書名爲《中國模式》的一本專著，對中國特有的政治制度進行了分析。他沒有依據西方政治學模式來分析「中國模式」，即民主被認爲是「好」的，而專制政權則被認爲是「壞」的。相反，他用「賢人政治」來評價中國政治模式，即賢人政治理想是評價中國進步和退步的標準。貝淡寧提出，中國的賢人政治由頂層精英、中間實驗和基層民主組成。按照貝淡寧的說法，限制民主和加強賢人政治、或稱「民主精英」是一個道德上可取的、政治上穩定的政府組織原則[38]。

從這一角度出發，儒學可以被看作是一種與類似民主社會的「平等」的組成部分[39]。這種思想的結果是一個由尊重人權及個人主義的仁愛者組成的社會[40]。在儒學中，這種觀念傳承個每個公民平等的機會。這是一種能在儒學社會中提高自己社會階層的機會，與民主社會中強調的平等相類似[41]。根據這一學派，儒學的意識形態與民主並不矛盾。相反，它們具有很多共同點。

---

[35] Joseph Cho Wai Chan, Confucian Perfectionism: A Political Philosophy for Modern Times, Princeton, NJ: Princeton University Press, 2014, p. 141.

[36] Nicholas Spina, Shin C. Doh, and Dana Cha, "Confucianism and Democracy: A Review of the Opposing conceptualizations," Japanese Journal of Political Science, 12 (1): 2011, pp. 143-160.

[37] Wm. Theodore De Bary, Wing-Tsit Chan, and Burton Watson, Sources of Chinese Tradition, ed. Theodore De Bary, New York: Columbia University Press, 1960, pp. 86-87.

[38] Daniel Bell, The China Model, Princeton: Princeton University Press, 2015.

[39] David Kang, East Asia Before the West: Five Centuries of Trade and Tribute, New York: Columbia University Press, 2010, p. 54.

[40] Wm. Theodore De Bary, Wing-Tsit Chan, and Burton Watson, Sources of Chinese Tradition, ed. Theodore De Bary, New York: Columbia University Press, 1960, p. 32.

[41] Nicholas Spina, Shin C. Doh, and Dana Cha, "Confucianism and Democracy: A Review of the Opposing Conceptualizations," Japanese Journal of Political Science, 12 (1): 2011, pp. 143-160.

對當代政治的影響

　　考慮到儒學在中國歷史上根深蒂固的地位，當代中國的政治精英們開始參考儒學以使人民在他們的領導下團結起來。例如，習近平主席多次在公眾演講中提到儒學以及讚揚以儒學為代表的中國文化。他曾表示，「中國共產黨是中國文化的繼承者和促進者」。有報告顯示習近平主席希望強調儒學與中國文化間從未間斷的關聯。

　　儒家的社會結構確保了一個具有道德權威的堅強的領導者，這符合習近平主要通過反腐敗運動重建執政黨的道德框架的嘗試[42]。它也發揮了了人民跟隨習近平領導的作用。如果中國領導人和其他政治精英們希望繼續遏制地方政府的腐敗，解決少數民族糾紛問題，他們就需要加強集權。[43]因此，政治精英一直在努力採取新的恢復儒教地位的措施，以試圖抵消腐敗等問題所造成的損害。

（三）儒學與外交政策理念

　　關於外交政策，儒家強調的社會結構與和諧符合中國外交的一些基本理念。當與其他國家發生衝突時，中國總是將自己描繪成受害者、和平追求者、穩定與和諧支持者。有很多學術討論聚焦中國傳統思想在中國和其他東亞國家的作用問題。

國內與國際

　　關於如何從國內層次到國際層次理解儒學的問題，美籍韓國學者姜燦雄（David Kang）和中國學者秦亞青有著獨特的看法。姜燦雄強調東亞形式不平等的國際體系有其歷史和特徵，朝貢秩序需要軍事、文化和經濟維度，這給了參與者極大的自由度。[44]秦亞青認為，儒學側重於理解中國在世界的政治地位和個人在更大的政治集體中之地位的集體意識。基於此，將個人置於一個更大

---

[42] Peter Kees Bol, Neo-Confucianism in History, Cambridge, MA: Harvard University Asia Center, 2008, p. 132.

[43] Nicholas J. S. Miller, "Pragmatic Nationalism and Confucianism: The New Ideology of the CCP," Cesran International, 2014.

[44] David C Kang, East Asia Before the West: Five Centuries of Trade and Tribute, New York: Columbia University Press, 2010.

的社會政治集體的中國世界觀，顯示出有潛力成爲基本國際關係學範式轉換的焦點。總的來說，秦亞青認爲，伴隨中國快速現代化和學術空間的開放，儒學理論的再開發預示著中國國際關係研究的新發展[45]。

天下體系

中國學者趙汀陽在其《天下的當代性：世界秩序的實踐與想像》著作中分析了「天下」概念。根據貝淡寧的《儒家倫理政治思想》一書，他認爲中文概念裡的天下代表著政治秩序發展的終極階段，而國家被認爲是對中國理想的不完全實現[46]。趙汀陽的解釋是，「天下」有三層含義：地球——普天之下的整個世界；人心——人民的一般意願；世界制度——天下一家的烏托邦[47]。從這個角度看，當代世界是一個「非世界」，或者失敗的世界。我們當下生活的世界是一個混亂失序的世界，世界問題不能由一個國家或地區解決。因此，趙汀陽指出，中國的天下體系與西方式帝國主義統治大不相同，因爲天下體系設想的是一個沒有霸權的、以和諧與合作爲特徵的世界體系[48]。

道義現實主義

中國學者閻學通也分享了他對中國古典思想的感悟。由閻學通領導的清華大學國際關係學系支持這樣一個理念，即中國精英應該遵循受荀子政治理論啓發的「道義現實主義」，嘗試採用激勵而非強迫的引導方式。同時，國家應該尊重國際關係現實，以有能力的軍事力量培育強大的「守護者」，並嚴格堅持不干涉主義原則。在他的《古代中國思想——現代中國權力》一書中，閻學通更明確聚焦於荀子的國際政治哲學。他闡述了荀子國際政治思想的三個核心概念：仁義之統、王道和霸道。他同意王道應該成爲國家的目標，儘管他批評荀子忽視了王道也應該有硬實力的基礎的事實：「缺乏強大的力量或者只有道德威望而不能在國際事務中發揮充分作用，是不足以使一個國家獲得世界領導地位的。」[49]

---

[45] Yaqing Qin, "Culture and Global Thought: Chinese international theory in the making," Revista CIDOB d'Afers Internacionals, no. 100 (2012): 67-90.

[46] Daniel Bell, Confucian Political Ethics, Princeton, NJ: Princeton University Press, 2008, p. 66.

[47] Tingyang Zhao, A Possible World of All-Under-Heaven System, Beijing: Zhong Xin, 2015.

[48] Tingyang Zhao, A Possible World of All-Under-Heaven System, Beijing: Zhong Xin, 2015.

[49] Xuetong Yan, Ancient Chinese Thought, Modern Chinese Power, trans. Edmund Ryden, ed.

孔子學院——軟文化的輸出

　　中國文化傳統元素的公開復興，特別是儒學的復興，有助於提升中國在國外的國家形象。中國外交一個關鍵的軟肋是缺乏軟實力，所以推動中國在世界上軟實力的影響就成為中國外交的當務之急。孔子是中國歷史上最有名的形象，利用孔子及其學說是拓展中國海外軟實力的一種方式。基於此，2004年成立了孔子學院。此後，中國在全世界數十個國家建立了五百多所孔子學院，計畫到2020年建一千所。這些學院開設中國語言和文化課程，提供到中國留學的專案和獎學金[50]。

儒學和其他東亞國家

　　儒學不僅對中國有著重要的影響，對其他東亞國家也產生重大影響。它是一個深深地植根於日本、韓國和越南的重要思想遺產。中國與其亞洲鄰國兩千多年的文化交流，使雙邊都納入同樣的儒學體系。儘管像中國那樣，儒學的影響力在近代有所下降，它仍然是日本和韓國外交政策、內政和政府部門機構的重要思想基礎之一。

　　在日本儒學中的忠誠和孝順等德行長期以來受到高度重視，至今是處處可見的。但在二戰期間，儒家理念被日本軍國主義者的民族主義、帝國主義、軍國主義陰謀所利用，在戰後受到批判。所以今天儒學在日本影響力的下降是和西方政治思想影響力的上升相對應的[51]。

　　在韓國，儒學中的忠誠和孝順同樣被強調，特別是對政治領導人的強烈忠誠方式已經成為一種有效牽制政府部門機構的機制[52]。以外交政策為例，韓國的主要參與者是青瓦臺（總統府）、外交部和統一部。而在決定政策的結果時，最強大的因素是總統的意見。每個部門的領導在決定外交政策時只有相當小的自主權。即便是韓國國會，對執行外交政策的影響也相當微弱[53]。外交部

Daniel A. Bell and Sun Zhe, Princeton: Princeton University Press, 2011.

[50] "Confucius Institute to Reach 500 Cities by 2020" China Daily USA, China Daily Information Co, 11 March 2013, Web (Accessed: Apr. 10, 2016).

[51] John Tucker, "Japanese Confucian Philosophy," The Stanford Encyclopedia of Philosophy (Fall 2013 Edition) Edward N. Zalta (ed.), Web (Accessed: Apr. 23, 2016).

[52] Whan Kihl Young, Transforming Korean Politics: Democracy, Reform, and Culture, New York: M.E. Sharpe, 2005.

[53] Ganga Bahadur Thapa, "Policymaking Process in Korean National Assembly." International

長人選一般來說是從由儒家核心價值派生的以忠誠和等級制度為範例的政府部門機構中產生。朝鮮半島在李氏朝鮮時期，儒家文化的滲透和保留比中國更甚。在David Kang的著作《東亞在西方之前》中，他討論了這一主張，討論了韓國儒家在社會中如何強大的一部分，韓國的儒家學者人數比中國人都多十倍。韓國政府在這段時間裡也採取了模仿中國的改革，例如基於精英的考試制度。以儒家作為這一時期文明的標準，毫無疑問，日本、韓國和越南都運用了儒家思想的元素。

第三節　智庫和政策制定

　　智囊團與知識分子在中國政策制定中的地位也呈現出加強的趨勢。在毛澤東時代，知識分子論政備受限制。而自從1980年代，對外事務智囊團的發展無論是在數量還是在範圍上都呈現出蓬勃發展的趨勢。在國務院下有國際研究中心（Center for International Studies）和國家安全部所屬的現代國際關係研究所（現在稱為現代國際關係研究院）。此外，每個與外交政策有關的部門，例如外交部和外經貿部，也都有自己的研究機構。在中國社會科學院也有幾個國際問題研究機構，這些機構的研究焦點集中在世界政治與經濟關係上，也集中在地區問題研究上，例如對蘇聯和東歐地區的研究、美國問題的研究、日本問題的研究、拉丁美洲問題研究、南亞問題研究、中東和非洲問題研究以及西歐研究等。在北京和上海的一些著名大學裡也有一些專門的國際問題研究單位，例如在北京大學、中國人民大學、復旦大學，以及清華大學。

　　這些機構與單位中的大多數主要從事兩種活動：通過基礎研究，從而在相關國際事務上提供基本背景資料，為外交議題提供建議和分析。他們也有制度化或者私人管道將他們自己在有關外交議題上的分析（甚至不同於官方的意見）提供給不同層次的官員。通過這種方式，智囊團和知識分子在外交政策制定過程中或多或少扮演著顧問與諮詢的角色。例如，從1978年到1985年，在有關蘇聯社會主義的議題上，與政府部門一樣，智囊團內也一直存在激烈的辯

Journal of Political Science and Development 3.5 (2015): 212-31. Academic research journals. Web (14 May 2016).

論[54]。這些辯論為北京於1980年代末與莫斯科關係正常化提供了充分的論證。

　　然而，智囊團與知識分子在外交議題上的政治影響力仍然相當微弱。他們或許可以在一系列議題上有相當大的私下自由討論權，而並非公開論政。在中國並沒有公開的論壇讓國際事務專家針對外交議題進行討論。如果一個學者被允許公開討論外交議題，那麼他是被期望對這些議題給予與官方立場一致的正面解釋，從另外一個方面論證官方立場的正確性。例如，1980年代中期，鄧小平反覆講到由於世界上愛好和平的力量在增加，因此大規模的世界戰爭在較長一個時期內不會爆發，因此，應該有理由下大決心在軍事領域進行大檢討，把軍事預算調整到較低的地位上。在北京一個由中外記者採訪並公開發表的會面中，國務院國際問題研究中心主任、也是中國對外事務研究領域的一流專家宦鄉，發表了以下評論：

　　　「鄧小平的和平思想建立在中國經濟發展以及經濟與政治改革的
　　基礎之上，而經濟和政治改革又來自於鄧小平思想的核心部分……最
　　基本的事情是，為了維護和平，中國需要依賴政治與經濟改革以及自
　　身發展。我想這就是鄧小平思想。」[55]

　　這是典型的由中國智囊團為了解釋最高領導的思想以及證明相關政策的正當性而發表的公開言論。從這個意義上講，知識分子在中國政治生活中還沒有成為獨立的力量。在私下，他們獲得了更多的自由去討論相關政策議題，而對外或者公開，他們則必須支援官方立場。這個是水準威權主義非常重要的特點。

（一）變化性和連續性

　　知識分子和思想庫對中國外交政策的影響這一問題已經引起西方的中國問題觀察家們的廣泛關注。最近的例子是，2002年9月出版的《中國季刊》（*China Quarterly*）以很大的篇幅討論了關於中國思想庫的研究。中國問題專

---

[54] 對於詳細的說明可參見：Gilbert Rozman, The Chinese Debate about Soviet Socialism. Princeton, NJ: Princeton University Press, 1987.

[55] 宦鄉，外國記者在北京對其的採訪，《文匯報》，1985年6月22日。引自：Carol Hamrin, China and the Challenge of the Future: Changing Political Patterns. Boulder, CO: Westview Press, 1990, p. 141.

家譚睦瑞（Murray Scot Tanner）[56]首先以中國商業化的不斷擴展為切入點考察了思想庫機制的發展，認為商業化催生了新型思想庫的產生。他進一步論證，在以往缺乏研究的中國公共安全思想庫網路當中，這種變化是普遍的、明顯的。制度建設轉為面向更加重要的、複雜化的反犯罪等具體問題，而不再以引發社會動盪的階級理論為中心。

沈大偉（David Shambaugh）[57]認為，過去二十年裡，外交政策思想庫已經開始在中國的外交決策和情報分析中發揮越來越大的作用。通過對中國共產黨發展的歷史回顧，他對思想庫的構造和運作過程做出了詳細的論述。沈大偉進一步認為，在各種機構及其人員之間出現廣泛的外交政策討論以及競爭過程中，這些思想庫經常提供重要的指引。邦妮・葛來儀（Bonnie Glaser）和菲力浦・桑德斯（Philip Saunders）[58]則重點研究了外交政策研究機構所面臨的社會環境及其不斷上升的影響。他們認為，一個更加多元化和競爭的政策環境會使思想庫的政策分析人員發揮更大的影響，但在分析家們和傳統研究體制外的人員之間也會形成新的競爭。

貝慈・基爾（Bates Gill）和毛文傑（James Mulvenon）[59]重點考察了在北京的全國性研究機構，從中得出結論：這些機構通常是由思想庫和其他隸屬於各政府機構的研究組織所主導。而且，中國人民解放軍也一直擁有內部的、隸屬性的研究機構，承擔一系列的資訊、交流和研究工作。巴里・諾頓（Barry Naughton）[60]研究了中國經濟領域的思想庫，他認為，儘管這些思想庫都是政府主導的，在正式的官方機制中提供了重要的、可選擇的政策和建議，然而隨著對中國高層提供政策諮詢的顧問網路不斷擴展，一些獨立的思想庫已經出

---

[56] Murray Scot Tanner, "Changing Windows on a Changing China: The Evolving 'Think Tank' System and the Case of the Public Security Sector," The China Quarterly, no. 171 (September 2002), pp. 559-574.

[57] David Shambaugh, "China's International Relations Think Tanks: Evolving Structure and Process," The China Quarterly, no. 171 (September 2002), pp. 575-596.

[58] Bonnie S. Glaser and Phillip C. Saunders, "Chinese Foreign Policy Research Institutes: Evolving Roles and Increasing Influence, The China Quarterly, no. 171 (September 2002), pp. 597-616.

[59] Bates Gill and James Mulvenon, "Chinese Military-Related Think Thanks and Research Institutions," The China Quarterly, no. 171 (September 2002), pp. 617-624.

[60] Barry Naughton, "China's Economic Think Tanks: Their Changing Role in the 1990s," The China Quarterly, no. 171 (September 2002), pp. 625-635.

現，而且有時這些政策顧問會發揮比思想庫更大的作用。

2004年的《中國季刊》刊登了江憶恩（Alastair Iain Johnston）的論文。他對中國中產階級對國際事務的態度進行了細緻的研究。論文的主旨雖然與思想庫沒有直接關聯，但論文關於中國市民社會發展的結論與本節的主題是相關的。[61]目前，越來越多的博士論文和碩士論文在關注這個主題，其中一些已編輯成書，或在各種期刊上發表。例如，香港中文大學出版社即將出版《中國外交政策思想庫與中國對日政策》一書，就中國思想庫的發展及其與中國外交政策的關係進行了詳細的研究。作者試圖以一種更寬廣的理論框架來整合近年來中國外交政策理念的發展。[62]

中國外交政策和其他決策過程中思想庫的重要性還引起了中國學者們的關注。對中國思想庫加以關注的又一個佐證是，戰略暨國際研究中心（CSIS）和中國多維傳媒公司（CMN）共同出版了網路期刊《中國戰略》。2004年1月出版的第1期辟出專題，主題是「中國第四代領導下的決策機制」。這一期中所有的文章都由中國學者執筆，對上面提到的《中國季刊》的研究是一個很好的補充。鍾南苑就當前中國思想庫及其與新領導人胡錦濤－溫家寶的關係進行了分析；丁大軍考察了在決策過程中知識分子的參與；鄒藍研究了中國智囊機構對政府財政、環境和公共危機管理決策的影響；張煒的研究集中在經濟政策領域；洪小虎研究了國防決策的新機制；孫哲分析了外交決策體制在新的領導集體下的變化與特徵。[63]

鄧小平時代的中國政治和外交政策與毛澤東時代相比發生了重大的變化。鄧的改革開放政策已經使中國的國內和國際發展從根本上改變了方向。江澤民時代和當前的胡錦濤時代可以看作是鄧時代大方向的繼續，不過，這些新的領導人也有自己的特點。所以，我們有必要考察不同年代的變化性和連續性。

1992年，筆者在《美國政治與社會科學年報》中發表文章，題為「中國外交政策中的國內因素：權威主義從垂直向水準的轉化」。論文分析了毛和鄧

---

[61] 參見Alastair Iain Johnston, "Chinese Middle Class Attitudes towards International Affairs: Nascent Liberalization?" The China Quarterly 179, no. 1 (2004), pp. 603-628.

[62] 參見Janet Liao, Chinese Foreign Policy Think-Tanks and China's Policy toward Japan, Chinese University Press, forthcoming.

[63] 以上都來自網站：http://www1.chinesenewsnet.com/gb/index.html。

時代的不同。[64]十多年過去了，與時俱進地考察後鄧時代的最新發展，並分析中國外交政策的未來方向，以及中國的知識分子和思想庫如何影響這一方向，可以說是符合時代要求的。在上面提到的文章中，筆者總結了從毛時代的垂直權威主義（如一人獨斷）到鄧時代的水準權威主義（如集體決策）轉變過程的特徵。筆者也指出，儘管知識分子的重要性不斷增加，但是還沒有在中國的政治生活中成為獨立的實體。更進一步論證，他們在國內政策上享有較大的討論自由，在國際事務上卻必須支援官方的路線。思想庫在研究國內一系列問題上享有相對較多的自由，但公開發表反對的觀點，即使不是完全不可能，也是非常困難的。其原因在於，學者雖然可以公開討論外交政策問題，但只限定於對官方的觀點提供解釋和論證。

　　隨著時代的發展，由於領導層決心要繼續鄧的改革開放政策，參與的範圍和程度在後鄧時代自然隨之擴大。江澤民主席和朱鎔基總理都鼓勵知識分子和思想庫多方面參與決策過程，最主要的是參與經濟決策。2003年至2004年，第四代領導集團完成權力過渡，開始執政。[65]胡錦濤主席和溫家寶總理分別擔任黨和政府的領導。基本實現了最高領導職務的和平過渡，我們也看到了領導集團與知識分子、思想庫之間的互動日益增多。

（二）「中心」與「周邊」之間聯繫的管道

　　以下分析聚焦於高層領導者（作為「中心」）和思想庫（作為決策圈的「周邊」的一部分）之間的關係。孫哲很早就在關於中國外交決策的論文中提到，決策過程可以分為內部和外部兩大圈子。[66]筆者在本節中將內部圈子——或者說是中心，界定為包括在黨和政府作出關鍵決策的個人和組織。至於外部圈子，筆者稱之為周邊，包括新聞媒體、大學、思想庫等等。在江澤民和胡錦濤的領導下，關鍵性發展是中心和周邊之間在交往上的日益活躍以及多層次的聯繫管道的形成。正如以下所要討論的，筆者將這兩大主體之間的聯繫管道歸

---

[64] 參見Quansheng Zhao, Domestic Factors of Chinese Foreign Policy: From Vertical to Horizontal Authoritarianism," The Annals of the American Academy of Political and Social Science, vol. 519 (January 1992), pp. 159-176.

[65] 有關中國第四代領導的論述，參見：Joseph Fewsmith, "China's New Leadership: A One-Year Assessment," Orbis, vol. 48, no. 2 (Spring 2004), pp. 205-216.

[66] 參考孫哲的論文可以登錄以下網站：http://www1.chinesenewsnet.com/gb/index.html。

納爲七種。

管道1：決策者的諮詢

　　近年來，中國共產黨和政府機構開始就某些具體的政策問題，包括外交政策，系統地向思想庫和知識分子進行諮詢。例如，外交部建立了專門的、範圍很小的專家諮詢庫。現下的體制中，最引人注目的是中共中央政治局創立了學習制度，經常邀請知識分子和思想庫的專家講課。值得注意的一個例子是，學者身分的秦亞青（來自外交學院）和張宇燕（來自中國社會科學院）應邀就外交政策和國際關係問題向中央政治局做了學術報告。[67]不過，僅僅有極少數知識分子能夠得到這種機會，所以不能期望他們會對政策產生多大的影響。

　　除了上面提到的講課之外，知識分子之間、知識分子和決策部門之間還經常就一些重大問題進行討論和論證。一種適宜的政治和知識氛圍對保證這樣的政策爭論是至關重要的。這樣的爭論在完全封閉的時代如文化大革命時期是無法進行的。鄧小平的改革開放政策開始於1978年，爲政策討論提供了可能性。國內首先出現的是經濟政策爭論，尤其是關於計畫經濟與市場經濟問題的大辯論。逐漸地，爭論擴展到了外交政策領域。例如，饒濟幾（Gilbert Rozman）對蘇聯的性質以及1978年至1985年之間的中蘇關係的討論進行了詳細的描述。[68]1990年代後，這種政策性辯論越來越多。

　　相關個案之一是有關中國加入世界貿易組織（WTO）和全球化問題的爭論。1990年代末到中國2001年9月加入WTO之前，贊成和反對加入WTO的辯論進行得如火如荼。[69]本寧・加勒特（Banning Garrett）在他在北京所作的研究中，對國內思想庫之間的爭論以及它們與官方的對話進行了調查，作爲政策制定的參考，這爲中國處理有關WTO的政策提供了幫助。[70]

[67] 2004年5月7日在華盛頓特區採訪中國人民大學教授金燦榮。

[68] Gilbert Rozman, The Chinese Debate about Soviet Socialism: 1978-1985, Princeton, NJ: Princeton University Press, 1987.

[69] Kalpana Misra, "Neo-Left and Neo-Right in Post-Tiananmen China," Asian Survey, vol. XLIII, no. 5 (September/October 2003), pp. 717-744.

[70] Banning Garrett, "China Faces, Debates, the Contradictions of Globalization," Asian Survey, vol. XLI, no. 3 (May/June 2001), pp. 409-427.

管道2：政府機制中的内部資訊管道

政府機構下屬的一些官方性質的思想庫也會參與處理外交政策問題。如前所述，這類思想庫中最有名的是各種政府機構下的研究部門。另一種類型的官方思想庫是政府參事室，其實就是「政府諮詢部門」。這類參事室在中央和省級政府中都存在。在國家層面，有國務院下屬的參事室，現有三十五名顧問。在省級或者市級層面，有四十一個政府諮詢部門，顧問超過一千人。[71]

思想庫施加影響的傳統方法是向中央遞交内部報告。主要的外交政策組織和機構，如外交部、國家安全部和軍隊都有自己的研究機構。研究人員通過長期建立的管道向各級決策者提交研究論文、政策分析和建議，其中有一些可能上達中央領導。

邦妮・葛來儀（Bonnie Glaser）和菲力浦・桑德斯（Philip Saunders）把思想庫學者的影響分爲四種類型。第一類，處於政府關鍵位置的一些學者可能產生「積極的影響」，如中國現代國際關係研究所（CICIR）和中國國際問題研究所（CIIS）的人員。第二類，在地區或技術領域中擁有專業知識的學者能夠施加所謂的「專業影響」。第三類，「個人影響」，即那些與高層官員有密切聯繫的個人的作用；如上海國際問題研究所時任副所長楊潔勉由於與楊潔篪（後來擔任外交部部長）的兄弟關係，與決策者有相當多的溝通機會。第四種影響可稱爲「經驗性影響」，這種影響來自那些因在國外學習、生活而具備豐富而有價值的知識的學者。[72]

筆者認爲，還要補充第五種影響源，即老練的退休外交官員。這些退休的外交官員不僅在國外積累了豐富的第一手經驗，而且，或許更加重要的是他們與外交政策機構之間有著廣泛的個人聯繫。確實，不僅由於人際關係在中國非常重要，也因爲中國的外交政策機構相對排外和封閉。這些退休官員經常有機會作爲顧問服務於外交部，或在一些半官方的政府機構中工作，如中國人民對外友好協會等。人們普遍認爲，中國前外交部長和副總理錢其琛從黨和政府機構中退休後，在相當長的時間裡仍然在外交政策方面擁有巨大的影響力。所以，思想庫的影響程度可能取決於個人所擁有的影響力。

---

[71] JIWEN，《揭開「政府思想庫」的面紗》，摘自《人民日報》，2004年4月10日，第4版。

[72] Bonnie S. Glaser and Phillip C. Saunders, "Chinese Foreign Policy Research Institutes: Evolving Roles and Increasing Influence," The China Quarterly, no. 171 (September 2002), pp. 608-614.

管道3：會議和公共政策討論

知識分子和學者傳達其觀點的另一個重要管道是通過會議和公共政策討論。儘管這些會議和討論對決策者並不一定產生直接影響，但對公眾輿論有重要的影響。相關的最新進展是在中國的新聞媒體（包括中國中央電視臺網路和主要報紙）上進行的關於當前國際事務的討論和辯論，這些都是與公眾對話的很好的例子。一般而言，此種討論的自由程度取決於問題的敏感程度。例如，罕見關於北韓核危機的討論（即使出現很少的討論，但討論者可能遭遇麻煩——見下文）；但有大量關於美國在伊拉克的軍事行動的精彩討論——在真正的辯論交鋒中我們可以聽到正反兩方的觀點。

附屬於各大學和各政府部門的研究機構在政策導向性會議中可能扮演主導者。中國社會科學院有許多專家經常參加有關政策諮詢的內部會議。在這方面，美國研究所和亞太研究所研究人員的活動可以提供很好的佐證。這些活動為學者們表達不同的觀點提供了絕好的機會。新聞媒體也會安排一些關於公共政策的討論。來自重點大學如北大、清華、人大、復旦以及中國社科院的教授和研究人員是這些國際導向型會議和討論的主要參加者。這些學者越來越多地應邀在國際會議、電視節目、廣播電臺、報紙以及流行雜誌上就外交政策發表看法。

管道4：非政府組織的政策

在中國，非政府組織還是一個新的概念，但這些組織卻迅速地被中國政府用於進行外交活動。可以肯定的是，許多非政府組織並不是真正獨立於政府的控制之外，不過，至少從表面上看，它們似乎有很大的自主性和靈活性來進行政策研究，或開展與外交政策相關的活動。

一個明顯的例子就是所謂的「二軌外交」。這一實踐涉及到退休的政府官員、學者以及思想庫人員，他們積極地參與各種論壇、會議和其他一些外事活動。在諸如軍控、臺灣問題等不易通過官方外交管道解決的敏感問題上從事交流。二軌外交也用於解決公共關係問題。為了鼓勵和協調這些活動，中國外交部於2004年春創建了一個名為公共外交的部門。時任部長助理沈國放在2004年3月的一次講話中談到，這個部門主要是在多元化的媒介間開展協調並對影響公眾輿論等問題開展研究。[73]

---

[73] World Journal, May 10, 2004, p. A4.

還有一些側重於外交政策的組織出現。中國改革論壇就是其中之一。該組織於1994年作爲一個非政府組織建立起來，掛靠在中共中央高級黨校下，當時的主席鄭必堅是中央黨校前常務副校長，在擔任顧問或行政工作的人員中有很多知名學者、知識分子、在職或退休的政府官員。該論壇組織了多次學術會議，同美國、法國、英國、德國、荷蘭、俄羅斯、日本、韓國和新加坡等二十多個國家建立了交流關係，其國際國內的影響都在上升。這些發展進一步說明，中國的決策者強烈渴望融入世界學術和政策研究的共同體中。

管道5：體制外的討論

以上提及的管道或多或少會被認爲政府起著主導作用。然而，對體制外的管道也要給予密切關注；這意味著體制外的討論有時會超出政府的控制。在1990年代進入資訊時代的背景下，這一趨勢在最近十來年中表現得尤爲突出。由於對公共資訊的控制力減弱，學者們擁有更多的管道去表達與執政黨不同的聲音，其中大量言論迎合了帶有強烈民族主義色彩的流行情緒。例子之一就是1996年出版的暢銷書《中國可以說不》，反映出一種強烈的反美情緒。[74]

網路討論已經引起中央領導的注意。例如，中國外交部在其中文網站上發表了一則廣告，鼓勵學者和普通大眾發表觀點。線民可以給外交部發郵件或參與網上討論，甚至可以定期地與高級外交官員在網上交流來表達自己的觀點。[75]

無論何時發生某個突發性的或涉及中國的爭議性國際事件，網上就會進行激烈的討論。這樣的討論模式，起始於1999年爆發的科索沃戰爭以及隨後北約炸毀中國駐貝爾格萊德大使館事件。趙鼎新詳細地考察了北京大學生對這一事件的反應，認爲中國存在「一股強烈的、明顯上升的、反美的民族主義情緒」。[76]如果網上討論的問題涉及民族主義的話題，例如關於中日之間在釣魚

---

[74] 宋強、張藏藏和喬邊，《中國可以說不》，北京：中國工商聯合出版社，1996。進一步的分析見：Quansheng Zhao, "Chinese Foreign Policy in the Post-Cold War Era," World Affairs, vol. 159, no. 3 (Winter 1997), pp. 114-129.

[75] Peter Hays Gries, China's New Nationalism. Berkeley, CA: University of California Press, 2004, p. 134.

[76] Dingxin Zhao, "An Angle on Nationalism in China Today: Attitudes Among Beijing Students after Belgrade 1999," The China Quarterly, no. 172 (December 2002), pp. 885-905 (Quote from p. 902).

島（日本稱尖閣群島）問題上的主權之爭，討論就會變得更加激烈。

雖然越來越多的中國公民開始使用互聯網，但這在中國人口中還僅僅占一部分。要想充分表達公眾情緒仍是相當困難的，不過，網路討論在兩個方面發揮了極具影響的作用。第一，政府的重大決策不得不把公眾輿論納入考慮，例如與外國合作建設北京至上海的高速鐵路工程。誰將成爲中國的合作者（日本還是歐洲），直到2005年春天仍然處於爭議之中而難以定奪。第二，具有一種威懾的作用，使得學者和知識分子在公共場合就某一爭議問題表態時頗有顧慮。一些學者接受訪問時，擔心網上可能會出現否定的聲音，不敢作出理性的分析。

管道6：海外學者

知識分子影響中國外交政策的另一種重要資源來自海外學者。以往，只有少數作出卓越貢獻的個人能發揮這種作用。例如，獲得諾貝爾獎的美籍華人被邀請回國，就包括外交政策在內的各種問題向高層領導提供建議，但是這種活動很有限，也缺乏系統的安排。

1980年代以來，大批學者和學生留學國外。他們中的許多人已經在已開發工業國家——尤其是在美國和日本——成爲教授和學者。這些學者中的大部分在科技領域工作，有少部分專攻社會科學和人文科學，包括外交政策和國際關係。這些學者在學術交流和專業網等方面都建立了自己的組織。有些學者還在外交政策事務上扮演了諮詢的角色。

全球華人政治學家論壇就是這樣的一個例子。[77]1997年，來自美國、中國、香港、臺灣和日本的中國學者發起成立了這個組織，並於1999年在位於華盛頓郊區的馬里蘭大學召開了論壇的第一次會議。論壇的主要活動分爲四種方式：第一種是利用全美政治學會每年召開的年會作爲平臺，與美國政治學界的主流，和研究中國問題的專家們進行同臺討論學術交流。在年會上，提供一到兩個關於中國內政外交的學術研討會。第二種是在全球各個地方與當地的學術機構合作召開各種各樣的討論會。二十多年下來，論壇的足跡除了北京、華盛頓之外，遍布香港、臺北、東京、首爾等地，以及中國大陸的很多城市，例如上海、南京、廣州、大連、瀋陽。第三種是政策導向的討論。每年召開一到兩次國際會議、討論會或小型圓桌會議，對相關中國外交政策與國際關係關聯

---

[77] 中國政治學家全球論壇活動的詳細資訊請見論壇主頁：www.haiwaikanshishie.com。

的問題進行深入地溝通和交流意見。這種方式主要是由海外學者組團到中國大陸去參加討論。在這些會議上，與會人員就外交事務、國防以及政治發展等問題進行了廣泛交流，就各種意見、觀點開展了討論。這種新的對話模式和制度化的訪問對於中國的決策者深切地瞭解對外事務和改善決策過程將產生一定程度的影響。第四種就是通過網路媒體的政論時評，積極發揮海外智庫的作用。當然，此類接觸尚屬初期階段，海外學者的影響力仍然是有限的、不為人所注意的。有關全球華人政治學家論壇的活動和作用，請看第七章「實踐與思考」第二部分的詳細介紹。

管道7：高度專業化的專業共同體

1992年，彼得·哈斯（Peter Haas）和他的同事在《國際組織》上發表了一組主題為「知識、權力和國際政策協調」的文章。哈斯明確提出了「專業共同體」的概念，將其定義為「在特定的領域裡，基於公認的技術和能力，以及在該領域或問題範圍中與政策相關的權威性知識而形成的專業網路」。[78]某種專業會由於問題的性質和相關性而變得很有影響力。

隨著國際關係和外交政策研究領域中學者和知識分子的進一步成長，三類政策導向型的專業共同體也已經出現。第一類是集中研究具體政策領域問題的專業共同體，如軍控、導彈防衛、人權、世界貿易組織等。例如，貝慈·基爾（Bates Gill）和毛文傑（James Mulvenon）對中國軍隊系統的思想庫和研究機構的考察表明，與外國軍事研究機構開展交流的專案發展很快而且頗為引人注目。這些思想庫和機構包括中國國防大學、中國國際戰略研究所、和平與發展中心、中國國防科技資訊中心、國際戰略基金會以及中國軍事科學院。[79]這些問題導向的思想庫和組織在國內外建立了廣泛的網路關係，形成了一個政策共同體。

第二類專業共同體是由地區的或國家的研究機構和學者所構成。在中國，有一大批研究機構和學者致力於研究特定的地區或國家，如美國、歐洲、日本、中東、南亞、非洲和拉丁美洲。各個地區的研究都形成了網路，並發展得

---

[78] 參見Peter M. Haas, "Introduction: Epistemic Communities and International Policy Coordination," International Organization, vol. 46, no. 1, Winter 1992, pp. 1-35.

[79] Bates Gill and James Mulvenon, "Chinese Military-Related Think Thanks and Research Institutions," The China Quarterly, no. 171 (September 2002), pp. 617-624.

很有成效。第三類專業共同體由面向國際的研究機構和學者所構成。這些無論是政府的還是非政府的思想庫，都與國外同行們建立了很密切的聯繫。這方面最好的例子就是中國國際問題研究所（CIIS）、中國現代國際關係研究院（CICIR）、中國改革開放論壇（CRF）和上海國際問題研究所（SIIS）。

中國的外事機構通過各種管道與各種專業共同體進行不同程度的接觸，從而能夠獲得來自不同層面、視角和背景的專家的建議，以達到完善決策的目的。這些廣泛建立的網路關係也使得決策者得到政策建議和資訊的輸入。同時也要看到，這些共同體的發展是不均衡的，因而其功能和影響也有所不同。

（三）變化的原因及今後的發展

如上所述，知識分子和思想庫在中國外交決策過程中的作用有了巨大的變化和發展。前面提到筆者1992年在年刊發表的文章，如其所述，毛澤東時代和鄧小平時代之間發生了根本性的變化。近年來，尤其是在江澤民和胡錦濤的時代，中國社會的重大變遷仍在持續。屬於政策輸入範疇的中心—周邊溝通的七類管道也體現了這一變化。這種變化背後有三大原因。

首先是中國市民社會的發展。弗蘭克・史華慈（Frank Schwartz）和蘇珊・法爾（Susan Pharr）合編的書對日本的市民社會進行了出色的分析。[80]對於「市民社會」的界定，史華慈強調以下重要因素：民族國家、文化認同、市場經濟、交往、公域（與他人之間）。[81]借用對日本的有關分析，我們可以清楚地看到最近中國的發展如何建立了市民社會發展的基礎。如前所述，江憶恩（Alastair Iain Johnston）在最近的文章中提出，中國不斷擴大的中產階級對國際事務的態度已經轉到「自由主義萌芽的較高層次」，[82]這對中國的外交政策會產生影響。過去二、三十年裡市場經濟的繁榮以及公民個人在經濟和政治環境中的空間不斷擴展已經創造了一種新的氛圍。

知識分子和思想庫可以利用這種公域（包括如新的媒體和網路等機制）發

---

[80] Frank Schwartz and Susan Pharr eds., The State of Civil Society in Japan. New York: Cambridge University Press, 2003.

[81] Frank Schwartz, "What Is Civil Society," in Frank J. Schwartz and Susan J. Pharr eds., The State of Civil Society in Japan, New York: Cambridge University Press, 2003, pp. 23-41.

[82] Alastair Iain Johnston, "Chinese Middle Class Attitudes towards International Affairs: Nascent Liberalization?" The China Quarterly 179, no. 1 (2004), pp. 603-628.

表他們的觀點。對中國的大眾民族主義與外交政策之間的關係進行細緻研究之後，彼得‧格里斯（Peter Gries）認爲「大眾民族主義不僅影響國內政治，也開始影響中國的外交決策」[83]。所以江—胡時代與鄧時代的不同在於，知識分子現在有更大的自由從各種角度和程度就外交政策問題發表觀點（雖然限制因素還存在）。

這些變化背後的又一重要原因是對政策諮詢的巨大需求。隨著中國快速融入世界共同體，中國對外關係也在迅速發展。對外政策問題不再侷限於政治、安全和戰略，也包括其他領域如文化、經濟、人權、國際組織等。這些問題需要更廣泛的參與，僅靠官方的力量是不夠的。基於此種認識，外交部和其他政府機構逐漸建立起與思想庫和知識分子之間正式及非正式的諮詢體制。

根據彼得‧哈斯的觀點，專業共同體具有四大功能。第一，他們能對政策的因果關係做出闡釋，並且提供各種效果不同的行動方案。第二，他們能找出各種問題之間複雜的內在聯繫，清楚地看到事物的本質。第三，他們能界定國家或集團的自我利益。最後，他們能幫助闡明政策。在有些個案中，「決策者將尋求各種建議，以便取得政策依據或獲得政策的合法性，從而推動政策實施以達到他們的政治目的」[84]。與此相似，中國的專業共同體，包括知識分子和思想庫，在政策形成過程中已經表現出這些功能。

第三個重要原因是外交機構專業化的不斷加強。正如一位前中國外交官員告訴美國研究人員的：「過去當一名中國的外交官員是很容易的，你只要記住當前政策的幾句套話，然後不斷重複就可以了。現在就難得多了，幾乎所有的事情你都要瞭解。」[85]研究人員和外交人員一樣，教育水準也在不斷提高。他們中的許多人有外國留學的經歷，其中一些還獲得了美國、日本、歐洲的碩士和博士學位。而且，通過與西方同行密切交流，中國外交人員的學習過程大大縮短，很快就在專業上訓練有素。知識分子和思想庫在研究和政策輸入方面都

83　見Chapter 77, "Popular Nationalism and the Fate of the Nation," in Peter Hays Gries, China's New Nationalism. Berkeley, CA: University of California Press, 2004, pp. 116-134.

84　Peter M. Haas, "Introduction: Epistemic Communities and International Policy Coordination," International Organization, vol. 46, no. 1, Winter 1992, p. 15.

85　節錄自Bonnie S. Glaser and Phillip C. Saunders, "Chinese Foreign Policy Research Institutes: Evolving Roles and Increasing Influence," The China Quarterly, no. 171 (September 2002), p. 597.

更加專業化。由於知識分子和思想庫無論在數量還是素質方面都在提高，自然而然，外交機構的高層領導也會更多地聽取他們的意見。

至於說到未來的方向，筆者想以半杯水來比喻知識分子和思想庫對中國外交政策所產生的影響。杯子是半滿的，顯示知識分子和思想庫對外交政策領域的影響在顯著上升，同時我們也應該注意那半空的部分。政策諮詢仍然有諸多限制。這是事實，與西方國家或者深受西方影響的東亞國家如日本、韓國相比，或者同臺灣地區相比，確實存在差異。一個主要的不同在於，官方的外交政策受到公開批評和挑戰的程度不同。例如，我們知道小布希總統因伊拉克戰爭而背負巨大的來自國內外的批評壓力，日本和韓國的領導人也因向伊拉克派兵在國內遭到公開抨擊。中國儘管已經取得了重大進展，但是在目前的中國社會裡，就重要的外交決策開展真正的辯論仍是難以想像的。

另一個限制是知識分子／思想庫與政府機構之間缺乏人員流動。當政權更替時，一些前政府官員就會進入思想庫從事研究工作，而學者和知識分子也有機會在政府就職，這在西方和日本都是慣例，在中國則是極其罕見的。

面對知識分子和思想庫在中國外交政策中的影響不斷上升，執政者對這一形勢發展的利弊有著精明的權衡。一方面，知識分子和思想庫更多地介入政策諮詢將提升決策的品質，在國際社會中也可以提供交易的籌碼。另一方面，作為一個威權社會，在做出包括外交決策的重要決定時，中國共產黨小心翼翼地維護著自己的權力。基於此，當局對知識分子活動的控制不可避免地會時緊時鬆，知識分子參與外交決策的程度將隨著黨和政府控制社會程度的變化而變化。

第四節　中國外交政策的發展方向：從革命化到現代化

在十九世紀後半期，中華人民共和國可以被劃分為毛澤東（1949-1976）和鄧小平（1978-1997）兩個不同時代[86]，後來的江澤民和胡錦濤時期都可以劃入鄧小平時期的延續。工作重心從毛澤東時期的以革命為目標轉向鄧小平時

---

[86] 在毛澤東時代與鄧小平時代之間，有兩年（1976-1978）的過渡時期，即由毛精心挑選的繼承人——華國鋒領導中國。而鄧在毛發動的文化大革命期間曾兩次受到迫害，直到1973年才得以復職。

期的優先發展現代化。自2012年習近平接班以來又進入了以習近平爲核心的新時代，但總的方向還是沿著鄧小平改革開放的路線。

（一）革命時期

1949年中國共產黨革命勝利後，新的領導集體面臨嚴峻的國內和國際問題，國內社會不穩定，國際上則備受西方世界的孤立。在此背景下，毛澤東提出了中國外交政策的三個基本原則：

1. 「另起爐灶」──即新中國需要在嶄新的基礎上發展與各國的關係；
2. 「打掃乾淨屋子再請客」──先鞏固國內政權，然後再發展對外關係；
3. 「一邊倒」──即倒向蘇聯一邊。

由於臺灣蔣介石政府的存在，解決共產黨政權的合法性問題已成爲當時新中國領導人的當務之急。國內，臺灣和大陸之間的對峙被認爲是內戰的延續；在國際上，新中國需要確立在聯合國的合法代表地位，以及得到其他國際組織的認可。北京和臺北都聲稱他們是全中國的唯一合法代表。因此，臺灣問題就成爲新中國外交政策考慮因素中極其關鍵的一環。

以毛澤東爲核心的新政府考慮的另一個重要議題與共產主義意識形態密切相關。儘管在1940年代中期，毛澤東曾期望並努力與美國和平相處，但因種種原因，新中國成立後還是做出了與蘇聯結盟的戰略決策[87]。如上所述，當時美蘇之間的冷戰形成了帝國主義和社會主義兩大敵對陣營，而鑒於毛澤東一貫的思想意識形態主張，北京必然會加入社會主義陣營，因此中國做出支援莫斯科而反對華盛頓的決定也並不意外。同時，一旦覺察到革命政權存在外部威脅，毛澤東一般傾向於採取軍事手段應對。例如，中國介入韓戰和越戰的目的，正是在於保衛中共新政權、捍衛中國國家安全，以及促進共產主義意識形

---

[87] 早在1944年，毛澤東曾試圖尋求獲得美國的幫助。參見James Reardon-Anderson, *Yenan and the Great Powers: The Origins of Chinese Communist Foreign Policy, 1944-1946* (New York: Columbia University Press, 1980), particularly chapters 3 and 4. Anderson指出：「毛澤東的目標是華盛頓。中央委員會明確禁止武器與軍火的需求，毛還提出僅以一種迂迴的方式與美國聯繫（Mr. John Service是當時美國對待中國的一種外交手段）……9月份，延安政府一位資深人士（極有可能是毛澤東本人）在《解放日報》頭版發表了一篇尋求美國援助的文章。」

態的發展。

　　毛澤東直到去世都堅持認為中國必須要把革命進行到底。在他看來，社會主義國家的建立並不代表大部分群眾會自動接受新的思想意識。他堅持認為，雖然人們可以在相對較短的時期內從剝削階級手中奪取政權，卻要從根本上消除殘留的舊社會觀念和習俗，則需要經過很多代人的努力才能實現。從而，毛澤東斷定戰爭和革命「必須繼續進行下去」。

　　在毛澤東看來，中國是一支新興而有力的革命力量，應該支持其他國家的革命力量。從表面上看，當時北京的其他高層也普遍接受了這種思想。但是鑒於當時在黨內的對內政外交的分歧，以及隨之而來的「鎮反」、「反右」、「文革」等政治運動，我們因此就很難瞭解黨內高層對外交事務有多大程度的一致性。毛澤東隨後也積極在中國外交政策中推行這種革命理念。他表示中國擁護世界上的一切革命力量，號召與「帝國主義」（例如美國）、「修正主義」（例如蘇聯）和「極端保守主義」（例如印度）鬥爭到底。毛澤東時代這種高度強調意識形態的政治戰略考慮，通常使得中國外交政策其他領域的重要性相形見絀，例如中國的對外經濟關係。

　　總的來說，中國當時對內主要強調階級鬥爭和政治運動，對外則奉行激進政策以促進世界革命。這些促進世界革命的行為，在一定程度上旨在提高中國在共產主義世界的影響。因為在當時，思想戰線的論戰往往被視為衡量一個國家在多大程度上堅持馬克思列寧主義原則的標準。而也正是在思想領域的論戰中，中國指責蘇聯的修正主義傾向，中蘇關係的裂痕也由此產生。

　　同樣在1960年代，中國對美國也充滿了敵意。在東亞，中國支持北韓和北越對抗美國；而諸如日本、南韓和南越等美國盟國，則被中國諷刺為「美帝國主義的走狗」。

　　與此同時，中蘇關係也變得越加緊張。特別是在1969年兩國邊境發生軍事衝突後，毛澤東聲稱莫斯科在推行「霸權主義」，並開始把蘇聯視作更大的威脅。為了應對這種威脅，中國開始轉向緩和與美國之間的緊張關係。而在美國方面，由於期望中國能幫助其從越南平穩撤軍，尼克森總統也在很大程度上調整了對華政策。這種背景下，自1971年始，中美兩國開始為改善雙邊關係進行了漫長的征程。1972年尼克森總統訪華開啟了歷史性的一頁，1979年經吉米·卡特總統決定，美國與中國建立了正式的外交關係。而儘管如此，毛澤東仍繼續號召要與兩大「霸權國家」——「美帝國主義」和「蘇聯帝國主義」——鬥爭到底。

在毛澤東的領導下，外交主要旨在加強中國的軍事實力和提高中國的政治影響力。這種目標的確立，與中國在過去一個世紀裡屢遭侵略的痛苦記憶、以及毛澤東本人對該記憶的敏銳體察有關。而1949年中國革命勝利後，爆發的諸多區域戰爭——韓戰、越戰以及中蘇和中印邊境衝突——更使得毛澤東對上述目標確立的正確性深信不疑。在斷定第三次世界大戰不可避免的情況下，毛澤東、林彪等激進的中國領導人堅信必須盡早而全面的做好戰爭準備。同時，政治和軍事力量的發展也是爲了實現中國對世界革命的領導，以及對其他國家革命進程的支援。種種考慮的結果就導致了當時中國的外交政策制定總是優先考慮意識形態、政治以及戰略因素。

與此同時，中國外交政策同樣深受國內因素的影響，尤其是1966年至1976年的文化大革命。在國內，文革在共產黨的領導下毫不動搖地以毛澤東的思想爲宗旨，堅持革命、肅清黨內走資派。在國外，毛澤東繼續推行其「世界革命」理念。在文化大革命的高潮時期，中國盡可能的與外部世界保持隔離，這也直接導致中國人民對外部世界所發生的事情幾乎是一無所知。這種孤立的、教條主義的外交政策使中國付出了慘重代價。在經濟上，中國遠遠落後於大多數國家；在戰略上，中國一方面被美蘇兩個超級大國所包圍，另一方面鄰國的猜疑也使得周邊邊境環境持續惡化。雖然在1970年代，毛澤東爲打破這種外交孤立曾努力改善與美國、日本和大多數西方國家的關係，但由於他對革命言論和教條原則的堅持，這些努力對形勢的扭轉基本沒有產生多少正面效果。

在新中國成立的前二十年裡，以穩定政權爲首要目標的北京高層對外部威脅異常敏感。在毛澤東時代後期，中國領導人逐漸摒棄了激進的行爲方式，從而開始了建設現代化的新篇章。

（二）現代化時期

1976年毛澤東逝世，歷經十年的文化大革命得以終結。在隨後兩年的過渡時期裡，中國由毛澤東的欽定繼承人華國鋒領導。鄧小平在之後的1977年掌權，1978年正式成爲中國新一代的領導人。領導權的更迭標誌著當代中國歷史一個新時期的開始。毛澤東時代是以文化大革命爲標誌的激進革命時期。而鄧小平時代（1978-1997）則是以「全面發展社會主義現代化」爲目標的實用主義時期，從這個意義上講，鄧小平時期屬於後革命時代。在國家優先發展目標和對待國際體系的行爲方式上，鄧小平時期與毛澤東時期相比發生了方向性的重大變化。

　　大體說來，毛澤東時期的中國政府非常強調革命的重要性，認為在當時的國內外環境中，唯有進行戲劇性、大規模的社會改革才是共產主義國家的生存之道。這個時期的特點表現為以革命意識形態為重心、基本忽視被普遍認同的國際規範，同時對外部威脅極端敏感。當察覺到新的社會主義政權面臨外部威脅時，以毛澤東為首的中央領導集體通常會選擇軍事手段解決問題。而到了後革命時代或現代化時代，中國不再執著於世界革命。在國家間相互依存、特別是經濟一體化不斷發展的情況下，中國逐漸認識到繼續執政的方式和手段可以更加多樣化。現今的國家安全不但與政治和戰略性問題有關，而且同樣與經濟發展緊密相連。鄧小平在一些場合多次強調：如果中國的經濟發展繼續落後於世界其他國家，就會面臨被開除「球籍」（全球公民身分）的危險。

　　1980年代初，鄧小平確定了中國未來十年發展的幾項任務：維護穩定的國際秩序、為統一臺灣繼續努力，以及加快中國的經濟現代化進程。其中，鄧小平明確指出第三項任務最為重要：「現代化是這三項任務的核心，因為它是我們解決內部和外部問題的必要條件。」他認為：「除非發生世界大戰，美國才會停止發展經濟。」在鄧小平的領導下，中國開展了一系列的深刻改革，特別是在經濟領域，這些改革也促使中國的外交政策對國際社會更加開放。今天看來，相對於毛澤東時代，鄧小平在國家發展戰略上之所以進行這種戲劇性的調整，主要基於以下四個原因：

　　首先，鄧小平時期的國內局勢逐漸穩定，而且與文革時期強調大規模的政治激進運動不同，現時的社會輿論普遍認為中國應專注於經濟建設。有了這種輿論基礎，以鄧小平為首的新一代中央領導集體越發自信，他們因此更加強調經濟現代化而非意識形態。由於發展與資本主義國家的關係有利於實現中國經濟現代化的目標，因此這種重心的轉移也成為中國融入世界的推力。

　　其次，自1970年以來，中國的國際地位迅速提高。1971年，聯合國通過投票表決，承認北京政府為全中國人民的唯一合法政府。至此，中華人民共和國不僅成為聯合國會員國，而且也取代臺灣成為安理會常任理事國。此後不久，美國總統尼克森的訪華，以及中國與日本和西歐國家的正式建交，都使得中國進一步融入了國際社會。

　　再次，「姓資」和「姓社」的問題不再是上綱上線的問題。如前所述，發生於1950年代和1960年代的中美、中蘇衝突除了國家利益因素外，意識形態也是一個重要的影響因素。而從1970年代後期開始，經濟利益的考慮則成為重中之重。這種背景下，也迫使北京與這些曾一度被視為敵人的工業化國家發

展正常關係。

　　最後，在鄧小平時期，中國的周邊國家和地區——日本、韓國、新加坡，以及臺灣和香港等新興工業經濟體——的經濟均快速發展。而且在亞洲四小龍中，除了韓國外，其他國家和地區的社會構成均以華人為主。基於對這一事實的認知，中國政府對國家生存有了新的解讀，並進一步認為經濟競爭與政治和軍事對抗同等重要。

　　1989年柏林牆倒塌和第二年開始的蘇聯瓦解所造成的更加錯綜複雜的局勢，鄧小平總結經驗教訓後，在外交領域提出了著名的「28字方針」。這一方針為當時中國的外交政策確立了新的方向。鄧小平「28字方針」的要點包括：「不扛旗」——中國堅持走社會主義道路，但不取代蘇聯原來在社會主義陣營中的領導地位；「不當頭」——中國不會做第三世界的領導者；「不對抗」——中國不尋求與西方國家對抗；「不樹敵」——不管別的國家是否堅持社會主義，都不干涉其內部事務。另外，在處理外交關係時，中國堅持不以意識形態定親疏，採取「超越意識形態因素」發展國家間關係的做法。同時，在一些與中國國家利益直接關係不大的地區熱點問題上，保持相對「超脫」的態度。

　　鄧小平的想法是：中國到二十一世紀中葉要「基本上實現現代化」，只有這樣，中國到時才能說已經「邁向成功」。為實現這一偉大戰略，鄧小平主要有五個方面的設想。

　　第一，從此前促進世界革命的目標開始轉向積極尋求營造和平的國際環境。中國不再以世界革命的中心自居，而是渴望世界和平，避免干涉其他國家的內部事務。

　　第二，不再反對現存的國際準則和規範，而是努力成為國際秩序中負責任的一員。毛澤東時期，中國表現出對現存國際秩序的強烈不滿。北京政府不遺餘力的批判聯合國等各種國際組織。即使在加入聯合國成為安理會的常任理事國後，中國仍對各種國際組織高度戒備。但是，自1978年實施改革開放以來，中國就告別了「局外人」（outsider position）的時代。此後，中國開始積極地參與包括世界銀行、國際貨幣基金組織（IMF），以及亞洲發展銀行（ADB）等在內的各種國際經濟和文化組織。同時，許多國家在外交上也逐漸承認了中華人民共和國在國際社會中的合法地位，中國的國際地位不斷提升。總的來說，現在的中國在全球事務中發揮著建設性的作用，而不再是一個破壞者。

　　第三，在鄧小平的領導下，中國的工作重心已從政治和軍事建設轉向發展經濟現代化。鄧小平意識到中國不僅（在經濟上）遠遠落後於美國、日本等已開發國家，而且也不如許多周邊鄰國。因此，在中國的現代化進程中，經濟現代化成為國家發展的首要任務。值得一提的是，與此前的經濟實踐不同，政府逐步開始接受從世界銀行貸款到受災救濟金等各種類型的外部援助。中西方之間也出現了多種經濟合作形式，例如外商直接投資和中外合資等。

　　第四，中國的內外政策摒棄了過去教條主義的作風，而表現出越來越多的實用主義色彩。早在1980年，北京政府就開始奉行「獨立自主」的外交政策，努力發展與美國的友好關係。蘇聯解體後，也不斷改善與前蘇聯國家的關係。但實際上，與當今積極發展與俄羅斯的關係相比，中國與西方國家走得更近，這也是為了迎合中國現代化建設的需求。另一方面，就國家安全而言，中國的政策更趨靈活。對於具有爭議的釣魚島和南沙群島等問題，通常採取暫時「擱置爭議」、以待有利時機解決的立場。

　　總的說來，中國的外交政策在毛澤東逝世後有了根本轉變，但仍繼承了一些重要原則。中國歷來反對任何試圖在亞太地區建立霸權的行為；中國一貫支持第三世界國家，在南北紛爭和談判中堅決捍衛南方立場；同時，中國對外部威脅也繼續保持高度警惕，尤其在涉及到國家主權或執政地位方面。歷屆領導人都表明將採取各種必要措施，維護國家主權和領土完整不受侵犯；最後，近年來，相對於諸如經濟和文化政策之類的決策制定過程趨於分權化的趨勢，中國在對外關係領域，儘管決策過程的參與範圍有所擴大，但是政策制定的模式仍高度集中。

（三）從韜光養晦到奮發有為的習近平新時期

　　習近平上臺後，中國崛起的進程開始有了飛躍的質的變化，這也帶動了中國外交政策的重大轉變。這個轉變主要表現在三個方面：第一，實力的重大變化。我們都知道，國際關係理論的一個重要分析依據是國家實力分布相對強弱的變化。中國於2010年在國民生產總值上超越日本，從而成為世界第二大經濟體。到了2016年，中國的經濟體量就成為了日本的兩倍半，而中國對世界經濟發展的引擎作用也越發明顯，這些年來對世界經濟發展的貢獻一直在30%上下。這樣顯著的經濟發展必然在全世界的政治經濟格局引起重大的反響。

　　第二，中國開始從區域性大國走向全球。這不光是表現在對自身的國家利益越來越關切，例如在南海和東海問題上；同時在另一方面，中國的政治、經

濟、軍事、文化上的活動也都已經向全球伸展。其中一個突出事例就是大量的中國遊客走向世界。中國外交政策的變化與隨之而來的海外國家利益的保護，以及對中國公民在海外的保護成為了外交工作的重點。

第三，中國不但積極參與現行的國際政治經濟體制並發揮越發顯著的作用，而且開始以經濟領域為起點向世界提供自己的公共產品。最突出的例子就是2016年建立的亞洲基礎設施投資開發銀行，以及2013年習近平提出的「一帶一路」的新外交戰略。這兩項舉措雖然是亞洲地區性的項目，但實際上都帶有全球性的含義。前些年中國一直在參與的區域全面經濟夥伴關係協定（Regional Comprehensive Economic Program）和上海合作組織（The Shanghai Cooperation Organization），不僅涉及到提供公共產品，而且實際上也是對國際規則制定的爭取以及對話語權和領導權的提高。這樣一來就讓外界感到中國的外交政策變得更加主動堅定和自信。

第五節　臺海問題的內部與外部因素

臺灣問題是典型的內政外交相混雜的問題。就臺灣的研究來說，可以從三個角度出發。首先要搞清影響臺灣內政外交的各種因素。作為國共內戰的產物，臺灣可以被定義為一個內政問題，但同時隨著世界局勢的發展，國際勢力也不斷介入到其中。例如在韓戰時，美國第七艦隊進駐臺灣海峽阻止了中國第三野戰軍收復臺灣的行動。鄧小平說「臺灣問題就是美國問題」，但是除此之外，經過日本超過半個世紀的殖民，臺灣民眾存在著認同問題。這同樣是內外交至的結果，一方面是因為臺灣離開中國太久，另一方面是由於日本與美國外部滲透的影響。

針對臺灣問題，鄧小平提出了「和平統一」和「一國兩制」的構想，而不再執著於「武力解放」（但不承諾放棄武力）。在毛澤東時期，蔣介石政府曾發誓要「光復大陸」，而毛澤東則針鋒相對的提出「武力解放臺灣」作為回應。到了鄧小平時期，中國政府則改變了以往對抗和不妥協的姿態。1978年，鄧小平在會見訪華的美國代表團時，就提出了和平統一的對臺政策。

擺脫傳統教條主義的束縛，鄧小平發現在臺灣強行實施與大陸同樣的社會主義制度並不可行；這主要緣於臺灣與大陸在政治、經濟和社會生活等方面的巨大差異，以及因此所造成的無論是臺灣的統治精英階層或是普通民眾，都很

難為了實現統一而接受社會主義體系的客觀現實。在這種情況下，鄧小平主張，臺灣可以在統一之後繼續保持與國際社會的經濟、文化關係，並保持現有的政治、經濟和社會體制不變。而且，臺灣還可以擁有自己的軍隊和獨立的司法權。此外，臺灣政黨也將有機會參加中央政府的領導班子，例如國務院、全國人民代表大會常務委員會和最高法院等。

但是，中國政府提出的這一政策，尤其是兩岸和平的實現是有條件的。如果臺灣宣布獨立，中國將不惜採取包括武力在內的一切措施予以阻止。中國政府絕不會對臺灣獨立做出任何讓步，同時也不允許臺灣加入諸如聯合國之類的任何國際政治組織。

從發展的角度來看，臺灣為中國未來的經濟政治發展也有著借鑒的作用，作為四小龍之一，臺灣在蔣經國的領導下走的是國家指導發展的道路。中國也學習到了很多的經驗。但是政治發展作為臺灣發展的另一方面卻不太為人所討論。在蔣經國的統治下臺灣的政治發展有兩個突出的地方，其一是蔣經國在1980年代中後期開放老兵探親，兩岸開始來往；第二是1980年代開放黨禁，這為臺灣民主化提供了動力。至於蔣經國是否正確，見仁見智。但這種模式，是中華民族所少有的模式，是以後政治發展可以借鑒的重要經驗。

鄧小平當年指出，臺灣問題就是美國問題[88]。這一論斷既符合當今世界政治和大格局的實際情況，也呼應了國際關係理論中的新現實主義強調國際體系和世界大環境的觀點。從世界角度來看，雖然臺灣問題是中國的內政問題，但是如果把臺灣放在世界舞臺上，臺灣問題也是大國博弈的棋子，特別對美日來說是重要的棋子。本節的出發點就是從大國博弈的角度通過政治和經濟兩個方面來探討臺灣問題和兩岸關係，以及大陸對臺政策在處理內部—外部因素互動方面應該注意的問題。2016年和2020年是臺灣領導人更替的關鍵節點。在這段期間裡，兩岸關係的內部因素，也就是島內政治發展（例如韓國瑜vs蔡英文）和臺海互動無疑是左右兩岸前途最關鍵的因素。與此同時我們也應該看到，兩岸關係在今後很長一段時間的發展可以說也將受制於大國之間的博弈。

在臺海問題上，存在著內部和外部兩個三角形格局。從內部來看，是紅—藍—綠三種政治勢力的較量。從外部環境來看，則是中國大陸—美國—日本三

[88] 李家泉，《美國在臺灣問題上的不光彩角色》，見http://tw.people.com.cn/GB/14811/14869/2536772.html，2004年6月1日；卞慶祖，〈「臺獨」問題與中美關係〉，《和平與發展》，2007年第4期，第25-29頁。

角關係的博弈。在這兩個三角框架中，各個方面始終都有一個「究竟要什麼」的問題。也就是說各相關方的現實目的和終極目的到底是什麼？下面將著重從大國博弈這個角度來看其對兩岸關係發展的影響。

（一）大國博弈對臺海戰略的影響

　　從國際上來講，隨著中國的崛起，明確支援臺灣獨立的聲音幾漸消失，但並不等於這樣的願望也隨之而去。美國和日本是解決臺灣問題最重要的兩大外部因素，從根本上來講臺海保持長期分離以致最後實現臺灣獨立是符合美日的國家利益的。因為這樣一來就能在全方位地對付中國崛起中保留一個重要的籌碼，無論是在政治經濟層面，還是在軍事安全層面。但是隨著中國的不斷崛起以及根據「權勢轉移理論」所得出的前景，臺灣獨立幾無實現的可能。也就是說對美日而言臺獨這個最佳選擇是不可實現的，那就尋求次佳，亦即在保持兩岸分離的基礎上來「維持現狀」（status quo）。

　　對國際大勢的分析，離不開中國崛起和美日應對這樣一個基本的事實。隨著大陸經濟、軍事實力的不斷增強，中美實力的差距也出現了一定程度的縮小。中國在經濟貿易金融領域裡正逐漸扮演著一個領頭羊的作用（例如亞投行的出現）；而美國在軍事安全領域裡仍然穩坐龍頭老大的地位[89]。所以在亞太地區就出現了一個雙支柱的現象，也可以說形成了一個雙領導體制。從總體上來講，美國在亞太地區以至於全球各個領域都有和中國合作的必要，也就是說中美之間在不斷競爭的同時也要保持合作，例如反恐、防止金融危機、能源問題、環境和氣候問題等等。這些問題的每一項對美國國家利益都是至關重要的。相比而言臺灣問題在美國大戰略的作用就有所下降。

　　在這樣一個框架下，美日都實行一個追求平衡的政策，也就是不過度刺激大陸，避免給大陸動武的口實。要做到這點，就要對島內的「臺獨」人士採取一個既扶植其「臺獨」理想，又壓制其「臺獨」動作的做法，從而也就避免了中美日在臺灣問題上兵戎相見、大動干戈的局面。這方面最好的一個例證，就是在當年陳水扁執政時期，小布希總統把陳水扁稱為「麻煩製造者」。直到今

89　見趙全勝，〈中美關係和亞太地區的「雙領導體制」〉，《美國研究》，2012年第1期，第7-26頁。

天「麻煩製造者」仍然是民進黨的蔡英文所極力避免的一個緊箍咒[90]，同時也是島內「臺獨」勢力不敢冒進的一個重要的牽制因素。美國國內這幾年不斷展開有關臺灣問題的討論，「保臺論」與「棄臺論」[91]的辯論不絕於耳。以至於有的美國學者最近還提出了「大妥協」（Grand Bargaining）的想法，也就是北京和華盛頓在各自核心利益的考慮中劃清界限，在堅持自己核心利益的基礎上，對非核心利益（包括臺灣問題）對中國做出一定的「讓步」[92]。

我們在考慮大國博弈這個因素時，可以先考慮這樣一個問題：臺海問題僅僅是一個兩岸之間的雙邊問題，還是同時也是大國博弈中的一個重要環節？普通的思維是就事論事、分開考慮；也就是說兩岸關係就是臺海兩邊，中美關係就是北京和華盛頓，中日關係就是北京和東京，而很少把它放在一個多邊的框

---

[90] 參閱Bonnie Glaser和Jacqueline Vitello的文章：*Tsai Ing-wen's likely victory in Taiwan means cross-strait pragmatism needed*，《南華早報》（South China Morning Post），2015年7月22日，http://www.scmp.com/comment/insight-opinion/article/1842739/tsai-ing-wens-likely-victory-taiwan-means-cross-strait。

[91] 「棄臺論」也被稱作「修正派」，其主張重新檢討並修正美國的對臺政策。代表人物有布里辛斯基、歐文斯（William Owens）和普理赫（Joseph W. Prueher）等。參閱Owens, Bill, 2009, "America must start treating China as a friend," Financial Times, November 17, http://www.ft.com/intl/cms/s/0/69241506-d3b2-11de-8caf-00144feabdc0.html; Gilley, Bruce, 2010, "Not So Dire Dtrait," Foreign Affairs, 89: 1 (January/Februay), pp. 44-60; Freeman, Chas W., 2011, "Beijing, Washington, and the Shifting Balance of Prestige,"; Remarks to the China Maritime Studies Institute, May 10, 2011, Newport, Rhode Island. http://www.mepc.org/articles-commentary/speeches/beijing-washington-and-shifting-balance-prestige等。「保臺論」也被稱作「保守派」，其主張加強美臺關係。代表人物有譚慎格（John J. Tkacik）、葉望輝（Stephen J. Yates）和林蔚（Arthur Waldron）等。參閱Dumbaugh, Kerry, 2009. "Taiwan-U. S. Relations: Development and Policy Implications," *CRS Report for Congress*, R40493 (November 2); Blumenthal, Daniel, 2011, "Rethinking U.S. foreign policy towards Taiwan," Foreign Policy, March 2, 2011, 11:30 AM, http://foreignpolicy.com/2011/03/02/rethinking-u-s-foreign-policy-towards-taiwan/?wp_login_redirect=0; Roy, Denny, 2012, "Why the U.S. shouldn't abandon Taiwan," CNN, December 6, 2012, 11:25 AM ET, http://globalpublicsquare.blogs.cnn.com/2012/12/06/why-the-u-s-shouldnt-abandon-taiwan/。

[92] 參閱Charles Glaser, "Disengaging from Taiwan: Should Washington Continue Its Alliance With Taipei?" Foreign Affairs, 2011, vol. 90, no. 4, https://www.foreignaffairs.com/articles/east-asia/2011-07-01/disengaging-taiwan。

架裡面來思考和運作。下面想就幾個案例進行研究，考察一下日本和美國在這方面是怎麼做的、大陸又是怎麼做的，以及大陸能從中汲取什麼樣的經驗和教訓。

首先我們就2013年簽訂的日臺漁業協定做一個案例考察。眾所周知，日本是在臺灣問題上除美國之外的最重要的外部因素，同時日本和臺灣由於歷史的原因也有著千絲萬縷的聯繫。但是多年來在日本─中國大陸─臺灣這個三角關係中，中國大陸的重要性對日本來說當然遠遠超過臺灣。儘管兩岸永遠分離是符合日本的國家利益的，但是它也不敢貿然去堅持這樣一個方向。例如雖然在像鼓動扶植臺獨勢力這樣的方面做一些手腳，可在涉及到一些具體問題，例如經貿談判方面，日本就沒有必要對臺灣讓步。舉日臺漁業談判為例，日本和臺灣談了十幾個回合都沒有任何結果[93]，因為東京知道如果它答應了臺灣的要求就會讓北京不高興。它犯不著為了這個事情得罪中國大陸，所以對臺灣在包括漁民利益這樣的經濟問題上經常表現得態度強硬，甚至不屑一顧。

2012年由於日本對釣魚島採取國有化措施，而使東海之爭出現了劍拔弩張的局面。特別是出現了日本最不希望見到的現象，這就是兩岸聯手在釣魚島問題上與日本爭鋒。大家都記得日本海上保安廳的船艦今天和中國大陸的海監船對峙互不相讓，明天又和來自臺灣海巡署的船艦互用水炮激烈地噴射[94]。如果任由形勢發展下去，就非常有可能出現兩岸在釣魚島問題上公開攜手的局面。此時恰值安倍晉三重返政壇，在他的主導下，日臺漁業協議從一個經濟技術問題變成了政治戰略問題。安倍政府內部明確提出不惜對臺灣做出讓步也要力促這個協議的達成[95]。所以在2013年很快就簽訂了日臺漁業協議。也就是說安倍政府為了解開日本同時在兩面作戰的套，而簽了這個條約。

---

[93] 關於馬英九提出的「南海和平倡議」（South China Sea Peace Initiative）的評論，參閱 Michal Thim, "Taiwan Can't Save the South China Sea", The National Interest, June 2, 2015, http://nationalinterest.org/feature/taiwan-cant-save-the-south-china-sea-13016.

[94] 2012年9月25日，臺灣保釣漁船進入釣魚島海域，在距離釣魚島16到18海哩處，臺方漁船遇到二十幾艘日本艦艇左右跟隨；在接近釣魚島海域3海哩處時，海上保安廳向臺灣漁船噴水加以驅離，以「德星艦」為首的臺灣海巡艦艇也以水柱還擊，並與臺灣漁船展開對峙。

[95] 2012年9月8日，在亞太經合組織符拉迪沃斯托克會議上，日本首相野田佳彥向連戰提出恢復漁業會談；10月5日，日本外相玄葉光一郎通過日本交流協會表示希望改善因釣魚島事件日趨緊張的日臺關係，儘早啟動日臺漁業談判。

從日本角度來講，日臺漁業協議的簽訂起到了一石兩鳥的作用。如此既安撫了臺灣的民心，另一方面也是更重要的，它又分化了兩岸在保釣問題上聯手對日抗爭的態勢。實際結果是形成了日陸臺三方「兩方高興，一方不高興」的局面，也就是日本贏（陸臺攜手的破局）、臺灣贏（拿到了多年談判未能實現的在漁業方面的實際利益），而中國大陸在兩岸攜手保釣方面則是輸分的[96]。2013年在北京召開的第七次華人學者臺灣問題討論會上，有華人學者對臺灣的做法提出了尖銳的批評，稱日臺漁業協定的簽訂無異於是在大陸背後插了一刀，並質疑為什麼馬英九當局要這麼做。站在大陸的立場，這樣的批評當然是可以理解的。但如果我們反思一下，從日本方面來看，它在這個問題上的做法就顯現出其在外交領域中的老道之處。也就是說讓小利（給臺灣），而得大惠（破除島爭問題上的兩岸攜手）。這也給了我們一個把臺灣問題放到大國博弈的角度來考慮政策的例子，是值得借鑒的。

應該看到美國在這方面也和日本一樣有很多異曲同工之處。首先臺灣作為在美國外交戰略大棋局中的一顆棋子，美國既不想看到臺灣與大陸實現統一，又不願意捲入到因「臺獨」而引發的臺海戰爭中。美國對臺政策在其他很多方面，例如美牛輸臺、接待臺灣政治人物訪美、智庫和輿論界不斷出現「保臺論」和「棄臺論」的辯論等等，都反映了美國在制定對臺政策時是如何把它放在大國博弈的框架中來考慮的[97]。所以美國這些年來一直在其對臺政策中保持著一個平衡的態勢。

美國介入臺灣問題的一個重要手段就是對臺軍售，對臺軍售的根本目的是

---

[96] 「因為根據該協定達成的共識，日本將北緯27°以南所謂『日本專屬經濟區』的一部分指定為『共同管理海域』，允許臺灣漁船進入捕魚。臺灣漁民在將近臺灣面積二倍大的水域，可以不受干預的捕魚，新增漁區4530平方公里。如果中方仍維持現行中日漁業協議的暫定措施水域的範圍，中國大陸漁民的漁權事實上被排除在釣魚島周圍海域之外。日本利用與臺灣達成的協議在這一海域享有漁權和所謂與臺灣的『共管權』，軟化臺灣地區在釣魚島問題上的立場，對臺海兩岸分而治，轉移矛盾焦點，以利集中力量同中國大陸抗衡。這已造成中日漁業協議的現狀事實上被日本單方面打破的局面，並且違背了一個中國的原則。」參閱劉江永論文〈「日臺漁業協議」對釣魚島問題的影響〉，見趙全勝主編，《日本外交研究與中日關係》，五南圖書，2015，第297-306頁。

[97] 參閱Shirley Kan的文章：*Obama's policy on arms sales to Taiwan needs credibility and clarity*, Pacific Forum CSIS, 2015/7/7, http://csis.org/publication/pacnet-39-obamas-policy-arms-sales-taiwan-needs-credibility-and-clarity.

保持臺灣一定水準的防衛能力。雖然只是象徵性的，但是還是能夠起到給分離勢力打氣的作用。對臺軍售問題也成為中美關係中的一個談判的籌碼。兩國關係好，需要中國合作多的時候，就把對臺軍售在數量和品質上都卡得緊一點，而不去滿足臺灣防衛方面的需求；在中美關係出現問題或低潮的時候，就加大對臺軍售的力度，提高在品質和數量上的水準。這樣以來也給了臺灣方面一些甜頭，認為美國還是在一定程度上滿足了它的要求。如此又形成了一種在美－陸－臺三方角力的格局中「兩方高興，一方不高興」的局面。也就是通過對臺軍售，美國得利（離間了兩岸關係），臺灣也高興（其防衛能力有了一定程度的加強[98]），而中國大陸則在推進兩岸關係、避免外力介入方面受挫[99]。

（二）2016年蔡英文新政啓動

　　儘管在2016年臺灣領導人選舉之前大家由於種種原因（馬英九的無能、藍營的內鬥、選前臨時換將等等）都不看好藍營，但是選舉落幕時藍營的完敗還是出乎很多人的意料。蔡英文當選不光代表著島內政權的更替，還代表著綠營重新執政。關心兩岸關係的各方人士都在擔憂如果蔡英文處理不當，兩岸恐怕又會回到類似陳水扁執政時期出現大的倒退，不僅兩岸關係會「地動山搖」，而且包括中美日在內的亞太國際關係也會受到直接衝擊。

民進黨執政後的幾個動作

　　在五二○就職之後的一個多月時間裡，蔡英文的動作很值得關注。第一，蔡英文雖然在五二○就職典禮上沒有正面承認兩岸所關注的九二共識，但還是拐彎抹角的提到了「九二共識是具體的歷史事實」，也提到了新政府會依據中華民國憲法處理兩岸關係。這種拐彎抹角的提法無法完全滿足大陸的期望，她的演講被大陸總結為「未完成的答卷」。第二，臺灣出席世衛組織會議有驚無險，雖有擔憂，但無大的波浪。此次引發關注的部分除了臺灣當局與會時使

[98] 參閱Wendell Minnick的文章：Taiwan Pushes for New Weapons on All Fronts, Defense News, 2015/5/2, http://www.defensenews.com/story/defense/policy-budget/warfare/2015/05/27/taiwan-requirements-submarine-frigate-destroyer-helicopter-budget-china/26860647/.

[99] 參閱Sam LaGrone的文章：*China: Frigate Sales to Taiwan 'Brutally Interferes' with Internal Affairs.*, USNI News, 2014/12/19, http://news.usni.org/2014/12/19/china-frigate-sales-taiwan-brutally-interferes-internal-affairs.

用「中華臺北」外，還有首次將1971年聯合國決議案放於備註中出現的WHA
邀請函。此前由於聯合國2758號決議通過了一個中國的決定，臺灣一直以觀
察員的身分參加WHA。因此在馬英九執政時期，在野黨民進黨批評馬政府使
用「中華臺北」是矮化臺灣。可是在這屆世衛組織會議上，衛福部長林奏延不
但欣然出席了大會、沒有提出抗議，而且自報家門時依然沿襲了以往「中華臺
北」的稱呼。這種做法與民進黨在野時的表現大相逕庭。第三，馬英九執政時
爲了保障臺灣漁民的利益，不承認「沖之鳥」是島。然而蔡英文卻否定了馬英
九主政時一直堅持的「沖之鳥」是礁、不是島的立場，並決定撤回海巡船。第
四，蔡英文一上臺就取消對太陽花學運人士的起訴。第五，蔡英文會見美國貿
易談判副代表馬庫斯・賈多德（Marcus Jadotte）時，由於緊張竟然說不出國
語，由此反映出美國對臺關係的重要性和敏感性。第六，新政府取消課綱微
調，仍然延續了陳水扁政府時期強行去中國化的意識形態。第七，蔡英文拒絕
了馬英九去香港參加會議的要求。第八，美國同意臺灣在美國進行愛國者導
彈試射。第九，蔡英文在6月下旬對巴拿馬進行「元首外交」時使用臺灣總統
（ROC）作爲簽名。除了以上所述行爲，蔡政府仍有許多其他動作，在此不
一一贅述。

「緩獨」與「緩統」之間

　　蔡英文上臺以後，外界對蔡政府未來的兩岸政策有著兩種猜測。一種聲音
認爲，蔡英文的個人性格和做事方式註定新政府會走上「緩獨」之路；而另外
一種聲音卻對兩岸關係抱有樂觀態度，認爲蔡政府會在外部壓力下向「緩統」
靠近。

　　當初陳水扁剛上臺就曾講過他有可能是臺灣的尼克森，蔡英文之前也有過
類似的說法。這種說法源於當年身爲共和黨強硬派的尼克森，由於其堅定的反
共立場，所以由他去打開中國的大門就不會有人指責其出賣美國利益。這也就
爲尼克森提供較大的活動空間，使其與基辛格一起到北京成功地會見了毛澤東
和周恩來，開創了歷史性的里程碑。同樣，在馬英九執政時期，由於他是外省
人，這個原罪就讓馬英九在兩岸關係中很容易被扣上賣臺的帽子。所以儘管馬
英九成爲了臺灣地區最高領導人，但仍是畏手畏腳，沒有大的作爲。然而，蔡
英文就不會被說賣臺，這給其實現兩岸關係突破性進展提供了可能性。以上說
法在理論上講雖有一定的道理，但與現實仍然存在著很大的差距。蔡英文畢竟
是深綠一員，而且民進黨黨綱裡的臺獨條款並沒有取消。蔡英文政府與大陸交

流管道不暢通，更談不上互信。這樣臺灣何時能與大陸和解，又或者蔡政府在臺獨的道路上能走多遠，都是未定之數。從個人來看，蔡英文是一個善於打擦邊球、實行模糊戰術的人，她的行爲方式爲打太極，雖不正面衝突，但是心裡有她的主見。蔡英文的做法是只做不說，相對於「面子」，她更重視「裡子」上的實惠。因此從她的性格和做事方式判斷，蔡英文新政在兩岸關係上基本不會出現大開大合，不大可能取得重大政治的突破。同時蔡英文還有內政外交兩方面責任，對內要搞好經濟，對外要搞好和平穩定、要保住臺灣的國際空間。正因爲蔡英文有理念與現實的兩難（此次出席世衛組織會議就是很好的表現），所以在當前政權啓動期，蔡會採取比較愼重的做法，不會將兩岸局面搞亂讓臺灣利益受到衝擊。

（三）新浮現的「美日+1」框架

由此可以看出蔡英文當局當然有對島內政治的考慮，但也更重視加強和美國、日本這兩大國的關係。臺灣問題幾乎和所有的亞太熱點問題都有直接或間接的聯繫，例如中日間的東海問題、近來被美國吵得沸沸揚揚的南海問題，以及被稱爲東亞火藥桶的朝鮮半島問題等等。面對中國的快速崛起，歐巴馬政府提出了「亞太再平衡」的戰略。在全域上，中美兩國都有「合則兩利、鬥則兩傷」的共識，所以要「鬥而不破」。與此同時，這次島內的政權更迭正好給美日提供了一個良好的著力點，通過蔡英文新政將臺灣這顆棋子啓動。雖然馬英九時期兩岸鮮有形式上的合作，但從其登上太平島宣布主權的行爲，以及對沖之鳥礁的態度，可以看出馬英九的出發點是民族大義。這種兩岸民族精神上的一致與合作是美日所不願看到的，它們所希望的是蔡英文上臺後對美日的妥協。從2016年5月以來臺灣島內政權更替以後的新發展以及他們與亞太地區大國博弈的互動出發，本節將以新浮現的「美日+1」爲框架對兩岸關係的影響來進行分析。

亞太地區的「美日+1」框架

「美日+1」框架即在目前建立亞洲區域性安全體系條件不成熟的情況下，充分運用美國和日本的政治、經濟、軍事實力，通過美日同盟的方式把第三者納入這個框架中（多種「美日+1」框架的構成方式），從而應對中國崛起並保持美國在亞太地區的領導權。在當前亞太安全保障領域中不存在類似於歐洲北約的組織，所以新浮現的「美日+1」戰略格局充當著亞洲版的北約。

其中美國是主帥，日本是副帥。作爲新時期的合縱連橫，「美日+1」這樣的安排既能充分體現美國和日本的國家利益，又能展現出很大的靈活度，並有充足的發展空間與潛力。通過「美日+1」模式，也就是「美日+韓」、「美日+越」、「美日+菲」、「美日+印」、「美日+澳」、「美日+臺」，來解決包括南海、東海、朝鮮半島、TPP和臺灣海峽等在內的熱點問題。下面討論的是「美日+臺」的問題，即如何把臺灣納入「美日+1」框架。

美國的態度

美國的態度表現爲三個方面。一、啓動臺灣這顆棋子，把它作爲亞太再平衡的一個跳板。例如據報導，蔡英文在2015年與美國參議員約翰·麥凱恩（John McCain）會面時就曾表明希望繼續加強臺美的軍事交流，強化臺灣自我防衛能力。二、美國再次承諾對臺關係法案（美臺六項協議），其中包括繼續對臺售武，以及堅持對臺的相關義務等。三、美國的底線是避免因爲兩岸紛爭而被捲入與大陸的軍事衝突。美國在小心地平衡著這條線，既讓蔡英文與大陸離心離德，又不能邁過大陸紅線迫使大陸動武。另外，美國與中國之間存在著大量重要的雙邊和多邊（全球性）利益，從這個意義上講臺灣不是美國的核心利益所在。因此美國仍然繼續恪守尼克森時期的對臺政策（中美三個聯合公報），把所有臺灣在兩岸關係上帶有挑釁性的行動說成製造麻煩（「麻煩製造者」）。由此可看出，華盛頓既是推動島內獨立運動的幕後推手，也是懸在綠營頭上的一把雙刃劍。

日本的態度

日本的態度也表現爲三個方面。首先，由於歷史上對臺灣的野心，日本一直把臺日關係作爲一種特殊的關係對待。二戰戰敗後，日本從臺灣撤軍時在島內遺留了大批日本人以及日本人後裔。而當今島內親日情緒強烈，也正好加強了臺日之間這種特殊關係。其次，日本出於戰略上的考慮，希望將臺灣中立化，以避免出現兩岸聯手來對抗日本的情況，這其中就包括了釣魚島、沖之鳥礁以及南海問題的博弈。再次，日本也有著與美國相同的顧慮，即不希望臺獨走得太快引發臺海戰爭而把日本捲入。因此，雖然臺灣獨立是日本最希望促成的結果，但日本爲了其國家利益也不得不暫時退而求其次。從以上分析來看，在對臺問題上日本樂於追隨美國，扮演副帥的角色。在未來的發展中，日本有可能效仿美國出臺日本版的臺灣關係法。

大陸的應對

　　如同陳水扁剛上臺時的「聽其言，觀其行」，大陸這次對蔡英文五二○講話仍然採取愼重的對策，即繼續觀察蔡英文的後續動作，並盡可能通過經濟文化上的融合統一臺灣。可是大陸也清楚和平統一的困難，由於在馬英九藍營時期，兩岸在政治領域沒有取得進展，所以當前大陸對蔡英文政權更不抱希望。大陸從沒有放棄過出現臺獨後動武的可能，並且近來大陸民間主張武統的呼聲越來越高，這也就爲軍事準備做了鋪墊。武裝力量（包括部署的導彈等）是制約島內臺獨最後的有效武器。因此，大陸在制約「美日+1」框架上會有以下幾個方面的表現：第一，明確大陸反對臺灣獨立的底線，做好和平武力兩手準備。第二，進一步加強在華盛頓和東京的活動，例如利用會議以及智庫等平臺在華盛頓與重要議員進行交流。第三，放出善意信號。一方面強調兩岸政治統合不僅不會損害美國與日本的利益，反倒有利於該地區的穩定；另一方面使美國日本不僅不阻擋兩岸的政治統合，反而爲移開了一個潛在的「麻煩製造者」或「定時炸彈」而樂見其成。最後，強化與島內反獨力量的聯繫，制約臺灣走向「美日+1」。當前由於蔡政府的一系列做法，國臺辦宣布兩岸現行的溝通管道基本上處於停頓狀態，從而使兩岸關係面臨著重大倒退的前景，形勢嚴峻。

「美日+1」框架中的臺灣

　　就臺灣而言，在馬英九時期，馬的藍營立場使其在島爭和相關歷史問題上天然與大陸力量一致，因而不可能成為「美日+1」框架的一員。而蔡英文因爲其臺獨理念以及自身安全的需要，就會更加依賴美國和日本，通過積極靠攏美日，成為「美日+1」框架下的一員。這樣就爲中美日大國博弈留下了太多的想像空間。從蔡英文的臺獨信念和她多年從政的表現來看，蔡政府會積極推動「緩統」已無懸念，而「緩統」的可能性則是微乎其微。島內的這一發展也就爲美日拉攏臺灣建立「美日+臺」提供了難得的契機。

　　蔡英文的臺獨理念使蔡英文積極成為「美日+1」框架下的一員，因此「美日+1」框架中的「蔡政府」會有以下幾個方面的動作。首先，「蔡政府」在「保持現狀」的名義下，進一步推動「去中國化」。其次，蔡會與日本積極合作，並可能會接受日本版的對臺關係法，發展和美日的關係。第三，「蔡政府」在包括釣魚島、太平島和沖之鳥礁等領土主權問題上由積極變消極。第四，蔡會進一步對美日做出讓步，例如：美牛和日災區海鮮進口等。第

五，其在與美日安保合作上，臺灣會更積極的要求美國軍售，甚至會由被動接受變主動配合，為美日戰機和軍艦提供後勤。最後，「蔡政府」還會實施諸如務實外交、新南向政策，以及積極開展元首外交等新的外交政策。

（四）大國博弈對區域性經濟整合層面上的影響

我們還可以從中美日三邊角力的視角來分析臺灣參與區域性經濟整合的問題。毋庸置疑，如何處理區域性經濟整合的問題是兩岸關係當前所面臨的又一個重大挑戰。這裡面既有經濟含義，也有政治含義。就經濟方面而言，臺灣近年來經濟發展持續低迷，對大陸經濟具有高度依賴性。而且臺灣經濟特點屬於以科技為基礎的出口導向型，因而臺灣與其他相類似的經濟體存在著競爭關係，例如韓國以及東盟的一些國家。所以，臺灣本身對參與區域性經濟整合有著一定的迫切感，即島內常說的臺灣要避免在全球化和區域性經濟整合中被邊緣化。

但是臺灣參與區域性經濟整合，不僅是一個經濟問題，在很大程度上也是一個政治問題[100]。這實際上是臺灣長期堅持的爭取國際空間的重要方式。多年來，臺灣積極訴求參與國際活動，並希望藉此爭取更大的國際承認。但是自馬英九當局上臺以來，兩岸實現了外交休兵，從而對這一問題有了一定程度的相互理解。但是臺灣要求擴大國際空間的訴求從未停止，這也是臺灣所關切的重要問題之一。從大陸角度來講，堅持不能出現「兩個中國」或「一中一臺」、堅決反對「臺獨」的原則，使區域性經濟整合這一問題蒙上了政治色彩。

與此同時，臺灣參與區域性經濟整合還有一層島內政爭的政治色彩，特別是統獨之爭所引發的大眾與當局的紛爭。2014年3月引發的「反服貿」學生運動便體現出經濟問題帶有深刻的政治色彩。兩岸服務貿易協定（簡稱CSSTA）是海峽兩岸依據《海峽兩岸經濟合作架構協定》（簡稱ECFA）第4條所簽署的後續協定。在臺灣，部分人士對該協定可能使臺灣在經濟與政治上更容易被大陸影響的擔憂，以及當局在該協定簽訂前與民間的溝通不足而導致

---

[100] 關於這個問題的論述，參閱Jason Young的文章：*Space for Taiwan in regional economic integration: Cooperation and partnership with New Zealand and Singapore*, Sage Journals, 2014/6, vol. 66, no. 13-22, http://pnz.sagepub.com/content/66/1/3.full.pdf+html.

了「太陽花學運」的興起，也使該協議在臺灣社會引起了廣泛的爭議。這也是具有政治色彩的經濟整合的典型案例。因而，臺灣參與區域性經濟整合難免會讓外界產生聯想，即以臺灣身分加入國際上的一些經濟組織是否是島內統獨之爭的一個延伸。如此一來，大陸在這一問題上也不得不採取十分慎重的態度。臺灣參與區域性經濟整合也深受國際因素的影響，所以有必要把這一問題放到大國博弈的框架中來審視。

美國與區域性經濟整合

　　美國的亞太再平衡策略既有軍事安全的考慮，又有經貿方面的安排，其中心思想是維護它在亞太地區的領導權問題。這也是歐巴馬反覆強調美國是一個太平洋國家（他自己也是第一個生於太平洋地區的美國總統）的原因。爲了鞏固其在亞太地區的領導權，美國主動提出並高調宣導環太平洋夥伴關係（TPP）。眾所周知，自1990年代以來，中國大陸在亞太地區的經濟發展突飛猛進，這在一定程度上導致了美國在亞太地區的領導角色被削弱。歐巴馬希望通過TPP的經濟制度安排來強化在亞洲的領導地位，其做法本身具有與中國爭奪區域性領導權的政治含義。在軍事安全領域，美國可以通過其軍事同盟和準同盟架構來保持在亞太的領導權；但是在經濟領域，美國則要依靠TPP這樣一個主要工具來加強在亞太的領導地位。歐巴馬的「一手好牌」被繼任的川普全部打亂，高唱「美國第一」的川普在就職第一天就宣布退出TPP。但不管如何，臺灣是亞太地區具有重要戰略地位的經濟體，美國當然希望臺灣能夠加入地區多邊安排的談判，同時其也可以藉此經濟格局的安排來確保臺灣不要完全投到大陸那邊去。

日本與區域性經濟整合

　　日本本身實際上最初對TPP的態度並不積極，因爲來自日本國內阻力很大（例如農業部門）。但安倍上臺一年多來，把TPP放在日本所面臨的全球大戰略中。也就是說日本和中國在釣魚島（日稱尖閣群島）問題的爭執中非常需要讓美國站在自己這一邊。美日同盟的存在還不足以贏得日本所期待的美國在釣魚島問題上的背書。在這種情況下，日本就需要哪怕在經濟方面做出一些讓步，也要確保加強與美國的夥伴關係，從而獲得美國的支持和表態。換言之，日本通過在經濟上參與TPP這一方式來響應美國的號召，協助加強美國在亞太地區的領導地位，以換取美國在領土紛爭問題上更爲堅定的支持。所以，這種做法意味著日本決定通過犧牲一定的經濟利益來換取安全利益。當然，在經

濟上日本還未完全做好全面加入美國宣導的TPP的準備，但從長遠來看，加入TPP的確有助於日本內部進行經濟結構改革。如果把日本的外交戰略和經濟政策放在一個更大的框架來審視，顯然日本十分重視日臺關係以至於將日臺關係放在一個特殊位置。我們也可以從在島爭期間日本主導和臺灣簽訂漁業協議這一事實中，看出日本也很希望臺灣能夠積極的參加區域性事務並進一步加強日臺之間的合作。

夾在大國角力漩渦中的臺灣

臺灣由於其在政治外交方面的地位，在國際上並未取得作為單獨國家存在的合法地位，所以甚至一直無法參與如RCEP此類經濟協議的區域性經濟整合。由此臺灣在這一問題上表現得十分焦慮，特別是在面對類似韓國這樣經濟體的強力競爭下，如果不加入區域性經濟整合，臺灣的經濟很可能進一步面臨發展停滯。更值得注意的是，臺灣在這一問題上本身是處於大國角力的漩渦中，特別是在中美日三邊關係角力中處於微妙地位。馬英九自上臺後提出了「親美、友日、和陸」的方針[101]，整體來看這一方針就是為了確保在大國角力中臺灣的自身利益。

大陸的應對策略

在對臺灣加入區域性經濟整合問題的政策探討中，中國大陸有明確的原則和策略，基本立場是，只要不搞「臺獨」，其他都可以商量。在這樣的原則下，大陸也可藉這一問題釋放善意，從而展現出對臺灣經濟發展以及島內人民福祉的關注。如果相關措施可以解決臺灣的經濟低迷，大陸也可以予以正面對待。與此同時，大陸也認識到這不單單是一個純粹的經濟問題，也帶有政治外交含義。我們應該已經注意到，雖然簽訂經濟協定是兩岸關係的標誌性成果，但沒有相關的政治機制來保障兩岸政府的協議，兩岸很難確保良好關係的持久性。一旦政治或社會突發事件出現，兩岸關係即可能馬上出現倒退。以兩韓關係為例，兩國在經濟方面曾經有重大的突破，如開城工業園區的設立。但是因為政治安全問題（特別是北韓核問題）久拖未決，一旦形勢有變，兩韓關係又會回到原點。

---

[101] 臺灣地區領導人馬英九在2011年5月12日與美國智庫CSIS視訊會議，以「打造『中華民國』的安全」為題發表演說，提出以小搏大、穩中求勝的安全戰略，強調以「和陸、親美、友日」，達興臺目標。

　　中國自改革開放以來的經濟高速發展確保了大陸在亞太地區經貿領域的主導地位，例如東盟+3、東盟+3+3這樣的區域性經濟安排。在這一問題上，大陸不會輕易放棄已經取得的地位。由此看來，經貿問題不是一個簡單的經濟問題，而是一個具有爭奪區域性領導權導向的問題，同時也是中美日三國角力的戰場。所以說，儘管海峽兩岸實現了一定程度上的和解和經濟上的高度整合，但是兩岸在進入深水區之後並沒有在政治整合方面取得重大的突破，國際範圍內的臺灣問題也依然保持著原有的狀況。例如美國依然堅持對臺關係法和對臺軍售；日本也強調它的對臺特殊關係，甚至放出了日本也要制定自己的對臺關係法的風聲。這使得大陸在臺灣問題上不得不保持警惕性，也就是說要防止美國和日本利用臺灣加入區域性經濟整合這一問題作文章。[102]

相關鏈接　實踐與思考

（一）實踐

　　1981年剛從北大來到美國的時候，當時並沒有想把中國研究作爲主要研究方向。當時的主要想法是盡可能的學習外面的東西，所以美國政治與外交、日本政治與外交就成爲我的主要研究領域。也就是說將來回國不能說是中國問題專家，而是美國問題專家或日本問題專家，這樣就會對國內的學術和政策發展有更大的裨益。這也就是爲什麼我所出版的第一本書是《日本政策制定》（Japanese Policymaking）。只不過在案例研究之中選擇的是對華政策案例，從這個角度體現出我的中國情結。對美國的研究也是以對華政策制定過程爲案例研究，但是從1987年取得博士學位開始在大學做助理教授，無論是教學還是社會上的需求都推動我把從對日美的研究轉到對中國政治外交的研究。我教授的課就是中國政治或者中國外交，邀請發表的各種學術會議也是以中國研究居多。潛臺詞就是「你是從中國來的，自然就應該對中國知道得多些」。因此，在我出版了第一本書後，我就全力轉到了對中國政策的研究，即本章開頭

---

[102] 關於臺灣與TPP的相關議題，參閱Richard C. Bush和Joshua Meltzer的文章：*Taiwan and the Trans-Pacific Partnership: Preparing the way,* January, 2014, http://www.brookings.edu/~/media/research/files/papers/2013/10/taiwan-transpacific-partnership-bush-meltzer/taiwan-transpacific-partnership-bush-meltzer-final.pdf.

提到的《解讀中國政策外交》一書。我很關注把自己的研究成果推介給不同的
讀者，而不是在象牙塔裡束之高閣，僅爲少數人使用。令人欣慰的是，這本書
一經問世就很受歡迎，例如《解讀中國外交政策》一書有四種文字的版本，
原文爲英文版，1996年出版；1999年由臺灣月旦出版社出版中文版；韓文版
2001年出版，並獲得大韓民國文化部最佳學術獎；日文版由日本法政大學出
版社於2007年出版。這樣一來，我的這本專著就紮紮實實的從西方（美國）
落到了東亞（中日韓）。到亞洲開會的時候，例如北京、上海、東京、首爾、
臺北、香港、新加坡等地，我不止一次遇到年輕的學生甚至同事，除了打招呼
之外，也會拿出不同版本的書找我簽名。作爲研究東亞問題的學者，我當然是
感到欣慰的。

　　我的博士論文是以美國外交和日本外交的比較研究爲關注點，但是對中國
政治外交的研究和關注就像中國的海外華人一樣是縈繞在心頭的不解情結。進
一步說，在日本做田野調查的時候，我就在著力探討什麼是東亞政治發展模
式，它和西方有什麼相同的地方、有什麼不同的地方，日本在實現工業現代化
和政治民主化的過程中，傳統與現實觀念的衝突與融合給了我很大的啓示。它
的自民黨一黨獨大這種模式至今還是值得我們深刻思考的。因此，爲促進中國
的政治學和國際關係學的發展，就成爲我們在一般的教學研究之外一項個人的
心願。

　　我用中文發表的第一篇論文是關於臺灣問題的。起源是1982年研究中美
關係時，在國際關係／外交政策的研究生課上寫了一篇學期論文，評論美國對
臺軍售及其對中美關係的影響。1970年代末至1980年代初，中美關係、海峽
兩岸的內部政治變動以及相互關係恰恰處於大變革之際，可謂日新月異，高
度敏感，令全世界爲之矚目。儘管我在美國的學位、去向等都是迫在眉睫的問
題，但作爲炎黃子孫，關注臺灣可以說是本能的反應。那幾年裡，美臺關係頗
爲動盪，除了與中國建交這樣的大事以外，像「江南命案」也曾搞得美臺關係
十分緊張，這些動向我自然不會放過。[103]1982年初香港《中報月刊》與我接
洽邀稿時，我就以這一篇學期論文爲基礎，投了一篇中文稿子，這就成爲我正

---

[103] 華裔美籍作家劉宜良（筆名江南）在美國出版《蔣經國傳》，揭露臺灣政局內情，1984
　　年10月15日在美國家中遭到臺灣情報局僱用的臺灣黑道分子刺殺身亡，美國對此極爲不
　　滿，臺灣蔣經國被迫嚴厲下令追查內幕，在一定程度上促使蔣經國對臺灣政治體制進行
　　改革。

式發表的第一篇中文論文。

　　到此，我以為文章之事了結，又轉回日常軌道。不想在1982年秋天，我忽然接到楊力宇教授打來的電話。他是連戰的同學，在美國西東大學（Seton Hall University）任教授。他問我是否來自北京大學，是否在加州大學柏克萊分校攻讀博士等等。詢問了一番我的經歷之後，他就開始提到1983年3月將在舊金山舉辦亞洲學會年會，問我能否在會議一個月前提交一篇論文，並參加關於該年會舉辦的「中國統一之展望討論會」。我的第一反應是「怎麼找我？」雖然我從柏克萊的經驗中已經知道大陸剛出來的學生，學文科的幾乎是鳳毛麟角。但我畢竟名不見經傳，僅僅是一名在讀博士生。第二反應是「怎麼辦？」我完全吃不準這件事情能不能做。楊力宇回答了我的第一個疑問，說他們曾試探時任中國社會科學院的副院長宦鄉，問是否能派人出席，被一口回絕，認為臺海兩岸對立，不可能同坐著就兩岸的將來一起討論。楊力宇本人對臺海問題極為重視，熱衷開拓，因此不願放棄與大陸方面的接觸。輾轉之下，看到了我在《中報月刊》上發表的文章，於是親自打電話邀請。我當時已經來美一年多，對學術獨立的傳統也有所瞭解，覺得只要把握住大陸對臺政策的基調，也就是不久前發表的葉劍英1979年對臺講話的精神，參加這個會應該是可以的，就接受了他的邀請。

　　1983年3月的舊金山會議影響之大，始料未及。這是海峽兩岸學者第一次在公開場合坐在一起討論中國統一問題。會議主題確定後，規模不斷擴大，最後有八百多人參加了這個研討會。大陸方面沒有官員出席，不過有官方派出的訪問學者。我做了題目為「北京視角下的臺海統一問題」的發言，從臺北角度發言的是馬里蘭大學法學院的邱宏達教授。這次討論會引起了相當大的反響，被認為是兩岸之間學者在公開場合下的第一次意見交鋒並討論兩岸的統一問題。實際上，在舊金山的會前會後，氣氛還是劍拔弩張的狀態。兩岸關係還是屬於「漢賊不兩立」的狀況。會議召開的前一天，臺灣的《世界日報》就發表了頭條報導：「邱宏達痛斥趙全勝」，報導說我是中國方面的統戰工具。第二天會場上也特意安排了臺灣學者「痛批」我的發言，整體氣氛還是相當緊張的。平心而論，在那個時候我提出來的和臺灣探討和平統一途徑的論文在大陸內部也不是都能理解的，也有當時大陸到美國來的訪問學者就此對我進行了尖銳的批評。

　　舊金山統一問題討論會的召開被立即反饋到北京，受到了高度重視。三個月後，即1983年6月，楊力宇教授應邀訪問了北京，並受到鄧小平的親自接

見，陪同接見的有楊尚昆、鄧力群、汪峰、馬洪等人。在這次會面中，鄧小平明確提出「一國兩制」的主張和實現臺灣和祖國大陸和平統一的六條具體構想，簡稱「鄧六條」（已載入鄧小平文選）。楊力宇後來提到，他當場做的談話紀錄比正式發表的文章更為詳細。鄧小平還問到了春天在舊金山舉行的會議的情況，並給予明確肯定。他說：「你們現在做的是一件很重要的事，今年3月舊金山《中國統一之展望討論會》，是件很好的事。我們對這個討論會注意不夠，去的人的分量輕了一些。」鄧小平所指的這個「分量輕」的人就是我，當時只是一個博士生。

　　1983年夏天，距舊金山會議三個月之後，我正在美國國會實習，給一個來自加州的國會議員做行政助理，突然接到國內方面的電話，讓我回國向中央對臺小組彙報。8月，我應召回國，記得中央對臺小組和統戰部等都派出領導人員和我談話，包括汪鋒和耿文卿等人。從他們那裡，我獲悉鄧小平會見楊力宇的談話精神，而且聽說鄧小平追問：怎麼只請了臺灣學者來北京，難道沒有大陸學者嗎？楊力宇提到了我，說有大陸來的一個年輕人也參加了舊金山會議。鄧小平就問：為什麼不能把年輕人請回來？這樣，我就獲得一個從美國回來學習的機會。所以在啟動對臺灣問題研究這個過程中，我總是在說自己是被「趕著鴨子上架」的。這也就是說由於因緣機遇，身為一個小人物的我也參加了海峽兩岸在這一關鍵轉捩點上的重要活動。鄧小平「一國兩制」的主張是對臺關係中一個創造性的轉折，為解決中國統一問題奠定了基石，其意義極為深遠，並且成功地指導了香港、澳門分別於1997年和1999年回歸祖國。

　　舊金山會議也引起了我在柏克萊的導師斯卡拉賓諾的注意，他是《亞洲觀察》（Asian Survey）的主編，約我和邱宏達把在兩岸統一問題上的論文進行修改，並在1983年10月全文發表。這也成了我在到美國之後在高端期刊上所發表的第一篇英文學術論文。

　　從前文不難看出，臺灣研究始於我博士畢業之前的1983年。參加舊金山會議，開創海峽兩岸學人對話之先河，是有偶然性的。但是歸根究底也有其必然性，只要是研究人文社會科學的中國人，就繞不過臺灣問題。身為留美的中國國際關係學者，或早或晚大都會關注、投入臺灣研究，在臺海問題上發聲。臺灣研究於我而言，不僅僅是個人的研究行為，還是一種在中美之間、海峽兩岸之間搭建對話管道的實踐。

　　參加了舊金山兩岸問題研討會和關於臺灣的論文發表後，就開啟了我與臺灣人士之間的交流、對話。臺灣很多處理兩岸關係的高層人士我都接觸過，如

陳長文、蘇起、林碧昭、焦仁和等等。我與邱宏達相識後，不打不成交，反而保持了聯繫。邱宏達曾當過馬英九的老師，在臺灣很有影響。1988年臺灣開放老兵探親、黨禁，變化很大。1989年秋一次見面，邱宏達問我：「你還沒去過臺灣嗎？」經他安排，我在1990年初夏第一次踏上寶島的土地。時任政治大學國際關係研究中心副主任的蘇起出面接待了我（他後來出任臺灣陸委會主任和國安會秘書長，是「九二共識」這一概念的創始者）。為了觀察臺灣民主化進程，他們專門安排我去觀察立法院辯論，並訪問了各個行政機構，如外交部門。其間，還安排我與民進黨年輕議員會面，如謝長廷、張俊宏等。在參訪拜會中還去了行政院研考會，敲門後看到一位非常有型的「帥哥」，雙方握手後，他自我介紹：「我叫馬英九」，也就是久聞大名的「小馬哥」。他當時擔任行政院研考會主任委員，交談的時間雖然不長，但印象還是很深刻的。之後，連續幾年我收到馬英九發來的節日賀卡，是以他女兒的繪畫製作的，寫著「馬惟中，馬元中，畫的畫」等字樣。這些活動使我認識了臺灣，也是我與臺灣接觸長達三、四十年的起點。記得我後來去美利堅大學以臺灣問題為主題做應聘講座時，主持面試的教授還問道：「為什麼把臺灣作為研究重點？這個問題三五年後不就該解決了嗎？」我感覺當時美國對臺灣其實還是不大瞭解的。

　　後來我與國臺辦交流的方式之一是帶海外團隊就臺灣政策進行對話研討。自1990年代後期，我們每年都有海外學者團隊到北京就中美關係與臺海問題進行討論。每年的主題都不同，根據主題邀請不同的海外學者組團。例如，2015年的話題是「習馬會」；2016年的話題是「蔡英文新政」，而到了2017和2018年川普開始執政，話題就集中在國際新變局下和臺海問題的外部環境；2019年討論的是中國和平統一問題。例如我們2019年海外教授團隊是由八人組成，五人來自美國、一位來自日本、一位來自韓國、一位來自臺灣。這些都是在海外教學研究多年的華人專家學者。

　　對臺灣的研究帶動了我跟臺灣各界的交流，再加之美利堅大學和臺灣政治大學又加成了姐妹學校，我經常被邀請去臺灣開國際會議和舉辦講座，有時候還作為客座教授進行授課。在這個過程中我也有過機會拜會臺灣的領導人和政府部門負責人。例如，2017年夏天我在政治大學客座的時候，專門到辦公室去拜會了臺灣的前領導人馬英九和前副領導人呂秀蓮，並與他們進行了長時間的訪問和討論，就兩岸關係交流意見。2019年4月又帶團到臺灣開會，有機會在不同場合和馬英九、韓國瑜、蘇起等共議兩岸關係。在此之前我還見到了一些在任的領導人物，例如陳水扁、王金平等等。

（二）思考

　　自1977年考入本科北大國政系以來的研究和與同行的探討中，我發現有三個問題對一個國家外交政策有關鍵影響：一是傳統，二是政策制定過程，三是在國際舞臺上對國家利益的考量。上面的論述表明儒學作爲中國傳統意識形態正在中國外交中起著重要的作用。儒學的社會結構學說強調由具有道德權威的強有力的領導者來實行絕對領導，這與習近平很大程度上通過反腐敗運動來嘗試重建執政黨的道德框架和合法地位相吻合。它也強化了老百姓接受並跟隨以習近平爲核心的領導。爲繼續抑制腐敗、解決少數民族的不滿以及地方與省級政府的力量上升等國內問題，黨的領導和政治精英達成了共識必須加強中央集權[104]。因此，政治精英們致力於恢復儒教傳統以彌補因腐敗等問題所造成的損害。

　　很明顯，儒學已經深刻地影響了中國的內政與外交政策。作爲擔負著實現中國夢歷史使命的領導者，中國共產黨也利用儒學加強對人民的愛國主義情感教育。因此，儒學被用來作爲一個源遠流長的意識形態，以進一步確保共產黨的領導權，並強化更加自信的外交政策。可以相信，儘管爭議仍然存在，儒學將繼續成爲中國追求現代化努力的主要思想來源之一。

　　不過，除了中國外交原則的變化，中國知識分子也不斷影響著中國外交政策。我記得在我離開北大時，中國研究外交政策和國際關係的智庫屈指可數。可是如今，隨著國際關係以及外交學的復興，中國出現了一大批知識分子和智庫。在考察知識分子和思想庫對中國外交政策的影響時，我提出了七類政策輸入管道，包括：決策者的諮詢、內部報告、會議和公共政策辯論、非政府組織的政策、體制外的討論、海外學者、專業共同體。我們還可以總結出更多的模式和管道來概括中國知識分子和思想庫的政策諮詢，但以上提到的七類管道代表了主要機構的政策輸入。近年來，在北京知識分子和思想庫參與外交決策過程已經取得了巨大的進展，但同時也存在重大的侷限。我把這種現象稱爲中心—周邊的有限互動。這種侷限主要來自兩方面。首先，中國社會的本質仍然是權威社會而尚未完全開放。這就意味著缺乏真正的政策辯論環境，尤其是針對敏感問題進行政策辯論的合適環境。其次，大部分知識分子和思想庫處於周

---

[104] Nicholas J. S Miller, "Pragmatic Nationalism and Confucianism: The New Ideology of the CCP," Cesran International, 2014, Web (Accessed: Apr. 10, 2016).

邊，由於與決策組織和智囊機構缺少個人聯繫，所以很少有機會在中心圈子裡發揮作用。我們可以期待的是，隨著中國市民社會的發展，政府機構和思想庫對政策諮詢和專業化的要求日益增強，這將會推動知識分子和學者在未來發揮更大的作用。

　　研究中國政治與外交，必然要關注臺灣問題。臺灣問題是典型的內政外交相混雜的問題。就臺灣的研究來說，可以從三個角度出發：首先要搞清影響臺灣內政外交的各種因素。作為國共內戰的產物，臺灣可以被定義為一個內政問題，但同時隨著世界局勢的發展國際勢力也不斷介入到其中。例如在韓戰時，美國第七艦隊進駐臺灣海峽阻止了中國第三野戰軍收復臺灣的行動。鄧小平說「臺灣問題就是美國問題」。但是除此之外，經過日本超過半個世紀的殖民，臺灣民眾存在著認同問題。這同樣是內外交至的結果，一方面是因為臺灣離開中國太久，另一方面是由於日本、美國外部滲透的影響。

　　從發展的角度來看，臺灣對中國未來的經濟政治發展也有著借鑒的作用，作為四小龍之一，臺灣在蔣經國的領導下走的是國家指導發展的道路。中國也學習到了很多的經驗。但是政治發展作為臺灣發展的另一方面卻不太為人所討論。在蔣經國的統治下臺灣的政治發展有兩個突出的地方，其一是蔣經國在1980年代中後期開放老兵探親，兩岸開始來往；第二是1980年代是開放黨禁，這為臺灣民主化提供了動力。至於蔣經國是否正確，見仁見智。但這種模式，是中華民族所少有的模式，是以後政治發展可以借鑒的重要經驗。從世界角度來看，雖然臺灣問題是中國的內政問題，但是如果把臺灣放在世界舞臺上，臺灣問題也是大國博弈的棋子，特別對美日來說是重要的棋子。

　　我在第十屆華人學者臺灣研討會上提交了題為〈蔡英文新政與新浮現的「美日+1」框架〉一文，從2016年5月以來臺灣島內政權更替以後的新發展以及他們與亞太地區大國博弈的互動出發，以新浮現的「美日+1」為框架對兩岸關係的影響進行了分析，認為從蔡英文的臺獨信念和她多年從政的表現來看，「蔡政府」會積極推動「緩統」已無懸念，而「緩統」的可能性則是微乎其微。島內的這一發展也就為美日拉攏臺灣建立「美日+臺」提供了難得的契機。「美日+1」框架中的「蔡政府」會有以下幾個方面的動作。首先，「蔡政府」在「保持現狀」的名義下，進一步推動「去中國化」。其次，蔡會與日本積極合作，並可能會接受日本版的對臺關係法，發展和美日的關係。第三，「蔡政府」在包括釣魚島、太平島和沖之島礁等領土主權問題上由積極變消極。第四，蔡會進一步對美日做出讓步，例如：美牛和日災區海鮮進口等。第

五，其在與美日安保合作上，會更積極的要求美國軍售，甚至會由被動接受變主動配合，爲美日戰機和軍艦提供後勤。最後，「蔡政府」還會實施諸如務實外交、新南向政策，以及積極開展元首外交等新的外交政策。

臺灣作爲美國遏制中國的棋子，開始成爲「美日＋1」框架中的一個重要抓手。蔡英文新政時期的兩岸關係已逐漸進入低迷期，北京和臺北兩邊都在謹慎觀望，避免策略犯錯。臺灣避免觸犯大陸底線，造成兩岸關係重大倒退，出現地動山搖；大陸避免把臺灣逼入死角，只要有一絲希望也要爭取和平統一；也就是說，雖有武力準備但也不輕言動武。應該看到在臺灣問題上既有島內本身發展的邏輯性，同時也有外部力量的作用。特別是把蔡英文新政的發展方向放在大國博弈的角度上，就會看到臺灣有可能成爲「美日＋1」戰略中被啓動的棋子。如果這種情況出現，不但會使亞太國際關係變得更加複雜，也會給兩岸統一帶來更嚴峻的挑戰。

我們還要強調的就是把兩岸關係放到大國博弈框架中來考察的重要性。儘管我們都知道1949年出現的兩岸分離是由當時的國共內戰所造成的，但後來六十多年的長期分離就不單單是一個內部因素的問題了。例如在討論臺灣參與區域性經濟組織這樣的問題上，我們一定要關注與這一問題所關聯的國際因素。特別是當我們把它放到中美日大國角力這樣的大背景下看時，就會發現它不僅是一個經濟問題，更是一個高度敏感的政治問題。但是這並不是說兩岸關係的內部因素就不重要了。實際上，從多年來兩岸關係發展的風風雨雨的經驗中，我們可以看到這樣一個有趣的現象，就是兩岸熱度的交叉點經常不在一個重疊期內。當大陸提出和平統一的時候（1979年葉劍英九點方針），臺灣予以排斥；而當臺灣在1990年代初成立和平統一委員會和發布統一綱領的時候，大陸又未予回應。所以兩岸關係就往往出現失之交臂的現象。

我們今天來分析臺海問題仍然應該從內部和外部兩個視角來考察。從島內發展的角度來看，最近一段時間藍營的不爭氣和藍綠此消彼長的局面，都是兩岸關係進入深水區而無法向前邁步的原因。但是從外部，也就是大國關係博弈的角度來看，本節中所提到的幾個案例可以明確地看出，美國和日本都是把臺灣問題作爲各自對華外交的一個重要籌碼。當對華關係相對寬鬆的時候，對臺灣的掌控就可以放鬆一點，或者在對臺態度上也可以苛刻一點，甚至於出現「棄臺論」。但當對華關係緊張的時候，臺灣就成了一個可以利用的棋子。

第六章　大變局中的亞太國際關係

在前幾章的分析中，筆者分別就中國、美國和日本三個大國進行了大國戰略的內政和外交的案例研究。筆者根據各國之間的互動和相對應政策制定提出了「微觀—宏觀」聯結的理論導向和時政分析。在這一章中，筆者將把三國的國際關係放在亞太的大格局框架中進行考察，並著重於三個重要的國際關係課題來觀察大國博弈的動態：實力消長造成的國際關係演變、雙邊關係向區域建設和多邊主義變化的趨勢，以及朝鮮半島問題。

第一節　研究路徑

筆者在2001年發表了題為〈權力分布的轉移和大國關係的轉變〉一文[1]，對後冷戰時期（1989-2000）亞太地區國際關係格局的重組作了詳細分析。該文指出，冷戰後國際關係格局的走向非常明顯地呈現出「兩上兩下」的趨勢，即中國和美國的地位在持續「上升」，而俄羅斯和日本的地位則處於「下降」的態勢。文章還進一步指出，主要有兩個因素導致這種趨勢：第一是權力分布發生轉移，其最明顯的表現莫過於美俄之間。相對於俄羅斯而言，美國的地位在不斷上升，這主要是由於蘇聯的解體和接踵而來的經濟困難；第二是看一個國家在可預見的未來裡可持續發展的趨勢。這一點在中國和日本兩國實力的演變中表現得甚為突出。儘管日本當時的經濟實力仍居全球第二，但是兩國之間的差距迅速縮小，而且中國預計將於不久的將來在經濟總量方面趕超日本（實際時間是文章發表後的九年以後，即2010年）。因此，中國可預見的領導能力和市場潛力都將超過日本，這已成為一個普遍的共識。

儘管文章是在本世紀初發表的，但就大國關係的基本發展趨勢所得出的結論在今天看來仍然站得住。處於「兩下」狀態中的日本和俄羅斯在這些年裡主

1　Quansheng Zhao, "The Shift in Power Distribution and the Change of Major Power Relations," *Journal of Strategic Studies*, vol. 24, no. 4 (December 2001), pp. 49-78.

要還是致力於走出經濟放緩（日本）或衰退（俄羅斯），力爭恢復昔日的國際地位。日本自衛隊防務廳最近升格爲防衛省，這也清楚表明日本謀求成爲軍事與政治大國的意願。而擁有豐富天然資源的俄羅斯，最近多次放開石油價格，普京總統對俄羅斯的大國地位，以及處理與美國和其他西方國家的關係也日益自信。但仍不能扭轉在總的趨勢上，特別是相對於美國和中國來講，日本和俄羅斯的實力和大國地位還是處在一個下降的趨勢。

「兩上」的態勢也在延續：中國的強勁發展有目共睹，美國依然保持著唯一超級大國的地位。但是，在這兩個「上升」國家之間，一個不能迴避的尖銳問題是，中美兩國力量對比是否也出現了「一上一下」的態勢？換言之，基於中國經濟持續快速的增長，事實眞的是中國在「崛起」而美國開始「衰落」嗎？顯然，回答中國崛起對美國究竟意味著「威脅」還是「機遇」，前提得是對這一問題是否能得出正確的認識。

筆者根據國際關係理論中一些基本的視角，結合資料進行了分析。這裡至少可以引入三種視角。第一，根據經典現實主義的理論，決定國家力量最重要的因素是軍事力量和經濟力量的分布。因此，我們將考察有關的具體資料，包括國內生產總值（GDP）、人均國內生產總值、貿易總量和對外直接投資額等。

第二個重要的視角是認知傾向。羅伯特・傑維斯非常看重這一點[2]。中美兩國人民對未來發展趨勢的認知和預測，對於兩國外交政策的制定有著重要的作用。需要指出的是，這種認知既包括兩國國民對地區主導力量的認知，也包括對本國國力的認知。儘管這種認知很難量化，但我們可以通過對精英和大眾的國際民意調查來大體確定國民認知的傾向。

第三，要看到不同的理論和分析路徑各有側重，因而所得出的結論也不盡相同。例如，進攻性現實主義（offensive realism）認爲戰略環境是一種零和遊戲。也就是說，A大國的力量地位上升，B大國的力量地位必然下降。A國和B國之間幾乎沒有同時分享權力的餘地，尤其是在軍事領域。現實主義理論作爲冷戰時期的主導範式，其最好的例證便是美蘇關係。由於採用不同的分析路徑，相互依存理論認爲出現雙贏的局面是完全有可能的。這就意味著，只要

2　Robert Jervis, *Perception and Misperception in International Politics* (New Edition), Princeton University Press, 2017.

對大國關係進行有效的管理，衝突並非不可避免。特別是在全球化和地區一體化不斷發展的情況下，經濟領域的雙贏局面更有可能出現。因此，綜合的、比較的分析是需要的。

2007年，筆者發表了〈大國關係管理：中美實力上下變動的內涵〉一文[3]，從世界政治的整體變動中考察中美關係，並且就大國關係管理的模式提出新思路。文中指出：當今，國際社會普遍承認中國是一個正在崛起的大國，而美國則是現實世界中居於領導地位的大國。如何看待中美關係的變動及其發展趨勢？進攻性現實主義的觀點認為，中國地位的上升會以美國地位的下降為代價。該派的代表人物米爾斯海默直言不諱地宣稱：「美國在二十一世紀初可能面臨的最大潛在危險便是中國將成為東北亞的霸權。」因此，「隨著中國力量的增長，中美兩國註定會成為對手」。顯然，持這種觀點的人相信中國的崛起意味著威脅，因而中美兩國的衝突在所難免。

防禦性現實主義也承認中國崛起這一事實，但強調它是相對的，中國並不能取代美國在世界政治中的領導地位。正如布里辛斯基所說：「中國的高層並不傾向於在軍事上挑戰美國，他們仍將主要精力放在經濟發展和贏得世界認可這兩個方面。」因此，「軍事衝突並非不可避免，甚至很難想像它的發生」。持這種觀點的人認為，崛起的中國更多的是創造了機遇，營造一個雙贏的局面是可能的。美國學者約瑟夫·奈認為，從相對角度出發，美國仍然會是世界「堅強的領導者」。

在綜上分析後，筆者得出的結論表明：美國和中國可能是二十一世紀僅有的兩個超級大國（一個已經存在，另一個正在崛起）。要保持全球的穩定和繁榮，這兩個大國自然會在戰略、經濟和政治層面相互依賴。兩國需要找出相互適應的途徑，例如相互承認對方的核心利益，二者作為「利益攸關方」而共存。保持穩定和合作關係，並且將分歧置於可控範圍以內，這不僅對亞太地區的穩定與和平至關重要，也符合中美兩國人民的根本利益。

從以上分析可見，是否會出現中美權勢對比「一上一下」，可以從兩個角度來理解。如果我們從美國和中國客觀的力量分布上看，答案是否定的。也就是說，中國不會在政治、軍事、經濟和文化所有層面都取得優勢。中國有可能

3　Quansheng Zhao, "Managed Great Power Relations: Do We See 'One Up and One Down?'", *Journal of Strategic Studies*, vol. 30, no. 4-5 (August-October 2007), pp. 609-637.

在某些領域成爲超級大國，如同日本在1980年代在經濟領域那樣。而在其他層面，例如軍事和政治領域，中國要想成爲超級大國還有很長的路要走。特別在軍事領域，兩國間差距如此之大，中國不太可能在近期超越美國。正是在這個層面我們沒有看到「一上一下」。

　　然而，在認知層面，人們的確產生了「一上一下」的感覺，這主要從相對的趨勢表現出來。也就是說，中美兩國的差距在許多層面都正在縮小，例如在國民生產總值上，許多人都認爲中國有望在本世紀中期超過美國。這種對於未來發展趨勢的認知蘊含著重大的暗示：中國被視爲在可預期的未來將成爲主導亞太地區的領導者。在世界的許多地區，例如東南亞、非洲，甚至拉丁美洲，中國的影響正在增加，正如許多人所認爲的那樣，這種增加是以美國影響力的下降爲代價。在這些層面，可以說已經出現了「一上一下」的趨勢。

　　總之，根據實際的力量分布──包括全面的軍事實力和戰略能力──中國要想趕上美國還有很長的路要走。因此，做出中美之間「一上一下」的假定尚不成熟。這可能僅僅反應了中國經濟的快速發展和在國際認知中的相對趨勢。然而，只要中國保持眼下的增長速度，那麼有關「中國崛起，美國衰落」的論調在未來數十年裡仍將會不絕於耳。

　　本節集中討論了當今世界必須面臨的一個基本問題：如何對待中國的崛起。這個問題不僅僅針對如美國、歐盟、日本、俄羅斯和印度等諸多大國，同時也包括中國自身。顯然，中國崛起的和平發展道路符合每個國家的利益，但是主要問題是：「怎樣發展？」回答這個問題的一個重要性觀察指標是中國國內的發展，包括它在新世紀將繼續展開的政治、經濟和社會轉型。另一方面是中國如何處理與外部世界的關係，這也是該問題的焦點。在分析中美兩國的發展趨勢是否會導致「一上一下」之後，可以看出如何對待中國崛起乃是一種正當的關切。就中國的外部關係和在世界政治舞臺上的衝擊力而言，消解擔憂的解決辦法之一是筆者在本節所提出的「大國關係管理」這一模式。爲了實現大國關係管理，所有相關大國需要找出合作的基礎。制度性的安排是必要的，並且需要建立危機預防措施。最後，大國之間共同管理的基礎需要持續保持和加強。當然，這種大國關係管理並不能完全排除兩個最主要大國之間衝突的可能。然而，這的確可以爲中國和美國正在增加的交流、談判、理性競爭，和最終的合作提供一個可供選擇的、可行的藍圖。因此，「大國關係管理」的戰略意義不僅體現在處理中美關係上，而且也可服務於全球治理的總體目標。

第二節　亞太國際關係權勢轉移

　　本節試圖從權力轉移的視角分析東亞的國際關係，認爲權力轉移因素是大國間改變對彼此認知的最具深遠意義的指標，從而對該地區的國際關係也有著深遠的影響。後冷戰時期，即自1990年代初──特別是自2000年以來，國際關係中一個象徵性卻有深遠意義的發展是各國頻繁使用諸如「夥伴」（partners）、「同盟」（allies）、「競爭者」（competitors）、「對手」（rivals）等詞語來標示各大國及它們之間的關係特點。例如，美國總統柯林頓在1998年對中國的訪問中，公開把中國稱爲美國的「戰略夥伴」（strategic partner），而後來的川普總統則認爲中國主要是一個競爭者。

　　東亞國際關係已因後冷戰時期肇始的大國力量的重組而深受影響。普遍認爲，1980年代末冷戰的結束──特別是蘇聯的解體，深遠地改變了亞太地區大國關係的結構。正像一些中國觀察家所指出的那樣，新的全球結構可以被描述爲「一超多強」──即只有一個超級大國，同時也有許多強國。或者如邁克爾‧格林（Michael Green）在其文章中所指出的當今國際結構是──美國構成的「單極」和由歐洲、俄羅斯、中國與日本構成的「多個強國」。這個新的結構形態代替了整個1970年代和1980年代多數時期的由「北京─莫斯科─華盛頓」所構成的戰略三角結構。本節把分析的焦點主要集中在東亞的大國關係上──這些國家包括中國、日本、俄羅斯和美國。此外，不可避免的會談及到相關中小國家的角色與相關行爲，例如北韓、南韓和東盟國家等。

（一）「兩上兩下」的新結構

　　在東亞國際關係中，相關大國的地位在冷戰後發生了巨大變化，這些已經給該地區的大國關係帶來了新的次序調整，同時也要求重新定義包括中國、日本、俄羅斯和美國在內的所有大國之間的雙邊關係。在本節中，正如在前文中提到的「兩上兩下」變化，這種趨勢自從1990年代以來已經變得相當明顯。「兩上」指的是美國和中國的力量在上升。美國上升爲唯一超級大國的現實已經給其在國際事務中的所有四個領域確立了支配性地位──政治、戰略、經濟和科技（教育）。美國經濟儘管在本世紀初出現減速，但它不太可能像1930年代那樣導致經濟的大崩潰或者衰敗。因此，有理由相信美國將繼續在國際社會中保持其唯一超級大國的地位。

　　與此同時，中國自1978年實現改革開放以來，連續保持了高速經濟增長率（儘管經濟增長率從前三十年的平均10%減速到之後十多年的6-7%），取得了巨大的經濟成就，同時成功度過了1997年至1998年的亞洲經濟危機。經濟上的巨大成就已大大提升了中國在地區乃至全球事務中的影響力。

　　「兩下」指俄羅斯與日本。隨著1990年代初蘇聯的解體，俄羅斯在所有相關領域都經歷了大倒退。今天看來，要回到前蘇聯在國際社會中的地位和發揮前蘇聯在國際與地區事務中的影響力，俄羅斯顯然還有很長的路要走。相對於俄羅斯，日本放緩的本質特點相當不同，因為它僅僅反應在經濟領域，同時也是經濟連續不景氣的結果，而非像韓國和東南亞國家所遭受的經濟危機的結果。

　　以下四個表格顯示了這種「兩上兩下」結構的動態性。值得一提的是，由於俄羅斯經濟衰退相當明顯，再加上一些與俄羅斯相關的資料缺乏連續性，因此以下表格中的資料主要集中在中國、日本和美國三國上。當我們觀察有關中、美、日三國最近三十五年的GDP時（見表6-1），我們將看到，儘管美國保持穩定的增長，但是中國與美國和日本的差距在顯著減少，與此同時，日本與美國的差距則在拉大。更具體地講，以1980年三國GDP的對比可見，中國的GDP是美國的6.7%和日本的17%；而日本的GDP大致相當於美國的39%。而到了2017年，中國的GDP增長到美國的63%，並且相當於日本的兩倍半。而與此同時，日本的GDP相對於美國而言，從1980年的大約53%減少至2017年的25%，相差28%。

▉ 表6-1

美國、中國和日本的GDP對比（1980-2017）（單位：十億美元）			
年份	美國	中國	日本
1980	2,853.1	191.2	1,100.9
1985	4,347.2	309.5	1,401.2
1990	5,980.1	360.9	3,141.2
1995	7,664.1	734.5	5,449.2
2000	10,285.1	1,211.3	4,888.3

年份	美國	中國	日本
2005	13,094.1	2,286.7	4,755.2
2010	14,964.4	6,101.3	5,710.3
2016	18,569.2	11,199.2	4,939.2
2017	19,485.4	12,237.7	4,872.4

來源：世界銀行（2019）

　　我們從表6-2中三國在這些年的貿易總額對比上也可看到同樣的趨勢。在貿易總額上，中國與美國和日本的差距在1980年分別是相差十三倍和七倍；而到了2018年，中國反超美國8%，並達到日本的三倍。同時，日本的貿易總額從1980年相當於美國的56%，減少爲2018年的35%。

■ 表6-2

美國、中國和日本的貿易總額對比（1980-2018）（單位：十億美元）

年份	美國	中國	日本
1980	482.6	38.0	271.7
1985	571.3	69.6	307.7
1990	910.6	115.4	523.6
1995	1,355.6	280.9	779.2
2000	2,041.2	474.3	858.8
2005	2,633.8	1,421.9	1,110.8
2010	3,246.0	2,972.8	1,463.0
2016	3,706.0	3,686.6	1,251.8
2018	4,278.4	4,623.0	1,487.1

來源：世界貿易組織（2019）

　　同樣，美國從1980年代到2010年代一直保持了吸引外國直接投資第一大國的地位（見表6-3），促進了其經濟繁榮。美國從1985年直接投資總額的200

■ 表6-3

美國、中國和日本的直接投資總額對比（1980-2016）（單位：十億美元）			
年份	美國	中國	日本
1980	16.9	-	0.3
1985	20.0	1.7	0.6
1990	48.5	3.5	1.8
1995	57.8	35.8	0.03
2000	350	42.1	10.7
2005	138.3	104.1	5.5
2010	259.3	243.7	7.4
2015	379.4	249.9	5.6
2016	425.3	170.6	34.9

來源：http://data.worldbank.org/indicator/BX.KLT.DINV.CD.WD?locations=CN-US-JP

億美元，到2016年穩定增長到4,253億美元。中國在1985年為17億美元。但三十年後，即2015年，中國接受的直接投資總額為2,499億美元，相對於1985年，增長了大約一百四十七倍。而與之相對應的是，日本接受的直接投資總額則遠遠落後於美國和中國。儘管我們可以認為這種結果，部分與中日兩國的經濟增長對貿易投資總額的不同需求有關，然而，我們仍然可以從這方面清晰看到中美兩國明顯地呈持續上升的態勢。

　　當我們分析冷戰後「兩上兩下」的權力結構時，我們應考慮到以下三點：第一，中國地位的崛起大體上反應了一種積極的趨勢。但是，如果我們進一步觀察，會發現中國的情況相當脆弱，仍然存在大量的國內問題。例如，國有資產改革、沿海地區和內部地區的發展差距、嚴重的貪汙腐敗等。許多問題不僅可能減緩中國的發展，甚至一旦不能有效控制還有可能使中國陷入國內動盪。

　　第二，任何事情都是相對的。儘管日本的經濟增長放緩，但它仍然保持了世界第三大經濟體的地位。此外，當我們觀察這三國的人均國民生產總值時，可發現中國仍然遠遠落後於日本和美國（見表6-4）。儘管中國的人均國民生產總值從1980年到2017年增長了六十七倍之多，但是中國2017年人均國民生

■ 表6-4

美國、中國和日本的人均國民生產總值對比（1988-2017）（單位：美元）

年份	美國	中國	日本
1980	12,249	251	8,378
1985	17,690	502	13,460
1990	23,198	796	18,851
1995	27,827	1,514	22,464
2000	35,252	2,377	25,334
2005	42,708	4,064	30,315
2010	47,084	7,536	34,013
2016	57,467	15,535	41,470
2017	59,928	16,842	42,067

來源：*World Economic Outlook Database,* International Monetary Fund (2019)

產總值的16,842美元，與同期日本的42,067美元和美國的59,928美元相比，清楚表明中國在這個意義上仍然僅僅是一個發展中國家。

　　由上可見，「兩上兩下」是相對的，它僅僅是冷戰結束後過去到現在。在這一點上，很難說這種趨勢將持續多久，事實上每個國家在自身發展中都難免會經歷一些起起落落。也就是說，今天發展持上升勢頭的國家明天也可能會遇到衰退的趨勢；反之，今天處於衰退的國家明天也可能會出現反彈。但不管怎樣，「兩上兩下」結構已經深刻影響了東亞地區的權力分布，並在該地區的國家關係結構重組進程中成為至關重要的影響因素，例如所出現的一系列諸如「夥伴」、「同盟」、「競爭者」和「對手」等新的定位。這種改變所帶來的影響可以從相關的經濟、政治和戰略因素中進行分析。

（二）相互依賴的大國經濟關係

　　競爭與合作是大國關係在經濟領域的兩種主要表現模式。東亞國際關係也不例外。塑造冷戰後國際關係特點的一個重要因素就是全球化，或者是經濟相互依賴的發展趨勢。尤其是權力轉移和中國崛起兩個因素，對經濟一體化趨勢

發展——例如在中國、日本和美國之間，發揮了特別重要的作用。

　　從表6-5可以看出，就2018年的主要貿易夥伴而言，三個國家都將另外兩個置於名單的前列。除香港外，日本和美國分別是中國的第三大和第一大貿易夥伴，兩者貿易總額占到中國貿易總額的25.1%。與此相類似，中國和美國又是日本的最大貿易夥伴，兩者貿易總額在2014年占到日本貿易總額的38.5%。同時，從表中可以看出，美國的貿易對象主要集中於大西洋自由貿易區（USMCA）夥伴之間（第一位是加拿大，第二位是墨西哥，兩者共占到美國貿易總額的33.9%）。日本和中國分別占到第四和第三位，兩者共占到美國貿易總額的11.7%。值得注意的是，香港與美國的貿易並沒有計算到這些數字裡，如果計入後這個數字無疑會進一步提高。

■ 表6-5

美國、中國和日本的前幾位貿易夥伴（2018）			
排名	中國	日本	美國
1	美國（19.2%）	中國（19.5%）	加拿大（18%）
2	香港（12.1%）	美國（19%）	墨西哥（15.9%）
3	日本（5.9%）	韓國（7.1%）	中國（7.2%）
4	韓國（4.4%）	臺灣（5.7%）	日本（4.5%）
5	越南（3.4%）	香港（4.7%）	英國（4%）
6	德國（3.1%）	泰國（4.4%）	德國（3.5%）
7	印度（3.1%）	新加坡（3.2%）	韓國（3.4%）
8	荷蘭（2.9%）	德國（2.8%）	荷蘭（3%）

來源：World's Top Exports (2019)

　　這種在經濟領域的高度相互依賴關係意味著在中國—日本—美國三邊關係中，每對雙邊關係的發展變化都事關這三個國家的重大國家利益。例如，美國長期把亞太地區的穩定和繁榮視為其全球戰略中的優先考慮。該地區最強大的兩個國家——中國與日本之間的雙邊關係，對美國的地區與全球利益又至關重要。

　　與此相類似，中日也都把與對方的關係視為僅次於對美關係的最重要的雙

邊關係。另一方面，日本在中國與西方國家發展關係時一直扮演著橋樑作用。例如，1990年，日本是西方工業化國家中第一個解除對華經濟制裁的國家[4]。與此相類似，1999年7月，日本也是西方工業化國家中第一個為中國加入世界貿易組織投贊成票的國家[5]。很顯然，日本將繼續在中國融入世界經濟體系過程中扮演重要角色。

　　此外，由於在歷史、文化和地緣上的接近，對於中國的發展與穩定，日本擁有至關重要的利益。普遍認為，一旦中國內部出現動盪，對於日本而言將是一場噩夢。因為一旦中國內部出現類似當年越南那樣的大動盪，就會有大量的難民湧向鄰國，將極大破壞該地區的穩定與繁榮。一旦出現這種局面，日本的利益將會首當其衝。因此，與中國保持合作和穩定的雙邊關係符合日本的利益。在這方面，值得一提的是，日本連續多年向中國提供的官方發展援助對於促進中國的現代化發揮了很大作用。但是，隨著日本執政的自民黨擔心中國連續增長的軍費開支和海軍一度出現靠近日本海的地帶，日本對華的官方援助計畫已經在2008年北京奧運期間結束。此外，隨著日本國內領導層的代際更替，年輕一代政治家和政策官僚對二戰期間日本對中國及其他國家侵略所帶來的負罪感也相對減少。與此同時，日本國內的民族主義卻在近些年一直有所上升[6]。然而需要注意的是，儘管對日本民眾對待戰爭的態度很難有一個準確的評價，但是今天日本的國內民族情緒和二戰期間相當不同。這種改變主要反映在日本對二戰後所取得的巨大經濟成就而深感驕傲，同時渴望能在國際社會中扮演更大的角色。

　　對於中國而言，在過去幾十年，其外交政策的直接考慮發生了很大變化。為了更好的理解中國當前對經濟現代化的重視，我們有必要回顧一下中國隨著領導人的更替，其外交政策優先考慮是如何發生相應變化。在毛澤東和周恩來的領導下，1970年代初期，北京當時的主要考慮是如何充分利用華盛頓—莫斯科—北京的戰略三角關係來開展外交。中國當時和日本與美國發展關係的主

---

[4]　參見：Quansheng Zhao, *Japanese Policymaking: The Politics Behind Politics: Informal Mechanisms and the Making of China Policy*. Hong Kong and New York: Oxford University Press, 1993中的第五章。

[5]　Susan V. Lawrence, "Prickly Pair: China and Japan Remain Civil-and Deeply Divided," *Far Eastern Economic Review*, 22 July 1999, p. 20.

[6]　Chester Dawson, "Flying the Flag," *Far Eastern Economic Review*, 12 August 1999, pp. 18-19.

要考慮是如何平衡來自蘇聯的威脅。在接下來的鄧小平時期，實現現代化成為中國外交政策服務的主要目標。因此，中國開始把美國、日本及歐洲視為資本市場和先進技術的主要來源。這種情況下，和美國與日本進行經濟合作，對中國實現現代化而言非常重要。隨著中國對美國與日本重要性的認識有所改變，中國與美國和日本之間的貿易和投資開始迅速增長，在相當一段時間內中國也成為日本官方援助計畫最大的接受國[7]。

　　考慮到中國日益崛起的經濟實力，西方各經濟大國普遍把中國大量的人口和快速的經濟現代化視為事實上最後一塊未開墾的市場。不管這個目標能否實現，中國快速上升為一個有深遠意義的貿易夥伴和對外投資的最主要目的國的現實，已經成了美國制定對華政策的主要考慮因素。正是在以上考慮的情況下，美國出於其經濟利益考量，在2001年中國加入世界貿易組織的過程中都發揮了重要的推動作用。此外，西方許多人相信中國經濟現代化將有助於在中國國內創造和擴大中產階級的出現，有助於促進公民社會的形成，並且對中國國內民主化進程也將有推動作用。這些複雜的交織著政治和經濟考慮在內的種種因素，是形成柯林頓政府對華接觸政策的基石。

（三）大國博弈的複雜性

　　從戰略層面分析大國關係，持「零和遊戲」（zero sum game）的現實主義學派——即「你得，我失」，反之亦然——仍然有一定的影響力。因此，在後冷戰時期的亞太地區，也可以經常聽到諸如「隨著美國影響力的減弱，中國則可能會隨之進入這些權力真空地帶」等聲音。主要大國的不同戰略考慮能輕易地導致彼此關係走向對立——正如在冷戰期間所看到的那樣，其結果是有可能將這個世界再次分成敵人和盟友兩個陣營。與此同時，我們也可以看到在許多議題上，大國間有著共同的考慮。此外，該地區大國間新的「兩上兩下」權力結構對各國的戰略考慮也有著巨大的影響。

　　一般而言，美國和日本都視與對方的同盟作為其亞洲政策的中心支點。事實上，彼此的這一立場自1945年美國占領日本以來，就已成為兩國發展雙邊關係的一個重要的里程碑，這一立場在1952年兩國簽訂《美日安保條

---

[7]　Zhao, *Japanese Policymaking: The Politics Behind Politics: Informal Mechanisms and the Making of China Policy*, p. 163.

約》後再次被確認。按照日本國際關係教授伊藤賢一（Kenichi Ito）的觀點，當代日美關係史大致可以被劃分為六個階段：第一，初步建立友好關係（1853-1905）；第二，對抗和衝突（1905-1941）；第三，戰爭時期（1941-1945）；第四，占領時期（1945-1951）；第五，冷戰同盟關係（1951-1996）；最後是後冷戰時期的同盟關係（1996-）[8]。從這也可以清晰看出，國際關係中的雙邊關係有時可以戲劇性地從主要戰爭對手轉變為親密的同盟夥伴。

　　然而，出現相反的趨勢也並不足為奇。也就是說，即使兩國保持同盟關係，但是之間存在的問題也有可能給雙邊關係帶來誤解和摩擦。美日關係也是如此。一些令人不安的事件已經開始導致日本國內出現反美情緒，例如1990年代後期掀起軒然大波的美軍沖繩強姦案。按照《朝日新聞》記者船橋洋一（Yoichi Funabashi）在其《同盟漂流》一書的說法，儘管美日關係進一步擴大與深化，但是雙邊關係的政治與經濟基礎仍然相當脆弱[9]。當雙方保持緊密的關係時，每一方都擔心另一方和北京走得過近。例如，當1998年柯林頓總統訪問北京時，他甚至沒有在日本做短暫停留，結果導致當時一些日本觀察家開始擔心美國已經改變其政策，從負面的「敲打日本」（Japan bashing）到無關緊要的「忽略日本」（Japan passing）──擔心美國重視日本的程度，還不如麻煩不斷的中美關係。

　　然而，隨著布希總統2001年入主白宮，一段時間以來，一些美國領導人已多次表示了美國加強對華關係有可能導致日美同盟──美國亞洲外交政策的基石──「瓦解」的擔心。同時，一些美國領導人也擔心，隨著中國的持續發展，有可能導致日本在中美之間選擇保持「中立」──從而偏離美國亞洲政策基石的「美日同盟」。總之，隨著布希政府的上臺，美國亞洲政策的一個明顯轉變就是開始更加重視其亞洲同盟，特別是美日同盟。事實上，最早指出美國應該更加重視美日同盟的阿米蒂奇（Richard Armitage），當時已經被任命為國務院副國務卿[10]。小布希之後的歐巴馬和川普都沿襲了這一強調美日同盟重

8　Kenichi Ito, "U.S.-Japan Ties Face New Challenges: Equal Partners in an Ever-changing World Environment," *Japan Times*, 1 January 2001.

9　Yoichi Funabashi, *Alliance Adrift*. New York: Council on Foreign Relations Press, 1999.

10　Steven C. Clemons, "The Armitage Report: Reading Between the Lines," Japan Policy Research Institute Occasional Paper, no. 20 (February 2001), p. 1.

要性的戰略路徑。

事實上，美日合作非常緊密，甚至達到「一方咳嗽，另一方就會感冒」的地步。關於這一點的一個例子是，由於兩國已通過編碼系統共用情報，因而在2001年4月中美發生海南事件——美國EP-3偵察機的最高機密設備被中國檢查後，美日就不得不花費百萬美元來更改這一通訊系統[11]。另外一個例子是，在臺灣領導人李登輝1995年富有爭議性地赴美國參加了康奈爾大學的校友會聚會後，與此類似，日本緊隨美國，稱正在認眞考慮和準備讓李登輝訪問日本，同樣也是以參加校友會聚會的名義（李登輝也是京都大學的畢業生）。後由於北京迅速對這一計畫給予嚴厲警告，這一計畫最終並沒有走得太遠。然而，李登輝2001年4月還是以赴日本岡山縣（Okayama prefecture）進行心臟檢查爲名得到了日本的簽證[12]；因爲同一時期美國也給李登輝發了簽證，因此這一情況也可以被視爲是美日緊密協調的結果。

至於中美關係，美國的對華政策較之以前更具競爭性。在組建新政府和實施新政策時，布希總統在其有關國家安全和外交政策領域啓用了大量的具有強烈現實主義色彩的人物，這些人提倡對北京應該採取更強硬的政策，而對臺北則應該採取更具支持性的政策。例如，國防部長拉姆斯菲爾德（Donald Rumsfeld），被詹森（Chalmers Johnson）稱爲「第一流的舊時代的冷戰老手」（classic old-time Cold Warrior）[13]，拉姆斯菲爾德給人的感覺是在盡力把中國放到冷戰時期前蘇聯的位置上。後來上臺的川普的對華政策在強調競爭關係方面比小布希則有過之而無不及。

對於該地區的其他主要國家，北京也給予密切關注。例如，北京一方面盡力和美國開展合作，另一方面，北京也已準備好應對因《日美防衛合作指針》而帶來的戰略挑戰。總的說來，爲了應對日益嚴峻的周邊環境，中國在其外交政策中已經採用了以下四個策略：首先，不僅在經濟層面，而且特別是在安全層面，中國進一步加強了與俄羅斯以及其他前蘇聯國家的合作，例如成立上海合作組織；其次，中國重新開始重視增強對北韓的影響力，以便在朝鮮半島問

---

[11] Shigehiko Togo, "Japan Fears Loss of Code From U.S. Plane to China," *Washington Post*, 14 April 2001, p. A14.

[12] "Taiwan's Ex-Leader to Visit Japan," *Washington Post*, 21 April 2001, p. A13.

[13] Chalmers Johnson, "If Eisenhower Could Apologize, Why Can't Bush?" *International Herald Tribune*, 9 April 2001.

題上發揮更大的杠杆作用；第三，中國進一步促進了與東南亞鄰國的關係，亦即與東盟國家的關係；最後，中國也加強了在區域共同體方面的建設，例如建立了在經濟和科技領域的中日韓三方論壇。該三方論壇是在2000年11月於新加坡召開的「東盟＋3」首腦會議上由中國國務院總理朱鎔基、日本首相森喜朗（Yoshiro Mori）、韓國總統金大中（Kim Dae Jung）共同倡議成立的[14]。

　　近年來，在區域一體化迅速推進的大背景下，在歐盟（EU）和北美自由貿易協定（NAFTA）的影響下，爲了相應加強對東亞共同體建設的研究，一些東亞國家在1999年成立了「東亞展望小組」（East Asia Vision Group）。這個小組的成立得益於韓國總統於1999年5月提出的建議。1999年10月東亞展望小組於首爾召開了第一次會議，由時任韓國外交部長韓昇州主持。會議召開的形式是10＋3，即東盟十個成員國的代表，再加上中國、韓國與日本的代表。每個國家的代表爲兩名，一個是主管外交工作的大使級官員，另一個是亞太國際關係領域的權威專家，小組共有二十六名成員。由於本地區的政治關係比較複雜，東亞展望小組的討論首先從經濟和文化層面入手，同時也關注本地區的安全互信建設。此外，也有一些學者建議該小組應把討論的焦點集中在如何避免地區衝突與對抗上[15]。2000年11月在首爾召開的以「韓中日文化研討會」爲標題的會議，可以視爲是試圖在這些層面取得突破的一個嘗試。

　　儘管蘇聯於1990年解體，俄羅斯仍是東亞國際關係的另一個主要參與者。北京希望並積極努力使得俄羅斯在國際事務中站在其一邊。與此同時，俄羅斯也迫切希望在如何應對北約東擴、空襲科索沃，以及車臣等棘手的問題上得到中國的幫助。在這種環境下，中俄兩個大國在政治、經濟和戰略領域結成緊密的關係。最令外界敏感的是俄羅斯答應願意幫助中國實現軍事現代化。例如，1999年10月，兩國國防部長簽訂協定，決定開展聯合訓練和在規範軍隊條令上共用資訊。隨後，約兩千名俄羅斯技術人員被中國軍事研究機構聘請進行先進國防系統方面的培訓，例如雷射技術、巡航導彈、核潛艇和太空爲基地的武器裝備（space-based weaponry）。在2000年初，中國還以每艘8億美元的價格買下了俄羅斯建造的兩艘驅逐艦。第一艘已經開始服役，並於2000年2月

---

[14] 《人民日報》（海外版），2001年11月25日，第1版。

[15] 2001年1月2日在北京對中國社會科學院亞太研究所所長張蘊嶺的參訪，張也是中國在「東亞展望小組」中的成員之一。

穿過臺灣海峽[16]。在此之後，中俄關係走上了更加緊密的合作關係。這些發展當然引起華盛頓和其他有關國家的高度擔心。

同時，日本在冷戰期間對前蘇聯的擔心隨著蘇聯的解體已經大大下降，它現在的主要擔心開始轉移到中國潛在的軍事實力以及朝鮮半島問題上。東京在改善與莫斯科關係問題上也打著自己的算盤。日本在發展對俄羅斯關係問題上的主要障礙是彼此針對北方四島的爭議，事實上，日本採取了相當積極的立場[17]。儘管兩國在此問題上達成最後可行決議的進程仍相當緩慢，但是日本對俄羅斯在安全上的擔心基本消失。接下來讓我們從政治的視角來分析這些問題。

（四）政治關係的動態性

當我們分析權力轉移及其對東亞地區國際關係的影響時，我們可以看到該地區由主要大國參與的、正在進行的動態的政治關係發展。讓我們首先看看自1972年關係正常化後卻又經歷了起起落落的中日關係。1990年代大多數時間，中日關係均處在惡化的道路上，這一惡化的局勢也已經給冷戰後的地區和全球事務帶來了陰影。正是考慮到這個因素，兩國決定積極努力扭轉這一局勢。例如，兩國進行的國事訪問，也就是1998年11月江澤民對日本的國事訪問，和1999年7月日本首相小淵惠三對中國的國事訪問[18]。儘管在這兩次訪問中取得了一些積極進展，但也再次突顯了彼此在處理中日關係時所面臨的困境。中日關係的降溫源於1980年代末期，中日關係的惡化隨著1989年之後日本加入西方國家陣營對中國進行經濟制裁而進一步加劇。

不幸的是，兩國間都缺乏對彼此的真正理解。儘管在1990年代，國事訪問幾乎每年都會舉行，但是彼此還是缺乏比較深層次的討論和多層次的交流。每個國家對另一個國家的國內政治和外交政策制定的本質都缺乏清晰的認識。例如，北京可能會質疑：日本是否已經從和平和民主化的建國道路上出現逆轉？是否將轉向軍國主義？出於同樣原因，東京會質疑：中國是否已經從友好和致力於發展經濟的國家轉向了給日本帶來軍事威脅的國家？

---

[16] John Pomfret, "Russians Help China Modernize Its Arsenal: New Military Ties Raise U.S. Concerns," *Washington Post*, 10 February 2000, pp. A17-A18.

[17] *Washington Post*, 11 Feb 2000, p. A32.

[18] Lawrence, "Prickly Pair: China and Japan Remain Civil-and Deeply Divided," p. 20.

　　中國在後鄧小平時代的對日政策延續了毛澤東與鄧小平時代的對日政策，但也有跡象顯示在政策優先考慮上還是做了一些調整。當臺灣問題和經濟合作仍然是發展兩國關係的中心議題時，中國也對日本二戰期間的行為和往軍國主義道路上發展的可能性再三施加壓力。事實上，有時候甚至顯示，中國在制定對日政策時把歷史問題置於首要位置。

　　在政治層面，中美關係的最大困難在於對於與人權有關議題上的政策不同。一般而言，日本與美國站在同一立場上。在柯林頓時期的人權問題也日益成為美國對華政策的優先考慮。而中國對外政策的優先考慮則經歷了一個演變——從毛澤東時代的「革命外交」轉向鄧小平時代的「現代化」和「經濟發展」。考慮到中美在政策優先考慮上的這些區別，可以想像中美兩國在圍繞民主化和人權相關議題上仍然會不可避免的產生對抗。針對人權議題，另一個重要的發展背景是國際環境的變化。隨著1980年代末冷戰的結束，美國外交政策考慮由遏止共產主義轉向關注其他因素。例如，亨廷頓（Samuel Huntington）就提醒人們應該給予不同國家文明和文化之間的不同更多關注。在他的《文明的衝突》（*The Clash of Civilizations*）一書中，亨廷頓提出將來國際社會的衝突很可能源於西方文明與非西方文明之間。他特別指出儒教文明和伊斯蘭文明是非西方文明的兩個主要代表[19]。儘管這一觀點相當有爭議性，但是「文明的衝突」這一概念已經成為越來越多的學者與政策實踐者在研究當代國際關係中考慮的重要因素。關於西方與非西方文明差異性的強調已經成為西方國家和中國針對中國民主化及其人權紀錄而發生衝突的源泉。

　　當我們觀察主要大國關係間的人權議題時，顯然，美國的對華政策有一系列因素組成：戰略考慮、經濟利益，以及諸如人權議題的意識形態因素等。在諸如美國這樣的多元主義社會，社會中不同群體的人針對外交政策有不同的政策優先考慮。美國國會有影響力的人士、人權組織、宗教團體和其他非政府組織傾向於把人權議題作為政策的優先考慮，而與之相對應，白宮與國務院則主要從國家利益的視角考慮美國外交政策的優先考慮，諸如對安全和經濟的考慮往往占據上風。

　　自從1990年代初期，兩國關係的發展已經促使華盛頓的對華政策優先考

19　Samuel P. Huntington, *The Clash of Civilizations and the Remaking of World Order*. New York: Simon & Schuster, 1996, p. 20.

慮轉向戰略與經濟領域，而非人權領域。由於美國於1995年允許臺灣領導人
李登輝對其進行非官方訪問，直接導致1995年臺灣海峽導彈危機，這也被視
爲是冷戰後第一次「警報」（wake-up call），也表明了兩國應該努力避免潛
在軍事衝突的必要性。這一危機過後，中美兩國進行了元首會談，即1997年
10月江澤民訪問華盛頓，1998年6至7月柯林頓訪問北京，以及朱鎔基1999年
春訪問美國。雙邊關係的第二次危機是1999年因北約和美國導彈襲擊中國駐
南聯盟大使館而引起，這次事件直接導致中國許多大城市的民衆舉行大規模的
對美抗議。第三次「警報」是美國偵察機於2001年4月在海南島附近撞毀中國
軍機事件，和其後兩國關係的疏遠。除了以上這些中美兩國間的直接對抗事件
之外，在針對有關北韓核武器發展、東南亞經濟危機，以及由於印度與巴基斯
坦發展核武器而導致的南亞局勢日益緊繃等議題上，都要求中美兩國之間進行
緊密且有效的協調。

　　正是在這種情況下，美國才沒有不顧以上因素而總是把人權放到對華政
策制定的最優先考慮上。首先，中美在1997年與1998年舉行兩次元首會談
後，所謂的「大國體系」在亞太地區已經確立。儘管其中發生了一些嚴重的考
驗——即1999年中國大使館被炸和2001年軍機相撞事件，但是大國體系仍然
存在。儘管民族主義在兩國國內都有所上升，但是在華盛頓與北京的政策制定
中，理性的聲音仍然占上風。普遍認爲，儘管雙邊關係可能會在短期內受到以
上所討論的相關消極事件的影響，但從長遠來看，無論是在雙邊關係層面還是
地區事務中，這些事件的發生也都將有利於彼此更好的理解，以及促進彼此建
立更有效的機制應對可能發生的危機。

　　第二，正如上文所提到的那樣，中國已經進行了根本的經濟改革，這也已
經深遠地將中國社會轉向了一個更加多元的方向。這從中國人民代表大會於
2001年2月批准《經濟、社會和文化權利國際公約》（International Covenant
on Economic, Social and Cultural Rights）再次得到確認。然而，依據這些發
展並不意味著美國在發展對華關係時就人權議題會採取較爲輕鬆的方式。美國
國內來自於利益集團和立法人士的壓力仍然相當大。因此，華盛頓有望在發展
與北京的關係時不時提出人權議題[20]。與此同時，北京仍堅持人權議題乃是一

---

[20] Murray Hiebert and Susan V. Lawrence, "Trade Tightrope," *Far Eastern Economic Review*, 24
　　February 2000, p. 22.

國的內部事務，批評美國在中國人權問題上的施壓已經違反了聯合國憲章，特別是「不容干涉和干預國家內部事務的宣言」[21]。中國通過引用聯合國憲章「每個國家都有在不被其他國家干預的情況下，不可被剝奪的權力去選擇適合自身發展的政治、經濟、社會和文化體制」[22]，主張聯合國憲章規定的一國主權也包括人權範圍在內。對人權的保護僅僅當一個國家嚴重違背它所簽訂的協定，導致「大規模、嚴重」的衝突，或者威脅到領國的和平和安全時，它才能成為一個國際議題[23]。

（五）實力分布的變化

　　為了測定中美關係發展的趨勢，我們有必要仔細考察過去二十年裡兩國實力分布的轉移狀況，尤其要注重經濟和軍事領域的實力變化。下面的表格從不同緯度對兩國力量的變化進行了對比，其顯示的資訊是極其複雜的。一些資料表明在中國崛起的同時，美國的確開始衰落，亦即零和博弈；而另一些資料則又使我們對這一發展產生質疑。

實力分布1：中國正在崛起，美國走向衰落／由此推導出「中國威脅論」

　　只要看一下下面有關主要經濟指標的對比，就會發現中美兩國的確出現了「一上一下」，因為可以看到中國在過去數十年中在經濟方面正在快速地追趕美國。表6-6中的GDP顯示，兩國間的差距已經前所未有地接近。1990年，美國的GDP總量是中國的十五倍。十年後，在2000年，這個數字下降到八‧二倍。但是，到了2017年，這個數字又下降到只有一‧六倍了。簡而言之，就經濟總量而言，我們的確看到中國在快速追趕美國。

　　表6-6還顯示，在有關貿易總額上，1990年美國是中國的八倍，而這個數字到1995年被縮小到五倍；到了2000年又被縮小到三倍；而到了2015年，美國的貿易總額已經小於中國了。中國快速追趕美國的勢頭再一次令人印象深

[21] "A Report Which Distorts Facts and Confuses Right and Wrong-On the Part About China in the 1994 'Human Rights Report' Issued by the U.S. State Department," *Beijing Review*, 13 March 1995, p. 21.

[22] Ibid.

[23] Andrew J. Nathan, "Human Rights In Chinese Foreign Policy," *The China Quarterly*, no. 151 (September 1997), p. 629.

■ 表6-6

中美主要經濟指標對比（1990-2017）（單位：十億美元）

相關指標	國家	1990	1995	2000	2005	2010	2015	2017
國內生產總值	美國	5,979	6,539	10,284	13,093	14,964	18,036	19,485
	中國	398	736	1,214	2,308	6,066	11,181	12,237
貿易總額	美國	910	1,355	2,041	2,636	3,247	3,819	3,953
	中國	115	277	474	1,422	2,974	3,965	4,107
外商直接投資	美國	48.5	57.8	350	138.3	259.3	379.4	355
	中國	3.5	35.8	42.1	104.1	243.7	249.7	168

來源：World Economic Outlook Database, International Monetary Fund, 2018; World Trade Organization, International Trade Statistics, 2018, International Monetary Fund (2018, China)

刻。同時，在外國直接投資方面，我們也可以看到類似趨勢的存在。因此，我們從表中可以看到一個壓倒性的變化，這個變化反映出中國作爲一個上升的經濟大國在經濟領域的持續增長。

表6-7考察了中美兩國的常規軍事能力。可以看出，中國在人力和常規武器領域與美國的實力也是旗鼓相當的。

■ 表6-7

中美常規軍事能力對比（2015）

常規人員和武器	美國	中國
武裝部隊人員*	1,400,000	2,335,000
坦克、大炮、裝甲運兵車／輕型裝甲車輛	54,474	23,664
作戰飛機	13,440	2,940
主要水面艦艇**	415	714
潛艇	75	68

*僅包括現役軍事人員。
**主要水面艦艇包括巡洋艦、驅逐艦和護衛艦。
來源：CIA (2016)

　　通過兩國經濟領域和常規軍事領域相關指標的資料對比，可以看出兩國的差距明顯縮小。而這似乎正好支持了「中國崛起，美國衰落」的觀點，這也成爲推導出「中國威脅論」的一個根據。

實力分布2：美國仍然居於領導地位／由此推導出「中國機遇論」

　　與此同時，如果我們關注一下其他的有關數字，我們會對以上的論點產生懷疑。從表6-8中可以看出，兩國人均生產總值的差距從1990年的大約2.3萬美元，增加到2017年的大約5.1萬美元。絕對值的差距在進一步拉大。2016年兩國人均生產總值的絕對數字分別是：美國爲5.9萬美元，而中國僅僅爲8,827美元。這很清楚地表明美國仍然是居於領導地位的已開發國家，而中國僅僅是一個發展非常快的發展中國家。特別在考慮到中國沿海地區和內地之間的經濟發展不平衡時，這一點更爲明顯。

■ 表6-8

中美人均國民生產總值對比（1990-2017）（當前美元價格）*

	1990	1995	2000	2005	2010	2015	2016	2017
美國	23,954	28,782	36,449	44,307	48,374	55,837	59,609	59,928
中國	316	607	954	1,740	4,514	7,925	8,481	8,827

*目前的美元價格尚未對通貨膨脹做出調整。
來源：World Trade Organization, International Trade Statistics (2016)

　　仔細觀察兩國的軍事開支（見表6-9），儘管中國軍費支出的增長引人注目，但從絕對數字上看，2017年美國支出（6,100億美元）遠高於中國（2,280億美元），兩國之間仍有相當大的差距。而超級大國美國目前的軍費開支相當於緊隨其後的十個軍事大國的支出總和，它們是中國、俄羅斯、英國、日本、法國、德國、印度、沙烏地阿拉伯、韓國以及義大利[24]。從表6-9還可以看出兩國軍費所占國內生產總值的比例也相差甚大，中國自1990年以來平均值略

---

[24] 參見：Kori Schake and Klaus Becher, "How America Should Lead," *Policy Review* 114 (Aug/Sept 2002), p. 8；排行請參見：http://www.globalissues.org/Geopolitics/ArmsTrade/Spending.asp。

表6-9

中美軍事開支對比（1990-2017）（單位：十億美元）*						
國家	1990	1995	2000	2005	2010	2015	2017
美國	503 (5.3%)	392 (3.8%)	376 (3.0%)	553 (4.0%)	687 (4.8%)	586 (3.3%)	610 (3.1%)
中國	17.2 (2.5%)	20 (1.7%)	32 (1.9%)	62 (2.0%)	114 (2.0%)	215 (1.9%)	228 (1.9%)

*括弧裡的數字是占國內生產總值的百分比。
來源：Stockholm International Peace Research Institute (SIPRI), http://www.sipri.org/contents/milap/milex/mex_database1.html

高於2%，而同期美國則保持在3-4%左右。兩國軍費開支的絕對數字差異也說明一個問題，中國想在本世紀趕上美國並非易事，仍需要相當長的時間。

此外，進一步考察兩國的核能力與戰略武器系統的話，可以發現兩國甚至沒有可對比性，美國遠遠超過中國（見表6-10）。美國擁有的戰略核彈頭相當於中國的十七倍，洲際（彈道）導彈是中國的二‧七倍。更不用提美國在本土及其盟國（如亞太地區的日本）間積極推進的戰略導彈防禦系統，而這將有效抵消中國的導彈能力。

表6-10

中美核能力對比（2015）		美國	中國
核彈頭	總數	4,500	260（大約）
	可用於實戰的	2,000	145（大約）
洲際彈道導彈	數量	450	163（大約）
	彈頭	未知	未知

		美國	中國
人造衛星發射的彈道導彈	數量	336	12
	彈頭	1,152	48（大約）
	彈道導彈戰略核潛艇	14（俄亥俄級）	6（夏級）
戰略轟炸機	數量	164	120
	彈頭	1,955（大約）	未知

來源：Warheads: Nuclear Notebook, Bulletin of the Atomic Scientists, http://www.thebulletin.org/; Federation of American Scientists, Nuclear Forces Guide, http://www.fas.org/nuke/guide/summary.htm

　　另外一個關鍵的衡量標準是在科技領域，它能很好的體現兩國未來的發展趨勢。由表6-11可見，在這個至關重要的領域，兩國之間的差距頗大。

■ 表6-11

中美在技術層面的對比（2005）

	美國	中國
研究與開發支出	3,300億美元	306億美元
研發支出占GDP的比重	2.6%	1.3%
對外國技術的依存度	5%	大於50%
國際專利	45,111	2,452
1901-2004年諾貝爾科技獎項得主（共672位）	284	0

來源：Li Changjiu, Economic Comparison Between China and the United States, China Strategic Review, 2007, no. 1-2, pp. 61-75.

　　很顯然，中國還需要很長時間的努力才能在科技領域趕上美國。在科研投入方面，絕對數字差距上美國具有明顯的領先地位，而且在分別所占國民生產總值的比例上，美國也是中國的兩倍。另外一個有意思的對比是，1901年到

2004年期間，全球範圍內672名諾貝爾科技獎項得主中，有284名來自美國，而中國只有1個。這進一步表明中國在科技領域明顯落後於美國。當然這個表格只反映了本世紀初的情況，經過將近二十年的奮起直追，中美之間的差距已經明顯縮小。中國大陸科學家屠呦呦於2015年獲得諾貝爾生理學或醫學獎就是這方面的一個例子。

針對「中國崛起，美國衰落」的議題，上文通過對兩國經濟與軍事力量相關指標資料的分析，得出兩個相對的結論。從一些指標來看，兩國的差距在縮小，而另外一些指標的資料卻顯示兩國的發展水準仍有很大差距。美國的國民生產總值仍然遠遠大於中國，而在人均生產總值方面差距更大。當我們把目光集中到軍事和戰略設施領域時，美國目前的實力更是遠遠超出中國，並且這種態勢還將保持相當長的時間。此外，美國是當今世界上唯一一個全球性大國，可以把力量投放到世界的任何一個角落。而中國事實上仍然只是一個地區性大國。

綜上所述，「中國崛起，美國衰落」的觀點明顯缺乏論據。如果在對比兩國的實力時，既考慮經濟因素，又考慮軍事和戰略因素，這種說法更是言過其實。既然如此，為什麼由中國經濟的快速發展而引發的「中國威脅論」仍然在不斷放大？文章對下一個標準的論述可以很好地解釋這一現象，即對中美兩國發展的認知。

（六）對中國和美國認知的改變

一國大眾和精英對其他國家的認知，可以成為該國外交政策制定的基礎。需要注意的是，如以上所分析的那樣，這種認知在某種程度上可能和權力分布的客觀趨勢相一致，也可能不一致。對這個問題的研究也正如下文所顯示的那樣，往往傳遞出複雜的信號。

認知1：中國崛起，美國衰落／由此推導出「中國威脅論」

這就涉及到軟實力[25]和中美國際形象的變化。根據蓋洛普全球調查計畫（Gallup World Poll），九一一恐怖襲擊和美國領導反恐聯盟對伊拉克的入侵，不僅已經造成了對美國支持的減弱，而且在全球範圍內對美國的國家形

---

[25] 參見：Joseph Nye, *Soft Power: The Means to Success in World Politics*. New York: Public Affairs, 2004.

象也產生了深遠的負面影響（見圖6-1）。許多長期以來美國的堅定盟友也開
始在國際社會中與美國的主張保持距離。川普2017年上臺以後堅持「美國第
一」的言行也加劇了這一趨勢，同時也意義深遠地破壞了美國在全球範圍內的
道德領袖地位。

圖6-1　有關國家對美國的支持度變化情況

來源：蓋洛普

　　當美國需要努力改善國家形象的同時，美國對中國的認知卻快速提升。根
據2006年芝加哥全球事務協會的調查（Chicago Council on Global Affairs），
在有關中國的未來發展趨勢和可能性上，該調查顯示出對中國經濟的發展速
度，美國人要比中國人自己更爲樂觀。對於這樣一個問題：「你認爲中國經濟
需要多少年能趕上美國？」大約有一半的中國人認爲需要超過二十年的時間，
然而卻有63%的美國人認爲這個時間很可能在六到二十年之間。其中，50%的
美國調查者相信中國會在十年內實現此目標，然而僅僅有24%的中國人相信十
年內能達到。這種對美國經濟即將衰弱的認知，自然會導致「中國威脅論」的
產生，而這正像1980年代美國公眾對日本經濟發展的擔心一樣。

■ 表6-12

中美兩國公衆對「中國經濟多久能趕上美國」的不同認知[26]

	1-10年	10-20年	超過20年
美國公眾	50%	31%	16%
中國公眾	24%	24%	52%

來源：第355題：「你認爲中國經濟需要多少年能趕上美國？」Global Views 2006, Chicago Council on Global Affairs.

自後冷戰時代起，中國不僅進一步轉變了它的革命色彩，而且更強調其周邊友好政策，且在國際事務中扮演了一個負責任大國的角色。例如，爲解決北韓核危機，中國主持召開了北京六方會談。2006年9月在越南河內召開的一年一次的亞太經合組織會議上，中國的影響被普遍認爲已經超過了美國——至少在地區層面。因此，針對中國在全球舞臺的認知，特別在亞洲範圍內，其作爲一個更積極的形象已經被廣泛接受。

中國最近幾年的軍事發展同樣令美國感到不安，許多人認爲這是最有可能在亞洲引發衝突的因素。表6-13顯示有50%的美國人認爲中國軍事力量的增長「很可能」導致衝突，而相對而言，只有較少的人認爲北韓局勢的處理不當（41%）和臺灣問題（31%）會導致在亞洲的衝突。這清楚表明美國公眾對中國軍事力量增長的擔憂超過了對朝鮮半島和臺灣問題的擔憂。毋庸置疑，對中國軍事力量的這種認知是在精神層面產生「中國威脅論」的主要動力，同時它也很可能會影響到美國的外交政策制定。

認知2：美國仍然居於領導地位／由此推導出「中國機遇論」

正像之前所分析的那樣（表6-12），超過80%的美國人相信中國的經濟地位將在不到二十年的時間內趕上美國。但是2006年另外一個調查顯示美國的中國問題專家裡存在更爲客觀的認知，這些專家在美國的對外政策制定中存在廣泛的影響。表6-14顯示，僅僅有27%的中國問題專家同意美國公眾的意見。絕大多數（75%）則相信中國要取得與美國相近的經濟地位所需要的時間絕對

---

26 2006年，「芝加哥全球事務協會的調查」進行了一項有關針對全球各國看法的民意調查，本表是根據其中一份名爲「The United States and the Rise of China and India」的報告製作而成。

不止二十年，而到底需要多少時間並不確定，或者中國將永遠趕不上美國。

表6-13

美國公眾對亞洲引發衝突的因素判斷

	衝突			
	非常可能	稍微可能	不可能	不確定
中國軍事力量增長	50%	38%	5%	7%
朝鮮半島局勢	41%	46%	5%	9%
大陸與臺灣的關係	31%	52%	9%	8%

來源：第324題：「請回答如下因素將引起主要大國在亞洲爆發衝突的相關可能性？」Global Views 2006, Chicago Council on Global Affairs.

表6-14

美國的中國問題專家對「中國經濟多久能趕上美國」的認知

	1-10年	10-20年	超過20年	永遠趕不上	很難說
中國問題專家	2%	25%	43%	8%	24%

來源：「中國未來將成為這個世界上最大的經濟體嗎？」問題的答案：Research conducted Apr-Aug 2006 for forthcoming article by Yang Zhong and Che-huan Shen, "Reading China: How Do American China Scholars View U.S.-China Relations and China's Future," PS: Political Science and Politics (2007).

　　從以上的分析可見，對於「中國崛起，美國衰落」的觀點，不同群體的認知和見解也是相對的。一方面，美國的中國問題專家對中國的發展有著更客觀的評估，認為中國的崛起對美國而言並非威脅，並且在可預見的時間內不會取代美國超級大國的領導地位（表6-14）。另一方面，美國公眾則贊成認為中國崛起的同時，會逐漸取代美國的地位和影響力的觀點。這些從本世紀初所做的民調反映出來的美國國內對中國認知的分歧意見，到了川普執政時期就表現得更加突出了。

　　本文的第一部分對中美兩國的權力分布轉移和未來發展趨勢作了初步探討。可以看出，雖然中國經濟在過去的四十年裡一直保持快速增長的勢頭，但與目前唯一的超級大國──美國的差距仍然很明顯。同時，未來的發展趨勢

顯示中國要想取得與美國相同的大國地位，至少還需要再花相當長的一段時間[27]。在軍事領域，兩國的實力更是不可同日而語。

　　總的來說，單看權力分布轉移的狀況，「中國崛起，美國衰落」的觀點是站不住腳的。只能說，兩個大國的影響層面不同。從總體實力上看，美國仍然是領先群雄，並且將在相當長的時間裡保持這種優勢。但從認知方面來看，「中國崛起，美國衰落」的觀點是可以理解的，尤其是考慮到以下因素：

1. 中國新的全方位外交[28]；
2. 中國在全球尋找能源和市場[29]，因此北京鼓勵更具外向性的戰略安排，以及更具全球性的展現實力[30]；
3. 在國際事務中採取多邊主義[31]；
4. 在中國的周邊地區，特別是東南亞地區，美國的影響力在下降[32]；
5. 美國國內外對美國發動伊拉克戰爭以及川普「美國第一」外交的負面反應，降低了其外交影響力[33]。

　　但是從另外一個角度來看，下面這些有關中國國內發展的負面因素將使其大打折扣。這些因素會減緩中國追趕美國的速度[34]：

---

[27] Emilio Casetti, "Power Shifts and Economic Development: When Will China Overtake the USA?" *Journal of Peace Research* 40 (2003), p. 672.

[28] 參見：Evan S. Medeiros and M. Taylor Fravel, "China's New Diplomacy," *Foreign Affairs* 82: 6 (Nov./Dec. 2003), pp. 22-35.

[29] 參見：Kent E. Calder, "China and Japan's Simmering Rivalry," *Foreign Affairs* 85: 2 (Mar./Apr. 2006), pp. 129-139.

[30] 有關在全球背景下中國有興趣保護海中航道（sea lanes）的詳細分析請參見：Dennis Blair and Kenneth Lieberthal, "Smooth Sailing: The World's Shipping Lanes are Safe," *Foreign Affairs* 86: 3 (May/June 2007), pp. 7-13.

[31] 參見：Quansheng Zhao, "Moving Toward a Co-Management Approach: China's Policy toward North Korea and Taiwan," *Asian Perspective* 30:n1 (2006), pp. 39-78.

[32] 參見：Sheng Lijun, Saw Swee Hock and Chin Kin Wah, eds., *ASEAN-China Relations: Realities and Prospects*. Singapore: Institute of Southeast Asia Studies, 2005; and Sheng Lijun, "China's Influence in Southeast Asia," *Trends in Southeast Asia* 4 (Apr. 2006).

[33] 參見：James D. Fearon, "Iraq's Civil War," *Foreign Affairs* 86: 2 (Mar./Apr. 2007), pp. 2-15.

[34] 通過對中國國內政治的綜合研究可見，國內問題有可能會破壞中國的和平崛起。參見：Susan L. Shirk, *China: Fragile Superpower-How China's Internal Politics Could Derail its Peaceful Rise*, 2007, New York: Oxford University Press.

1. 中國剛剛開始融入世界經濟。儘管經濟「硬體」發展迅速，但是「軟體」（例如在銀行業和服務行業等知識型經濟方面）卻發展緩慢。根據一些中國問題觀察家的觀點，這些缺點將給中國未來的經濟發展增添不確定性；
2. 政治上威權主義體制所產生的在國際上的負面影響；
3. 貪腐問題帶來的社會變動[35]；
4. 沿海和內陸的經濟差異帶來的社會不穩定性；
5. 快速經濟發展對自然資源的過度採集和生態破壞問題[36]。

所有這些都表明中國要想在可預見的未來真正扮演全面的領導角色，還有很遠的路要走。同時，中國是否能在二十一世紀中期或二十一世紀末取代美國並在全球舞臺上扮演領導角色，很大程度上取決於中國國內的穩定以及政治和經濟轉型是否成功。

第三節　東亞區域整合

本節將把中美日大國博弈放在東亞區域整合的框架中進行討論。第二次世界大戰結束後，歐洲、東亞和中東地區成爲了世界上各大國間衝突與合作頻繁發生的焦點地區。蘇聯的解體使世界進入後冷戰時代，歐洲、東亞和中東這三個地區繼續在國際衝突與合作領域吸引著世界主要大國的關注。在經濟、政治和社會領域，東亞地區主義與全球多邊主義之間存在著顯著的相互影響。

（一）全球和地區環境的相互影響

區域整合是離不開內部和外部因素影響的。我們首先來分析最重要的外部因素——世界唯一超級大國美國在東亞地區的政策取向。前美國駐日本大使邁克爾·阿瑪克斯特在評論小布希第二屆政府的亞洲政策時說道：「延續而非改

---

35 參見：Yan Sun, *Corruption and Market in Contemporary China*. Ithaca, NY: Cornell University Press, 2004.

36 參見：Elizabeth C. Economy, *The River Runs Black: The Environmental Challenge To China's Future*. Ithaca, NY: Cornell University Press, 2005.

變將是本屆政府的口號。」[37]依據這一判斷，我們就有必要瞭解小布希第一屆政府政策的主要特點，因爲那是第二屆政策的基礎。在其發表於《布魯克林文摘》題爲〈不受束縛的美國：布希的外交革命〉一文中，依沃·達爾德與約翰·林德賽列出了在布希變革方針的指導下，美國外交政策三個違反常規的做法：1.輕視多邊安排，強調單邊；2.充分考慮先發制人的軍事行動；3.對打擊對象國強制推行政權更替。[38]

　　這些外交行爲是基於小布希外交革命的兩個特點：第一，爲確保美國安全，華盛頓可能不得不擺脫朋友、同盟和國際機制對美國的束縛；第二，美國必須充分利用其自身的強權來改變現存世界秩序。這些新的想法被稱爲美國外交政策中「新的新保守主義體系」。在這些方針指導下，美國在九一一後發動了對阿富汗和伊拉克的戰爭。這兩次戰爭十分切合上述布希時代外交政策的三項考量。

　　筆者在2001年發表的一篇名爲〈權勢的轉移與大國關係的變化〉的文章中，對後冷戰時代亞太地區國際關係的發展趨勢進行了分析[39]，並進一步描述東亞地區在雙邊合作與多邊合作領域的發展趨勢。合作首先在經濟領域發生，只是在近期才開始向安全領域擴展。首先需要澄清的是，本節分析的地區僅覆蓋亞太地區，包括東亞、東南亞以及美國。亞洲的其他地區，如南亞、西亞和中亞地區，本節將不涉及討論，雖然它們也同樣重要。本節的基本觀點是，隨著亞太地區權勢分配的變化和新興力量的崛起，機制變更和多邊框架作爲維持國際秩序的新途徑，正在受到越來越多的關注。當然，本地區依然存在著一些主要障礙，阻礙著本地區在多邊主義方向上向著更深層次發展。

　　在後冷戰時期，特別是自1997年至1998年亞洲金融危機以來，東亞地區安全合作的需求日益增加。首先出現的是經濟合作的需求，然後逐漸擴展到了安全領域。進入二十一世紀，北韓核危機和針對美國本土的九一一恐怖襲擊，不僅爲亞太地區中小國家、也爲該地區主要大國提供了謀求地區安全框架的新

---

[37] Michael H. Armacost, "What's Ahead for U.S. Policy in Asia?" *PacNet* 1, January 6, 2005. 該文從 pacnet@hawaiibiz.r.com的列表中可以看到。

[38] Ivo H. Daalder and James M. Lindsay, "America Unbound: The Bush revolution in foreign policy," *Brookings Review*, vol. 21, no. 4, Fall 2003, pp. 2-6.

[39] Quansheng Zhao, "The Shift in Power Distribution and the Change of Major Power Relations," *Journal of Strategic Studies*, vol. 24, no. 4, December 2001, pp. 49-78.

動力。雙贏理念逐漸得到發展，並在一些方面取代了冷戰時期的零和遊戲規則。

　　自2003年下半年到2005年末，在東亞出現了三項引人注目的發展。第一個是在2003年8月，就北韓核問題舉行的六方會談在北京召開，參會方包括兩韓、中國、日本、俄羅斯和美國。[40]第二輪高層會談於2004年2月25日在北京召開，期間主要大國間展開諸多幕後外交互動，特別是在平壤、北京和華盛頓政府之間。

　　第二項發展是在2003年10月召開的東盟10+3峰會，東盟十國與中國、日本、韓國參加了本次峰會。在這次會議上，中國加入了《東南亞友好合作條約》，使建設東亞共同體的美好願景又向前邁進一步。[41]這一發展表明了該地區在地區共同體建設過程中取得的進步，而前述六方會談的發展則預示著一個新的地區安全框架正在形成中。本節隨後將指出，這兩項進步是緊密聯繫的。東亞地區共同體建設的進程主要集中於經濟一體化方面，而一個新的安全框架則涉及戰略安全事務，也正在從雙邊安全向多邊安全框架演變。

　　第三項發展是2005年12月在馬來西亞舉行的東亞峰會。2005年5月，東亞各國在日本東京聚會並敲定了該次峰會的參會國：東盟十國、東北亞三國（中國、日本、韓國）、印度、澳洲和紐西蘭。此類地區性峰會旨在建立一個多邊主義的框架，為東亞共同體的建設提供便利。顯然，美國被排除出了該次峰會，對此華盛頓表示深感憂慮。[42]雖然日本提議美國可以作為觀察員的身分參與，但華盛頓並沒有接受這一建議，並對該次峰會表示了模稜兩可的態度：一方面，華盛頓意識到這是該地區發展的必然趨勢；而另一方面，它又擔心這一趨勢的發展將減少美國在這一地區的影響。

　　分析一項新的安全框架，必須從瞭解舊有框架的特點開始。在東亞地區，二戰後的安全框架主要是建立在冷戰基礎上的。即世界是兩極的，分為共產主義陣營（以蘇聯為首）和西方陣營（以美國為首）。自然地，該地區占主導地位的安全框架也是沿著這兩大敵對陣營建立起來的。更為引人注目的是，每一個陣營中，安全框架基本都是雙邊性質的。例如，在冷戰共產主義陣營中，有

---

[40] "Regional Briefing," *Far Eastern Economic Review*, February 12, 2004, p. 12.

[41] John McBeth, "Taking the Helm," *Far Eastern Economic Review*, October 16, 2003, pp. 38-39.

[42] "East Asia Summit of December 2005 Makes the U.S. Uneasy," *World Journal*, May 16, 2005, p. 18.

1950年中國和蘇聯簽署的「友好互助協議」，以及當時其他社會主義國家間建立的友好同盟關係。同樣地，美國爲首的安全陣營也是雙邊性質的，不同於在歐洲建立的安全框架。在亞洲，不存在如北大西洋公約組織這樣統領性的地區安全組織，而只有一系列由美國牽頭形成的雙邊安全框架，其中很多形成於1950年代，包括美國與日本、韓國、澳洲、紐西蘭、新加坡、菲律賓以及泰國等國形成的安全框架。[43]爲了更好地理解東亞地區安全框架中出現的多邊主義傾向，我們應該先回顧東亞和東南亞地區區域主義的演變過程。

（二）東亞和東南亞地區的區域主義與後冷戰時代的結構重組

在亞太地區，區域主義（regionalism）的呼聲越來越大。隨著全球化的發展，區域一體化和區域經濟組織在全世界蓬勃興起。當今的世界上有三大經濟板塊：歐洲、北美和東亞。其中，前兩個地區已經朝著地區經濟一體化方向快速發展，並在政治合作和安全協調方面有很快進步。最著名的地區一體化組織即是歐洲聯盟和北美自由貿易協定（後改爲美墨加協定）。而在東亞地區，雖然先前已做出了許多努力，但該地區在區域一體化方面仍然相對落後。

尋求東南亞地區區域共同體的設想早在1960年就已開始，但直到冷戰結束，共同體建設一直沒有取得實質性成果。該地區一體化從一系列次地區機制的形成開始，是一個循序漸進的過程，其中最重要的發展是1967年東南亞國家聯盟的建立。現在的東盟成員國囊括了東南亞地區全部十個國家：印尼、菲律賓、馬來西亞、新加坡、泰國、緬甸、越南、柬埔寨、寮國和汶萊。東北亞地區的三個大國——中國、日本和韓國也加強了與東盟在經濟領域的磋商與協調。另外，1989年建立的亞太地區經濟合作論壇，已經成爲了一支重要的地區性力量，並且將美國、墨西哥、加拿大、智利、秘魯、巴布亞紐幾內亞、澳洲和紐西蘭等亞洲以外國家也囊括其中。東盟地區論壇和亞歐峰會的召開是該地區另外兩項重大發展，但最引人注目的可能是通過東盟10+3（中國、日

43　最顯著的雙邊安全協定有：日美安保條約（最初於1951年舊金山會議上簽署，並於1960年進行了修改。1996年，出臺了一項新的安保指針）；美韓相互防禦條約（1951年簽署）；美國—澳洲防禦聯盟條約（1951年簽署）；美國—紐西蘭防禦聯盟條約（1951年簽署）；美國—菲律賓相互防禦條約（1999年批准，直到1992年，美國根據1947年的軍事基地協定，一直在菲律賓駐有軍事基地和武裝力量）；美國—泰國安全合作諒解備忘錄（1971年簽署）。

本、韓國）或東盟10+1（中國）等機制將東北亞和東南亞進行統合的努力。[44]
這些地區性組織在聚合該地區國家方面取得了重要進步，並在經濟領域取得了
許多實質性成果。但是，人們普遍認為，東盟地區論壇遠非處理地區安全事務
的理想組織；該組織的被動性使它限於空談而較少行動。

　　東亞地區國際關係和區域共同體建設的努力深受自冷戰結束以來該地區權
力結構重組的影響。人們普遍認為，1980年代末冷戰的結束——特別是蘇聯
集團的垮臺——顯著地改變了亞太地區主要大國間權力關係的結構。這些變化
催生了該地區新的大國關係，並且重新界定了中國、日本、俄羅斯和美國等大
國間的雙邊關係。美國上升為世界唯一的超級大國，使得華盛頓能夠主導全球
事務的四個主要方面：政治、戰略、經濟和科技。

　　競爭與合作是大國在經濟方面互動的兩種主要模式。塑造後冷戰時代國際
關係特點的一項重要因素是全球化的發展，即經濟相互依賴的趨勢。大國間權
勢力量的變更特別是中國的崛起，使經濟一體化發展格外引人關注——以中
國、日本和美國為例，在主要貿易夥伴方面，這三個國家中的每一個都把另外
兩個列在其貿易名單的首位。東亞和東南亞各國間的雙邊和多邊貿易也有大幅
度的增長。這一發展進一步促進了該地區經濟相互依賴趨勢，經濟一體化的發
展在過去十年中以前所未有的速度進行。這種發展勢頭為該地區共同體建設的
進一步發展奠定了基礎，並為一個新的地區安全結構的發展提供了平臺。

（三）中國和美國：兩大國安全關切點的變化

　　安全結構的主要變化發生在後冷戰時代，集中於1990年蘇聯解體後。一
個兩極的世界變成了單極世界——美國成為世界上唯一的超級大國。在這種新
的國際環境下，每一個國家在其安全架構的設想中都不得不將「美國因素」考
慮在內。另一個重大發展即是前面已經提到的中國的崛起。在地區安全甚至是
全球安全領域，對亞太地區各國至關重要的一項事宜即是如何維持與這兩個上
升大國——中國和美國——的關係，以及如何在它們之間周旋。該地區幾乎所
有的地區矛盾，如臺海關係、朝鮮半島緊張局勢的緩和、美日安全同盟演化的
性質（以及未來日本外交政策的發展方向）等都與大國間的關係密切相關，特

---

[44] 東亞經濟區域主義的精闢探討，請參見：Edward J. Lincoln, *East Asian Economic Regionalism*, Washington, D.C.: Brookings Institution Press, 2004.

別是崛起中的中國與全球霸主美國。在安全理念上，傳統現實主義學派的零和博弈規則——亦即「我贏，你則輸」或「我輸，你則贏」——依然是該地區占主導地位的安全理念。因此，鑒於後冷戰時期亞太地區的發展，有些人預測如果美國和日本在該地區的影響力下降，中國很可能會填補這一權勢真空。[45]

在1980年代後期和整個1990年代，有三大因素促使亞太地區朝著有各種雙邊安排的安全結構發展。首先，兩個大國——美國和中國——當時都傾向於構建雙邊的安全結構。其次是歷史問題的影響。日本仍沒有解決它在二戰中侵略亞洲鄰國遺留下的諸多問題。第三個因素在意識形態方面：儘管蘇聯已經解體，共產主義運動走向低潮，但亞太地區主要的社會主義國家，如中國、北韓、越南還依然存在。這在很多方面為其他國家朝著多邊主義方向發展的努力形成了障礙。

這三大因素隨著時間的推移逐漸消失，並被新的設想所取代。面對亞太地區的新發展，中國和美國開始改變它們對多邊主義安全結構的態度。例如中國已經不再把東盟視為一個安全威脅，而是可以用來鞏固其南部邊疆地區安全環境的媒介。歷史因素（與日本），特別是在中國和韓國國內，依然有很強的影響力，但歷史問題已經不在其外交政策考慮中處於優先地位。同時，意識形態的影響也大大降低。中國和越南都積極地接受了市場經濟，並鼓勵國內私人企業的發展，這就使得意識形態因素在多邊合作中處於次要地位了。這三個因素的消失或減弱有利於多邊安全框架的建立，但僅僅這些還不足以為大國提供足夠的動力——需要更多的激勵因素來促使這種趨勢的進一步發展。[46]

新的激勵因素包括九一一恐怖主義襲擊和2002年10月北韓核問題的新發展。遭受九一一恐怖襲擊後，一項由美國領導的反恐戰役在全球打響，亞洲變成了僅次於中東地區的戰略要地。對華盛頓的決策者們來講，尋求多邊努力和建立更為廣泛的反恐聯盟是非常必要的，這一點即使是極端鷹派人物和單邊主義者也清楚地意識到了。在這種情況下，不僅傳統的盟友（如日本和韓國）是

---

[45] 美國和中國在亞洲影響力變化的具體情況，請參見：Mark Mitchell and Michael Vatikiotis, "China Steps in Where U.S. Fails," *Far Eastern Economic Review*, November 23, 2000, pp. 20-22.

[46] 參見：Carlyle A. Thayer, "China's 'New Security Concept' and Southeast Asia," *Asia-Pacific Security: Policy Challenges*, Ed. David W. Lovell, Singapore: Institute of Southeast Asian Studies, 2003, pp. 89-107.

必要的，而且發展新的夥伴（如中國和東盟）對美國反恐聯盟的建立也十分必要。[47]這是一個明確的信號，表明亞太地區大國拋棄了傳統以雙邊安排爲主的安全結構，轉而建立一個地區性的合作安全結構。

　　現在我們集中關注亞太地區安全架構中兩個至關重要的角色——中國和美國。1997年金融危機之後，中國對構建區域共同體採取了積極態度。在這場危機中，中國樹立起了可信賴的夥伴形象，並在引導該地區擺脫金融危機中扮演了領導角色。中國始終保持其貨幣——人民幣——幣值穩定的堅定立場爲其亞洲鄰國提供了幫助。也就是說，中國承受住了金融危機時期國際金融界對其貨幣的持續攻擊，頂住了要求人民幣貶值的強大壓力。世紀之交，特別是2001年加入WTO之後，中國在地區經濟一體化進程中扮演了更加活躍的角色。中國開始參與到與東盟國家建立自由貿易區的進程中。[48]中國也對與東亞其他兩個國家——日本和韓國——建立類似的自由貿易安排表現了興趣。由此看來，在中國經濟持續發展的情況下，多邊主義路徑是符合中國利益的。

　　進入二十一世紀，中國發展出了一套稱爲「新安全觀」的安全理念，用以指導其安全架構的建設。這一理念被時任中國副外長的王毅評爲是「一項綜合的、普遍的、合作的安全結構」。[49]在這個新理念的指導下，中國強調與鄰國發展更爲友善與友好的關係，同時對區域多邊主義的安全結構採取更爲溫和的政策。表明這種政策轉變的明顯案例即是中國南海衝突的解決。長期以來，中國與其他東盟國家，如越南、菲律賓、印尼、馬來西亞和汶萊等國，就這片海域存在著領土爭端。過去，中國堅持就這些島嶼爭端與相關國家進行雙邊談判，避免與它們共同商談。因爲與單個較小的東盟國家談判對中國來講更爲容易，而共同商談只會增加東盟國家在談判中的力量。但是，在過去的幾年中，這種態度已經發生了變化。中國同意與東盟國家就島嶼爭端簽署《行動綱領》。另外，中國開始贊同一項與這些國家共同開發爭端島嶼的計畫，一些是

---

[47] 九一一事件後美國亞洲政策的綜合分析，請參見：Lowell Dittmer, "East Asia in the 'New Era' in World Politics," *World Politics*, vol. 55, no. 1, October 2002, pp. 47-57.

[48] John Wong and Sarah Chan, "China-ASEAN Free Trade Agreement: Shaping Future Economic Relations," *Asian Survey*, vol. 43, no. 3 (May/June 2003), pp. 507-526.

[49] Michael Vatikiotis and Murray Hiebert, "How China is Building an Empire," *Far Eastern Economic Review*, November 20, 2003, pp. 30-33.

通過雙邊方式，一些有多方爭議的地區則採用多邊方式。[50]

　　中國在多邊安全結構上的另一個發展是2001年成立的上海合作組織，成員國包括中國、俄羅斯、哈薩克、塔吉克、烏茲別克、吉爾吉斯。上海合作組織的主要功能是打擊恐怖主義，近年來成員國間的共同軍事演習也有所發展。「上海六國」最新的發展即是2015年7月10日，巴基斯坦和印度獲接納爲成員，同時給予亞美尼亞、亞塞拜然、尼泊爾和柬埔寨上合組織對話夥伴國地位[51]。中國「一帶一路」的戰略設想和亞投行的建立都爲中國在國際上的發展和區域整合開展了廣闊的天地。

　　對中國來說，東北亞地區仍然是最爲複雜的一個地區。儘管中國努力發展與日本和韓國的雙邊關係，包括軍事合作，但與這些國家建立多邊的綜合安全結構仍然十分困難。其中重要的因素來自美國，因爲美國與日本、韓國有著長期的安全關係，任何一項多邊安全框架都必須將美國考慮在內。

　　總之，中國對多邊安全框架的態度發生了明顯的變化。儘管由於臺灣問題而對區域安全安排有所顧慮，但中國已經開始對多邊框架採取了更爲積極的姿態。中國在爲解決北韓核問題舉行的六方會談中扮演積極角色，以及對東盟國家採取了更爲靈活的政策，正說明了這一點。但同時，許多中國的基本戰略關切點依然存在。

　　現在，我們來考察亞太地區另一個重要角色——美國。作爲世界上唯一的超級大國，美國幾乎在世界每個角落都扮演著重要角色，亞太地區自不例外。在小布希第一屆政府中存在著兩種平行的戰略，並且延續到其第二屆政府。一種戰略以國防部爲代表，強調世界的單極性，美國對維護世界秩序承擔著極爲重要的責任。對這一派人士來講，單邊主義最符合美國的利益，也最適合達到目的。最好的範例是美國發動的旨在推翻薩達姆政權的伊拉克戰爭。在亞太地區，這一派支持者強調維持已經存在的雙邊安全結構，例如美日安全條約和美韓安全同盟。與該地區其他國家的安全關係，包括中國，都不如這些安全同盟重要。[52]這也就意味著，在此指導下，五角大樓不可能建立一個包括中國在內

50 對中國從雙邊主義向多邊主義態度變化的分析，請參見：Evans S. Medeiros and M. Taylor Fravel, "China's New Diplomacy," *Foreign Affairs*, vol. 82, no. 6, November/December 2003, pp. 22-35.

51 "China Briefing: Central Asia," *Far Eastern Economic Review*, January 29, 2004, p. 23.

52 一個有趣的案例是，2002年7月，國家防禦學院中國軍事事務研究中心被五角大樓關閉。

的多邊安全結構。[53]實際上，一些人甚至敦促美國視中國為敵。[54]

　　另一種戰略思想以國務院主流人士以及國家安全委員會為代表，更加傾向於多邊主義。他們繼續呼籲美國更加積極地參與到地區經濟一體化進程中，例如美國參與亞太經合組織。這一派人士相信多邊的框架更適合解決諸如北韓核問題這樣的安全事務。因此，在北韓問題上，國務院主張的一條更為謹慎的路徑勝過了強硬路線主張，後者認為對北韓核設施進行先發制人的打擊即可解決問題。美國在伊拉克戰爭後面臨越來越多的問題，這更突現了美國軍事力量的侷限，加強了在伊拉克重建中對多邊參與的渴望。這一全新體驗可能會加強美國外交政策機制中多邊主義者的影響。這一新的方法還會增加華盛頓尋求與其他大國——特別是中國，建立建設性和磋商性夥伴關係的必要，以維持該地區的和平環境。[55]但同時，美國還將繼續依靠與日本和韓國長期建立的雙邊安全架構。單邊主義和多邊主義道路，作為美國外交戰略的兩個重要途徑，依然是政學界討論的重點。

　　阻礙美國與中國發展出更為緊密的戰略夥伴關係之障礙是臺灣問題。1996年，中國在臺灣海峽進行了導彈演習，隨後兩艘美國航母開進臺灣海峽，這一事件突現了兩大國就臺灣問題爆發軍事衝突的可能性。北京已經明確表示與臺灣爆發戰爭將不利於其經濟現代化建設，但北京也認為軍事力量是阻止臺灣朝著獨立方向發展的可以接受且必要的手段。

　　美國也面臨同樣的兩難局面。一方面，美國視臺灣為忠實的盟友和新興的民主社會，因此維持臺海分裂現狀是符合美國利益的。而另一方面，華盛頓清醒地意識到了與中國發生軍事衝突的可能性和後果，因此對臺灣問題採取了一

根據遺產基金會亞洲研究中心主任拉瑞‧沃瑞爾的分析，其中一個原因是：「該中心將中國上升到了美國外交和安全政策的中心地位。而在我看來，對亞洲地區的安全與穩定來說，美國和日本的關係遠為重要。」請參見Julie Norwell, "Pentagon Moves to Shut NDU's China Center: China Schism," *Original Economist*, September 2002, p. 10.

[53] 表明美國國內存在對中國「保守敵對態度」的例子是布希政府的勞工部長趙小蘭，由於其親華態度而受到嚴重批評。請參見John B. Judis, "The Decline of Principled Conservative Hostility to China: Sullied Heritage," *New Republic*, April 23, 2001, pp. 19-25.

[54] Robert Kagan, "The Illusion of 'Managing' China," *The Washington Post*, Sunday, May 15, 2005, p. B7.

[55] 美國應對北韓核危機可採取政策選項總結，請參見Report of an Independent Task Force, "Meeting the North Korean Nuclear Challenge," *Council on Foreign Relations*, New York, 2003.

項平衡且明確的戰略：不支持臺灣獨立，但堅持大陸和臺灣採取和平方式解決問題。2003年12月，在其與中國國務院總理溫家寶的會晤中，小布希總統明確表示了美國在臺灣問題上的立場：「我們反對任何來自中國大陸或者臺灣的試圖改變臺海現狀的單邊決定。」[56]這句話指涉臺灣「總統」陳水扁叫囂的在下屆總統選舉時進行的公投活動——他呼籲選民要求大陸撤走針對臺灣的導彈。[57]布希總統首次批評陳水扁的公投活動是妄圖改變臺海現狀的做法。同時，他也提醒北京，如果大陸實行對臺灣的軍事打擊，美國將會介入。2004年10月，在與中國領導人於北京會晤後，國務卿科林‧鮑爾在接受CNN和鳳凰衛視採訪時明確表示：「美國不支持臺灣獨立。臺灣島內任何公開的分裂活動都不會得到美國的支持。」鮑爾進一步指出：「臺灣並沒有獨立，它不享有任何國家主權。」[58]人們可以清晰地看出，中國和美國對臺灣問題都極為關注，但是，兩大國的態度又有明顯不同。兩大國間國家利益和不同利益關注點的交織阻礙著它們發展出一個更為綜合的多邊安全框架。[59]但這並不意味著一個更為靈活的多邊磋商機制不會在安全領域發展出來——因為美國和中國都已經積極地參與進來。

（四）多邊主義的障礙、動力和機制

本節已詳細分析了東亞地區在一體化建設和新安全結構發展中的最新趨勢。此前在東盟10+3會議促進下的東亞自由貿易區的發展已表明，該地區主

---

[56] Susan Lawrence and Jason Dean, "A New Threat," *Far Eastern Economic Review*, December 18, 2003, pp. 16-18.

[57] 在聽到布希總統的批評後，陳水扁對公投的問題進行了修改。新版本提出的問題是：「如果中國拒絕撤走其導彈，臺灣是否需要購買更先進的武器；臺灣是否應當嘗試與北京政府展開對話。」北京批評兩次方案都是具有挑釁性的。請參見Philip P. Pan, "China Rebukes Taiwan's Leader on New Plans for Referendum," *The Washing ton Post*, January 20, 2004, p. A13.

[58] Colin Powell, "Interview With Mike Chinoy of CNN International TV" and "Interview with Anthony Yuen of Phoenix TV," China World Hotel, Beijing, China, October 25, 2004, http://www.state.gov/secretary/rm/c11020.htm.

[59] 對美國對華政策中面臨的若干挑戰的具體分析，請參見Thomas J. Christensen, "Posing Problems without Catching Up: China's Rise and Challenge for U.S. Security Policy," *International Security*, vol. 25, no. 4 (Spring 2001), pp. 5-40.

要國家都會繼續朝著經濟一體化的方向努力。經濟一體化的發展會進一步消除該地區國家間的互不信任，為安全合作奠定堅實的基礎。在過去的十年中，東亞共同體建設已經取得了一些重要成就。地區經濟一體化進一步發展，一系列以經濟爲主的地區組織，如亞太經濟合作組織、東盟、東盟10+3等，變得更加活躍並頻頻亮相，主要大國紛紛提出了在亞太地區建立自由貿易區的各種方案。

　　儘管經濟一體化和地區組織的規模已經爲亞太地區新安全結構的發展奠定了基礎，但是在安全方面仍然存在許多障礙。如前所述，歷史遺留問題繼續阻礙著地區大國更深層次的合作。吉伯特‧洛斯曼在其新書《東北亞地區停滯的地區主義》中認爲，歷史遺留問題在東亞地區持續製造著「雙邊不信任」。[60] 另外，中日之間的長期問題，如海上油田和領土爭端等，繼續損害著主要大國間的合作。[61]但是，幾乎所有大國都看到了利用多邊主義方式構築新安全結構的必要性。新的反恐聯盟的建立更加強了這種認識。因此，人們已經觀察到了北京態度的變化，以及美國外交政策中多邊主義傾向的增加。然而，人們應該注意到在安全方面一些現存的多邊機制是比較脆弱的，例如東盟地區論壇。人們也應該謹慎分析美國對多邊主義態度的轉變，應當對美國僅以參加者身分參與多邊活動，如其在北韓六方會談上的作爲，和作爲眞正推動著介入這兩類行爲做出明確的區分。

　　儘管發生了九一一恐怖主義襲擊事件，未來亞太地區的安全環境仍將繼續受到這種權勢力量轉移的影響。同時，一個地區反恐聯盟的建立，也將爲檢驗大國關係的活力提供一個新的框架。2001年10月在上海舉行的APEC會議上，亞太地區各國領導人簽署了一項聯合反恐聲明，從中可以看出這個新框架的精神實質。在此引導下，戰略武器的管理問題，如核擴散和導彈防禦系統等，將對地區安全和穩定具有更加重要的意義。[62]

---

[60]　Gilbert Rozman, *Northeast Asia's Stunted Regionalism Bilateral Distrust in the Shadow of Globalization*, Cambridge: Cambridge University Press, 2004.

[61]　中國的潛水艇進入其管轄水域時，日本與11月12日對中國政府正式發出嚴正抗議。請參見：“Japan Protests To China Over Incursion by Nuclear Sub,” *The Washington Post*, November 13, 2004, p. A19.

[62]　Quansheng Zhao, “Asian-Pacific International Relations in the 21st Century,” in *Future Trends in East Asian International Relations*, ed. Quansheng Zhao. London: Frank Cass, 2002, pp. 237-

　　作為一個正在崛起的大國，中國在對自身安全新的認識指導下，日益傾向於發展多邊安全框架。北京曾經希望就北韓核問題產生的六方會談可以進一步發展成為一種固定的模式，用以解決東北亞地區的安全事務。而東盟地區論壇則可以用來解決東南亞地區的安全事務，上海合作組織用以應付中亞地區安全事務。在這方面，北京還積極發展與南亞地區國家的關係。另外，中國的眼光還越過亞太地區，積極培養與歐洲各國的關係。事實上，中國與歐盟的雙邊貿易額正在呈增長趨勢，達到了與中國其他兩大貿易夥伴——日本和美國同等的水準。[63]

　　亞太地區多邊主義制度化發展中可採取的機制值得引起我們的重視。有人可能會強調為所有國家發展多邊主義提供動力和機會的重要性。例如，當面對九一一國際恐怖主義事件時，華盛頓政府的本能反應即是組織一個國際反恐聯盟。這一反應就為其他國家抓住機會發展多邊主義提供了堅實的基礎，同時也遏制了美國單邊主義的衝動。正如在EP-3事件之後中美關係發展所示，兩大國在此次事件後都將它們共同的戰略利益置於具體爭端之上，因此促進了兩國在多邊主義方向上前所未有的合作，例如六方會談。這充分突顯了中國和美國領導角色的重要性，讓大國在地區多邊框架內承擔領導角色，對於這一框架的合理發展十分重要。儘管六方會談還未取得明顯成效，但這種將主要大國齊聚一堂共商北韓核危機的想法，已經是多邊安全框架建設方面的一大成就。下一步就是要開始體制化建設，這對任何一個安全框架的發展都是十分必要的。

　　隨著地區合作與共同體建設的快速發展，一個更清晰的多邊安全框架可能會發展出來。2003年10月舉行的東盟10+3會議中，與會國提出了一系列新的合作機構與磋商機制，包括在東北亞三國——中國、日本和北韓——之間建立永久磋商機構。東亞國家從歐洲經驗中學到的最關鍵的一點，即是經濟一體化的發展可以逐漸導致更深層次的政治和戰略合作。為達到這一效果，東亞國家必須盡力消除因歷史問題（特別是中日兩國）和現存安全問題（例如臺灣問題和北韓問題）所產生的互不信任。[64]未來還有兩種發展的可能，一方面，

　　245.

[63] David Murphy, "It's More Than Love," *Far Eastern Economic Review*, February 12, 2004, pp. 26-29.

[64] Quansheng Zhao, "China Must Shake off the Past in Ties with Japan," *The Straits Times*, November 7, 2003, p. 20.

中國和美國將繼續在多元主義安全框架的發展中發揮領導作用，儘管程度會有不同；地區其他大國，如日本、俄羅斯、南韓和北韓以及東盟也會積極參與其中。這一框架的發展還可能超越亞太地區地理範圍，將印度、巴基斯坦等中亞和南亞地區國家也包括在內。另一方面，前面提到的諸多障礙，以及美國對多邊主義態度的不確定性，可能會阻礙一個真正的多邊主義安全框架在亞太地區的形成。在這種情況下，東亞地區要達到歐洲聯盟目前的一體化程度可能還有很長的一段路要走，畢竟在歐洲有北約這一完善的地區安全組織的存在。以上這些可能性將促使亞太地區的決策者和學者繼續構想一個符合該地區現實的新安全框架。

第四節　朝鮮半島的大國博弈與共同治理

朝鮮半島是東亞地區各大國的主要關注點之一。歷史上，半島被稱為是「生存在四條巨鯨——中國、日本、俄羅斯、美國中間的小蝦」。朝鮮半島是所有大國——中國、日本、俄羅斯、美國——利益縱橫交錯的典型地區，此種情勢在一百多年前即已存在，到今天依然如此。所以中美日三國博弈的一個主要戰場就是朝鮮半島，尤其是自1990年代以來的北韓核問題。

（一）北韓核問題

在北韓核問題發展的過程中，南韓積極尋求多邊安全模式的解決途徑。早在1990年代，南韓就推動召開了針對朝鮮半島問題的四方會談，參加國包括兩韓、美國和中國。1995年，南韓建議召開包括美國、中國、兩韓在內的四方會談，以簽訂新的和平協議來代替韓戰後簽訂的停戰協定，以便使韓戰正式結束。最初，平壤不主張中國參與[65]。1997年7月，經過美國、南韓與北韓在紐約的漫長協商，北韓最終同意召開包括中國在內的四方會談。第一次預備會議於1997年8月5日在紐約召開[66]。談判艱難反覆，並最終於1997年9月19日破裂。會議甚至沒有就在日內瓦重開相關會議的議題進行討論[67]。本次四方會談

---

[65] Selig Harrison, "Promoting a Soft Landing in Korea," *Foreign Policy*, no. 106 (Spring 1997).

[66] "Pyongyang Accepts Framework for Peace Talks," *Straits Times*, 2 July 1997, p. 21.

[67] Steven Myers, "N. Korea's Talks with U.S. Fail Over Demand for G.I. Pullout," *New York*

破裂的一個主要原因在於北韓堅持各方在討論正式議程前，首先要討論駐韓
3.7萬名美軍撤離朝鮮半島的問題[68]。前面提到的六方會談是在2003年才開展
的。

　　自中韓1992年建交歷來，韓國對中國的經濟依賴性逐漸增強。鑒於它在
地區一體化中扮演的重要角色，以及日本和中國之間的不友好關係，人們可以
推測韓國將在未來一體化機制建設中發揮更大的作用。韓國在政治和社會領域
與中國關係的迅速發展，對其外交和安全觀念有著深刻影響。一些在過去不會
想到的問題，例如韓國在「鷹」與「龍」（美國和中國）之間的兩難困境在近
些年來也被正式提出。[69]作為美國長期的盟友，韓國是在1992年才恢復了與中
國的正常外交關係。但當這兩個大國發生軍事摩擦時，韓國已經表現出了一定
程度的中立立場。這就意味著，在建設一個更有包容性的多邊安全結構過程
中，韓國將擁有更大的影響力，不僅美國、日本可以包含其中，中國也可以。

　　作為世界上最封閉的社會之一，北韓與外部的經濟交往並不多。它的經濟
夥伴依然高度集中於中國和它的南方兄弟。在安全方面，平壤將美國定位為其
主要敵人。因此，平壤一貫的立場即是與華盛頓展開雙邊對話，並試圖為北韓
構築一個安全的環境。但這一立場遭到了布希政府的拒絕，同時，華盛頓也逐
漸意識到了通過多邊途徑解決北韓問題的必要性。2003年，為解決北韓核問
題而設立的多邊機制以六方會談的方式出現，與會國包括中國、美國、日本、
俄羅斯、北韓和南韓。雖然平壤勉強接受了這種多邊安排，但實際上這對平壤
來講是必要的。畢竟，北韓需要與所有大國打交道，而不單單只有美國。儘管
如此，平壤的注意力依然集中於華盛頓，因為美國是世界上的超級大國，並且
是唯一一個被北韓視為安全威脅的國家。

　　如上所述，北京、華盛頓和東京在對該地區的戰略考慮上仍然存在分歧。
由於對北韓在過去和將來可能繼續推進的導彈試驗的擔心，日本民眾對地區安
全形勢的態度已經發生了深遠變化，這些也直接導致了日本議會於1999年通
過了對《美日安保條約》的修正版本。在修正版本中，最引人注目的一點是日
本宣布將與美國一起參與發展彈道導彈防禦系統，例如眾所周知的戰區導彈防

Times, 20 September 1997.

[68] Robert Reid, "Korean Peace Talks Break Down," *Associated Press*, 20 September 1997.

[69] 參見Jae Ho Chung, "South Korea between Eagle and Dragon," *Asian Survey*, vol. 45, no. 5, 2001, pp. 777-796.

禦系統（TMD），和後來發展出的薩德系統。到了2017年初川普上臺，北韓核問題又成為亞太國際關係中的一個主要關注點。如前所述，它也是中美兩大國共同管理的一個熱點地區。中美之間的共同點主要有兩方面：第一，半島無核化；第二，保持半島的穩定與和平。所以儘管在具體對策問題上有分歧，中美兩國還是在大戰略方面採取了合作的態度，例如在聯合國安理會上通過對北韓越來越嚴厲的經濟制裁。

（二）中國對半島政策的演變

自十九世紀末以來，亞太地區就存在著兩個熱點地區——朝鮮半島和臺灣海峽。時至今日，半島問題仍然是大國博弈，特別是中美兩大國之間鬥爭與合作的焦點之一。下面著重從北京針對熱點地區應對方式進行分析，提出隨著時間的推移在演變，我們可從中辨識出三種不同的政策路徑。首先，歷史因素在中國的政策考量中是不可忽視的，這在對北韓和臺灣的政策上也不例外。筆者將此稱為「歷史嵌入」的路徑。其二，隨著近期中國經濟和政治權力的上升，中國的民族主義也有所增長，國家利益已然遠優先於意識形態考慮，從而導致「國家利益驅動型」的對外政策。其三，北京變得更加自信，這不僅源於在國際舞臺上實力的增強，而且其協調相關大國多方面利益的能力也在不斷提高。這導向「國際危機共同管理」的路徑，即與主要國際行為體一起進行國際危機管理。本文認為，直到不久前中國的政策思維主要基於前兩種路徑，不過，它似乎正在逐漸地邁向一種新的路徑，即與主要大國一起共同管理的路徑。本文主要關注的正是後面這一種方式。

歷史嵌入的路徑

在觀察中華人民共和國對朝鮮半島的政策時，首先需要關注歷史因素，繼而是戰略的和地緣的因素。中國和朝鮮之間存在複雜而密切的關係，這種關係的特徵表現為等級朝貢制。如李垛畛（Chae-Jin Lee）所指出的：「朝鮮對中國的朝貢關係早在五世紀就開始了，並且在高麗王朝（918-1392年）定期化，在李朝時期（1392-1910年）已經形成一種制度。」[70]中國的每一任統治者，不管是王朝君主還是共和國領袖，都或多或少將朝鮮視為中國傳統儒家文化的

---

[70] Chae-Jin Lee, *China and Korea: Dynamic Relations*. Stanford, Calif.: Hoover Institution, 1996, p. 1.

優秀學生，使朝鮮成爲所謂「東亞文明」的一個重要組成部分。此外，朝鮮還常扮演中國和與中國相對遙遠國家——如日本——之間的緩衝角色。[71]

　　1895年，中國被迫與日本簽訂《馬關條約》，中國與朝鮮之間的朝貢關係也由此結束。日本在1904年至1905年日俄戰爭中的勝利進一步確認了日本在這一地區的領導地位，也使美國開始了對東北亞地緣政治的干涉。這一歷史事件爲四個主要大國，即中國、日本、俄國和美國在下一個世紀甚至更久遠的時期建構起一個廣闊的爭奪平臺。1910年，朝鮮成爲了日本的殖民地，直到1945年日本在第二次世界大戰中被打敗。日本撤出之後，作爲冷戰肇端的結果，朝鮮半島再次被分裂。

　　韓戰作爲又一次歷史警示，使北京充分意識到了朝鮮半島對中國國家安全的重要性。於是，當時新中國的領袖們做出跨過鴨綠江加入戰爭的重大決定。中國於1950年10月重新進入朝鮮半島，與美國直接交戰。三年後，在雙方陷入軍事僵局的狀態下，這一衝突最後以談判結束。儘管後來的評估各不相同，雙方的傷亡無疑都是巨大的。[72]

　　韓戰還對東亞國際關係產生了戰略性影響；即朝鮮半島被視爲主要大國間的「兵家必爭之地」。從古至今，這種戰略重要性一直未變，在東亞活動的四個主要大國在朝鮮半島都有其必須堅持的重大利益。[73]

　　歷史因素同樣爲中韓關係帶來問題。既定的歷史問題、不同的政治制度和不平衡的經濟發展水準，造成兩國之間的摩擦。目前，大約有兩百萬朝鮮族人生活在中國，大部分居住在中國和北韓交界處的吉林省。眾所周知的中國－北韓社區位於延邊朝鮮族自治區。一般而言，大量的朝鮮族人口爲促進中韓關係

---

[71] 對中國在日本問題上的安全考慮的歷史遺產所作出的傑出分析，見Thomas J. Christensen, "China, the U.S-Japan Alliance, and the Security Dilemma in East Asia," *International Security*, vol. 23, no. 4 (Spring, 1999), pp. 49-80.

[72] 根據中國的數據，美國傷亡達到了39萬人，而中國死亡11萬5千人，傷22萬1千人（鄧立峰，《建國後軍事行動全錄》，太原：山西人民出版社，1994，第312-313頁）。另一份數據聲稱單中方的死亡人數就達到了40萬，見Jonathan Adelman and Chih-Yu Shih, *Symbolic War: The Chinese Use of Force*, 1840-1980, Taipei: Institution of International Relations, National Chengchi University, 1993, p. 189.

[73] 對朝鮮半島重要性的清晰說明，見Robert Scalapino, "The Changing Order in Northeast Asia and the Prospects for U.S.-Japan-China-Korea Relations," paper presented at joint East-West Center/Pacific Forum Seminar held in Honolulu, August 13-28, 1998.

發揮了積極作用。但是，隨著雙邊關係在過去幾年中進一步發展，一些問題也隨之浮現出來。

其中一個使人不安的發展是，一些韓國訪客公開宣稱那些朝鮮族生活地區歷史上是韓國領土的一部分，表明部分韓國人試圖重開中韓邊界爭論，而這一爭論可能會在朝鮮半島獲得統一後突現出來。[74]這些問題促使中國總理李鵬於1995年在北京會見來訪的韓國總理李洪九時要求韓國政府行為更加「自制」。[75]2002年，兩國之間由於一項中國東北地區歷史與高句麗王國之間關係的研究導致另一起糾紛。[76]儘管這一糾紛已解決，卻預示了未來潛在的領土爭端問題。[77]

國家利益驅動的路徑

中國對外政策的推動力根本上是受其國內政治變化影響的，[78]尤其重要的是，民族主義的影響不斷上升。自從1978年鄧時代開始，北京就採取了以改革為導向的、更為務實的國內外政策。中國高度關注推動現代化的動力，對諸如合資、外資、外債等以前被標記為「資本主義行為」的態度完全改變。隨著中國對外政策以意識形態為基礎轉變到更多地受國家利益驅動，它與美國領導的「西方陣營」（包括日本和韓國在內）的關係得到改善。

對自身民族利益的更強烈領悟促使中國對韓國的政策發生改變。中國推動現代化需要與已開發工業國家以及「東亞四小龍」——韓國、新加坡、臺灣、香港——建立密切聯繫。北京加強與首爾的雙邊關係所採取的第一個步驟是通過1990年10月簽訂的一項協定，在各自的首都互設貿易辦事處。此後，雙方

---

[74] 作者在韓國的現場調查研究，1994年夏天。

[75] 「南韓騙子騙朝鮮同胞」，《亞洲週刊》，1996年11月25日至12月1日，第50-51頁。

[76] 高句麗（西元前37年至西元668年）是一個含括從半島北部到滿洲的廣闊領土的王國，韓國人認為這是一個朝鮮族王國，一個由居住在它邊遠區域的少數民族建立的地方政權；而一項中國發起的研究項目宣稱這個王國實質上是一個中國人的王國。見"Correcting Distorted Korean History," *Korea Times* (Seoul), November 28, 2003, at http://times.hankooki.com/lpage/opinion/200311/kt2003112818380711300.htm.

[77] 對韓國觀點的詳細說明，見Yoon Hwy-Tak, "China's Northeast Project and Korean History," *Korean Journal*, vol. 45, no. 1 (Spring, 2005), pp. 142-71.

[78] 這方面的詳細分析，見Quansheng Zhao, *Interpreting Chinese Foreign Policy*, New York: Oxford Press, 1996.

行動都很迅速，韓國立即任命了一位前外交部長助理作爲其貿易辦事處的首席代表，雙方的辦事處於1991年春天正式設立。第二年中韓關係正常化，[79]韓國成爲中國越來越重要的貿易夥伴。2004年，中國第一次成爲韓國最大的貿易夥伴，雙邊貿易額達到793億美元，超過了和美國的貿易額（716億美元）以及和日本的貿易額（678億美元）。[80]同年，中國和北韓的貿易額儘管相比上一年出現了35%的增長，但也僅僅是14億美元。[81]由此可見，中國與兩韓之間經濟關係的差異是驚人的。

　　韓國與中國迅速發展的政治、經濟和文化關係對其外交和安全認知造成了深刻的影響。儘管韓國是美國的長期盟友，但在中美軍事衝突的情況下表現出了中立的態度。而且這種中立趨勢在新總統盧武鉉時期隨著韓國反美主義的發展得到了進一步增強。在與華盛頓和東京、甚至也和北京發展更具包容性的多邊安全機制上，首爾也已經起到了實際的槓桿作用。

　　中國具有和南韓發展關係的強烈願望，因爲它們之間更爲緊密的關係有助於增強中國在處理北韓問題以及東亞整體問題時的槓桿力量。正如華盛頓的一位官員所說，在世界政治和地區事務中，「和兩韓保持良好關係使中國處於可能的最佳地位」。[82]自從鄧時代開始，中國便極不願意被捲入又一場軍事衝突。在朝鮮半島維持一個和平穩定的環境對中國是極爲重要的，因此，中國必須在兩韓之間採取制衡行爲。

共同管理：一種新的安全框架

　　上述北京對韓國分析向我們提供了一幅北京面臨的主要國際、國內考慮的綜合圖景。一種普遍看法認爲，除了傳統的歷史和國家利益考慮視角，中國在應對國際危機，尤其是北韓核危機時開始尋求一種共同管理模式。中國在應對地區熱點問題上處理方式的轉變反映了中國外交政策信心的增強和其在國際舞

---

79 中韓經濟關係的詳細分析，見Chae-Jin Lee, *China and Korea*. Stanford, Calif.: Hoover Institution, 1996，特別見第五章。

80 貿易數據來自2004年韓國海關統計，見：http://english.cutoms.go.kr/kcshome/jsp/eng/pgas301.jsp。

81 "North Korea-China Trade Surges," *Chosun Ilbo*, January 31, 2005, at http://english.chosun.com/w21data/html/news/200501/200501310009.html.

82 Nayan Chanda, "Chinese Welcome North Korea's Kim, But Relations Are Subtly Changing," *Asian Wall Street Journal Weekly*, October 21, 1991, pp. 24, 26.

臺上與日俱增的影響力。現在我們可以設想這一趨勢對亞太地區國際關係的影響，包括對該地區權力關係和未來安全協調的指導作用。有人甚至思考這個熱點地區的安排是否會促成新的地區安全框架的建立。

　　儘管六方會談從2003年8月開始以來，一直經歷著反覆起落，到2007年共舉行了六輪會談，而在2009年由於北韓退出而落幕。雖然六方會談並沒有取得根本性的成功，但它畢竟把所有相關方都聚集在一起進行外交談判，而且至今還沒有找到一個更好的解決地區安全問題的機制。長遠來看，六方會談不只會把相關各方帶到談判桌前共同努力尋求地區和平解決方案，或許還會給亞太地區新的安全框架機制化提供一個可供參考的模式。

　　中國的主要擔憂對象是美國。美國外交政策領域有強硬派和溫和派之分。[71]在華盛頓，有一批人支持對北韓實行「軟著陸」政策——任何一方都不會吞併另一方的統一路徑和美國幫助北韓實現中國式經濟改革的漸進過程。[72]北京對美國作用有著深切疑慮，不相信美國真的想解決北韓問題。[73]但是正如一位中國專家指出的那樣，「中國在可預見的將來沒有能力改變美國軍事部署或其在亞洲的聯盟網路。與美國合作不是可供選擇的而是必要的」。[74]因此，兩國必須進一步建立互信機制，在北韓問題上探討合作協調路徑。這些機制對中國和美國來說都是極其重要的。中日之間也面臨著相同的問題考慮。

　　亞太地區所有地區衝突面臨的一個重要因素就是如何處理中美關係。作為一個上升中的大國，中國和美國這個現實中的超級大國是不一樣的。美國享有很多成熟的雙邊安全協議的庇護。北京正在發展一種塑造其安全環境的新路徑，那就是更傾向於借助多邊安全框架。中國曾經希望，圍繞北韓核危機的六方會談可能發展為應對東北亞安全問題的固定機制，正如東盟地區論壇處理東南亞安全問題、上海合作組織調控中亞安全問題那樣。要證明這一點，雙方就北韓核問題開展的安全對話即是很好的例證。布希政府提出了一項多邊安全保證計畫，用以換取北韓終止其核武器的開發計畫。[83]北韓的情況與伊拉克有著明顯不同，雖然它們都有一些恐怖主義特徵。就領導戰爭的能力和實力上講，平壤政府不同於巴格達政府。另外，朝鮮半島局勢的發展對其他大國也有影響（可回顧1950年至1953年韓戰以及中國的參與），而沒有一個大國會支

---

[83] Anthony Faiola, "In Shift, N. Korea to Consider Bush's Security Offer," *Washington Post*, October 26, 2003, p. A24.

持薩達姆。更進一步講，相比伊拉克已經開發的豐富石油資源，北韓的礦產資源遠遠沒有得到開發。不難想像，如果美國決定隻身派兵前往北韓的話，將會帶來一系列困難。幾乎可以預料到，由於中國的支援，那將會是另一場越南戰爭。在伊拉克戰爭期間美國已出臺一項計畫，駐韓美軍將撤走三分之一（大約12,500），並調往伊拉克。儘管在韓國仍會有美國駐軍，但這項撤軍決議表明美國新的全球軍事戰略安排。[84]所有這些因素都促使美國尋求建立包括中國在內的多邊主義框架來解決北韓問題。

新時期的北韓核問題

2017年底隨著平昌奧運的謝幕，國際上圍繞著北韓核問題又出現了一幕幕的外交活劇。先是兩韓宣布文在寅和金正恩要於2018年4月份見面，緊接著又傳來川普和金正恩要在2018年夏舉行峰會的消息。在當時人們不禁注意到，一個重要的角色在這個關鍵節點上缺席，那就是中國。由此而帶來了很多關注與思考。

首先需要關注的是中國外交的底線。北韓核問題自1990年代就開始了，但最近幾年來北韓在距中韓邊境僅僅幾十公里的地方連續進行核武試驗，既給中國東北地區帶來了核汙染的重大隱患，又對東亞各國擁核（例如日本和南韓）起了很壞的示範作用。這難道不是北韓對中國國家利益帶有根本性的挑戰嗎？中國在北韓多次跨越這個底線之後所採取的措施只是不斷的表明這其實是美國和北韓之間的問題，而對此所採取的措施也完全不足以使北韓棄核。這就自然使大家有一個疑問：北韓核問題難道不是也和中國息息相關的嗎？

其次關注的是中國外交的優先順位。朝鮮半島最近幾年的發展給中國帶來了兩大威脅，一個是北韓發展核武，再一個就是南韓部署薩德。毋庸置疑，這兩者都對中國的國家利益造成了損害，都應該堅決反對。但是如果我們從因果關係來看，應該是北韓核試在先，南韓薩德在後。所以，不去努力制止北韓發展核武，而一味地打壓南韓，就會使原本向中國靠攏的首爾政權不得不和中國保持距離，而最後中國還是要吃下薩德這個苦果，和南韓改善關係。這樣的一個外交優先順位的處理就有點「丟了夫人又折兵」。

大家還在存疑的是：中國外交是否「雷聲大，雨點小」。中國政府對北韓

84 Susan V. Lawrence and David Lague, "Marching Out of Asia," *Far Eastern Economic Review*, August 26, 2004, pp. 12-16.

核問題也是提出過尖銳批評的，在其發表的聲明中還用了「悍然」這兩個字，同時也投票支持了聯合國對北韓的經濟制裁。但在進一步施加壓力以改變北韓擁核方面就沒有什麼作為了。和平與戰爭是國際關係中的兩種重要的形態。兵要慎用，沒有人想打仗，但到了該施壓的時候能不能出手就又是另外的問題了。應該說，金正恩的轉變是和川普外交與軍事兩面施壓的策略不無相關的；中國外交是否也應該做好兩手並用的準備。

還值得思考的是中國外交在北韓問題上是否接受了前車之鑑。2018年於新加坡舉行的北韓—美國峰會以及2019年的河內和板門店峰會可以說是「項莊舞劍，志在沛公」，各自都有自己的小算盤。美國應該是著眼於今後幾十年中美對抗的大棋局，既保持其在亞太地區的主動地位，又欲把北韓收於帳下。北韓當然是要盡最大努力來避免戰爭，走出經濟制裁，從而改善自己的政治經濟地位。同時它也在發揮其小國博弈的手段，在中美之間打「北京牌」和「華盛頓牌」。平壤在以中國為靠山聯華制美的同時，也不會放棄一有機會就要踢開中國與美國和解的想法。這種兩面下注和白眼狼的行為中國當然是有警惕的。越南和阿爾巴尼亞都是從最親密的戰友到反目成仇，金正恩的祖父和父親也有過類似的劣跡。從另一個角度講，小國可以兩面下注，大國當然更可以照此辦理（美國外交歷來都是如此）。

所以，2018年春的北京面臨著兩個選擇：是和北韓改善關係呢，還是和美國聯手管制北韓呢？北京痛定思痛，在既要捍衛自己國家利益又要盡到國際責任的考量下，中國迅速地改善了和北韓的關係。金正恩四次訪華，習近平也在2019年訪問了平壤。與此同時，中國也沒有退出由聯合國主導的對北韓的經濟制裁。這就使中國在朝鮮半島事務中保持了在涉及國家重大利益問題上的主導權，而且也保持了自己的話語權和主動地位。

關注亞太地區走向多邊機制的積極趨勢具有重要意義，包括激勵因素和其他機會。例如，面對九一一，華盛頓的自然反應就是建立全球反恐網路。這為其他國際行為者提供了一個增強多邊合作減少美國單邊行為因素的機會。主要行為者期望強調重合利益作為合作基礎，而避免突出競爭利益。正如「2001年撞機事件」之後中美關係的發展所示，中美兩大國將其共同戰略利益置於具體糾紛之上，這促成了沒有預想到的緊密的多邊合作趨勢，六方會談就是明證。同時也體現了領導者的重要性。發展地區多邊合作框架的一個至關重要的明智舉動就是使大國發揮領導性作用。雖然到其停止時都沒有切實的成果，但不能不說大國共同處理北韓核危機為多邊安全機制提供基礎這一事實本身就是

一大成功。機制的相對成功表明了大國間協調合作的重要性。下一步要做的就是繼續推進建立機制化進程的建設，這對發展構建任一穩定的安全機制都是必需的。

相關鏈接　實踐與思考

（一）實踐

　　我在美利堅大學的教學和研究是以亞太國際關係和比較政治爲重點，我主講的課除了中國和日本之外還包括亞太國際關係與中美關係。我的研究重點一直在亞太地區的大國博弈，分析亞太政治外交。多年來，我就美國與亞太這個題域發表了多篇論文，尤其對後冷戰時期的國際格局、地區權勢變動、大國關係管理、地區治理、各國外交與國內政治經濟互動進行了密切的跟蹤研究，提出了一系列看法。本章所提出的「兩上兩下」結構之動態發展代表了亞太地區權力轉移的主要變化。最近的發展看起來再次證明了「權力轉移將導致大國關係的重組」這句古老的眞理。然而，以下幾點也值得我們給予重視。第一，權力轉移或許能事實上在大國間改變對彼此的認識，同時它也會掩蓋其他諸如意識形態等國際關係中重要的因素。例如，日本自從第二次世界大戰後就成爲美國的盟國，但是在日本國際地位於1980年代上升到可能代替美國成爲「下一個超級大國」時，美國對日本的認知即發生了從「朋友」到「對手」的轉變。在日本「泡沫經濟」時期，在華盛頓當聽到討論《即將到來的美日戰爭》（The Coming War with Japan）成爲暢銷書時就不會顯得有什麼不尋常了[85]。但是當日本經濟在1990年代陷入不景氣時，這一聲音則幾乎完全消失。這種情況下，日本的同盟地位也被重新發現和再次強調；同時，對日本所謂「對手」和「威脅」的角色定位則從那時開始給予了中國。這一點我們可以從與上本書題目相似的暢銷書《即將到來的中美衝突》（The Coming Conflict with China）看出來[86]。

---

[85] George Friedman and Meredith LeBard, *The Coming War With Japan*, 1991. New York: St. Martin's Press.

[86] Richard Bernstein and Ross H. Munro, *The Coming Conflict With China*, 1997, New York: Alfred A. Knopf.

　　一直以來，亞太國際關係是我的研究重點，起步於中美關係和臺灣問題，然後又在日本東京大學做了一年的田野調查。博士論文也是美日政策制定的比較研究，其研究重點是在中美日的三國關係。後來所從事的教學研究中，對中國外交的研究自然也是重中之重。亞太國際關係的一個關鍵點是朝鮮半島，雖然我對這一問題的研究啓動得比較晚，但我對半島的關注早在柏克萊的時候就開始了。韓國研究在柏克萊分校的東亞研究系裡占有重要地位。我的導師斯卡拉賓諾本人的研究興趣主要在東亞幾個國家上，只是根據形勢變化轉換重點，大致是起步於對日本的研究，後來又加上半島問題，再後來他的研究興趣就轉向了中國。從這個意義上講，一個眞正的國際關係領域中的東亞問題專家最起碼要對中日韓都有所涉獵，不能只關注一個國家。

　　在很長一段時間，美國學術界對朝鮮半島問題的研究一直依附於以中國研究和日本研究爲主的東亞領域，直到最近這些年才成爲一個獨立的領域。美國對半島的外交政策在1980年代初對韓國兩面下注，一方面與現政權來往，另一方面培植反對派。學校裡經常可見韓國學者、學生，以及韓國學生會，此外一些政界高層人士也時有來訪。1982年，即我剛到柏克萊的第二年，在校園散步時就見過金大中，他當時作爲韓國反對派領導在美國流亡。1983年，韓國外交安保研究院中國部主任朴斗福教授在柏克萊做訪問學者，他曾在臺灣學習，中文講得很流利。他很注意發展溝通管道，與我幾次聚會，並提出邀請我去韓國訪問。那時，我學習緊張，而且1983年美國亞洲學年會舊金山會議之後，對臺灣研究的大門已經打開，韓國研究尙未提到我的研究日程上。我很猶豫，考慮到多方面的壓力，就放棄了這個機會，與韓國擦肩而過。事實上，當時中韓關係正處在一個很敏感的階段，中韓之間儘管尙未建交，但還是存在著很多地下溝通管道的。

　　不過從1980年代後半期以來，中韓開始接觸，我對半島問題的關切度也在不斷加強。韓國進入歷史性變革的階段，政治、社會、外交等各個領域變化都很大，並啓動了「北向政策」。首爾國立大學在1988年春季首開風氣之先，於首爾奧林匹克運動會即將召開的時候，召開了一個名爲「北向政策」的國際研討會，討論朝鮮半島統一問題以及當時的社會主義國家，例如中國、蘇聯和東歐國家的相關政策和對半島的態度。當時中韓尙未建交，我得到邀請後用中國護照踏上了韓國的領土，算是比較早訪問韓國的中國學人之一。來自前社會主義國家參加會議的各國學者來到了首爾，入住新羅飯店。此會表面上由首爾大學召集，實際是南韓政府的統一部主導。我算是「來自中國」的代表，

蘇聯、波蘭等東歐國也有代表出席；北韓方面沒人出席。統一部部長李洪九參會，他是耶魯大學畢業的政治學博士，文化素養很高，講話頭頭是道，一改我原先對韓國軍政府官員的印象。他後來出任韓國總理，我們接觸過多次。實地訪問之後，我對韓國的政治經濟社會模式產生了很大的興趣，也開啓了我對半島問題的關注和研究。

　　1990年我在美國和平研究所擔任高級研究員時，接到韓國社會科學院院長金秉煥發來的傳眞，請我給院刊《思想》雜誌撰稿。金院長是哈佛大學畢業的博士，做過韓國駐聯合國和美國大使，很有影響。他介紹說正策劃一期「大國博弈與朝鮮半島」的專題，主要是美、日、中、俄，請這幾國的學者撰文談本國對韓政策，希望我能寫一篇中國對半島政策的稿子。我問爲何不直接從中國國內找人？回答是當時北京方面拒絕學者寫稿，於是就有人推薦了我，他們也覺得很合適。一批大腕，如我在柏克萊的導師斯卡拉賓諾和日本、俄羅斯的學者官員等人爲此提交了論文。當時朝鮮半島南北兩方正在接觸，中韓涉及談判建交，政治氣氛十分敏感。我很理解國內學者的難處，又一次被「趕鴨子上架」，用英文寫了第一篇討論中國對半島政策的論文，由韓方翻譯成韓文，於1991年在《思想》雜誌發表。

　　我的論文思路還是沿著熟悉的框架，從歷史到現實、從政治到經濟的老路數。但我在結論部分做出一個預測：鑑於中國和北韓之間存在的深厚友誼，三至五年內中韓之間不大可能實現建交。事實證明，我的預測錯了。一年後，即1992年，中韓宣布正式建交。我自我反思出錯的原因在於：第一，我對中韓之間秘密談判管道的運作和進展一無所知，也不可能知情；第二，我自己的分析框架有欠缺，過於看重歷史，忽視了對國家利益指導下與時俱進的把握，這使我對國際關係中的一些基本理念及其現實表現有了更加切實的領悟。我後來講課時也經常以此爲例調侃自己一番，也是便於學生深刻理解國家利益在制定外交政策過程中的重要性。

　　中國與兩韓關係是中國外交中的一個重要方面，從中國切身利益的視角去關注朝鮮半島問題，納入更爲宏觀的亞太大國博弈的研究視野，成爲我的基本取向。我在1990年代初期選定了一個比較研究的課題，即冷戰後分裂國家的統一問題，選取了四個典型案例：北越和南越、東德和西德、北韓和南韓、中國大陸和臺灣，並邀請幾位學者進行多維度分析，我自己作爲編者出版了一本題爲《分裂國家之政治》（Politics of Divided Nations）的英文著作，後來這本書還被翻譯成中文和日文出版。

　　1991年，我到韓國釜山開會，時間點正好是在韓國剛主持完APEC會議之後。這次也有一個有意思的小插曲。當地華僑總會召開歡迎會，臺灣駐韓總領事也出席了，聽他說形勢要變，他們可能待不長了。當時我還不太瞭解究竟怎麼回事，結果第二年中韓建交，臺灣駐韓國的外交機構一夕之間全部撤離。我至今沒有真正去過北邊，只有在2006年參加了一個韓國現代集團組織的觀光團，去過一次北韓，其實也就是北韓的金剛山風景區旅遊，得到一些直觀的印象。

　　提到韓國研究，我在柏克萊的學長韓昇洲對我幫助很大。我們當年的博士論文導師都是斯卡拉賓諾教授。韓昇洲曾出任韓國外長、駐美大使、高麗大學校長、教授。我們在柏克萊期間並沒有交集，我去時他已經離開。但是，有母校和導師這個共同話題，很容易聊到一起。有一次我到首爾做田野調查，他還幫助安排住宿。高麗大學和美利堅大學是姊妹學校，我在2006年和2007年兩個夏天去高麗大學給小學期講課，多次和韓昇洲交流，他還請我去他家做客。

　　我多次去韓國，基本上保持了每年一次的頻率，去韓國開會和講學。最近的一次是2019年參加三一運動一百週年的紀念大會，以及到成均館大學舉辦講座。幾十年多次訪韓，印象頗為深刻的一件事情是韓文改革。1988年第一次到韓國時發現，因為歷史影響，韓文中保留著大量的漢字，因此漢字隨處可見，看當地報紙，大致可以知道內容。但之後多次訪韓，到了1990年代後期，彷彿一夜之間梨花謝，漢字就在公眾中，例如報紙上消失了。五百多年前，韓國的世宗大王為了解決婦女、貧窮人學習困難問題而發明「韓文」拼寫。但直到1945年韓國獨立，韓文被認為是底層所使用的，受過教育的精英層使用的仍然是漢字。二戰以後北韓和南韓分別建國，北韓馬上就取締了漢字，而南韓則漢字與韓文並用了很長一段時間。但是，韓國在二戰結束前長期被日本殖民統治，民族獨立後，文字被作為民族認同的載體，改革勢在必行，這也是世界政治中的一種普遍現象。中韓建交之後，處於加強民族認同的考慮，漢字的使用越來越少，直至基本消除。現在看到用漢字標注地名，是後來金大中總統為了推動旅遊而實施的。南韓內部對「去漢字化」的意見也不完全一致，如老派人士認為這是數典忘祖、抹煞歷史的存在。我當時想：你放棄了漢字，那我就來學習韓文。所以在高麗大學客座的時候，我每天上午教課，下午就去學習韓文。因為韓文是拼寫性質的，所以入門還是很快的。在當時的語境下我也能用韓文做簡單的溝通了。

　　朝鮮半島是亞太大國博弈一個極為敏感的角力場。在美國眼中，對中國的

考量總是存在。我也經常被邀請參加有關半島問題的研討會。例如2015年，在華盛頓的智庫戰略與國際研究中心（CSIS）舉辦了一個北韓核問題發表會，並邀請我和喬治城大學的車維德教授（Victor Cha）去做演講，談中國─北韓、北韓─美國、兩韓等問題。車教授曾擔任美國六方會談代表團的副團長，我們在會前會後都有很好的互動。這幾年，我在自己參與的國際合作中，有意識地向三邊或者多邊推動，例如，加強對中、美、日、俄、兩韓互動的研究。

（二）思考

　　從上述研究中我們也可以體會到在外交政策制定過程中發揮重要作用的一些因素，例如相互認知、優先順位和國家利益的考量。這些因素都可以在中美日三邊關係和半島問題上體現出來。

相互認知和優先順位

　　很顯然，權力轉移的改變會對大國之間的認知產生客觀的影響。因此，對東亞大國關係發展方向的任何討論，必須首先分析每個國家的視角。先從中國的視角進行分析，中國的對日政策需要重新進行檢討，北京必須闡明其真正的國家利益所在。很顯然，毛澤東時代的戰略考慮和對臺灣問題的強調，以及鄧小平時代對經濟現代化的強調，應該在中國的對日政策中繼續給予優先的地位。但與此同時，其他一些議題──例如領土爭端和歷史問題，是應該被強調，但卻不應該以犧牲戰略和經濟目的為代價。北京應該意識到在塑造中國發展所需的健康和有益的國際環境中，日本可以扮演極為重要的角色，而這一點無疑符合中國的國家利益。

　　讀者可能期望北京將會從全球戰略視角來看待中日關係。中國也有望繼續發展與日本的友好合作關係，不僅出於國內現代化的考慮，而且這樣也可以逐漸擺脫只強調對美外交的依賴做法。當北京將焦點集中到兩國間的經濟交流時，中國很可能就地區戰略和安全議題與日本開展定期的磋商。這些議題包括，對於例如中國南海等一些對日本而言重要戰略地區合理關切的認識，和諸如人權等一些敏感議題的分歧。只要北京在例如臺灣問題上的合理關切和其他一些主權關切不被威脅，北京應在一系列地區事務上與日本開展緊密合作，例如朝鮮半島的穩定和東亞經濟危機。通過這樣做，北京不僅會加強其與日本的關係，同時在處理全球事務時也可能會提升自己相對於美國的地位。然而，當

中國盡力與冷戰後唯一的超級大國美國發展合作關係時，中國也已經準備應對以上所討論到的相關挑戰，即「二對一」的遊戲——以《日美防衛合作指針》和1996年臺海危機爲代表。

　　自1868年明治維新時代以來，日本在其國家認同和外交政策中就同時包含東方因素和西方因素。關於如何處理兩者之間的關係，從日本人的日常生活中也可見一斑，例如，近來日本的一陣風潮，把名片上按西方格式姓在名後的順序，改爲東方格式的姓在名前。[87]在更大的層面，儘管日本清楚地與美國和西方站在一起，但是如何處理與其東亞鄰國的關係——特別是中國和韓國，以及如何在東亞共同體建設中扮演什麼樣的角色，日本仍然存在矛盾。

　　從美國的觀點看，當處理亞太地區新重組的大國關係，爲了應對中國的快速崛起，華盛頓將繼續推進和加強其與日本的同盟關係，並作爲美國在該地區政策的基石。因此，渴望結成一個反美的「東京—北京軸心」在可預見的將來並不現實。今天的美日關係已經發展良好、根深蒂固且成熟和紮實。美日同盟將在未來幾十年繼續存在，同時考慮到中日之間在歷史、政治和感情等複雜因素的存在，因此美日同盟也不可能被中日未來發展的關係所推翻。同時，美中關係也經歷了滄桑巨變。隨著時間的推移，中美關係已經完全從美國十九世紀到中國的傳教士行爲發展到當今全面交往的關係。兩國關係從第二次世界大戰期間的同盟關係，到1950年代至1980年代冷戰期間的對手，到1990年代的「戰略夥伴」，到後來小布希時期的「競爭對手」關係，直到2017年川普上臺以後和中國所發展出的既有合作又有競爭的關係。

半島問題的重要性

　　提到亞太國際關係，就不能不提到朝鮮半島。進入2017年，朝鮮半島又一次成爲世界矚目的熱點，也是一個舉世關注的熱點。半島南北雙方都出現問題，一方面北方不斷核子試驗，南方不斷搞薩德，這給中國帶來了很困難的局面。作爲國際關係研究學者，兩韓問題可以從歷史、國家利益和大國博弈三個角度來進行分析。

　　從歷史角度來看，朝鮮半島不僅和中國歷史上一衣帶水，長期以來同爲漢字與儒家文化圈，同時在近代史的進程中，也一樣與中國密不可分。從韓戰到

[87] Shigehiko Togo, "Putting Last Name Forward: Japan Scrapping Way of the West," *Washington Post*, 15 December 2000, p. A51.

六方會談，再到目前的薩德，以至於繼續深溯，朝鮮半島與中國相同的是都有著一段被侵略的歷史，例如在中國遭受英國和日本侵略的同時，朝鮮同樣承受著來自日本的殖民。朝鮮王朝和清朝面臨著同樣的抉擇：清朝面臨戊戌變法，朝鮮王朝內部則有大院君和閔妃的政策之爭。當時，大院君主張鎖國，而閔妃主張廢除閉關、對外開放。

從國家利益方面來看，朝鮮半島的研究應該分清中國的國家利益是什麼？美國的國家利益在哪裡？而半島歷史上在追求著何種利益？最後，從大國博弈上來看，朝鮮半島歷史上就被稱為「鯨魚包圍下的小蝦」（a shrimp surrounded by whales）。例如今天的三八線本身就是美蘇二戰勝利後劃分的各自之勢力範圍，是大國博弈的產物。從這一點來說朝鮮半島歷史上就是大國必爭之地，因此也就有必要將朝鮮半島放在大國博弈的角度上思考。

在朝鮮半島問題上，我有一個基本的想法，就是立足於1990年代以來中韓關係的發展，推動韓國相對「中立化」。從大格局上講，讓韓國擺脫美韓聯盟是不現實的；所謂的中立是說韓國外交決策相對獨立，不是亦步亦趨地追隨美國的步調，這樣會大大增加中國在亞太地區的主動性。近年來的種種跡象表明，這並非天方夜譚。

中韓關係的發展並非一帆風順，也有種種不盡如人意之處。在歷史認知、東北工程、對北韓政策、薩德問題等方面，雙方都存在歧義或者誤解。如何化解這些矛盾，特別是預防危機出現，危機出現時如何處理，這些都是中國外交需要考慮的重大課題。

上述北京對半島政策的分析為我們提供了一幅北京面臨的主要國際、國內考慮的綜合圖景。一種普遍看法認為，除了傳統的歷史和國家利益考慮視角，中國在應對國際危機，尤其是北韓核危機時開始尋求一種共治模式。北韓問題與中國整體外交戰略緊密相關。依靠多邊框架解決北韓問題，例如六方會談，對於中國來說是恰當的。現在我們可以設想這一趨勢對亞太地區國際關係的影響，包括對該地區權力關係和未來安全協調的指導作用。有人甚至思考這個熱點地區的安排是否會促成新的地區安全框架的建立。

正如本節所討論的那樣，權力轉移是改變大國關係最具深遠意義的因素。很顯然，亞太地區的穩定和繁榮最符合該地區所有國家的利益。然而，對於上文所提到的正在發生的「兩上兩下」的權力轉移，如果不能給予正確的管理，那麼東亞地區和平的國際環境就將難以保持。這種適應新的權力結構的能力，不僅對大國至關重要，而且對地區內中小量級的參與者亦產生巨大的影響。

第七章　國際關係中的敵友轉換

　　本書以大國戰略比較研究為基本出發點，以內政與外交相關聯的理論框架為基礎，對亞太地區的三個主要國家——美國、日本和中國（也稱亞太三雄）進行了比較分析。同時也從多角度全方位地對這三個國家在亞太地區的較量與合作進行了一個深入的梳理和解析。這個研究的理論框架是把外交政策執行過程中的外部環境與內部因素結合起來，同時結合筆者在第一章所提到的「微觀—宏觀」聯接的方式[1]來進行考察。

　　二戰期間，英國首相邱吉爾曾引用國際關係中的一句老話來說明敵友關係轉換的一條鐵律：「沒有永遠的敵人，也沒有永遠的朋友，只有永遠的利益[2]。」敵友關係的轉換是古往今來經常可以見到的一個重要現象，無論是中國歷史上春秋戰國時期的諸國紛爭，或是歐洲早期歷史上城邦國家的競爭，抑或是今天的大國博弈，這種敵友關係的轉換都是屢見不鮮的。進入本世紀以來，由於後冷戰時期打破了國際政治格局中的兩極架構，而出現了一超多強的局面，這種敵友關係的轉換就更加引人注目。本章以中美日亞太三雄為案例研究，著重分析國際關係中哪些因素和變數造成了敵友關係的轉換。

　　本章的最後部分仍然是「實踐與思考」，我們將討論學科建設、人才培養、專業網路發展，以及智庫平臺建設等問題，並結合筆者自己的實務經驗做一個回顧，並對未來的發展提出展望。

1　關於「微觀—宏觀」聯接的方式，詳見：Quansheng Zhao, *Interpreting Chinese Foreign Policy: The Micro-Macro Linkage Approach*, London: Oxford University Press, 1996.
2　邱吉爾的這句話往往被認為是他的首創，而且廣泛流傳。但據考證，最早的原文出自第三代巴麥尊子爵亨利・坦普爾在1848年的一次演說。詳見：UK Parliament, Treaty of Adrianople-Charges Against Viscount Palmerston, https://api.parliament.uk/historic-hansard/commons/1848/feb/23/treaty-of-adrianople-charges-against.

第一節　敵友關係轉換的五個因素

要特別說明的是在分析亞太三雄博弈中的敵友轉換時，這裡只選擇了筆者認爲最重要的五種變數，例如國家利益、實力變化、盟友關係等等；而並沒有過多地強調文化上、歷史傳統上，和意識形態上的因素。也就是說，筆者的分析基本上沿用了邱吉爾的這句經典之言，把國家利益當作最重要的分析角度。這裡並不是說其他因素是可有可無的，只不過它們沒有被作爲分析的重點。

亞太三雄敵友關係的轉變在過去兩百年中也是屢見不鮮的。本章第二節將會對亞太三雄自鴉片戰爭以來近兩個世紀中互動的八個節點進行分析。下面，本章第一節將討論國際關係中敵我關係轉變的五個因素。

國家利益

第一個因素就是邱吉爾所提到的國家利益。我們都知道，每個國家的國家利益都有一個優先順位，而這個順位一旦改變，國家的外交政策也會隨之發生重大變化。我們先以中國爲例，中華人民共和國的前二十幾年（1949-1976）可以被稱爲「毛時代」。如果我們用一個詞對「毛時代」進行概括，這個詞應該是「革命」。革命在對內政策上是階級鬥爭和文化大革命，在對外政策上是支持世界革命。當時的外交政策以毛的「三個世界理論」爲綱領。中國在文革中處於孤立狀態，所以非常依賴所謂的「第三世界」，即亞洲、非洲及拉丁美洲，而中國自己也宣稱是第三世界的一部分。美國和蘇聯兩個超級大國則被視爲屬於第一世界的霸權主義國家，在外交上與其對抗；而作爲第二世界的西歐和日本則是中國外交上爭取的對象。1978年鄧小平上臺，中國內政外交出現了重大轉變。如果用一個詞來概括「鄧時代」，那就是「現代化」。這個從革命到現代化的優先順位上的轉變，給中國的內政和外交都帶來了非常大的影響。現代化在內政上體現出來的是經濟改革和實行市場經濟；外交上就是開放，從已開發國家引進中國現代化過程中所需要的資金、技術和市場。這樣的戰略使中國外交政策轉向了另一個方向，即改善與已開發國家的關係。這不僅包括西歐國家，還包括了中國的宿敵：美國和日本。

這樣的由於國家利益優先順位之變動而造成國家戰略方針的轉變也在日本近代歷史顯現了出來。首先就是1868年的明治維新，日本以「富國強兵」與「脫亞入歐」爲口號，從相對閉關鎖國的海島弱國成長爲亞洲第一個工業化國

家，並且走上了對外擴張的殖民路線和軍國主義路線[3]。1945年的日本戰敗成為第二個歷史轉折點。日本戰後的吉田路線，基於美軍占領、韓戰爆發、冷戰兩極對峙等種種原因，強調去軍事化、民主化和經濟發展，這些都成為了外交政策和國家利益的核心。雖然美國在這個階段對日本的發展方向起了主導的作用，但正是因為日本戰敗後對其國家核心利益的界定產生了本質上的變化，造成了日本戰後獨特的外交方針以及其敵友關係的新框架[4]。

實力變化

　　實力變化造成大國之間關係合作與競爭的轉換，在這方面，西方最流行的理論之一就是權勢轉移理論（Power Transition Theory）[5]。而最近一段時間以來，經常見到的即所謂守成大國和崛起大國可能出現的修昔底德陷阱[6]。一個案例就是日本明治維新後所出現的東亞地區的權勢轉移。明治維新使日本成為亞洲第一個現代化工業強國，在各個方面都超越了中國。日本在1895年甲午戰爭中完勝大清，並簽訂了馬關條約，這標誌著亞太地區在近代史上第一次全面權勢轉移的完成。但日本在之後的幾十年裡，對中國和其他地區的侵略戰爭使其經歷了從巔峰到谷底的道路，最終成為第二次世界大戰的戰敗國，整個國家幾乎淪為廢墟。1945年，日本作為戰敗國被美軍占領，美國對日本各方面的影響為其帶來了經濟奇蹟，使其很快成為全球第二大經濟體。但是好景不長，經濟高速增長的日本又遭遇了與最大經濟體美國的貿易摩擦，而後於1990年代出現了經濟衰退和泡沫破裂。日本的大起大落提供了一個實力轉變能夠影響國際關係變化的很好的例證。

　　再來看中國。從鴉片戰爭到1949年中華人民共和國成立的這一百年間，中國的境遇可以用羸弱和落後挨打來概括。中國實力的變化主要出現在1978年改革開放以後。在前三十年期間裡，中國GDP的增幅為平均每年10%，2010

---

[3]　關於日本軍國主義以及殖民主義的理論發源，詳見：內務省警保局保安課，國家改造論策集，東京：國立國會圖書館，info:ndljp/pid/1908468。

[4]　關於日本戰後外交方針的具體分析，詳見：高坂正堯，海洋国家日本の構想，中公クラシックス，2008。

[5]　關於權勢轉移理論的相關分析，詳見：Steve Chan, *China, the US and the Power-Transition Theory: A Critique*, Abingdon: Routledge, 2007.

[6]　Graham Allison, *Destined for War: Can America and China Escape Thucydides's Trap?* New York: Houghton Mifflin Harcourt Publishing Company, 2017.

年中國經濟超過日本成爲僅次於美國的世界第二大經濟體。此外，中國在製造業和對外貿易上都是世界第一，在對美貿易中更是大幅度出超。2018年美國總統川普開始啓動對中國實行的貿易戰，反映出美國正在把與中國的外交關係重新界定，即從過去的合作夥伴轉變爲戰略競爭對手關係[7]。中國的例子也說明實力的變化會造成大國關係的變化，特別是在合作與競爭的關係上。

盟友

　　第三個因素就是結盟的狀態。一個國家和哪些國家結盟決定了它和別國是合作者還是對抗者的關係，冷戰時期的盟友關係即是這一點的最好例證。當時國際社會主要分成兩大陣營，一個是以美國爲首的資本主義陣營，一個是以蘇聯爲首的社會主義陣營。中國在1949年建國之後就和蘇聯簽訂了《中蘇友好互助條約》，正式與蘇聯結爲同盟；而日本則和美國簽訂了安保條約，加入了以美國爲首的資本主義陣營。中國外交政策中與各國的敵我關係也就自然地隨著這種結盟而形成。所以，這兩個同盟的簽訂就使得中國和日本分屬於兩大陣營。這兩大陣營是對抗競爭的狀態，那中國和美國與日本也就成爲對抗競爭的狀態[8]。同盟關係出現了變化，那麼敵友關係也會隨之發生改變。

外交領域的合縱連橫

　　上文所說的三個因素都是由於國際形勢變化所引發的外交上的轉變，而現在的第四點強調的則是外交工作以及領導者個人因素的重要性。中國自古以來就有合縱連橫的說法，也就是說通過外交工作公開和秘密的談判而達成敵友關係的轉換。1972年尼克森打開中國大門的北京之行，和同一年田中角榮恢復中日邦交的舉措都不失爲外交上的經典之作。當然，美日改善對華關係的最大

7　這個「競爭對手」的界定最早出現於2017年川普總統上任後的第一個國家安全戰略報告（National Security Strategy of the United States of America），並且他在2018年的國情咨文演講中也明確使用了「對手」（Rival）一詞。詳見：The White House, *National Security Strategy of the United States of America*, Washington D.C.: The White House, https://www.whitehouse.gov/wp-content/uploads/2017/12/NSS-Final-12-18-2017-0905.pdf; The White House, *President Donald J. Trump's State of the Union Address*, Washington D.C.: The White House, https://www.whitehouse.gov/briefings-statements/president-donald-j-trumps-state-union-address/.

8　June Teufel Dreyer, *Middle Kingdom and Empire of the Rising Sun: Sino-Japanese Relations, Past and Present*, London: Oxford University Press, 2016.

一個國際因素，就是三國在當時都把蘇聯的擴張主義視爲最主要的威脅，共同的敵人使得這三個國家走到了一起。但是國際形勢的變化如果沒有敏銳的戰略思想和嫻熟的外交技巧，恐怕也不能馬上就造成外交關係的重大轉變。

　　最近的一個例子便是2018年底南韓總統文在寅利用平昌冬奧會的契機，巧妙地實現了兩韓外交的突破，又進而推動了美國總統川普和北韓領導人金正恩的會面，使半島形勢從幾個月前的戰雲密布轉到談判桌上來，使得美國與北韓領導人從隔洋互罵、兵戎相見到互稱「朋友」，不能不說也是突顯了相關國家領導人的外交技巧和靈活身段[9]。

國際—國內聯接

　　這裡強調的是任何國家的外交政策都是其國內政治的延伸，如不能很好地理解一個國家的內政，往往就會誤解這個國家在外交政策上的變動[10]。例如，在1990年代，由於美日經濟摩擦造成了美國國內反日情緒的蔓延，而出現朝野同仇敵愾「敲打日本」的聲音（Japan Bashing）。這也使得日本內部出現脫離美國的呼聲，而產生了「同盟漂流」的現象。

　　美國外交學界非常重視新的理論觀點的提出，這也就是所謂的「理念先行」。美國國內的政策辯論捲入的不只是學界和智庫，而且往往還包括了政府中的政策制定人和決策者，例如從小布希時代就開始的中國威脅論，到川普把中國作爲最主要的戰略對手（和俄羅斯一起），就反映了美國國內精英在理論先行達成共識方面的一個過程。

平衡者的作用和重要性

　　在任何一個三角關係中，每一方都想使自己站在二對一的「二」的一邊，也就是說盡可能的確定一個主要對手，而把三邊關係中的第三方作爲自己的盟

9　海外看世界，《海看快評，十二教授評北韓—美國峰會的震撼》，海外看世界，2018，https://haiwaikanshijie.com/%E6%B5%B7%E7%9C%8B%E6%96%87%E7%AB%A0-%7C-commentaries/f/%E6%B5%B7%E7%9C%8B%E5%BF%AB%E8%AF%84-%7C-%E5%8D%81%E4%BA%8C%E6%95%99%E6%8E%88%E8%AF%84%E7%BE%8E%E6%9C%9D%E5%B3%B0%E4%BC%9A%E7%9A%84%E9%9C%87%E6%92%BC-%7C-%E6%B5%B7%E5%A4%96%E7%9C%8B%E4%B8%96%E7%95%8C?blogcategory=%E6%9C%9D%E9%B2%9C。

10　關於國際—國內聯接的理論分析，詳見：Quansheng, Zhao, *Japanese Policymaking*, London: Oxford University Press, 1995.

國或朋友。誰都不想被推到那個「一」的角落中而受另外兩國的聯手擠壓。日本在其外交政策內部辯論中就明顯地有兩派思路，執政的自民黨和外務省的主流思維強調的是一加一大於一，意思是中國是主要的競爭對手，而日本只要保持和美國的同盟，那麼不管中國強大到什麼地步也不可能超過日本和美國的總和。

中國在2010年超過日本成爲第二大經濟體，到2017年，其GDP就已經達到美國的三分之二，而且已然是日本的兩倍半了。中美兩強的大格局已經形成，而美國也正式把中國視爲戰略競爭對手。這樣一來日本就可以起到一個平衡者的作用；如果中日聯手，則美國堪憂，美國是絕對不能允許這種情況發生的，對日本內部的離心傾向一定要控制在萌芽狀態之中。美國對中日之間釣魚島之爭的態度轉變就是一個很好的例證。從原先的不持立場，到後來的通過對美日同盟條款的新解讀提出美國會介入，都能很好地展示這一點。也就是說，加劇中日之間的糾紛，加強日本對美國的依賴是符合美國的戰略利益的。這就是我們看當前的中美日三邊關係和敵友關係轉換的幾個重要因素以及平衡者的意義。在這個意義上來講，日本作爲中美兩強之間的平衡者就必然成爲兵家必爭之地。誰爭取到日本，誰就會在這場大國博弈之中占上風。所以，日本的重要性也是不言而喻的。

第二節　「亞太三雄」互動的八個節點

在世界地緣政治和全球外交的大背景下，「亞太三雄」的大國博弈是理解世界政治和國際關係至關重要的分析對象。總的來說，本書主要從兩個層次對「亞太三雄」的大國博弈進行了梳理：國際關係層次和外交政策制定層次。國際關係層次分析的角度著重於三個大國之間在地緣政治、熱點問題、地區安全與經濟發展方面的交鋒和互動來進行；外交政策層次則是著眼於各國內政與外交政策的交叉點，兩者之間可能發生的相互影響和相互制約，由此詳細地剖析中美日三國各自外交政策的制定過程以及相互之間的連鎖反應。在對亞太三雄博弈的梳理中，首先將就過去近兩個世紀的中美日三國之外交關係歸結爲八個重要節點，其次對中美日三邊關係在新形勢下的互動進行分析。

說到中日關係，其起源可以一直從遠古追溯到明清時代，然後一直到近現代，相互之間的影響可以說是源遠流長。美國雖然早在十八世紀就已經有商船

來華，但是直到十九世紀中葉，才試探性地進入傳統意義上的東亞地區。從「亞太三雄」的角度來看，三國之間的外交關係要從1840年代開始分析。筆者選擇了近兩個世紀以來三國互動中具有方向性的重大事件作爲節點，總結爲八個轉捩點。當然，從不同的角度和不同的側重出發，人們可以對節點的數字增加或減少，但有一條觀察恐怕是共通的：即在三邊關係中的每一組關係──中美、中日、美日──都經歷了高峰和低谷，也就是敵我友關係多次轉換。前事不忘，後事之師，今天我們來看這些節點，也是爲了今後探索出更健康並有益於自身發展和地區安定繁榮的大國關係。

（一）第一節點：從列強入亞到日本的明治維新（1839-1868）[11]

我們可以把中美日三國政治外交互動的初始節點放在十九世紀中葉，也就是西方列強對亞洲的入侵期間。這一過程既可以被看作西方對東亞的殖民入侵，也可以被看作如費正清所界定的「衝擊─反應模式」。第一節點的標誌性事件是1844年中美《望廈條約》的簽訂，和1853年美日之間的「黑船來航」事件。這次互動的焦點是中國作爲傳統意義上的亞太地區主導國地位的動搖，以及由此帶來的一系列變動。1839年開始的中英鴉片戰爭不但打破了清王朝閉關鎖國的對外關係的模式，也以《南京條約》的簽訂爲象徵，標誌著中國百年屈辱的開始。美國作爲西方勢力的一部分，也和其他西方列強（如德、法、葡、西）一樣，隨著大英帝國進入了東亞。

中美《望廈條約》在一定程度上屬於《南京條約》的後續，也就是在英國通過不平等條約在華獲得巨大利益後，其他歐美列強也希望以此方式打開中國市場，《望廈條約》（又稱《中美五口貿易章程》）應運而生。其條約內容包括了三個主要方面。第一是開放中國五個沿海城市──廣州、廈門、福州、寧波和上海，以進行貿易通商活動，同時賦予西方勢力單方面的貿易最惠國待遇。此條約與《南京條約》所開放的五個城市是相同的。第二是確定了美國傳教士在所開放的貿易城市購買地產並設立教堂傳教的權利。第三是美國人在中國犯法不受中國司法機關約束，也就是「治外法權」條款。這些條款當然是不平等的，《望廈條約》於是就成爲中美之間的第一個不平等條約。

---

[11]　John King Fairbank, *The United States and China*, Cambridge: Harvard University Press, 1971.

　　就日本而言，雖然美日之間在1846年就有接觸，但當時美方提出的開放貿易政策被江戶幕府不置可否。1853年，美國再次派遣一支四船艦隊，由馬修‧佩里準將率領，攜帶美國國書直奔江戶灣（即今天的東京灣），史稱「黑船來航」，又稱「黑船事件」。此時正值第十二代將軍德川家慶病逝不久，佩里艦隊的到來使得江戶城一片混亂。日本朝野在混亂之下，也迫於外部壓力等多方面因素，於1854年與美國簽署《神奈川條約》。嚴格地說，這是日本第一個對外不平等條約，同時也打破了江戶幕府閉關鎖國的政策。條約內容包括了美國人合法定居、片面貿易最惠國待遇，以及確保了美國船隻能在日本補給物資等方面的權益。經歷這個刺激之後，幕府開始逐步和西方列強建立貿易關係、開設新式西方學堂、向西方派遣使團等，間接地為明治維新和日本在東亞的崛起打下了基礎。《望廈條約》和「黑船事件」可以被看作是三國之間敵友關係轉換啟動期的標誌性事件。

（二）第二節點：從日本崛起和美日密約到日本侵華戰爭的開始（1868-1931）[12]

　　日本從明治維新開始，以富國強兵為口號進行了大規模的社會改革，成為亞洲第一個實現工業化的國家，進而挑戰中國在東亞的霸主地位。這一節點的界定是從1868年日本明治維新開始，一直到1931年「九一八」事變，日本開始全面侵華戰爭。第二節點的標誌性事件是中日《馬關條約》的簽訂和美日《桂太郎—塔夫脫密約》的完成。在此階段，日本先是在甲午戰爭中打敗清王朝並於1895年簽訂《馬關條約》，取代中國轉型為地區霸權大國；接著又在1904年至1905年的日俄戰爭中取勝，鞏固了自己在朝鮮和中國東北地區的勢力。同時中國因戰敗失去地區霸主地位，具體表現為割地賠款、割讓臺灣、失去對朝鮮宗主國地位，而最終使整個朝鮮半島成為日本的殖民地。《馬關條約》不僅加速了中國半殖民地半封建化的進度，而且也為日本打開中國市場、進一步發展在華利益奠定了基礎。

　　晚清年間，由義和團運動而引發的八國聯軍侵華戰爭將西方殖民勢力在中國的影響力進一步擴大。美國作為一個相對的後來者，為保持自己的利益分一

---

12 Gordon, Andrew, *A Modern Japan: From Tokugawa Times to the Present*, London: Oxford University Press, 2003.

杯羹，也爲確保像中國這樣的大國不被其他帝國主義國家（如英國、日本、法國、德國、俄羅斯等）獨占，而進行了一系列的外交協商行動。「門戶開放」（Open Door Policy）應運而生，此政策規定西方殖民勢力和日本在中國均享受平等的商業和工業貿易權。1905年，基於日本在日本海海戰對俄羅斯決定性的勝利，時任美國總統狄奧多・羅斯福作爲中立協力廠商，開始介入戰爭的調停過程（因調停成功，他還獲得了當年的諾貝爾和平獎）。美日在這一段時間在亞太地區形成了一個以相互妥協爲基礎的兩強並存關係，其標誌性的事件就是1905年《桂太郎—塔夫脫密約》的簽訂。時任美國戰爭部長（職位相當於現在的美國國防部長）威廉・塔夫脫與當時正在訪美的日本首相桂太郎進行秘密商談，並達成了一個三點協議。其內容包括：美國承認日本在朝鮮半島的權益和1902年簽訂的日英同盟；而日本則承認美國在菲律賓的權益。在此備忘錄的大框架下，日本徹底確立了其在東亞地區的霸權，1910年日本實現了對朝鮮半島全面的殖民統治，美國也得以鞏固在菲律賓的殖民地。這種對各自勢力範圍的相互承認在客觀上形成了美日之間的第一次攜手。

（三）第三節點：從第二次世界大戰中的中美同盟到日本投降（1931-1945）

第三節點的特徵是中美在第二次世界大戰期間的同盟關係和1945年日本的無條件投降。有必要說明的是，日本對華戰爭早已經於1931年的「九一八」事變全面化，但是世界範圍二戰的正式爆發時間則是從1939年9月德國閃擊波蘭開始的。而美國參加對日作戰則應從1941年日本偷襲珍珠港算起，當時美國全國上下同仇敵愾正式介入二戰，投入反法西斯陣營。這便是對這一階段的三種演算法——中國的「十四年抗戰」、普通意義上的「第二次世界大戰」，和美日之間的「太平洋戰爭」的由來。三者的結束點則都是以1945年8月15日裕仁天皇宣布接受波茨坦公告，日本無條件投降爲標誌。

在此期間，中美關係由於日本在亞太地區的全面擴張而有了一個質的飛躍。美國從協力廠商觀望的態度，迅速轉變爲中國的盟國，形成了中、美、英、法、俄在內的世界反法西斯同盟。這五個國家也就是戰後成立之聯合國的五大常任理事國。美國國內輿論在珍珠港事件後迅速轉向，國家機器也全身心地投入到了戰時經濟和生產活動。在此期間，中美之間就抵抗日本侵略進行了一系列的合作。其中就有耳熟能詳的「飛虎隊」（正式名稱爲中華民國空軍美籍志願大隊）；印度和中國西南地區的「駝峰航線」，以及滇緬公路、中國遠

征軍等。這一階段的特點是中美聯手共同抗日。

（四）第四節點：從冷戰開始到兩大陣營之間的對抗（1945-1971）

　　第四節點的特點是三國敵友關係的又一次大轉換，在冷戰格局的大背景下，美日同盟的建立和中美交惡。這一節點從1945年日本戰敗之後被納入盟軍軍事占領時期，一直持續到1971年基辛格秘密訪華為止。在此階段，美日在1951年簽訂的《對日和平條約》（通稱《舊金山和約》）在1952年4月正式生效，不僅正式結束美軍占領，也將戰後日本劃入了以美國為首的資本主義陣營。1949年中華人民共和國的成立不但是中國近代歷史上最重要的事件之一，而且也因簽訂了《中蘇友好條約》將中國劃入社會主義陣營。東亞地區以至世界範圍的冷戰格局就此形成。

　　日本方面，為處理舊日本帝國的政治、軍事，以及社會結構的遺留問題，美軍駐日最高司令官司令部（通稱為盟軍司令部）對日本的國家制度、社會體制，以及相關的國際事務進行了系統化的改造和重建，也在根本上重新構築了中美日三國的關係[13]。麥克阿瑟將軍對日本社會的全盤改造是歷史上罕見的，其控制程度之深超越了傳統意義上一個主權國家對其他地區能夠施加的影響力。美國主導的盟軍占領階段達到了對日本社會影響深遠的兩個基本目標：民主化和非軍事化。政治上剝奪了日本天皇的實際權力，實行象徵天皇制度，重新構築了以代議制民主為基礎的參眾兩院制度。非軍事化則全面解散了舊日本帝國的武裝力量，將日本曾經占領的海外殖民地交由聯合國或美國進行託管統治。《日本國憲法》第9條更在憲法的層面上限制了日本在國際事務上使用武力的能力。由此，美國通過將日本的政治、社會、經濟制度全面重建的方式，將美日關係上升到一個前所未有的高度。

　　同一時期，在1946年至1949年，毛澤東率領的中國共產黨在內戰中擊敗了以蔣介石為首的國民黨，成功地在中國大陸建立了中華人民共和國。新中國的建立不僅僅代表中國人民結束了一個多世紀的半殖民地半封建的屈辱歷史，更是從根本上改變了中國對外政策基本思路。由於毛澤東「一邊倒」的外交方針，中國理所應當地加入了以蘇聯為首的社會主義陣營，而日本則加入了以美

---

[13] John Dower, *Embracing Defeat: Japan in the Wake of World War II*. New York: Norton, 1999.

國爲主的資本主義陣營，冷戰的鐵幕也緩緩地落在了亞太地區。中國與美日之間的對立因爲韓戰的爆發，以及美國第七艦隊駛入臺灣海峽等事件進一步激化。中美關係從二戰期間合作抗擊法西斯侵略的盟國關係，轉變爲戰後世界分爲兩極之後的敵對關係，不相往來二十餘年。而美日的同盟關係則近一步加深，日本自衛隊的設立以及1960年美日安保條約的簽訂，更是確保了兩國在政治軍事問題上的緊密合作。

（五）第五節點：從對抗蘇聯到中美日蜜月期的出現（1971-1978）

　　第五節點的特點是中美日三國在面對前蘇聯威脅這個共同敵人的大背景下而走到了一起，甚至有人把它稱爲一個短暫的「蜜月期」。面對蘇聯擴張主義，中美日在1970年代初迅速接近，標誌爲中蘇邊境開火、尼克森訪華和田中角榮訪問北京。這三件大事又一次將中美日關係再一次重構，緩和了從韓戰以來三國之間尖銳的對立關係，重新建立了以對抗蘇聯擴張主義爲核心的新關係，甚至可以被理解爲「準同盟」的關係。

　　1950年代末至1960年代初，中蘇關係從緊密合作到一系列分歧的產生，包括意識形態、經濟建設，以及軍事合作等各個方面。兩國關係在意識形態論戰和外交衝突上越走越遠。1969年的珍寶島事件標誌著中蘇在邊界主權問題上的衝突到達了一個新的高度；蘇聯對中國的核威脅以及對中國核設施進行外科手術式的打擊準備也使得兩國關係進入了高度緊張的狀態。中共九大前後，毛澤東囑咐周恩來牽頭，召集「四帥」（陳毅、葉劍英、徐向前、聶榮臻）組成了「國際形勢研究小組」，就改善中美關係、對抗蘇聯擴張等問題進行了深入的討論；研究組的議程之一就是如何與美國改善關係。與此同時，時任美國總統尼克森在1967年《外交事務》（Foreign Affair）上的一篇文章《越南後的亞洲》（Asia After Viet Nam）[14]指出了對中國不應繼續持孤立政策。這篇文章在美國外交政策領域產生了重大影響：一方面美國急欲從越南戰爭撤出，另一方面認爲當時亞太地區的最大威脅來自蘇聯，是中美日三國的共同敵人。雙方認知上的變化最終促成了1971年基辛格秘密訪華和尼克森1972年的正式訪問，中美關係自此迅速和解，爲之後的建交鋪平了道路。

14　Nixon, Richard M., "Asia After Viet Nam," *Foreign Affair* 46, no. 1, (1967): 111-125.

　　尼克森政府外交政策的快速變化對中日關係也產生了重大影響（史稱「尼克森衝擊」）；日本在北方領土的問題上也與蘇聯關係緊張。此時，以田中角榮爲首相、大田正芳爲外相的日本內閣，突破了如石原愼太郎等日本保守勢力的阻撓，堅持與中國恢復邦交。1972年9月29日的《中日聯合聲明》徹底結束了兩國自二戰以來的敵對狀態，實現了中日邦交正常化。中日老一輩的領導人在中日建交時期不顧艱辛做出了巨大貢獻，爲之後中日關係在1980年代的進一步改善打下了堅實的基礎。根據田中眞紀子（田中角榮的女兒）回憶，田中角榮訪華前，不僅被國內保守勢力稱爲「國賊」，脅迫他辭職並切腹自裁，而且在出發前往北京時是抱著會被暗殺的心態上的飛機。這些都突顯了這一中美日三國「小蜜月期」的來之不易、各自內部所面臨的困難以及三國領袖爲突破這些障礙所進行的巨大努力。

（六）第六節點：從中國的改革開放和日本的經濟奇蹟到三國之間的全面合作（1978-1989）

　　第六節點在某種意義上講是延續了上一節點的「小蜜月期」。基於改革開放實現現代化的需要，中國進一步大幅度地改善了和美日的關係。其代表事件爲1978年中國改革開放政策的確立、中美建交，以及鄧小平的訪美訪日。中美日在全球貿易的大背景下進行了全方位的合作，完全改變了冷戰時期對立的態勢以及避免了尖銳的意識形態衝突。中美日三國的合作關係也完全改變了中國自1949年以亞非拉第三世界爲依託的外交態勢。

　　1978年的中共十一屆三中全會確立了改革開放政策和經濟發展的重要方針。中國急需啓動決定改革開放成敗的新政策，也就是在包括資本、技術、市場等三大要素方面的改革。這些要素必須也只能從工業發達的國家獲取，即美國、日本、西歐國家，再加上亞洲四小龍（韓國、臺灣、香港和新加坡）。對這三個要素的需求也極大地改變了中國對外關係的範式和外交政策的方向。

　　對日方面，鄧小平在1978年進一步推動了《中日和平友好條約》的談判進程，並於當年10月份以副總理的身分正式訪問日本。兩國雖沒有徹底地解決如釣魚島的領土爭端和就侵華戰爭道歉的歷史問題，但在和平共處、共同反霸、經濟發展，以及對外投資等問題上達成了共識。值得強調的是，由於在1972年《中日聯合公報》的談判期間，中方爲確保順利建交和其他政治考慮，放棄了政府方面戰爭賠款的要求。但爲中日建交做出過巨大貢獻的日本精英層，包括以時任首相的大平正芳爲代表的日本領導人，在這一點上對中國抱

有愧疚之心。以對政府開發援助來頂替戰爭賠款成了日本政界的一種呼聲，這也是大平正芳首相在1979年訪華時承諾援助貸款的重要原因之一。不可忽視的是，截至2008年，日本從1980年代開始對中國的政府援助資金（ODA）的總量達到2,248億人民幣[15]，對中國當時推動「四個現代化」起到了巨大的作用。

對美方面，美國與中國在1979年中美建交後進行了廣泛的合作，美國的卡特政府繼承了尼克森訪華的核心戰略思維：中國是美國的「準盟友」，雙方仍然在對抗蘇聯的全球擴張霸權主義方面達成了共識。例如，1979年的對越自衛反擊戰就是一場美國預設的局部戰爭。當時蘇聯作為越南的盟國，在阿富汗、東歐等地區都進行了強勢的擴張。美國則利用了中國對越開戰使中國在亞太南部地區遏制了蘇聯的進一步擴張。同時，日本作為美國的盟國在大戰略上跟隨美國，抓住了中國改革開放的機會擴大了日本企業在中國的市場。戰略上的共同敵人和經濟上的巨大利益使中美日三國走到一起來了。

對亞洲四小龍方面，北京對臺灣問題提出了和平統一方針；對港澳問題提出了「一國兩制」的解決辦法；對韓國和新加坡也啟動了建交活動。對外開放的方針也為中國帶來了大量的資金，頂尖生產技術以及先進的管理方式，為中國沿海地區的經濟發展提供了極為優良的條件和市場環境。其中亞洲四小龍作為東亞文化圈的主要組成部分之一，也為中國的改革開放做出了巨大的貢獻。

（七）第七節點：從冷戰結束到三國戰略調整期（1989-2010）

第七節點是冷戰結束後，中美日三邊關係出現了大幅度調整。三國關係都呈現出了既有衝突，又有合作的複雜局面。首先，蘇聯和東歐社會主義國家開始逐步實行國內變革，曾經是冷戰半邊天的華約集團也土崩瓦解。1991年蘇聯解體成為了冷戰結束的標誌性事件，而亞太三雄在此階段也經歷了一系列的戰略調整，包括美國和日本在內的西方陣營由於1989年的天安門事件而開始對中國進行經濟制裁，但這些都無法阻擋以經濟急速發展為標誌的中國崛起。這就使中美日三邊關係出現了既有經濟貿易相互依存、又有政治安全相互競爭的鬥而不破的格局。而到了本世紀初，中國崛起在西方學界和政界引發了一輪

15　「日本對華援助三十年」，南方週末，2008年2月28日：http://www.infzm.com/content/7707。

又一輪有關「權勢轉移」的大討論。

　　美日關係也是動盪不斷。兩國在1980年代的貿易摩擦加劇造成了「同盟漂流」[16]現象的發生，也一定程度上造就了美日關係在1991年到1996年之間的徘徊階段；美國和日本的決策智囊團均對未來美日關係進行了一系列的思考與磋商。從本書的第三章可以看出，美國方面在「三駕馬車」爲代表的有識之士的領導下，重新確認了美日安保條約的重要地位[17]；日方也在認可中國崛起的大背景下，重新決定了「二對一」的戰略方針。也就是說，如果美日兩國攜手應對中國崛起，中國就不會嚴重地威脅到美日兩國在亞太地區的領導地位。其標誌性事件是1996年與1997年之間美日安保條約的修訂和美日同盟的重新界定（本過程詳細論述請見本書第三章）。第七節點的主要特徵是，爲應對由蘇聯解體和中國崛起而造成的一系列國際關係的變化，華盛頓和東京共同對美日同盟進行了重新界定，使其再一次成爲各自外交政策的基石。

　　從地區安全和發展的角度出發，蘇聯解體後造成以美國爲首的「一超多強」世界格局也在東北亞地區產生了廣泛的影響。一方面，中國自改革開放以來，高速持續性的經濟增長進一步加大了中國和世界各國的聯繫，吸引了大量的對華投資。貿易全球化和民主化的浪潮也使得極具冷戰特點的資本主義對抗社會主義的意識形態衝突慢慢淡化。另一方面，北韓核問題和臺海問題再一次成爲三國矚目的地區熱點。1994年美國與北韓達成的《北韓核問題框架協定》，雖然在當時一定程度減緩了北韓發展核武器的腳步，美國與北韓在協議上的多次反覆也爲日後北韓核問題的激化埋下了種子。1996年由於主張臺獨的臺灣領導人訪美，引發了震驚一時的臺海導彈危機。中美日在地區的和平穩定與繁榮發展方面政策上的不同也造成了三國之間既有合作又有衝突的態勢。

（八）第八節點：從中美雙領導體系的出現到戰略競爭局面的形成（2010-）

　　中美日博弈的第八節點發生在2010年中國經濟超過日本成爲全球第二大經濟體之後，中美兩國在亞太地區的政治和經濟發展上開始進入共同領跑地

16　Yoichi Funabashi, *Alliance Adrift*, New York: Council on Foreign Relations Press, 1999.

17　Quansheng Zhao, "Troika and Foreign Policy-the Shift of U.S. Strategy towards East Asia," *European Journal of East Asian Studies*, 15, no. 1, (2016): 5-33.

位。大的背景是，三國國家實力的平衡出現了重大的變化。中國經濟和對外貿易的持續高速發展使中國成爲了一個眞正意義上的經濟超級大國，在成爲世界第二大經濟體之後，又在2016年經濟總量成爲日本的兩倍半。而中美經濟總量的差距也大幅度縮小，中國在購買力平價（PPP）和工業總產出方面都已經超過美國。中美「G2」的呼聲不絕於耳[18]，實力的重大變化帶動了中美關係在區域經濟整合方面的合作和戰略安全領域的衝突。日本雖然保住了其世界第三大經濟體的地位，中國的崛起仍然使得美國和日本對中國的看法發生了重大的變化，眞正到了「士別三日當刮目相待」的地步。中美關係開始逐漸形成了在亞太地區的「雙領導」體制這一格局[19]（這裡也可參見本書在第三章裡提出的中美在亞太地區浮現出雙領導體制的論述），美國開始把中國視爲其主要競爭對手。而日本一方面強調加強美日同盟，以「二對一」的態勢應對中國崛起；另一方面，又在其內部形成了如在第四章裡所提出的「帶傾向性的中間路線」這一外交共識。三國關係進入戰略競爭局面，再次面臨一個新的歷史節點。

　　如上所述，2010年前後第八節點的出現標誌著國際關係領域的一個重大的轉捩點，這主要是因爲中國崛起所帶來的大國實力分布的變化。儘管亞太三雄仍保持著全球經濟前三位的態勢，但內部的排位已經出現了重大變化，即由原來的「美日中」變成了現在的「美中日」排位序列。而且2010年到現在幾年過去，中美兩國和日本在經濟上的差距進一步拉大，這就讓亞太國際關係現在更趨向於「中美兩雄」相爭的態勢。所以在亞太三雄大國關係中，最關鍵的還是要看中美博弈的走向。

第三節　中美博弈的走向

　　中美關係在今後相當長的一段時間裡最大的可能是複合型，也就是說，競爭與合作並存。但是競爭的因素會更多一點，也就是說中美雙方會出現一個對

18　「G2」的概念最早可以追溯到布里辛斯基在2009年《金融時報》上的一篇文章〈一個能改變世界的兩國集團〉（The Group of Two that Could Change the World），詳見：https://www.ft.com/content/d99369b8-e178-11dd-afa0-0000779fd2ac。

19　趙全勝，中美關係和亞太地區的「雙領導體制」，載《美國研究》，2012年第1期。

峙的局面，這個對峙應該是比較長時間的，而且這個對峙的範圍也是全方位的。既有經濟貿易領域，就是我們現在看到的中美貿易戰和高科技戰，例如圍繞著華為所引發的引人注目的爭鬥。同時也有所謂的熱戰，也就是中國南海上圍繞著自由航行所引發的衝突，以及在政治外交領域的朝鮮半島問題和臺灣問題。

（一）複合型的中美關係

　　川普上臺之後雖然特立獨行，但他對中美關係的理解存在一個類似「學習曲線」（Learning Curve）的過程。川普不但繼承了歐巴馬外交模式的一部分，而且也有自己的理念和風格。首先，歐巴馬時期的中美關係就是四個字：鬥而不破。中美不斷有摩擦，但不會有明顯損傷兩國利益的決策，也不影響領導人之間會面。這與中日關係不同，中日兩國也有摩擦，但是摩擦發生之後領導人之間長期不會面。所以要強調的是，川普目前的中美關係也是延續了鬥而不破的模式。其次，川普在中美關係方面有自己的特點，使得雙邊關係起伏不定。在當選初期，川普因為接聽蔡英文的賀電導致中美關係一度進入低谷，這一舉動讓人懷疑川普在臺灣問題上的立場。再加上匯率操縱國、貿易戰、南海「自由巡航」等一系列話題，很容易讓人感覺中美關係在川普上臺後處於危機狀態。但是在2017年4月佛羅里達的「習川會」以後，中美之間又一度出現了回升。川普自己也用了一個詞——領導人之間的「Chemistry」（化學反應）。在這樣的情況下，中美關係從川普上任時陷入低谷，再到後來經歷兩國峰會，雙方領袖產生一定程度的默契。在通話層次方面，近期中美之間領導人通話和見面的紀錄顯示，習近平和川普兩人之間的溝通雖不算創紀錄，但也是相當頻繁了。而且在原有的基礎上，又建立了包括政治、經濟、軍事、人文社會等多方位的高層次對話機制。

　　2017年11月，川普就任總統後的首次亞洲行也為中美日三邊互動打下新的框架。他此次對中國和日本的訪問既鞏固了美日同盟，又加深了和中國的互動。此次中國行，川普見到了十九大之後的領導班子，並簽下2,500億美元的大單。從美國的角度來看，如何處理好與中國的關係已經是一個不可迴避的重要議題。由美國方面提出的中美關係在今後五十年的發展框架也有可能成為美國在亞太地區的外交基礎。這次首腦會晤再一次提到了習近平主席與川普在海湖莊園會晤時建立的四個高級別對話機制，分別是：中美外交完全對話、全面經濟對話、社會和人文對話、執法及網路安全對話，並聽取了機制雙方牽頭人

的彙報。

　　此外，中美領導人也對在北韓核問題上合作致力於半島無核化目標上達成共識。北韓核問題一直是中美溝通的主要話題，美國與北韓之間時起時伏的「口水仗」也代表著川普對這個問題的關切。中美在這個問題上的共同點是明確的：北韓停止發展核武器，半島無核化。但在具體管控的做法上，中美由於考慮重點不同，是存在分歧的。聯合國通過的制裁也代表著中美在北韓核問題上的一致意見。川普在各種場合下，包括使用推特給中國施壓，有時候還埋怨中國制裁不力。但是我們於2017年就可以看到，中國開始落實聯合國的制裁協議。包括：第一，遣返在中國的北韓企業的人員和職工；第二，停止和北韓銀行的業務往來；第三，也是更關鍵的一條，就是油氣制裁，其中包括自2017年10月開始，全面停止天然氣供應，以及減少石油供應（比去年同期減少10%）。雖然這一輪制裁能否發揮功效仍是未知之數，但是中國參加的這次對北韓制裁的力度也是從未有過的。聯合國制裁有可能會是很有效的一招。當然，這個制裁還有兩個中方必須考慮的問題。一個是人道主義問題，供油不可能全部中斷；第二是技術問題，斷油時間一長，對油管再恢復也會產生一定程度的損害。所以根據在中美之間在「半島無核化」問題上的一致可以看出，中美大方向上一致，但對具體的執行方面仍然存在著比較嚴重的分歧。

　　在中國崛起的大背景下，美國政學界的精英們逐步在本世紀第一個十年後達成共識，認為未來中國對美國產生的挑戰是全方位的，從而成為競爭的主要對手。時任國務卿希拉蕊‧柯林頓和總統歐巴馬先後提出「重返亞太」（Pivot to Asia）的概念，並被美國國務院界定為「亞太再平衡」。既然這一戰略的實踐必須要有日本的配合，那麼重新界定美日同盟便是板上釘釘的事情。2014年歐巴馬訪日，2015年安倍訪美的外交政策主題都是重新確認美日同盟的方針。這些外交政策結合美日安全軍事方面的高度一體化都可以被看作是1997年重新定義日美同盟的一個延續。歐巴馬任期結束後，美國共和黨總統候選人唐納‧川普在一場富有爭議的總統選舉中擊敗民主黨總統候選人希拉蕊‧柯林頓，並於2017年1月20日正式上任。川普總統顛覆傳統的執政模式和外交政策，為中美日三國關係的未來發展帶來了一系列的不確定性。川普高調放棄TPP，要求日本增加承擔日美同盟的份額，以及沖繩美軍基地的搬遷問題久拖不決，都在很大程度上影響了美日關係。但是美日同盟仍然是美國在亞太地區的基石。

　　中國方面，習近平總書記在十八大後對外交政策進行了很大程度的變革。

反覆提出：「太平洋足夠大，放得下中美兩國」、「中國夢」、「新型大國關係」、「中國特色社會主義大國外交」、「我們有一千條理由把中美關係搞好」等方針，在十九大前後又反覆提出構建「命運共同體」的設想，也爲亞太三雄關係的發展注入了新的活力。2018年之後，中美之間的「貿易戰」、「科技戰」，以及川普頻頻打「臺灣牌」，都使中美關係坎坷不斷增加了新的變數，但也基本保持在「鬥而不破」的格局。中美競爭與合作帶來的亞太地區「雙領導體系」的模式也引發了各界廣泛的討論和研究。

自2018年以後，中美關係進入了顚簸期。雖然中美關係跌宕起伏，但雙方領導人還是能夠透過各種管道，通過談判的方式解決分歧，儘量保持「鬥而不破」的局面[20]。中美既有合作又有鬥爭所帶來的亞太地區「雙領導」的模式也引發了各界廣泛的討論和研究。中美之間最大的問題要回到這幾年熱議的一個話題，即權力轉移（Power Transition）。所謂崛起大國和守成大國的權力轉移能不能和平實現，這也是學界討論正熱的話題。格雷厄姆‧艾利森（Graham Allison）的新書《註定一戰：美國和中國能逃避修昔底德陷阱嗎？》（Destined for War: Can America and China Escape Thucydides's Trap?[21]）所討論的就是這個問題。

中美之間這種合作與競爭並存的複合關係和冷戰時期美蘇關係的最大區別在於：美蘇關係基本上是一個零和的方式，而中美關係在很多領域裡是有這種競爭的性質，但是在很多其他領域裡也有雙方合作的可能性，這主要表現在要保持一個全球政治、經濟、戰略各個領域裡面的相對穩定性，而中美作爲兩大強國，也是世界上兩個最大的經濟體，雙方攜手來共同維持這個穩定局面對每一方面都是有好處的。雙方如果發生軍事衝突，或者進行貿易戰，結果都是殺敵一千，自損八百。衝突的結果也許會使一方受的損失大一點，例如中美貿易戰期間中方的損失就更明顯一點。但這並不是說另一方就不受損失，貿易戰對美國經濟的負面影響也是十分明顯的。現在和冷戰時期另外一個最大的不同，就是雙方在意識形態領域裡都有一定的靈活性。例如都強調市場經濟，中國也在進行各種各樣的改革。這也就是爲什麼筆者不認爲中美之間會重蹈美蘇之間冷戰局面的原因。

---

[20] 相關論述見：趙全勝，美國為什麼用臺灣問題逼中國出手，2018年3月，http://haiwaikanshijie.blogspot.com/2018/03/blog-post_21.html。

[21] 格雷厄姆‧艾利森，美國哈佛約翰甘迺迪政府學院教授。

作爲位居第一和第二的兩個超大經濟體和核大國，中美雙方在危機管控和危機預防方面所採取的措施都是非常認眞的。但並不排除改爲小規模侷限性衝突的可能性，就好比2001年海南撞機事件。但是這並不是說雙方就會打起來，就會眞正的把對手視爲敵人。正如美國方面反覆強調的，競爭對手並不就代表著敵人。例如，美國和日本、美國和歐盟都有競爭的關係，但不能說它們相互之間是敵人。

（二）川普對華政策的「三箭齊發」

川普對中國的外交動作可以稱之爲「三箭齊發」，也就是川普在三個領域對中國發起攻勢：即在經濟貿易領域用提高關稅和打擊高科技企業來防堵中國；在軍事安全領域打著自由航行的旗號，不斷派遣軍艦進入中國沿岸的南海水域；在政治外交領域用通過《臺灣關係法》等法案來挑戰中國的核心利益。這一切都如川普在國情咨文中所界定的，中國已經成爲美國最主要的競爭對手之一。

川普的第一支箭是在經濟貿易領域，也就是當前正在如火如荼進行的中美貿易戰和科技戰。在這個問題上，川普的初衷是通過扭轉中美貿易的不平衡，減少貿易赤字，從而貫徹他「美國第一」的理念。具體表現爲三個措施；第一個措施爲增加關稅，先是對500億從中國進口的貨物提升關稅，後來拓展到2,000億，最後威脅到5,000億；這就將包含所有從中國進口的商品。第二個措施是對中國的高科技發展，也就是展開對「中國2025」這一計畫的打擊，要求中國政府予以取消。第三個措施，針對中國重要企業如中興、華爲等展開查禁和打擊。

川普的第二支箭則表現在軍事戰略方面，舞臺爲中國南海地區。川普繼承了歐巴馬所提出的「自由航行」的口號，增加了派軍艦進入南海水域的次數，甚至派遣航空母艦進入了南沙群島和過去從未染指過的西沙群島等重要地區。據外電報導，美國軍艦進入的區域也包括了中國島嶼的12海哩區域。川普同時也正式提出要與日本、印度以及澳洲一起啓動印太戰略。美國重返亞太戰略的開展直接體現在美國軍力調整的事實上。美國海軍作爲美國武裝力量的一個重要組成部分，原來是兩洋平衡作戰——太平洋大西洋各投放50%兵力；現在比例是60%和40%，由此可見美國政府對於重新掌握亞太地區主導權的決心。與此同時，中美關係又由於孟晚舟和華爲事件而受重挫。美國特別瞄準中國的華爲等高科技部門，規定中國涉及「2025計畫」的項目，都不能參與國防部

相關的合作。同時在夏威夷海域的環太平洋軍演拒絕邀請中國，理由是中國在南海建島。

　　第三支箭是政治外交領域，具體來講就是臺灣問題。在這方面，最具衝擊力的就是《臺灣旅行法》（又稱《與臺灣交往法》），這個法案在2018年1月9日眾議院通過，2月28日參議院通過，3月16日川普簽署生效，僅用三個月就緊鑼密鼓地以「快三步」的方式通過。這是繼1979年的《臺灣關係法》之後，又一個從美國國內法法律角度指導其對臺政策的重要法案。它也對中美關係的的三大公報（《上海公報》、《中美建交公報》、《八一七公報》）造成了直接挑戰。這一法案的實質意義是為提升美臺關係掃清了美國國內的法律障礙。下面我們主要就川普的對臺新政進行分析，同時也把臺灣問題放到中美關係的大框架中來進行研究。

　　這一法案的實質是使自尼克森1972年訪華，以及1979年卡特簽署中美建交公報所確認的「一個中國」的原則受到了挑戰，儘管美國國務院嘴頭上還是承認「一個中國」的政策。從尼克森時代起至今四十多年的時間裡，美臺關係一直保持在非官方、民間的形式；政府高官之間的正式交往、軍隊之間的互動都是被禁止的。川普在當選之初就和臺灣「總統」蔡英文通了電話，並在推特上說是蔡英文前來祝賀的。在當時還有許多人認為川普的這一舉動是他對臺灣問題不甚瞭解、缺少經驗，抑或是他討價還價、商人作風的一個表現。從商人和貿易戰的角度來看，川普不是只針對中國的。但貿易戰和貨幣戰等衝突均屬於戰術上的問題。無論雙邊關係的好壞，這些摩擦都會不時地發生。1980年代，美國和日本之間貿易戰就打得不亦樂乎，以致於美國提出了「敲打日本」（Japan Bashing）的口號。川普對美日兩國當年的貿易摩擦和反日情緒還是記憶猶新的。目前美國對德國的貿易出超太大也有意見，但是這些問題不是根本性或者戰略性的，而是屬於討價還價的範疇。但打臺灣牌問題就是一個涉及到中國核心利益的問題了。

　　很少有人能夠預料到他能走到《臺灣旅行法》這一步。前面提到，1979年通過的《臺灣關係法》明確提出美臺關係是非官方、是民間的關係。同時，這一法案也規定，美國為保證臺海和平穩定，要繼續對臺軍售。應該說，《臺灣關係法》包括的對臺軍售已經為中美關係埋下了一顆地雷，但在表面上來看，雙方還是禁止官方往來的。自那以後，美國歷屆政府基本上都遵守了這一系列的原則。

　　但是自從2018年3月16日《臺灣旅行法》簽署之後，已經出現了美臺雙邊

交往層級的提高，也不僅僅限於民間身分了。法案出臺不久，訪臺的人士就包括了美國國務院副助理國務卿Alex Wong和Ian Steff。6月份美國國務院助理國務卿Marie Royce又出席了美國在臺協會新址的開幕式，而形成了把美國在臺協會視為事實上的大使館。類似的提案和傳言也在不斷傳出，例如：應該像美國駐其他國家大使館一樣，派遣海軍陸戰隊進駐美國在臺協會；美國海軍艦船也要停靠臺灣港口訪問；甚至於連川普／蔡英文峰會的可能性也被提出來了。毋庸置疑，這一系列的對臺新政嚴重地衝擊了中美關係的底線。

　　引用當年鄧小平說過的一句話：「沒有美國就不存在臺灣問題，所以臺灣問題說到底就是美國問題。」從歷史的角度來看，無論美國對臺獨支持與否，韓戰中美國第七艦隊的介入以及美國的《對臺關係法》都形成了對解決兩岸長期分裂和中國國家統一道路上的框架性障礙。當年中美建交的過程中，鄧小平提出的「斷交、廢約、撤軍」的六字方針都是圍繞著臺灣問題的；習近平提出的中國夢和兩個一百年的概念也帶動了很多網上的熱烈討論。第一個一百年是2021年，中國共產黨建黨一百週年；第二個一百年，是2049年中華人民共和國建國一百週年。第一個一百年很快就要到了，到時候中國在臺灣問題上的動作就會變成中美之間帶有重大分歧的戰略性問題。對中國而言，臺灣問題涉及國家核心利益的這一性質就把這個問題和國家之間的摩擦區分開來。喬治華盛頓大學的查理斯·格拉斯（Charles Glaser）[22]就曾經提過中美之間進行「大交易」（Grand Bargaining）的主張[23]。主張美國和中國就各自核心問題進行討價還價，例如：中國保障北韓核問題的管控，美國就放棄對臺灣的「保護」。臺灣十分擔心美國與中國進行這種「大交易」，會使臺灣成為談判籌碼（Bargaining Chips）。我們在對此進一步分析之前，先來看看美國對華對峙政策出籠的國際和國內背景。

（三）美國對華對峙政策的國際和國內背景

　　美國自二戰以來成為世界霸主（Dominant Power），其最關鍵的戰略考量就是阻止其他大國——尤其是崛起大國（Rising Power）——挑戰它的統治地

---

[22] 查理斯·格拉斯，美國喬治華盛頓大學伊里亞德國際關係學院教授。

[23] Charles L. Glaser, "A U.S.-China Grand Bargain? The Hard Choice between Military Competition and Accommodation," *International Security* 39, no. 4 (2015): 49-90.

位。冷戰時期的前蘇聯和經濟奇蹟期的日本都被認爲是對美國霸主地位的挑戰者。美國通過不同手段把前蘇聯打垮分解，把日本經濟打得泡沫破裂（即失去的十年或二十年）。蘇聯和日本之後，美國界定的挑戰國家即爲中國。美國認爲這一次的挑戰是更加全面的挑戰，而不是像日本那樣只是在經濟上的挑戰。在學術界對此的分析框架就是所謂的「修昔底德陷阱」，亦即崛起大國和守成大國在實力接近的時候將很可能爆發衝突。早在小布希競選總統的時候，就批評柯林頓的對華接觸政策（Engagement）爲對華「叩頭」政策，聲稱中國不是「戰略夥伴」而是「戰略競爭者」。小布希上臺伊始，2001年海南EP-3事件就差點引爆中美的正面衝突，從而確實了要把中國視爲美國頭號對手的戰略思維。但人算不如天算，撞機事件幾個月後的九一一事件，使得美國政府被迫將戰略重點轉移到了中東局勢和全球反恐問題上，從而讓中美兩國在反恐戰略戰線上又站到了一起，重新回到夥伴關係（Partnership）。

中國的這一戰略機遇期延續了十年，直到2011年歐巴馬提出重返亞洲（Pivot to Asia）的戰略口號。歐巴馬的這個亞太戰略是基於兩個事實：第一是中國在2010年取代日本成爲全球第二大經濟體，之後中國的經濟高速發展又使中美之間的差距進一步縮小。到了2017年，雖然中國的GDP還只是美國總量的三分之二左右（64.5%），但是如果按照購買力平價（PPP）計算的話，中國已經超越美國成爲世界第一大經濟體，中國的製造業也在全球處於領先地位。中國經濟的持續高速發展就坐實了中國成爲下一輪權勢轉換（power transition）的主角。第二，中國不但是美國債臺高築的主要債主，而且美國對華的貿易逆差自本世紀初以來逐年增加，高達3,000多億。川普當然不會忽視這個事實，所以在其競選期間就不斷敲打中國，而他在競選成功後發表的第一個國情咨文也把中國和俄羅斯列爲美國最主要的競爭對手。其實這在美國的政學商精英層中早已經是公開的共識：即中國已然成爲美國的下一個全球戰略對手。這個共識也認識到過去那一套通過把中國納入世界政治經濟體系來改變中國的做法並未奏效。更爲嚴重的是，如果美國想遏制這個權勢轉移的最後形成，就必須在其本身還占有優勢的情況下（特別是軍事力量和科技水準）儘早出手，不然時不待我，無力回天。

值得注意的是，無論是小布希時期還是歐巴馬時期，美國政府都沒有拿臺灣問題說事。除了保持例行的對臺軍售之外，對島內出現的臺獨傾向還是加以抑制的。例如，小布希於2003年底就公開批評過陳水扁在島內搞全民公投的行動。這都不能不聯繫到美國在大的戰略框架中，在那個時代還是把中國作爲

夥伴（例如全球反恐），而不是戰略對手。這個情況的轉變還是出在歐巴馬執政的後期。但儘管如此，歐巴馬也沒有修正美國對臺政策的方向。這恐怕可以用政策慣性來解釋吧。

若要進一步考察川普的對華政策，則美國國內因素亦不可忽視。川普的上臺對美國國內政策的最大影響就是將美利堅合眾國變成「美利堅分裂國」，支持者與反對者兩派旗幟鮮明，黨爭不斷。川普對前任歐巴馬的政策可以歸納為「逢歐必反」。川普一上臺就退出TPP，挑戰NAFTA，在臺灣問題上不按常理出牌也是在預料之中。就美國國內政治而言，最惹人關注的就是對通俄門的調查。「川普會」之後，美國的眾多政治家與媒體都譴責其為「叛國行為」，使得他給公眾一種岌岌可危的形象。如此一來，他必須在外交領域有所建樹以緩和國內質疑之聲，為此甚至可以不惜挑起重大國際糾紛。在此背景下，川普急於在外交戰場上出彩，以轉移國內輿論壓力。2018年和2019年他堅持與金正恩三次會面就是其外交思維的一個重要體現。而且川普並不滿足於只擔任一屆總統，已經明確表示要連選連任的意向。所以川普的外交政策，包括對華政策，當然要為其國內考量服務。

從個人層面來看，川普作為商人政治家的特性造成他在其自身思路上熱衷尋找談判籌碼，而臺灣問題就成為了可以作為在與中國博弈中的抓手。在外交方面，川普不但不按常理出牌，而且其身邊也沒有多少有經驗的政治家和政府部門官員來輔佐，就更使得他容易劍走偏鋒而產生大起大落的戲劇性場面。這也反映在他的決策風格上，把國際談判視為經濟交易，各種重大因素都可以成為談判的籌碼，包括臺灣問題。所以川普的外交政策，包括對臺政策，也是有國內因素存在的，就是轉移國內政治鬥爭目標，同時也為自己提高政治籌碼。

但是，川普要打臺灣牌也要得到臺北的配合。2016年藍綠變天，蔡英文取代馬英九成為臺灣「總統」，就給川普提供了機會。眾所周知藍綠陣營的一個重大區別就是，代表綠營的民進黨，以其黨綱為標誌，以臺灣獨立為訴求。而馬英九代表的國民黨則不反對兩岸的最終統一，從而積極在實際上改善兩岸關係。在馬英九時期，美國利用臺灣來對抗中國大陸不符合藍營的基本理念。所以馬英九也不可能接手。而到了蔡英文時期，執政的民進黨不但把美國視為保障臺灣安全的屏障，而且是臺灣獨立的保護傘。蔡英文上臺以後，不僅用一系列行動來呼應川普，而且還主動在美臺關係中起作用，包括打電話遊說各方。在這種情況下川普提出抬升美臺關係就受到了蔡英文政府的歡迎，也給川

普打臺灣牌提供了助力和基礎。川普在簽署《臺灣旅行法》後，蔡英文公開表示對該法案的支持，並希望臺美雙邊關係可以由此進一步得到發展。因此，島內這一系列變化都對美臺今後的交往產生了巨大的影響。以前歐巴馬雖然也試圖實現亞太再平衡，但是他沒拿臺灣來說事；現在川普對臺新政則有很大的不同，臺灣成爲與中國博弈的一個很突出的談判籌碼。

　　而在實際操作上，川普政府也明確表示，他最近提出的新的印太戰略也包括臺灣。也就是說，川普的對華戰略明確地把臺灣作爲一枚棋子，而且還得到了島內綠營政權的配合。美臺的這種聯手趨勢就使得臺灣問題再次成爲有可能引爆中美之間正面衝突的定時炸彈。

（四）川普為什麼要打臺灣牌

　　東亞國際關係自1895年馬關條約之後，大國博弈在兩個熱點地區 —— 朝鮮半島問題和臺灣海峽 —— 就從來沒有中止過。二戰之後中美兩大國在這兩個熱點地區不但捲入甚深，而且是直接的當事人，而這兩個地區也就成爲中美之間的博弈焦點。首先我們必須把川普的對臺新政放在他的對華全面戰略中去考慮，也就是說要把「三箭齊發」都考慮進去。我們要問的是：川普到底要的是什麼？恐怕我們還是要從美國二戰以來戰略思維的演進來進行分析。

　　美國在臺灣問題上有三個基本考量：第一，戰略考量：保住美國的霸權地位而不被崛起大國（挑戰者）所取代，這就是川普「美國第一」思維的一個核心理念。早在韓戰一開始，麥克阿瑟就把臺灣稱作「不沉的航空母艦」，冷戰結束後臺灣又成爲遏制中國崛起的重要棋子。從美國戰略界來看，要想阻止中國的繼續崛起，臺灣地位的重要性也是毋庸置疑的。傳統上中國是一個大陸國家，而隨著中國近代化的發展，中國海軍走向藍色海洋，臺灣的戰略位置就對中國海軍能否順利走出西太平洋有著關鍵意義。在這個問題上，臺灣就成爲了一個有用的、討價還價的籌碼。這雖然也有臺灣在華府的遊說集團所產生的影響，但是主導對臺新政的還是川普領導下的美國政府。川普在其第一個國情咨文中所強調的中國成爲美國的戰略對手並非出於他的一時興起，而是美國精英 —— 包括兩黨所達成的一個共識。所以阻止中國取代美國地位的這一戰略目標是不可能放棄的；臺灣作爲一張牌也是不可能放棄的，因爲臺灣這張牌是服務於美國這一大戰略目標的。這也和美國的戰略地理優勢有關，美國東西面臨大西洋和太平洋，南北又是墨西哥和加拿大這兩個弱國，所以自身沒有什麼安全問題。而中國就不一樣了，東西南北，強敵林立，周邊的安全問題很多。北

京如果在臺海有大的動作，將受到多方的牽制。

　　第二，外交考量：臺灣是中美博弈中最方便的籌碼，成本低、效果顯著。從另一方面來看，中國大陸在其改革開放的歷程中，臺灣的高科技、投資、市場聯結，都曾發揮過巨大的正面作用。但隨著大陸經濟的起飛和崛起，臺灣在這個方面的重要性就慢慢減少甚至消失，兩岸長期分離則成為中國大陸走向全球大國的重大障礙，而這個障礙正在被川普政府利用於其對華外交上。

　　第三，政治考量：一方面可以推行美國的民主價值觀，在國際上占據道德制高點，另一方面也可以通過在臺海挑事來轉移其國內政治紛爭的視線。總之，美國在臺灣問題上是不可能拱手相讓的，將繼續盡其可能對臺灣「實施保護」；而臺灣長達七十年之久的偏安一隅靠的也是美國。

　　川普的對臺政策，有「變」的部分也有「不變」的部分。「不變」在於它並沒有放棄「一個中國」的政策框架，儘管已經出現了空心化的現象。那麼「變」的部分是什麼？是現在對臺灣的很多具體做法。川普一上任就與蔡英文通電話，這是史無前例的。美國到臺灣訪問的人員，有美國國務院助卿、有局級幹部，甚至還有副部級幹部。這樣的情況以前也有，但是雙方都不聲張，現在美臺官方來往變得「光明正大」，因為這是美國國內法允許的行為。另外，美國軍艦停靠高雄港以及在太平島獲得補給這樣的行動雖然目前還沒有可能，但也已經作為一個話題開始討論。川普上臺之後，臺灣更是成為中美博弈中討價還價的籌碼，這當然反映了川普的商人本色，以極限施壓來取得談判桌上的最大效益。再加上川普身邊的一批親臺強硬派，例如彭培奧、博爾頓、薛瑞福等在背後推波助瀾，都使得川普打起臺灣牌來廣受美國朝野的支持，並無後顧之憂，而變得遊刃有餘。

　　對美國來說，「臺灣牌」成本低、效益高，打了似乎也沒關係。成本低表現在它的一個國內法就可以提高美臺關係，打一通電話就可以成為華盛頓向北京討價還價的籌碼，隔三岔五向臺灣賣一下武器，就可以向中國施壓。自川普上臺以來，美國一再出臺所謂的「友臺政策」。美國國會已經通過並被批准的法案，這兩、三年以來就有臺灣旅行法、國防授權法、亞洲再保證倡議法，其他還在審議中的包括：臺灣保證法、臺灣國際參與法、臺灣國防評估委員會法等等不一而足。川普的「臺灣牌」主要是在政治外交領域，華盛頓還通過了7,000億美元國防授權法。這是歷史上最高的數額，增幅為2.6%。另外，涉臺部分提出了非常具體的美臺關係升級行動，例如美軍與臺軍共同訓練、共同演習。再有就是多年來延續下來的對臺軍售，現在不僅要延續，還要升級加碼。

美國國會亦出現了邀請蔡英文到華盛頓演講的呼聲。所有這些動作都是要提升臺美關係，把臺灣作爲其印太戰略的重要抓手。

川普政府的對臺新政，特別是《臺灣旅行法》等法案的簽署，無疑正在跨越中美關係的紅線。如果進一步地發展，將把中美關係引向不可避免的衝突。而現在美國已經在掃除周邊的障礙，例如2018年8月美國政府聲稱要對剛與臺灣斷交轉而和大陸建交的薩爾瓦多給予懲治；拉美的另外幾個國家與臺灣斷交，美國直接對這些國家施以顏色。美國在國際範圍內爲臺灣站臺，中美則有可能在臺灣問題上在世界範圍內形成對峙。

（五）熱點問題對中美關係的影響以及中國的應對

川普對華政策中的三支箭無疑對中美關係造成了巨大的衝擊。更爲重要的是，這三支箭中的每一支箭，無論是貿易戰，或是南海挑釁，抑或是打臺灣牌，到本書出版時的2019年都還沒有得到完全解決的跡象，這就使得中美關係的對峙走向常態化。川普對付中國的最新調整是高調提出印太戰略。從美國主觀上來講，是想搞「美日+1」框架，即美國爲主帥、日本爲副帥，然後再搞「抓手」，也就是「+1」──韓國首當其衝，印度、澳洲、菲律賓、越南，以及臺灣都在其列，但至於是否能夠實現則要另說。例如如果「臺海有事」，日本會和美國一起介入，但韓國表示「不會介入」。對於菲律賓和越南，中國則採取了釜底抽薪的方法。印太戰略沒有一個完整機制，但思路大致如此。在美國的印太戰略裡，當然離不開臺灣牌，希望臺灣成爲其在印太地區的重要「抓手」。

在中美軍力比較方面，美方有一種普遍的看法，目前來看中美差距還是很大的，但是中國軍隊的更新換代進展迅速，雙方的差距正在快速縮小，尤其是在海空軍方面，因此，美國必須在其本身還占有優勢的情況下（特別是軍事實力和高科技方面），儘快出手，否則「時不我待」，日後再無良機。如果要確保取勝的話，「晚打不如早打」，那最好的戰場就是南海或者臺海地區。在哈里斯（現任美國駐韓國大使）當美軍太平洋總部司令的時候，第七艦隊的口號「今晚就開仗！」就充分反映了美軍內部求戰的呼聲。當然，美軍一直在美國總統的領導下，也要尊重國會和政府部門的意見，但美軍內部的情緒和意見，也可能導致出現「脫軌行動」。2019年7月，美國國內出現了兩封引人注目的公開信：一封是由九十多位美國專家簽署的〈中國不是敵人〉的文章，在《華盛頓郵報》上發表；另一封是有一百三十多人簽名給美國總統的公開信，呼籲

美國政府堅持目前採取的對抗中國的路線。而在第二封信的簽名者當中，有一半以上來自美國軍方和情治部門。

中美能不能做到像習近平提出的：太平洋足夠大，可以讓中美兩國共同生存？我們都知道美國是歷史上的海洋強權，日本也把自己定義為海洋國家；而中國一向被認為是大陸國家，明清時期一直採取封海政策，一直到最近才有了相對強盛的海軍。這樣問題就出現了：原有的力量格局（Power Structure）會被打破。權力轉移（Power Transition）關注的是守成大國和崛起大國的關係，而這一權力轉移可以表現在很多雙邊關係的具體問題上，其中之一就是海權問題。美國一直是海上的霸權國家，其海洋利益也被視作國家利益的生命線。歐巴馬提出的亞太再平衡戰略，就是要保持美國的霸權地位。美國要守成，中國要崛起，這就使所謂的「四海問題」更加尖銳了。這具體指東海、南海、臺海和黃海：東海指的是中日圍繞著釣魚島等問題的爭執；臺海指臺灣問題；南海指的是中國與其他島嶼聲索國之間的爭執，以及美國所要求的自由航行；黃海指的是朝鮮半島。這些熱點問題此起彼伏，並且均是中美之間存在有重大分歧的問題，同時也是美國政策圈內部對華採取遏制或妥協戰略的焦點。

但是中國在面對與美國衝突時不是沒有解決辦法。在亞太地區的分歧問題上，中國除了保持互動之外，還有一招叫釜底抽薪，意味著中國可以將美國在該地區的抓手給抽掉。最明顯的例子就是菲律賓。在美國政府和律師界的支持下，菲律賓主導的南海仲裁當時讓大陸非常被動。如果這件事情一直持續發酵，中國將處於十分被動的地位。但是中國很快通過外交手段和經濟手段，使菲律賓總統杜特蒂轉向。這使得美國在南海之爭上失去了一個重要抓手，就像燒火沒有柴一樣。現在的南海問題比前一段時間平靜多了。

實際上，大陸還抽了另一個「薪」，但後來這個「薪」又給放回去了。這就是韓國。自1992年中韓建交之後，兩國關係得到了突飛猛進的發展。在對臺政策等問題上甚至於做到了韓國、韓軍中立化的狀態。2015～2016年間，韓國在亞投行的建立和「9.3」大閱兵都堅定地和中國站在了一起。當時美日抵制的亞投行，韓國和英法德等歐洲國家決定加入。「9.3」大閱兵朴槿惠的出席也非常說明問題。但為什麼說韓國這個「薪」又給放回去了呢？這就涉及到薩德問題了。也就是在2017年春季，韓國不顧中國的強烈反對，正式從美國引入薩德裝備。關於韓國的薩德問題，不僅侷限於外交政策層面，還有內政因素也是很重要的。朴槿惠在最後一分鐘突然引進薩德的決策過程，到現在都是個謎。2016年期間，曾經有一段時間傳出消息，薩德引進問題可能就不了

了之了。但是美國通過韓國內部的壓力使得朴槿惠改變了政策，這個內部壓力是美國對韓國內政控制的明顯案例。所以說管控和釜底抽薪的做法雖然在外交政策層面能夠起到作用，但一個國家對另一個國家的交往有多深、影響力有多大則是更爲重要的。也就是說，一個國家能否對另一個國家的內政產生重大影響，也是一個關鍵點。中國對韓國內政的影響力遠不如美國。

　　川普的對臺新政引起了中國的反彈。臺灣問題不光關乎歷史恥辱，而且也是中國崛起的重要前提，即臺灣身處第一島鏈，擁有重要的戰略地位。現在我們已經看到，各方都已做出了比較強烈和明確的表態。法案通過後，大陸的軍事演習也進行了，外交休兵也停止了，再有就是原定要在臺中舉行的東亞青運會因爲「2020年東京奧運臺灣正名公投」運動也取消了。大陸內部武統的呼聲也越發高漲。值得深思的是，中國跟美國談判的時候總是提三個公報——《中美建交公報》、《上海公報》和《八一七公報》。而美國強調的是1979年的《臺灣關係法》和2018年通過的《臺灣旅行法》，聲稱這是美國國會通過的法律，法律地位高於中美三個公報。這就使得中美兩國在對臺灣問題的認知和處理方法上，各說各話，很難形成共識。

　　那麼如何去做，才能最大限度地減低美國對臺灣問題的介入呢？這裡面有兩個關鍵字：意願和實力。首先要降低美方介入的意願：第一，多層次，包括領導人峰會的外交互動中反覆傳達中國大陸在臺灣問題上的立場；第二，要明確有底線警告，並不厭其煩地警告；第三，如果美國在臺灣問題上跨越紅線，大陸要有心理準備和反制措施。要一而再再而三地宣示，解決臺灣問題是中國的內政，不是要給美國添麻煩，也不是要把美國趕出太平洋。要讓華盛頓明白，消除這個地雷對雙方都有好處，解決了臺灣問題，中美兩大國才能更好地共處，從而避免中美雙方都不願意看到的圍繞臺海而引發的中美軍事攤牌。避免大規模軍事衝突恐怕也應該是中美之間最大的公約數。再有就是靠實力。2018年春天，在美國用《臺灣旅行法》來提高美臺關係之際，中國駐美公使李克新公開發出警告：「美國軍艦抵達高雄之日，就是大陸武統臺灣之時。」這個明確的信號，既是展現背後的實力，也是要美方避免出現誤判。當然，不戰而屈人之兵是上上策，美國不介入臺海是妥善解決臺灣問題的前提。鄧小平在出兵越南之前，先和美方溝通，取得了美方的諒解，從而極大地改變了中國周邊的安全環境就是這方面一個成功的先例。中美在尼克森、卡特、雷根、小布希時期，在臺灣問題上達成的共識都展現出兩大國的外交智慧與溝通能力。

　　大陸的對臺政策以及對臺海問題的認識上要有新的思維：一是要啓動民間

大範圍多層次關於臺灣方案的討論和互動，不但包括大陸，而且也包括臺灣島內和海外華人；二是要賞罰分明，對「臺獨」分子要明確打擊，好處和優惠要給一般的民眾和同意兩岸統一的人士；三是思維上要思變。實際上在臺灣我們面臨兩大反對勢力，一股力量是「臺獨」勢力，另一股是既「反臺獨」又「反共」，不認同大陸的政治制度。這兩者是不一樣的，要釐清二者之間的關係，這樣才能眞正從「一國兩制」的角度出發，提出解決臺灣問題的方案。我們應該認識到，就中美關係和臺海局勢來說，有「四個不會改變」的現象值得注意：第一，美國把中國視爲戰略對手的共識不會改變，在相當長的一段時期中國會是美國的戰略競爭對手；第二，蔡英文「臺獨」傾向不會改變；第三，川普打臺灣牌的做法不會改變；第四，中國在臺灣問題上的主權立場不會改變。如果沿著這「四個不會改變」發展下去，中國國內已經沒有多少空間可以退讓了。

我們還應該看到，從歐巴馬的「亞太再平衡」，到川普的「三箭齊發」（貿易戰、臺灣牌、南海挑釁），中國在對美戰略的認知方面是有滯後現象的，其中不乏一廂情願的善良願望。中國有時傾向於把自己提出來的口號當成對方的思維，但美方並不接受。從大陸的角度來看，可以把臺灣問題的解決歸納成四句話：和統是目標，武統是威懾，民心是關鍵，障礙是美國。如何解讀美國這個最重要的外部因素呢？事實上，大陸內部對美國打「臺灣牌」的動力和決心以及方法有時會有一廂情願的想法。中國希望不與美國發生衝突，多與美國合作，希望美國內部友華力量超過友臺力量；但希望不等於現實，要看到美國做法（例如2018年初通過的臺灣旅行法）的嚴重性。首先應該承認中美關係既有競爭又有合作，而中美競爭的局面在相當長的一段時間裡要大於合作的成分，所以要做好長期戰略相持的準備。其次也需要深層次的關注美國國內政治發展和社會輿情的變化、建制派和反建制派的拉鋸鬥爭，以及麥卡錫主義可能出現的苗頭。如果出現中美對峙的局面，美軍的動向也是值得注意的。中國在涉臺方面過去是雷聲大雨點小，通常的做法就是提出抗議發出警告。但是2019年7月在川普政府宣布對臺高達22億美元的軍售後，中國政府終於亮劍，宣布將制裁相關的美國大公司和軍火部門。這一新的舉措表明了中國實力的增長，同時也表明了中國在臺灣問題上的決心和立場。

但這並不是說，中美關係今後就只有對峙。對峙不是戰爭，我們還要看到合作的一面。作爲當今世界上最大的兩個經濟體，中美兩國不但有很深的相互依存，而且對我們這個人類命運共同體也承擔著共同的責任。所以北京方面目

前努力爭取的還是儘量維持多年來「鬥而不破」的局面。兩國最高領導人還是要見面的，見了面還是要握手的。這樣不但對亞太地區的和平與發展有利，也可以給中國的進一步發展爭取到寶貴的時間。無論是臺海問題還是朝鮮半島問題，首先還是要爭取和平解決。面對當前中美關係的重大轉捩點，中國應該做好自己的事情，不以他人意志爲轉移。應該看到，兩國民間理性的聲音還是占上風的。作爲世界上兩個最大的經濟體，中美之間共同的東西很多，互補性很強，「和則兩利、鬥則兩輸」的道理是顯而易見的。總的來看，當前中美間的對抗還沒有脫離正常國家的紛爭，兩國之間尚不會有全面熱戰的爆發。但是如果川普一味挑戰極限，跨過紅線，局部的衝突就有可能發生，這在臺海問題上並不是沒有可能的。因此，中美之間的危機預防和危機管理將變得十分重要，而這個危機預防和危機管理問題又是中美日亞太三雄在大國博弈方面所必須強調的。

第四節　中日關係和中美日三邊互動機制

本節將對日本政經發展與中日關係的動向，以及中美日三邊關係的互動與機制進行解析。

（一）日本政經發展

日本自明治維新以後，經歷了孫中山、蔣介石、毛澤東、周恩來、鄧小平等多位中國領導人的變更。日本一直都想發揮兩個作用，首先，日本要作爲一個東西方之間的結合點和交流點；從漢字的發展和用法方面，我們可以切身感受到這個層次的變化。漢字本身是中國創造的，但是如「政治」、「經濟」等詞都是日本後來再創造，然後傳回到中國的詞彙。同時，日本是在明治維新後，第一個在亞洲實現工業現代化的國家。日本可以繼續扮演東西方經濟文化交流者的角色。其次，儘管日本是最早融入到國際體系中的東亞國家，但在歷史上，直到近代之前一直是日本效法中國。到了近代，二者角色產生一次轉換。孫中山所領導的同盟會和辛亥革命都受了日本的影響，而且直到現在雙方互補互學的方面都非常之多。日本的環保、能源，以及公民素質、社會安全等等，都是可供中國借鑑的。實際上近些年來中國民眾到日本旅遊的項目持續升溫，恐怕跟這個也有關係。

　　日本政壇自2006年安倍首次拜相以來經歷了一系列的巨大變動。一方面，日本自民黨的統治地位在2009年開始就出現了被削弱的現象，而由鳩山由紀夫、菅直人、野田佳彥等三名在野黨政治家先後出任首相。在此期間，2009年的釣魚島購島事件、2011年東日本大震災，以及美日安保問題（例如沖繩民眾對美國軍事基地的抗爭）都對日本的內外政策產生了很大的衝擊。直到2012年安倍晉三二度拜相才有所緩和。另一方面，在安倍任期中所發生的例如「森友學院」那樣的一系列醜聞，以及修改憲法第9條的議程都激起了民眾對自民黨國內政策的辯論。北韓不顧國際社會的反對而持續進行核子試驗和彈道導彈的試射，進一步加深了日本對周邊安全形勢的關切。

　　就日本政壇和修改憲法的問題而言，日本國內對安倍和保守勢力修憲的反對呼聲還是十分高漲的。2015年夏天，筆者當時在東京訪問，當時日本國會周邊布滿了示威群眾，舉著牌子，高喊反對修憲的口號。筆者也跟著日本朋友一起隨著示威人群在國會周邊走了一圈，還把當時拿到的反對廢除憲法第9條的標語牌拿回美國，至今還掛在筆者辦公室牆上。筆者相信日本作為民主社會，民間內部存在著制衡力量。所以從日本希望擺脫美國控制與國內社會制衡的兩個方面來看，這樣的示威是可以理解的。但是日本戰後一直深受美國控制，而且歐巴馬執政以來，要「重返亞太」，川普也要搞「印太戰略」，而美國是不會輕易放棄日本這個重要的亞太地區橋頭堡的。

　　至於經濟方面，二戰後的世界常常被理解為三大經濟板塊：一個是北美，一個是西歐，一個是東亞。北美方面通過北美自由貿易協定已經完成了整合，西歐則通過歐盟建成了區域聯盟；只有東亞一直到現在仍沒完成整合，就連東南亞都有了東盟。歐洲方面，歐盟之所以能搞起來，關鍵不在英國，而在德法。歐盟是在德法的共同領導作用下實現了經濟整合。與此同理，東亞的經濟共同體的建立沒有中日攜手就搞不起來。中日兩國能否共同發揮領導作用是個關鍵，更何況中日兩國還有很多領域能夠互補。在經濟方面中日如何實現優勢互補，這是一個非常關鍵的問題。而區域經濟共同體一旦形成，過去很多諸如國家主權、區域分隔這樣的一些觀念都會出現與時俱進的變化。如果日本和中國能夠在東亞攜手發展，在貨幣政策上是不是也能有一定程度的合作？歐洲有「歐元」，而「亞元」的概念也早就被提出了，「亞元」的發展就必須依靠人民幣和日元的緊密合作。兩國若攜手發展亞投行和亞洲開發銀行，便能在將來對東亞經濟一體化方面起到更多的共同領導作用。

（二）新形勢下的中日關係

　　就日本社會而言，急需解決的一個問題就是日本民間對中國嚴重「嫌棄」的現象。一方面可能是因為政治制度不同，另一方面，民間的刻板印象或者個別惡性事件如「毒餃子」所帶來的影響也是可能的原因。這些因素都可能造成日本民間對中國的嫌棄感。媒體的作用也是一個重要因素。中國國內雖然有抗日戰爭宣傳、抗日神劇等等，但是中國民間在日常生活中並沒有非常嫌棄日本。因此，日本在對中國的媒體報導和形象塑造上，是不是應該增加客觀性？這方面筆者聽說韓國的電視臺也在糾正過去的不客觀的現象，做了多集介紹中國的電視報導。NHK目前也在拍介紹中國的紀錄片，但其客觀性還有待商榷。現在日本任教的華人教授，據說已經超過一千人，其中理工科和文科都有很多。這麼大量的上千人的華人到日本去任教，能發揮的介紹中國的作用應該是不小的；而反過來日本人到中國去任教的就非常少，在高層次的交流方面差距非常大。前些年交流不平衡是也許是因為雙邊經濟發展不平衡，但現在中國在北京、上海等大都市的發展也不亞於東京、大阪等日本大城市。不全面介紹中國是不是反映了日本社會的負面心態呢？現在的海外華人在外邊時間待久之後回中國，都趕不上這個大陸的巨大變化。所以日本對中國的介紹也應該及時更新，更加全面、更加客觀。

　　至於中日之間圍繞著釣魚島的爭端，這裡舉一個這方面的例子。2008年秋天，筆者在日本立命館大學做客座教授，辦公室旁邊就是東亞專家入江昭的辦公室。因為他從哈佛退休了，來立命館做客座教授。我們倆因為都是客座教授，經常一起喝茶聊天。在一個小的研討會上，談到釣魚島（尖閣列島）爭端的時候，入江昭說：「我的意見是，拿個飛機把它給炸掉，讓它不要成為中日之間的障礙。」當然，他這麼說也有點調侃的意思。但是核心的觀點是，不要因為一個具體問題而妨礙大格局之下的中日友好合作。可以理解這也就是1972年周恩來和田中角榮談判時，以及1978年鄧小平和大平正芳談判時，將釣魚島問題擱置的原因。優先解決的是中日建交和長期和平友好大框架的問題，而釣魚島的問題可以暫緩處理。

　　1972年，中日建交談判時田中角榮會見了毛澤東和周恩來，田中角榮提到了釣魚島（尖閣列島）的問題。周恩來就說：「我們現在不要談，我們如果談這個事，中日建交就會出現困難。我們還有更重要的事情。」多年以後，筆者認識的日本外務省的朋友私下跟筆者議論過，說：「田中角榮真傻，你當時

不提這個事就不會留下一個雙方同意擱置的紀錄了。」這位朋友是說田中角榮沒有足夠的外交經驗。釣魚島既然已經在日本手裡，田中就不應該主動提出了，得著便宜（實際占領）賣個乖就好了。但是實際上田中也有自己的想法，面臨著日本國內的保守勢力，他覺得自己回國要對釣魚島問題有一個交代。這是中日官方第一次在釣魚島問題上的交鋒。

　　第二次就是在1978年《中日友好條約》簽訂的時候。1978年鄧小平會見大平正芳，在記者招待會的時候，鄧小平也說過要擱置爭議，他說：「我們這一代的聰明才智不夠解決這個問題，把它留給下一代人吧。」筆者的理解是，中日之間不一定非要因為領土爭執而中斷兩國的合作，特別是在區域經濟整合方面。日本方面回歸亞洲的呼聲是很強的，因為日本在明治維新時代提出的脫亞入歐的戰略早就不符合日本的需要。所以日本回歸亞洲，中日攜手是符合中日兩國的共同利益的。

　　至於中日關係的未來和兩國的交流，前事不忘，後事之師。這裡有兩個重要的話題。第一：日本的對外侵略必須牢記，日本一定要在這個問題上反省、道歉，並永不再發生。第二就是中日和解。中日兩國在毛澤東、周恩來、田中角榮等領導人的努力下曾經達成過一定程度的和解，而且有過一段非常友好、經濟來往非常密切的歷史。筆者在課堂上經常碰到這樣的情況：年輕一代的學生們一講到中日關係就會說：「中日之間歷史上一直衝突不斷，從來沒有友好過！」這種理解是不正確的。中日之間1972年到1990年代中期相對友好的歷史應該多多研究。進一步地說，日本現在由自民黨和公明黨所組成的執政聯盟的老一輩領導人（例如中曾根康弘和池田大作），都在中日和解上做出過重大的貢獻。直到現在，在東京由創價學會所創辦的創價大學裡還種有紀念周恩來的周櫻呢。日本在野黨政治家也對中日友好銘記在心。例如民主黨的菅直人、野田佳彥等，他們上任後曾經說過：「我是中日友好的兒子。」這是因為1984年，中國向日本全國四十七個都道府縣、二百多個團體發出邀請，組成三千人的「中日青年友好團」訪問中國，菅直人和野田佳彥都乘坐中日友好船從日本到東京參與了活動。時任總書記的胡耀邦對此活動特別重視，接待團的團長是胡錦濤。如此看來，從毛澤東、周恩來、鄧小平，一直到胡耀邦和胡錦濤，都直接參與了中日和解的過程。因此，強調中日關係上發展過程中的正面因素對中日關係的未來還是很有必要的。

　　但我們仍需看到，如果一個日本政治家決定放棄親美政策，而向中國這方面靠攏，那這個政治家可能會失去其在日本政壇的地位。日本前外交官孫琦享

的專著裡，專門用「被美國擊倒的日本政治家」作書名[24]，封面的圖片就是田中角榮。田中角榮是日本戰後唯一獲罪被送入監獄的首相，他的辭職和入獄當然有日本內政的原因，但是美國因素據說也起了關鍵作用。有一種說法是，美國對田中角榮在與中國和解方面走得太快是不滿的。再加上其他問題，美國就通過美國國會釋出田中角榮收受美國洛克希德公司賄賂的消息，隨即被日本的《文壇春秋》轉載，使其成為政治醜聞，而迫使田中角榮辭職，後來還被關進監獄。所以中美之間的權力轉移不光是經濟力量和軍事力量，而且政治影響力也是很重要的。中美之間在這方面的差距還是很大的。

自安倍於2012年再次執政以來，隨著國際形勢的急劇變化，日本政壇內部也就未來政策走向展開了激烈的討論，其中就包括代表主流意見的繼續強化日美同盟的「A計畫」，和處於非主流地位的「B計畫」，即：修補中日關係，改變脫亞入歐傳統而重返亞洲。[25] 2017年，中華人民共和國建國六十八週年前夕，在駐日大使館舉行的國慶招待會上，安倍首相也表示，推動中日兩國合作對亞洲乃至世界的繁榮發展有著「不可或缺」的意義。安倍晉三在2017年10月的日本大選中擊敗對手，保持執政，更使得他不但在國內政治方面有更大活動空間，而且在對美對華外交方面也能大展身手，開拓新的局面。

新時期的中美日互動亮點層出不窮。值得注意的是，中日互動也在2018年於東京舉行的中日韓首腦會議中有了引人注目的進展。中國總理李克強在隨後進行的對日正式訪問中，與安倍晉三進行了多次會晤，並取得了多項積極成果。2019年安倍與習近平在大阪G20峰會的會談進一步確認了兩國關係正面發展的勢頭，並達成了多項共識。這都表明中日雙方不僅重視對美國的關係，也期盼著中日關係的改善。

（三）中美日三邊互動機制

首先，如果用一個詞來形容亞太三雄最近一個時期的發展，那就是「強人政治」。三國的領導人在各方面都是相對強勢的，而且三者的任期都會有一段重合的穩定期。按四年任期計算，川普從2017年1月份上臺的任期可以持續

---

24 孫崎享，アメリカに潰された政治家たち，東京：小学館，2012。

25 趙全勝，日本外交的主流思維——帶傾向性的中間路線，載《日本學刊》，2009年第1期。

到2021年，以至於2025年（取決於他是否能連選連任）。中國方面自2017年十九大之後，習近平繼續開拓一個（或者兩個）五年也是可以預期的。日本方面，安倍晉三所在的自民黨在2017年10月眾議院和2019年7月的參議院兩次大選均獲得勝利。安倍的勝選不僅僅代表著他成為一個在日本政壇接近創紀錄的、長期執政的強勢首相，而且理論上他對自民黨黨規的修改能確保其至少執政到2021年。如果不出意外，三國領導人會有相當一段時間的重合期。

三邊機制問題

　　中美日三邊關係問題的一個重要癥結是戰略互信問題。在三國之間的互動中，這個問題是非常突出的。例如，在1972年田中角榮訪問北京的建交之旅中，送了周恩來一幅字幅，這也是漢字文化的體現。這上面寫的是什麼呢？是「萬事信為本」。周恩來在田中返回日本的時候也送給他一幅字幅，叫「言必信，行必果」。兩人都強調了這個「信」字。所以說關鍵是這個「信」。如果兩國之間有這個信賴和理解，那多大的事都可能是個小事；但是如果沒有這個信任，多小的事也會成為一個大事。中日之間的很多問題，也反映了雙方在溝通和信任之間存在問題。美國和日本又何嘗沒有這種恩怨情仇？廣島、長崎兩次核爆，對美日之間的影響豈是能一言以蔽之的？有人說美國之所以在歷史問題上不計較日本，有兩點：第一點是它的亞洲戰略需要日本，第二點是它已經投原子彈報仇了，所以日本搞那些小動作它也不去計較。其實還有第三點就是美日之間畢竟存在著戰略互信，它有這樣一個基本的信任；而中日之間目前非常缺少的就是互信。因此，對三國的共同建議就是建立一個中美日三邊聯合溝通機制。一直以來，美日之間有「2+2」，即兩防長、兩外長的溝通機制。現在中美做到了「2+2」，美中日之間還沒有，所以「2+2+2」的建立對亞太三雄長期穩定的關係就顯得很有必要性了。

　　至於各國的未來發展，從美國角度來說，心態應該更放平。中日關係的距離未必就要比美日關係的距離要遠。中日關係緊密的時候，美國也應該理解為這是地區穩定的重要一步。從日本的角度說，平常心的保持也是很重要的。從前中美之間的「越頂外交」不一定是針對日本的，中美關係平穩的發展對日本也會有積極效果。從中國角度而言，消除普遍存在的輕視日本的情緒是至關重要的。日本畢竟是第三大經濟體，中國不應輕視日本，更不應該出現問題就不溝通、不努力去瞭解。中國的崛起與中國處理好周邊關係是無法忽視日本的存在的。不去做、不去想、不積極主動地開展工作是不能改變現狀的。中國在未

來不能抱著「搞定了華盛頓，就能搞定東京」這樣不符合實際的思維方式。重視美國的同時，也要重視日本。

　　因此，中美日三邊的關係仍然要從三邊的角度進行處理。之前提到的三國聯合溝通機制的倡議又變成了討論的核心。北京方面可能存在的顧慮是，認為一旦建立三邊溝通機制，中國會面對美日聯手「二對一」的格局。雖然不能排除這樣的風險，但是「二對一」存在多種可能：也可能是中美在貿易和區域經濟一體化問題上共同針對日本，或者是中日聯手就美國在日駐軍問題上針對美國。就目前的情況來分析，三國之間的學者會議已經有很多了。三國協調機制一旦成立，其對改善現狀會起到非常積極的作用。在「機制」的概念上，在「一軌」政府之間協調條件不成熟的時候，可以先啟動「二軌」學者和專家之間的交流和溝通進而推動政策交流機制的建立。未來三國的交流和協調不會僅僅將注意力放在文化方面上，進一步推動政府間的交流機制對三國關係的改善會起到良好的推動作用。

如何看待中國崛起問題

　　從以上所講到的中美日三邊機制問題，就會很自然地聯想到應該如何看待中國崛起。這要從本節一開始提到的崛起大國和守成大國的問題來展開討論。崛起大國方面，大家都說中國崛起（Rising China），沒有人說美國崛起（Rising America）；美國的崛起是一個多世紀前就發生的。那麼崛起（Rising）就一定要談到從低谷期的崛起。中國的低谷應該從中國人常常提到的「百年恥辱」算起，也就是自1840年前後的鴉片戰爭以來，中國被帝國主義勢力侵略並分割，到1949年中華人民共和國成立，這一百年的低谷期。復興指的是恢復中國在百年恥辱前就擁有的國際地位，但是這個過程本身也是與時俱進。有些觀念和做法，例如朝貢體制就不符合當今時代的潮流，中國也不可能恢復。現在中國的外交大方向也都是依託在聯合國的大背景下，周恩來當年在萬隆會議提出的和平共處五項原則也是中國外交的基石之一。

　　因為美國已經是守成大國，所以對川普讓美國再度強大（Make America Great Again）的理解需要結合川普商人出身的背景和經濟發展兩個角度。美國二戰後曾經在經濟上也是一枝獨秀的，但近些年來特別是經濟危機之後，儘管還是最大經濟體，全球所占份額卻已大步下滑。美國經濟多年來面臨著基礎建設落後、產業空洞化問題等。雖然華爾街金融行業高度發展，但實體經濟不斷下滑。中國經濟的發展，尤其是高鐵等基礎建設產業帶來的巨大變化，使得

兩國產生了巨大反差。因此，經濟恢復的問題就成為川普使美國再度強大的一個焦點。

　　中國復興的這個概念其實也涉及到了過去東亞國家國力強弱變化的歷史事實。近代以前的千百年來一直是是中國強、日本弱。明治維新之後，才逐漸發展為日本強、中國弱，這是以甲午戰爭日本完敗中國為轉捩點。所以，我們經常說權力轉移不是現在中國和美國之間才有的這個概念，而是一個多世紀前日本挑戰中國的現象就已經出現了。那一次亞太地區的權力轉移是中國將亞太地區霸權位置讓給了日本。現在的亞太地區從實力來講，應該說是「強強」局面，也就是一個富強的中國面對著一個富強的日本。畢竟中國是世界第二大經濟體，而日本是世界第三大經濟體。而且短期之內，日本第三大的位置也不會被現在居於第四的德國超越。至於中國和日本將來要被印度超越的說法，在短期之內應該不可能。所以在相當長的一段時間內，中日之間會保持這個「強強」的關係。

相關鏈接　實踐與思考

　　最後，仍要以「實踐與思考」這部分作為本書最後一章的結尾。在這裡讓我們一起檢視一下我一直所關心的學科建設、人才培養、專業網路發展和智庫平臺建設等問題，然後也結合我自己的實務經驗做一個回顧，並對未來的發展提出展望。

（一）學科建設

　　從學科建設的角度上，本書的主題「中美日大國戰略比較研究」應該屬於國際關係領域，而國際關係學又從屬於政治學。從學術設置的角度，絕大多數國際關係的研究都是放在政治系裡面的。但是，最近這些年來，把政治學分成兩個不同的院系，在美國東海岸已經蔚然成風。例如，哈佛、普林斯頓、哥倫比亞等大學的政治系（政府系）之外又建立了以國際關係為主的國際關係學院，這在政策導向型的大學尤其如此，位於華盛頓的喬治城大學、喬治華盛頓大學、美利堅大學和約翰霍普金斯大學都專門成立了國際關係學院。除了進行基本的學科研究之外，還特別注重把國際關係的知識運用到實際生活中，也就是外交政策、國際經濟、國際安全、國際傳媒，以及專門的區域及國別

研究。以這些學院統合在一起所組成的國際關係院校聯誼會（Association of Professional Schools of International Affairs, APSIA）更是蒸蒸日上，除了以在美院校爲主以外，還大力拓展到其他地區，特別是歐洲和亞洲，使美國之外的院校成爲附屬會員。

　　我們都知道在政治學與國際關係學研究過程中，有著紛繁的各種學派、各種強調、各種焦點，以及各種方法。該領域從來都是一番百花齊放、此起彼伏的現象。1980、1990年代出現的那場關於方法論的爭執是有代表性的，在那場爭執中，一批理性選擇學派的學者（rational choice）堅持認爲他們的學派能提供包羅萬象的理論框架。對國際關係和外交政策的研究，沿著這個框架就可以了，而傳統意義上的地區研究、國別研究，都應該從屬於在這種框架指導下的學術探討。這一學派的崛起再加上對定量研究重視程度的不斷加強，使得區域研究、國別研究受到擠壓。1990年代就出現反彈，政治學領域裡的一批學者發起了「思想解放」（俄文：Perestroika）運動，提出理性選擇學派和定量研究的方法固然重要，但不是政治學的全部。區域和國別研究包括對歷史文化傳統認知的研究都是我們分析國際事務所不可或缺的。這場大爭論的直接結果就是在原有的兩大傳統學派——現實主義（realism）和自由主義（liberalism）之外的第三個學派建構主義（constructivism）得到迅速發展。到今天，這三大學派儼然形成了鼎足而立，既有爭論又有互補的現象。當然，在這三大學派之外，還存在眾多色彩斑斕的學說，例如女性學派（feminism）、批評學派（critique school）、英國學派（English school）等等不一而足，這些不是本書重點，就不在此贅述。

　　本書圍繞著大國博弈、大國戰略，以中美日爲例所展開的研究討論，就是在這個大學科和學術論戰的背景下進行的。讀者不難發現，前面各章對中美日三國內政外交因素的研究，既有濃厚的現實主義色彩，強調實力分布（power distribution）和權勢轉移（power transition），也有自由主義的色彩，例如對正規與非正規機制的描述，與此同時，我們還可以感覺到建構主義的意味，包括對文化歷史的強調，和對身分認同的重視。但是總體來看，談到大國之間的互動，強調較多的是現實主義的角度。而對國內政策制定過程的研究則著重機構、管道、權利和影響力這些因素。在內外互動這個角度，經常能聽到的是政權合法性、歷的傳承、身分的認同。所有這些因素在亞太三雄互動過程中的不同階段，都會起到關鍵的作用。

（二）人才培養

　　從以上各章都有一個實踐與思考的部分，而實踐主要是1981年我到了加利福尼亞之後的經歷。在國外的學術經歷使我站到了一個不同的角度，看到了國際關係人才培養和學科建設的不同。從學科建設看，中國是1964年才在北大、復旦、人大三校成立國際政治系，緊接著是文革十年浩劫，所以國際關係作爲學科幾乎是空白。而美國的國際關係學科建設已有百年歷史，是一個成熟的體系。而且，美國在二戰後成爲全球大國，稱霸世界，有無數的國際問題需要回答。既有現實的呼喚，又有理論昇華的需要。當然美國的大學也不是象牙塔，他們很重視案例教學和解決學術研究與現實政策之間的鴻溝。但是學術畢竟還是不同於實踐的，所以也存在著脫離實踐的問題，也因此這裡的大多數學生都有田野調查和實習的經歷（包括政府部門、國際組織和非政府組織）。相比於我1980年申請讀博士的四所大學（哈佛、耶魯、柏克萊、史丹佛）大師雲集的狀態，亞洲大學不要說當年，甚至今天也難望其項背。再有，知識環境和學風方面，兩邊差距也是十分明顯的。總之，我在1981年從中國赴美讀博的時候，一邊是成熟的高等教育基地，而另一邊則是百廢待興。

　　然而，至今還歷歷在目的是北大學生的學習精神，真正是爭分奪秒。天沒亮，同學們就在路燈下讀英文，夜裡在被窩裡打著手電筒讀書。大家的責任意識極爲強烈，而且文革後77、78級等頭幾屆的學生經歷相似，認同感很強，同學之間的關係很親切。此外，1980年代初的校園內外頗爲不平靜。改革開放剛剛啓動，大事頻發，國家的走向正處在重大轉折之際。北大學生向來就有強烈的「天下興亡，匹夫有責」的使命感，有敢爲天下先的勇氣，更何況77、78級學生跟共和國同步經歷了一系列大起大落的政治洗禮，政治參與意識絕不亞於「五四」時期的那一代人。

　　從國際上來講，各國對海內外學者的政策待遇不甚相同。有的是拿來主義，直接挖人，委以高位；有的是立足自己培養，自我發展。我認爲在國際研究方面國內外接軌、融合是十分重要的，這方面香港科技大學在1990年代從創立到起飛的過程所留下的經驗是彌足珍貴的。從亞洲大學的角度來看，對海外學者重視與否，與人才培養、學科的長遠發展是密切相關的。「中國學派」不能自我標榜，需要一個發展過程。應該指出的是，「御批文化」不能作爲衡量學術的標準。國內已經有學者指出近年來圈內的浮躁風氣，熱衷於談大戰略，忽視田野調查，「地區通」太少。對一個國家、一個地區的瞭解只停留

在一、兩個領域，一知半解，因而往往判斷不到位，甚至錯判。出現這樣的問題，反思也不夠，缺乏真正有品質的論辯。

從海外歸來的清華大學副校長（後擔任西湖大學校長）施一公有一個關於中外大學教育如何在這十年間縮小差距的講話，其中他舉出了一個在全球人才競爭的吸引力方面的衡量標準。他提到，本世紀初清華大學招聘優秀的海歸人員，招聘條件不可謂不優厚，包括將拿到博士學位不久的年輕學者聘為正教授。但是，如果這位學者同時接到美國中上水準的州立大學的助理教授招聘，他很可能就會拒絕來清華而選擇這所美國的大學，更不要說哈佛、史丹佛這種頂尖大學了。十多年過去後的今天，施一公說，我們像北大、清華這樣的一流大學已經可以和美國的頂尖大學有一拚了。清華大學的閻學通教授也有過類似的評語，他指出在國際關係領域，能否招聘到頂尖大學畢業的年輕學者不是最重要的，更具有挑戰意義的是，你自己培養出來的博士和博士後們，不光要能被國內一流大學所聘用，而且還要能夠走向世界，成為全球爭取的人才。在這方面，理工科的例子已經有了，人文社會科學，特別是政治學和國際關係學方面卻還是鳳毛麟角。

雖然在學科建設方面，中國和美國相比仍然存在著差距，但是改革開放四十多年來，國際研究和其他學科一樣，國內外的差距日益縮小，大學教育科研水準與我1981年剛出國時已不可同日而語。國際關係研究也從冷門變為顯學，進步巨大，要充分肯定。國內學者與海歸學者共同努力對學科的貢獻都是有目共睹的，其中不少人的研究成果已經走出國門，而這些在中國大陸和港臺任教的學者們也正在衝出世界，成為國際關係學科的領軍人物。

（三）全球華人政治學家論壇的建立與發展

1997年，我和來自臺灣的學者朱雲漢一起在舊金山開會時談到海外華人學者的狀況，萌生出一個想法，即建立一個全球性的海外華人專業組織，作為一個鬆散的聯絡平臺，其宗旨是以華人政治學的學者為主，進行學術交流。該論壇啓動後命名為「全球華人政治學家論壇」（簡稱「華人論壇」，參看www.haiwaikanshijie.com）。不設常設機構，只設立協調員，不使用例如「主席」、「會長」那樣的官名。我和朱雲漢是全球協調員，不同地區如美國、日本、歐洲、東南亞和大中華各個地區（大陸、港澳臺）均設地區協調員。

華人論壇自成立以來，主要做了三個方面的工作：第一，學術交流，利用各種學術專業組織為平臺。例如每年為全美政治學會（APSA）組織一到兩個

關於中國問題的專題小組。其實在論壇成立前的1993年就開始組織了中國問題專題小組（Conference Group on China Studies，後改用「華人論壇」的名字）。二、三十年來，每年都為APSA組織關於中國內政外交的專題討論會，這已經成為華人學者和美國中國問題的主流學者進行交流的重要平臺。華人論壇也出面在全球各個地方與當地的學術機構合作召開各種各樣的討論會。1999年我們在位於華盛頓郊區的馬里蘭大學召開了第一次學術研討會，對中國政治科學研究和中國研究的本土化問題進行了深入討論。多年來，我們在亞太地區各主要城市，包括北京、上海、東京、首爾、臺北、香港、澳門，以及華盛頓，都和當地的大學學術機構舉辦了一系列的學術研討會。

　　論壇的第二項工作是召開政策導向的討論。這主要指的是海外學者和國內政府機構以及智庫所進行的年度性交流。我自本世紀初就每年帶海外學者團隊到北京去交流。2002年至2005年，一開始是與鄭必堅主持的中國改革開放論壇合作，就國際和美國的重大問題，包括中美關係、美國的外交政策、臺灣問題、中日關係、北韓核危機、中外高層互訪，以及東亞共同體的建立進行關門討論。雙方真正做到暢所欲言，有時候海外學者內部意見也不一致，交鋒很激烈。2002年全球論壇和上海國際問題研究所在上海聯合舉辦了一次主題為「北京─東京─華盛頓三角關係下的中日關係」的會議。通過各種活動，海外學者有機會在北京和上海與來自北京大學、清華大學、復旦大學、南京大學、中國人民大學、中國社會科學院、現代國際關係研究院、中國國際問題研究所、上海社會科學院、上海國際問題研究所、國防大學等機構的同仁們進行廣泛的交流。

　　和國內的政策討論後來又改為和國務院臺灣辦公室開展了另一項年度活動。眾所周知，臺灣問題不但是中國政治外交的一個具有核心利益的問題，同時也是中美關係中的核心問題。華人論壇和國內的政策討論自然就把臺灣問題作為一個重點。我們自2006年啟動這個項目，至今已經十多年了。每年都由我帶一個海外團隊，多數是在美學者，也有在日韓、在歐、在東南亞和港澳臺的學者參與。代表團成員多次訪問外交部、國務院臺灣事務辦公室、中央黨校和中國國防大學等機構。我們每一次都就一個當時臺灣問題的一個焦點問題進行討論：民心工程的建立、臺獨勢力的遏制、統一問題的展開等等。這個政策交流不侷限於臺灣問題，以此為平臺去外交部討論外交政策、討論國防政策、僑辦討論僑務工作。每年的訪問都由時任外交部副部長接待，如李肇星、楊潔篪、周文重、張業遂、何亞飛、樂玉成等。同時，也與臺灣事務辦公室主任張

志軍、副主任葉克冬、孫亞夫、王在希、張銘清、周明偉、陳元峰等就兩岸問題進行廣泛的討論。國務院僑務辦公室主任裘援平、副主任許佑聲、譚天星、郭軍等人也出席接待。除了前文提到的外交部、臺辦、僑辦負責人之外，也經常到相關軍事研究部門去交流，例如中國國際戰略學會和國防大學。

　　隨著華人論壇影響力的增大，更多的智庫和政策機構邀請我們組團參加政策討論和學術交流，包括中國國際戰略研究基金會、中信改革發展研究基金會，以及江蘇省對外友好交流促進會等。臺灣方面的臺北論壇也於2019年4月邀請我們去參加關於美一中一臺三邊互動的研討會，會後又在高雄和臺北分別拜會了韓國瑜和馬英九。

　　海外團隊也經常應邀到國內大學展開討論：例如中山大學、遼寧大學都實行爲過期三年的交流。不光就學術問題展開討論，有時也就當地關心的政策問題進行討論。例如日資企業勞資關係問題，這是當年廣東省面臨的棘手問題（廣本、廣豐）海外團隊請了對此問題深有研究的在日華人學者參與會議，做了頗有成效的討論。

　　論壇的第三項活動是通過網路媒體發出來自海外的政論時評，積極扮好海外智庫的角色。華人論壇經常就國際形勢及突發事件積極參與討論。爲了更好的與時俱進。我們在2017年1月啓動了《海外看世界》（簡稱《海看》）這一新媒體平臺，利用網路和微信就重大國際事件發表政論時評（參看www.haiwaikanshijie.com）。《海看》聚集了在美國、日本、歐洲、亞洲、澳洲以及港澳臺等各地的眾多學者。除了推出各自的研究成果之外，很多人還積極參加了我們的快評項目，也就是《海看快評》欄目。《海看》自啓動以來，廣受關注，在網上登記關注的到2019年下半年已經達到近萬人。而對推出的文章的點擊，少則五、六百，多則兩、三千，最高的達到五、六萬人。

　　說到海外華人的智庫作用，就不得不提到我們在和國務院僑辦交流的過程中，得知國內正在對海外華人華僑的政策有所調整，提出了要從改革開放初期的招商引資逐漸變爲招財引智，充分認識到二十一世紀國際關係突出體現在人才的競爭。2014年12月，華人論壇、國務院僑辦和百人會共同舉辦了中美建交三十五週年研討會。會議是在北京釣魚臺賓館舉辦的，我從美國帶了一個六人的海外學者團隊參會。每個人都從不同角度對中美關係進行發言。政協主席俞正聲做了發言，國務委員楊潔篪做了總結發言，應該說這是一次很成功的合作。在打造一個全球華人人才網的戰略設想下，2019年華人論壇還和南京大學華智全球治理研究院建立了合作夥伴關係。可以說全球華人論壇作爲一個學

術交流的平臺和一個海外智庫的載體，正處在一個方興未艾的階段。

（四）關於海外華人學者

　　關於海外華人學者的作用，我們應該說中國自晚清派出留學生以來，主要有兩大目的，一個是學習海外的先進科學技術，主要指的是向西方學習自然科學和理工科；再一個就是學習西方的先進思想，主要是社會和人文科學，也包括後來成爲中國革命指導思想的馬克思主義等等。在這方面一個長期有爭議的問題就是「中學爲體，西學爲用」的說法，早在十九世紀東亞各國就面臨著這個問題。例如日本就有「和魂洋才」一說。當時的爭論主要集中在以學習科技爲主，而保留中國傳統思想，這一在晚清時期廣爲爭論的問題到了中國共產黨建立前後，留學生帶來先進思想引導革命時期，已經得到基本解決。但對自然科學、理工科的重視，對西方社會科學的輕視，還是確實可以時常感受到的。這些留學生往往能發揮三方面作用。在革命年代，他們帶回了革命思想和先進的意識形態，最早表現出來的是中國學者到日本和歐洲留學。這些學成歸國的精英例如李大釗（留學日本）、周恩來（留學日本和法國）和當時留在國內的知識精英（例如：毛澤東、陳獨秀）結合起來最終創建了中國共產黨。不論褒貶如何，這個東西方思潮的內外結合確實帶來了中國共產黨在1921年的成立和中華人民共和國在1949年的建立。當時到西方和日本留學後歸國的革命黨人，如李大釗、周恩來等都直接參與了創建中國共產黨的工作。後來也有一大批有海外留學經驗的人，回國後出現了大浪淘沙的局面：一小部分人成爲了中國革命的骨幹，除了提到的李、周二人之外，代表人物還有朱德、鄧小平、蔡和森、李富春、陳毅、聶榮臻、蔡暢等等。海外華人學者還有第二個貢獻，那就是和廣大華僑一道對中國革命、反帝國主義入侵做出了巨大的物資上的援助，這些捐助成爲了辛亥革命，以及後來的抗日戰爭的主要經費來源之一，以至於孫中山曾經讚揚過：「華僑是中國革命之母。」第三個貢獻是體現在科學技術的傳播和引領方面。主要是走科學建國的一批學者後來也在中國建設時期發揮巨大作用，這是有目共睹的，代表人物有：錢學森、鄧稼先、竺可楨、李政道、楊振寧等。

　　在這個意義上講，海外華人學者在鄧小平主政後的改革開放時期仍具有深遠意義。同樣具有上面講的三大理念：傳播先進理念、引入華人投資（招商引資），以及先進科學技術。這個時期的海外學者與一個世紀前的海外學者是一脈相承的。所以說改革開放以來的海歸和二十世紀初的海外歸國學者起的作用

是類似的，但又有區別。在改革開放初期，需要理工科人才，這批人是爲現代化做出貢獻的棟樑。人文社會科學包括國際關係、政治學，在對國家建設的貢獻是有侷限的。這批人來西方學習的時候，中國大陸經歷了兩個大的斷裂。第一個是和西方社會科學發展水準的割裂，因爲中國高校只去研究馬列主義，造成了對國際關係學、政治學的空白。第二個是由於文化大革命中，例如「打倒孔家店」這樣的政治運動，造成了對中國傳統文化的割裂。在這兩方面的準備工作都非常不足。從這個角度講，臺灣方面的割裂就相對少一點。這個群體經過拼搏儘管取得很多成就，但跟老一輩學者比還有不小差距。當然，一代人有一代人的擔當，這一代海外／海歸學者幫助中國大陸縮短了斷裂，特別是中國與西方的斷裂。從目前態勢來講，理工科學者已經有了突飛猛進的發展，華人學者紛紛走向世界最前沿。而中國的人文科學方面還處於準備階段，但我相信在不久的將來定會厚積薄發。

海內外交流無疑是一種合作共贏的方式。特別值得注意的是，不能認爲在外面喝了洋墨水再加上海外資訊開放，在和國內交流的時候，就好爲人師。而是要認識到在政策研究層面上國內是主旋律，海外學者只能起到配合和敲邊鼓的作用。與此同時，我們也必須堅持海外學人的獨立性，在交流方式上和國際接軌，客觀地介紹情況。有不同的意見要在平等氛圍下展開討論，同時在開展活動的時候，也要本著「看菜下飯，量體裁衣」的原則，量力而行，不能好大喜功。

進入二十一世紀以後，中國大陸出現了井噴式的出國潮，中國留學生人數連續多年成爲全美、以至全球第一。這批新留學生將對中國社會轉型、中國國家利益的爭取，以及對世界和平和人類共同體帶來巨大貢獻。這一天指日可待。

國家圖書館出版品預行編目資料

中美日大國戰略比較研究／趙全勝著. -- 初
版. -- 臺北市：五南, 2019.11
　　面；　公分
　　ISBN 978-957-763-735-2（平裝）

1.中國外交　2.中美關係　3.中日關係
4.國家戰略

574.18　　　　　　　　　108017611

1PUD

中美日大國戰略比較研究

作　　　者 ― 趙全勝（339.9）

發 行 人 ― 楊榮川

總 經 理 ― 楊士清

總 編 輯 ― 楊秀麗

副總編輯 ― 劉靜芬

責任編輯 ― 林佳瑩、呂伊真、吳肇恩

封面設計 ― 王麗娟

出 版 者 ― 五南圖書出版股份有限公司

地　　　址：106台北市大安區和平東路二段339號4樓

電　　　話：(02)2705-5066　　傳　　　真：(02)2706-6100

網　　　址：http://www.wunan.com.tw

電子郵件：wunan@wunan.com.tw

劃撥帳號：01068953

戶　　　名：五南圖書出版股份有限公司

法律顧問　林勝安律師事務所　林勝安律師

出版日期　2019年11月初版一刷

定　　　價　新臺幣450元

經典永恆・名著常在

五十週年的獻禮 —— 經典名著文庫

五南，五十年了，半個世紀，人生旅程的一大半，走過來了。

思索著，邁向百年的未來歷程，能為知識界、文化學術界作些什麼？

在速食文化的生態下，有什麼值得讓人雋永品味的？

歷代經典・當今名著，經過時間的洗禮，千錘百鍊，流傳至今，光芒耀人；

不僅使我們能領悟前人的智慧，同時也增深加廣我們思考的深度與視野。

我們決心投入巨資，有計畫的系統梳選，成立「經典名著文庫」，

希望收入古今中外思想性的、充滿睿智與獨見的經典、名著。

這是一項理想性的、永續性的巨大出版工程。

不在意讀者的眾寡，只考慮它的學術價值，力求完整展現先哲思想的軌跡；

為知識界開啟一片智慧之窗，營造一座百花綻放的世界文明公園，

任君遨遊、取菁吸蜜、嘉惠學子！